调解员高级研修（职业培训）丛书

劳动争议调解理论与实务

谢文哲　著

法律出版社
LAW PRESS·CHINA
——北京——

图书在版编目(CIP)数据

劳动争议调解理论与实务 / 谢文哲著. -- 北京 :
法律出版社, 2021
(调解员高级研修(职业培训)丛书)
ISBN 978-7-5197-5410-5

Ⅰ. ①劳… Ⅱ. ①谢… Ⅲ. ①劳动争议-调解(诉讼法)-中国-职业培训-教材 Ⅳ. ①D922.591

中国版本图书馆 CIP 数据核字(2021)第 041370 号

劳动争议调解理论与实务
LAODONG ZHENGYI TIAOJIE LILUN YU SHIWU

谢文哲 著

策划编辑 解 锟
责任编辑 解 锟
装帧设计 李 瞻

出版发行 法律出版社
编辑统筹 重大项目办公室
责任校对 张 岩
责任印制 张建伟
经　　销 新华书店

开本 710 毫米×1000 毫米 1/16
印张 23.5 **字数** 383 千
版本 2021 年 10 月第 1 版
印次 2021 年 10 月第 1 次印刷
印刷 三河市兴达印务有限公司

地址:北京市丰台区莲花池西里 7 号(100073)
网址:www.lawpress.com.cn
投稿邮箱:info@lawpress.com.cn
举报盗版邮箱:jbwq@lawpress.com.cn

销售电话:010-83938349
客服电话:010-83938350
咨询电话:010-63939796

书号:ISBN 978-7-5197-5410-5
定价:78.00 元

凡购买本社图书,如有印装错误,我社负责退换。电话:010-83938349

编委会名单

总序

作为纠纷解决的一种方式,调解在我国历史悠久、源远流长。早在两千多年前的西周,就出现了专门负责调解事务的官员——“调人”。在历史长河中,调解已不仅是一种治理策略,也是人们追求无讼与和谐社会的实现路径。新时代,被誉为“东方经验”的调解,在中华民族实现伟大复兴的征途上无疑将承担更加艰巨的历史使命。

我国有数百万名调解员,他们是调解工作的具体承担者、践行者。随着时代的深刻变迁,人们对公平正义有了更高的诉求,矛盾纠纷更加多元、复杂,从而对调解员的工作提出了更高的要求。大规模地开展系统性、专业性的调解员业务培训,已显得刻不容缓。

党的十九届四中全会通过的《中共中央关于坚持和完善中国特色社会主义制度　推进国家治理体系和治理能力现代化若干重大问题的决定》指出:“完善人民调解、行政调解、司法调解联动工作体系”,“完善社会矛盾纠纷多元预防调处化解综合机制”,对构建多元调解机制提出了新要求。人民调解、行政调解、仲裁调解、社会组织调解、律师调解等,是具有中国特色的非诉讼纠纷解决方式,有利于消除纷争,促进和谐,实现社会长治久安。根据中央精神,我们要鼓励探索协商、中立评估、第三方调解等各种解纷机制,促进各类非诉讼争议解决方式蓬勃发展,为人们提供更加便捷、丰富、专业的法律服务。

建立调解员高级研修(职业培训)教材体系,是新时代进一步提升调解员专业化、职业化水平的重要举措。鉴于此,我们组织复旦大学、华东政法大学、上海政法学院等著名高校的一流专家学者,以法学专业为主,兼及社会学、心理学、管理学等专业,计划用 3 ~ 5 年,编写一套框架合理、前瞻性、实用性强的"调解员高级研修(职业培训)丛书"。上海市司法局、上海市人民调解协会在调解领域拥有丰富的实践经验,也十分重视调解理论研究,他们对本套"调解员高级研修(职业培训)丛书"的策划、编撰、出版提供了极具建设性的指导意见和有力的经费支持,直接促成了本丛书的及早面世。

迄今全国尚无一套涉及人民调解、行政调解、社会组织调解、仲裁调解等各类调解的综合性调解员研修(职业培训)丛书,本套丛书的出版,填补了业内空白。我们相信,这套丛书将为上海、为全国的调解员专业研修、为调解工作深化发展提供启迪和帮助。

丛书编委会

2020 年 7 月

目录

第一编　劳动争议调解制度

第二编　劳动争议其他处理程序中的调解

第三编 典型劳动争议的调解实务

第一编

劳动争议调解制度

第一章 劳动争议和劳动争议处理制度

第一节 劳 动 争 议

一、劳动争议的概念

劳动争议，或称劳动纠纷、劳资争议，这一概念导源于产业革命，没有产业社会便没有劳动争议。在我国，劳动争议概念的踪迹可追溯到20世纪20年代，那时“劳资争议”以及“劳资争议处理”就正式成为法定和学术用词，南京国民政府1928年制定的《劳资争议处理法》[1]可以佐证。

劳动争议作为一个基础范畴有其深刻的内涵。我国台湾地区已故法学家史尚宽曾对劳动争议定义如下：“劳动争议，广义的谓以劳动关系为中心所发生的一切争议。于此意义，因劳动契约关系，雇用人与受雇人间所生之争议，或关于劳动者之保护或保险，雇用人与国家间所起之纷争，雇用人团体与受雇人团体本身之内部关系所生之纠纷，以及雇用人或雇用人团体与受雇人团体间因团体的交涉所生之纠纷，皆为劳动争议。然本章所称劳动争议，乃指狭义之劳动争议而言。即仅以各个之雇用人与受雇人间所生之

[1] 该法规定，雇主或有法人资格之雇主团体与劳工或工会发生劳资争议时，适用之。劳资争议，是指权利事项及调整事项之劳资争议。权利事项之劳资争议，是指劳资双方当事人基于法令、团体协约、劳动契约之规定所为权利义务之争议。调整事项之劳资争议，是指劳资双方当事人对于劳动条件主张继续维持或变更之争议。该法后来历经多次修正，目前仍在我国台湾地区施行，并与2018年公布的“劳动事件法”一起继续发挥劳资争议处理功能。

争议及雇用人或雇用人团体与受雇人团体间所生之争议为限。”[1]据此可以认为，从广义上讲，劳动争议既有纵向劳动争议，如雇用人与国家（管理机关）之间的劳动行政争议；也有横向劳动争议，如雇用人与受雇人、雇用人或雇用人团体与受雇人团体之间产生的“平等主体”之间的劳动争议；同时还包括边缘性劳动争议，如受雇人团体（多为工会）内部争议或团体之间的争议，等等。从狭义上讲，劳动争议指的是横向劳动争议。

从国外多数国家情况来看，劳动立法中的劳动争议都是狭义的争议，一般是指雇主与劳动者之间、雇主与劳动者组织之间，以及雇主组织与劳动者组织之间，在劳动法律调整的范围内，因为劳动问题引起的纠纷。[2] 由此可见，国外劳动争议的概念与上文史尚宽先生阐释的“狭义之劳动争议”基本一致。

我国大陆对于劳动争议的概念，有许多不同的解释和说法。其中，也有学者将劳动争议作广义和狭义两种理解。广义的劳动争议是指“用人单位和劳动者因劳动关系所发生的一切纠纷”，狭义的劳动争议是指“用人单位和劳动者因劳动权利、劳动义务发生分歧而引起的争议”。[3] 以对应的社会关系为标准来界定，与劳动法域中社会关系的全部对应的劳动争议为广义劳动争议，与劳动关系对应的劳动争议为狭义劳动争议；以对应的劳动关系为标准来界定，劳动关系有单个劳动关系与集体（团体）劳动关系之区分，与单个劳动关系对应的劳动争议为狭义劳动争议，与集体（团体）劳动关系和单个劳动关系对应的劳动争议为广义劳动争议。[4]

---

〔1〕 史尚宽：《劳动法原论》，台北，正大印书馆1978年版，第241页。

〔2〕 很多国家通过立法的方式对劳动争议作出了明确的定义。例如，日本《劳动关系调整法》规定：“劳动争议，是指劳动关系当事人之间因有关劳动关系的主张不一致而发生的对抗行为或可能发生对抗行为的状态”；美国《国家劳资关系法》规定：“劳资争议包括任何有关就业规定、期限或条件的争执，包括从事谈判、确定、保持、改变或寻求新的就业条件的人们的结社或代表权的问题，无论争议人是否与雇主或职工处于亲近的关系”；新西兰《劳资关系法》规定：“劳动争议，是指一个或一个以上的雇主，或雇主组织、雇主组织联合会与一个或一个以上的工会或工会联合会之间的任何争端”；韩国《劳动争议调整法》规定：“劳动争议，是指劳动关系当事人在工资、福利、解雇及待遇和其他任何雇佣条件方面因不同意见而发生的纠纷。”

〔3〕 董保华：《劳动法论》，世界图书出版社1999年版，第284页。

〔4〕 参见王全兴：《劳动法》（第4版），法律出版社2017年版，第461页。

对于劳动争议的含义,我们亦赞同狭义说。劳动关系已是我国基础性社会关系,这是一种受法律调整的权利义务关系,其当事人是权利的享有者和义务的承担者。劳动权利义务是劳动争议的标的,劳动争议处理的目的就是明确和实现劳动争议当事人双方所争议的劳动权利义务。因而,争议主体和争议标的是界定劳动争议的两个基本标志。笔者赞同这样的界定,即纳入劳动争议处理程序调整机制的劳动争议,是指用人单位与劳动者之间、用人单位与工会(或由上级工会指导劳动者推举的代表)之间以及用人单位团体(或一定地域内同属于一个行业的企业方面代表)与工会之间因劳动关系而产生的争议,它是劳动关系双方当事人之间,对劳动权利义务和其他相关利益有不同主张和要求而引起的纠纷。〔1〕 或者指的是,用人单位和劳动者在执行劳动方面的法律、法规和劳动合同、集体合同的过程中,就劳动的权利义务发生分歧而引起的争议。〔2〕

关于劳动争议的本质,不应局限于用阶级分析的眼光来看待,国际劳工组织在1993年得出研究结论为:“在资本市场上,工人和雇主各自具有独立的地位。然而,雇主是资本的所有者,工人是他们劳动力的所有者,他们的追求是截然不同的。雇主追求利润最大化,工人追求工资最大化,成本和利润的矛盾决定了他们之间的对立性;如果处理得不好,还会由对立转为对抗。”〔3〕“劳动争议作为一种社会现象,是劳动关系内在利益差别与矛盾的外在表现,是劳动关系利益双方矛盾及冲突的必然结果。”〔4〕因此,不论哪种社会形态下引发的劳动争议,首先要判断的是该劳动争议是不是劳动争议,通过确定它与其他社会纠纷的区别进而寻求化解纠纷和矛盾的途径。

二、劳动争议的特征

劳动争议是在劳动过程中,劳动者与用人单位之间发生的纠纷,它不同

〔1〕 参见郑尚元:《劳动争议处理程序法的现代化》,中国方正出版社2004年版,第2页;贾俊玲主编:《劳动法学》,中国广播电视大学出版社2003年版,第399页。

〔2〕 全国人大常委会法制工作委员会主编:《中华人民共和国劳动争议调解仲裁法释义》,法律出版社2008年版,第1页。

〔3〕 邱小平主编:《劳动关系》(第2版),中国劳动社会保障出版社2004年版,第9页。

〔4〕 常凯主编:《劳动关系·劳动者·劳权:当代中国的劳动问题》,中国劳动出版社1995年版,第450页。

于一般的民事争议、行政争议，在纠纷主体、纠纷内容、解决纠纷所适用的法律等方面具有作为独立的争议形式存在的本质特点。正确认识劳动争议的特点，是我们判断劳动争议是否存在，并寻求合理的解决途径的前提。

（一）劳动争议的当事人相对恒定

劳动争议以劳动关系为基础，劳动争议的主体即劳动关系双方，一方为用人单位或其组织，另一方为劳动者或其组织。其中，用人单位，主要是指我国境内享有用工权的企业、事业单位和其他社会组织等，当个体经济组织雇请帮工时，亦可以作为用人单位一方当事人。[1] 其中的劳动者主要是指具有我国国籍的具有劳动权利能力和劳动行为能力的公民，同时，随着我国改革开放和对外经济贸易的发展，外国人和无国籍人也越来越多地出现在我国的劳动关系中，成为我国劳动关系的一方当事人。如果争议不是发生在劳动关系双方当事人或其团体之间，即使争议内容涉及劳动问题，也不构成劳动争议。例如，劳动者之间在劳动过程中发生的争议（如职工之间因工作而意见不一致）、企业之间因劳动力流动发生的争议（如企业与企业之间，因借调职工而产生矛盾）、劳动者或企业与劳动行政部门在劳动行政管理中发生的争议（如职工因工作调动而与当地原劳动部门发生争执），都不属于劳动争议。

（二）劳动争议的当事人之间关系具有双重性

这是由劳动关系的特点决定的，劳动关系具有平等性兼隶属性（劳动关系的当事人之间具有平等的横向关系与不平等的纵向关系）决定了劳动争议主体间关系的双重性。劳动力供求双方，对于是否缔结劳动法律关系以及缔结什么样的劳动法律关系问题，彼此在平等的基础上自愿协商一致方能确定。但劳动关系一经缔结，劳动者就成为用人单位的所属职工，就要遵守用人单位的各项规章制度，用人单位成为劳动者的管理者，劳动关系双方由平等型主体转化为隶属型主体。在这样的关系中，双方的信息掌控不均衡，劳动者对相关信息和证据方法的了解和掌握始终处于被动地位，劳动者与用人单位地位的不对称，要求劳动争议处理制度必须充分体现向劳动者

---

〔1〕 参见梁书文、回沪明主编：《劳动法及配套规定新释新解》，人民法院出版社 2000 年版，第 18～19 页。

倾斜和便利劳动者的原则,从而确保处理结果的实质公平和公正。劳动关系的平等性决定了劳动争议与行政争议的区别,而隶属性决定了劳动争议与一般民事纠纷的区别。

(三)劳动争议以劳动权利和劳动义务为标的

劳动争议的内容,涉及劳动权利和劳动义务,也就是说,劳动争议以劳动权利和劳动义务为标的。[1] 劳动权利和劳动义务是依据劳动法律、集体合同和劳动合同具体确定的,因而劳动争议在一定意义上是因遵守劳动法律和订立、履行、变更或终止集体合同或劳动合同所发生的争议。劳动权利和劳动义务的内容,包括就业、工时、工资、劳动保护、保险福利、职业培训、民主管理、奖励惩罚等各个方面,因而劳动争议的内容相当广泛,但若是以劳动权利义务之外的权利义务为标的的争议,自不属于劳动争议。[2]

(四)劳动争议及其处理结果具有较强社会影响

其他社会纠纷,如民事争议一般是独立的民事主体之间的纠纷,影响只局限于争议的主体之间。但劳动争议是一个带有社会性的问题,劳动争议及其处理结果具有较强的社会影响。其表现如下:一是劳动争议直接关系到劳动者的就业和家庭生活以及其他切身利益,关系到用人单位的正常生产经营,从而关系和可能影响到社会安定和宏观经济。二是有些劳动争议

---

〔1〕 参见王全兴:《劳动法》(第4版),法律出版社2017年版,第461页。

〔2〕 这里简要介绍一下劳动权利。劳动权利,一般指的是劳动者权利,又称劳工权利或劳动者权益或劳权。我国劳动者权利的具体内容,是在宪法、劳动法、劳动合同法、工会法、企业法等法律中规定的。根据这些权利的性质和行使方式的不同,可以分为两大类,即劳动者个人的权利和劳动者集体的权利。劳动者个人的权利,又称个别劳权,即与劳动者个人利益直接相关的由劳动者个人享有并只能由其个人行使的权利。根据法律规定,我国劳动者所享有的个别劳权,主要有劳动就业权、劳动报酬权、休息休假权、劳动安全卫生权、职业培训权、社会保险福利权、提请劳动争议处理权以及法律规定的其他权利。劳动者集体的权利,又称集体劳权,即由劳动者集体享有并通过工会来具体行使的权利。根据法律规定,我国劳动者所享有的集体劳权包括参加和组织工会的权利、集体协商和集体谈判的权利、民主参与和民主管理的权利。相对于个别劳权而言,集体劳权在维护劳动者权益和平衡劳动关系过程中的作用更为重要。集体劳权的目的是实现个别劳权,集体劳权又是实现个别劳权的基础和保证。因此,集体劳权又被称为劳动基本权。

双方分歧较大，具有对抗性，处理得不好，容易导致矛盾激化，劳动争议引发的上访、自杀威胁、罢工、恶性安全事故、报复行凶等突发事件和刑事案件，极易影响到整个社会稳定。三是评判劳动争议处理结果的优劣，除了法律效果层面的标准即是否符合法律和法理以外，还应当特别重视社会效果层面的标准即是否增加社会效益。正是基于这些，劳动争议处理制度必须充分体现及时、快捷的原则，体现柔性化的原则，倡导以协商抵消对抗。

（五）劳动争议受劳动法律的专门调整

“在劳动法独立于民法之前的相当长的一段时间，劳动争议发生的范围、对社会的影响程度以及对固有秩序的冲击不足以制定专门法律予以调整，该争议仍然被划定在‘私’法领域之内。”[1]1804年第一部资产阶级民法典《法国民法典》诞生，它在第一千七百一十条将雇佣关系称为“劳动力的租赁”，并解释为“当事人约定，一方为他方完成一定的工作，他方约定支付报酬的契约”。还将劳动力的租赁与物的租赁并列，使其适用物的一般租赁。[2] 但是，当争议的影响程度越来越广，对社会秩序的冲击越来越大，公权力需要介入争议的解决时，调整此类争议的法律逐渐从传统民法中分离出来，劳动争议也作为独立的概念而存在，各国根据本国劳动争议的特点及国情在劳动立法中开始制定专门的劳动争议解决机制，可见劳动争议受劳动法律的专门调整是由劳动争议社会性的特征决定的。

三、劳动争议的种类

世界上许多国家，为了更好地处理劳动争议，在立法和实践中，将劳动争议分为不同的类型，而其中比较典型且具有理论和实践意义的分类为：

（一）个人争议与团体争议

根据争议的主体不同，劳动争议可分为个人争议和团体争议。[3] 个人

〔1〕 郑尚元：《劳动争议处理程序法的现代化》，中国方正出版社2004年版，第5页。

〔2〕 参见王全兴：《劳动法》（第2版），法律出版社2004年版，第4页。

〔3〕 首先提出区分个人争议与团体争议的是法国。“1806年法国立法上规定建立劳动争议调解庭，专门解决雇主与工人之间关于就业合同的争议。就业合同的争议，就是指个人劳动争议。”参见原劳动部劳动力管理和就业司组织编写：《劳动仲裁概论》，北京师范学院出版社1990年版，第34页。

争议,也称个别争议。“个别争议主要为因劳动契约关系所生之各个雇用人与受雇人间之争议及关于权利之发生效力及消灭之问题,故亦有权利争议之称。”[1]“团体争议与个别争议不同,非为劳动契约上权利之争,乃为团体的利益之争。”[2]在我们看来,单个劳动者与用人单位之间的劳动争议,即为个别争议,由于个别争议多起于劳动合同的效力、履行、变更等问题,故属权利争议,争议的当事人可以通过法律程序获得权利救济。团体争议发生在工会组织与雇主及其组织之间,其争议的内容有劳动合同的效力、履行、变更等问题,属于法律上的争议;有签订、修改集体合同时达不成一致意见而发生的问题,属于事实上的争议。有学者认为团体争议仅属利益争议,这是一种片面的认识。

我国立法中没有团体争议的概念,但有过集体争议的概念,如 1987 年国务院发布的《国营企业劳动争议处理暂行规定》第四条规定:“发生争议的职工一方,人数在十人以上,并且有共同理由的,为集体争议。”1993 年施行的《中华人民共和国企业劳动争议处理条例》第五条规定:“发生劳动争议的职工一方在三人以上,并有共同理由的,应当推举代表参加调解或者仲裁活动。”条例没有直接使用“集体争议”的概念,但 1993 年原劳动部根据条例颁行的《劳动争议仲裁委员会办案规则》中却设置“案件特别审理”一章专用于处理职工一方在三十人以上的集体争议。受此影响,国内部分学者遂以是否达到法定的劳动者人数为标准来划分个人争议与集体争议。按此理解,一个企业的众多职工因企业长期拖欠工资而申请劳动争议仲裁,即属集体争议。但由于每个劳动者与企业之间的关系是彼此独立的,劳动者之间没有共同的利益所在,故此类争议实际上是个别争议,在程序上可以合并,亦可以不合并。由此可知,过去所称的集体争议仅是多个个别劳动争议累加而形成的劳动争议,与团体争议的概念是不相同的。“依吾人见解,劳工法本身可分为两个体系:一为个别劳动关系法,以个别劳动者为规律对象,包括个别劳工与雇主间雇佣契约及国家对个别劳工之保护立法;另一为总体关系法,以劳工组织体(工会)为规律对象,包括工会与雇主(雇主团体)之关系及集体谈判制度。”[3]团体争议是因集体合同的订立和履行而引发的

〔1〕 史尚宽:《劳动法原论》,台北,正大印书馆 1978 年版,第 241 页。

〔2〕 史尚宽:《劳动法原论》,台北,正大印书馆 1978 年版,第 248 页。

〔3〕 王泽鉴:《民法学说与判例研究》(第 1 卷),中国政法大学出版社 1998 年版,第 335 页。

争议，是建立在集体谈判基础之上的，它以一定数量劳动者的存在为基础，但并不以劳动者人数为标准。劳动争议中劳动者一方达到法定人数，并有共同争议标的的，可称为多数人争议，以此与团体争议区别开。我国2007年《劳动争议调解仲裁法》第七条规定："发生劳动争议的劳动者一方在十人以上，并有共同请求的，可以推举代表参加调解、仲裁或者诉讼活动。"由此可以看出，该法不仅继续舍弃了集体争议的概念，而且将构成多数人争议的客观要件表述为"有共同请求"，使之与代表人诉讼及其有关理论实现了对接。

（二）权利争议与利益争议

根据争议的性质和内容，劳动争议可分为权利争议与利益争议，或法律争议与事实争议，或权利事项争议与调整事项争议。[1] "凡是因法律条文、集体合同中规定的劳动权利而发生的争议，称为权利争议；在集体谈判中提出法定权利之外的新的权利要求的争议，称为利益争议。"[2]关于利益争议，史尚宽详细解释道："非为现在权利之争议乃为团体协约订立之要求或其变更所生之纠纷。故争议之目的，在于有利的劳动条件的获得，即一种利益争议也。"[3]权利争议的主体广泛，用人单位、劳动者以及工会均可成为权利争议的当事人，其发生在签订劳动合同或集体合同后的履行阶段，或对法律、法规的执行阶段，是有关执行或履行法律、法规、劳动合同、集体合同而发生的争议，而且争议双方所争执的权利义务，已在法律、法规、劳动合同、集体合同中有所规定。利益争议的当事人受集体谈判主体的限制，只能由工会和雇主及其组织形成，其发生在双方签订、修改集体合同达不成一致意见，集体谈判陷入僵局的阶段，争议的内容不涉及法律、法规或劳动合同、集体合同已规定的内容，而是在此之外新的、将来要实现的权利。我国集体合同争议处理制度中没有权利争议与利益争议的概念，而是区分了签订集

---

〔1〕 这一划分肇始于瑞典，其后美、日、新西兰等国纷纷仿效，1988年我国台湾地区修订"劳资争议处理法"时也加以采用。参见彭莉：《台湾劳资争议仲裁制度评析》，载《台湾研究集刊》1996年第4期。

〔2〕 范占江主编：《劳动争议处理概论》，中国劳动出版社1995年版，第14页。

〔3〕 史尚宽：《劳动法原论》，台北，正大印书馆1978年版，第248页。

体合同的争议与履行集体合同的争议两种情形。[1]

该分类的意义在于:满足法律适用的需要,确认哪些权利在救济程序中是可诉的,哪些是不可诉的。各国劳动法律均明确规定不同的争议,其适用主体、处理程序各不相同。权利争议属于法律争议,可适用调解、仲裁及诉讼程序解决,因此权利争议是可诉的。而利益争议是事实争议,没有可以引用的实体法律依据,因而是不可诉的,只能通过调解、调停、谈判、仲裁等非诉讼方式解决。目前,我国立法中虽然没有权利争议和利益争议的概念,但从《劳动法》(第八十四条)、《劳动合同法》(第五十六条)[2]以及原劳动和社会保障部2004年公布施行的《集体合同规定》中可知,在相关的法律、部门规章中已明确了二者的区别,有关集体合同履行的争议可以申请仲裁,而集体合同订立方面的争议必须寻求行政调解程序来解决。

(三)劳动争议的其他分类

在我国,对劳动争议还有其他分类被提及和应用。首先,根据争议主体、处理争议所依据的法律不同,我国还有"人事争议"的概念,相对于劳动争议。根据我国《公务员法(2018年修正)》《人事争议处理规定(2011年修正)》《解放军文职人员条例》等规定,人事争议包括实施公务员法的机关与聘任制公务员之间因履行聘任合同发生的争议、参照公务员法管理的机关(单位)与聘任工作人员之间因履行聘任合同发生的争议、事业单位与编制内工作人员之间因解除人事关系和履行聘用合同发生的争议、社团组织与工作人员之间因解除人事关系和履行聘用合同发生的争议、军队聘用单位与文职人员之间因履行聘用合同发生的争议。人事争议具有主体多元化、内容复杂化、优先适用人事方面法律的特征。主体多元化,是指仅作为人事争议一方当事人的用人单位就包括聘任制机关、事业单位、社团组织、军队

---

[1] 我国《劳动法》第八十四条规定,"因签订集体合同发生争议,当事人协商解决不成的,当地人民政府劳动行政部门可以组织有关各方协调处理。因履行集体合同发生争议,当事人协商解决不成的,可以向劳动争议仲裁委员会申请仲裁;对仲裁裁决不服的,可以自收到仲裁裁决书之日起十五日内向人民法院提起诉讼"。

[2] 《劳动合同法》第五十六条规定,"用人单位违反集体合同,侵犯职工劳动权益的,工会可以依法要求用人单位承担责任;因履行集体合同发生争议,经协商解决不成的,工会可以依法申请仲裁、提起诉讼"。

文职人员聘用单位等多个主体。内容复杂化，体现在近年来的人事争议多涉及社会保险、身份确认、退休审批等“附随性”对象，而社会保险与身份确认又直接与事业单位分类改革、人事制度改革同步发生，增加了人事争议内容的复杂性。[1] 相对于劳动争议处理主要依据《劳动合同法》《劳动法》及其配套规章政策，而人事争议处理依据比较复杂，《最高人民法院关于事业单位人事争议案件适用法律等问题的答复》(法函〔2004〕30 号)曾规定，人民法院对事业单位人事争议案件的实体处理应当适用人事方面的法律规定，但涉及事业单位工作人员劳动权利的内容在人事法律中没有规定的，适用《劳动法》的有关规定。后来《劳动合同法》第九十六条进一步规定，事业单位与实行聘用制的工作人员订立、履行、变更、解除或者终止劳动合同，法律、行政法规或者国务院另有规定的，依照其规定；未作规定的，依照本法有关规定执行。尽管人事争议因其特点而与劳动争议有别，但从人事争议处理的主要发展历程来看，两者正在不断融合，未来将会趋同。其次，根据劳动争议发生的地域范围，劳动争议可分为用人单位劳动争议、区域劳动争议和行业劳动争议。顾名思义，用人单位劳动争议是指发生在同一用人单位中的劳动争议，通常这类争议数量最多，波及范围相对较小，解决起来也相对容易；而区域和行业劳动争议是指发生在一定区域或行业内的劳动争议，通常数量很少，但一旦发生，极可能引发较大规模事件，影响面广，处理难度也较大。再次，根据劳动争议中是否具有涉外因素，可分为国内劳动争议和涉外劳动争议，如劳动关系的主体、法律事实同外国(我国领域外)有联系的，则为涉外劳动争议。最后，根据劳动争议产生的原因，可分为：因招用劳动者或劳动者流动引起的争议，因履行劳动合同引起的争议，因工作时间和休息休假引起的争议，因劳动报酬引起的争议，因职业教育和技术培训引起的争议，因劳动安全卫生引起的争议，因社会保险和生活福利引起的争议，因用人单位开除、除名、辞退违纪劳动者引起的争议等。

第二节 我国的劳动争议处理制度

劳动争议处理制度，是指国家通过立法的形式将劳动争议处理的机构、原则、程序、受理范围等确定下来，用以解决劳动争议的一项法律制度。劳

〔1〕 参见王振麒主编：《劳动人事争议处理》，复旦大学出版社 2011 年版，第 3 ~4 页。

动争议处理制度，在法学分类上属于程序法。就其内容看，它是解决在劳动争议处理方面的原则、程序等规定；就其任务和作用看，它为贯彻实体法提供法律保障。在本标题下，主要介绍我国劳动争议处理制度的历史沿革、现行劳动争议处理制度基本框架及特点。

一、劳动争议处理制度的历史沿革

“切断了历史的来龙去脉，我们既看不到法律产生的历史环境，法律对前人生活的影响以及法律承前启后的走向，也找不到真正有助于解决现实问题的线索。”[1]我国的劳动争议处理制度可以追溯到中华人民共和国成立前。国民党统治时期，为协调劳资之间日益尖锐的矛盾，1928 年国民政府颁布了《劳资争议处理法》，1930 年、1932 年、1943 年又予以修正。[2]“该法的主要内容有：1. 规定了处理劳动争议的机构及其组成。劳动争议处理机构为调解委员会和仲裁委员会。2. 规定了强制仲裁程序。对公共事业领域发生的劳动争议，如水电、煤气、邮电、交通等，经调解无效的，无须经当事人申请，一律交付仲裁委员会进行仲裁。”

中华人民共和国成立前，1931 年，在江西瑞金召开的中华苏维埃工农兵第一次全国代表大会通过了《中华苏维埃共和国劳动法》，该法确定了劳动争议的处理机构包括原劳动部下属的仲裁委员会，对劳资争议案件有管辖权。此后，抗日战争时期和解放战争时期，中国共产党领导下的各边区政府和解放区相继颁布了一些劳动法规，对劳动争议处理制度作出规定。劳资争议的调解无效时，得依法仲裁，如对劳动争议仲裁不服，得按司法程序向法院起诉。这种规定，奠定了我国以后劳动争议处理制度的基本模式，即调解—仲裁—诉讼。[3]

中华人民共和国成立之后，我国首先进入了过渡时期，为解决私营企业内部的劳资关系的争议，中华全国总工会于 1949 年 11 月公布了《关于劳动争议解决程序的暂行规定》，提出了处理劳动争议应采取协商、仲裁、人民法院审理的处理程序。1950 年 6 月，中央原劳动部发布了《市劳动争议仲裁委员会组织及工作规则》，同年 10 月又发布了《关于劳动争议处理程序的规

---

〔1〕 江平主编：《新编公司法教程》（第 2 版），法律出版社 2003 年版，第 55 页。

〔2〕 该“法”在我国台湾地区施行过程中，截至 2017 年 1 月 18 日又经历了 7 次修改。

〔3〕 参见杨荣新主编：《仲裁法理论与适用》，中国经济出版社 1998 年版，第 249 ~ 250 页。

定》,标志着我国劳动争议处理制度的初步建立。这两个规章确定了各级人民政府劳动局成为处理劳动争议的专门机关,后者规定:“公营、私营及合作经营企业中的劳动争议,经过劳动局的仲裁后,如果当事人其中仍然不服时,必须在5日之内通知劳动局并同时向人民法院提出控诉,请求判决。”在资本主义工商业的社会主义改造基本完成以后,1956年10月,国家原劳动部撤销了仲裁司,各地也撤销了劳动争议处理机构。1957年5月,中共中央办公厅和国务院秘书厅制定的《中央十九个部门关于接待人民来信来访的范围(草案)》,规定了原劳动部负责处理劳动争议方面的来信来访。此后各级地方政府也在原劳动部门相继设立信访机构,专门处理有关劳动争议方面的来信来访。中华人民共和国成立初期的劳动争议处理制度在立法技术、体制设计上对后来恢复劳动争议处理制度提供了宝贵的经验。

1987年国务院发布了《国营企业劳动争议处理暂行规定》,规定了劳动争议可经过调解、仲裁、诉讼三个程序,这标志着中断30年的劳动争议处理制度得到了恢复。[1] 该法规有一个特点,即其适用范围狭窄,只适用于国营企业。借着我国实行市场经济制度的契机,国务院于1993年7月发布了《中华人民共和国企业劳动争议处理条例》(以下简称《企业劳动争议处理条例》)。为了强化实践中的可操作性,原劳动部相继颁布了《劳动争议仲裁委员会办案规则》《劳动争议仲裁委员会组织规则》《企业劳动争议调解委员会组织及工作规则》等部门规章。这些法规、部门规章基本上搭建出我国劳动争议处理制度的基本架构。1994年7月5日第八届全国人大常委会通过了《劳动法》,这是中华人民共和国成立以后的第一部劳动法,对劳动争议处理制度作了专章规定,因该法篇幅所限,只规定了劳动争议处理的一些基本制度,具体操作还需依据《企业劳动争议处理条例》的规定执行。根据《劳动法》和《企业劳动争议处理条例》的规定,用人单位与劳动者发生劳动争议,当事人可以依法采取调解、仲裁、提起诉讼及协商的方式解决争议。协商及调解当事人得自由选择,而仲裁是诉讼的前置程序。

---

[1] 其实,早在1980年,为了解决中外合资经营企业的劳动管理问题,国务院发布了《中华人民共和国中外合资企业劳动管理规定》,规定合资经营企业发生的劳动争议,首先由争议双方协商解决,协商不成的,可以由争议的一方或双方向所在省、自治区、直辖市人民政府劳动管理部门请求仲裁,对仲裁裁决不服的,还可以向人民法院起诉。但该规定的适用范围有限。

为完善现行劳动争议处理制度,2007 年 12 月 29 日第十届全国人民代表大会常务委员会第三十一次会议通过《劳动争议调解仲裁法》。这是中华人民共和国成立以后的第一部关于劳动争议处理的程序法典,该法在坚持《劳动法》基本原则的前提下,根据经济社会发展要求,总结现行劳动争议处理制度经验,对劳动争议处理制度作进一步完善,强化调解、完善仲裁、加强司法救济,及时妥善处理劳动争议,尽最大可能将劳动争议解决于基层,维护当事人合法权益。该法所作的突破性的制度设计具体如下:一是规定部分案件实行有条件的"一裁终局";二是延长了申请劳动争议仲裁时效期间为一年;三是缩短了劳动争议仲裁审理期限;四是更加合理地分配举证责任;五是减轻当事人经济负担,劳动争议仲裁不收费;六是突出了劳动争议调解程序。

二、现行劳动争议处理制度基本框架

根据《劳动法》和《劳动争议调解仲裁法》的规定,我国劳动争议处理制度实行"协商—调解—仲裁—诉讼"的处理体制。即发生劳动争议,劳动者可以与用人单位协商,也可以请工会或者第三方共同与用人单位协商,达成和解协议;当事人不愿协商、协商不成或者达成和解协议后不履行的,可以向调解组织申请调解;不愿调解、调解不成或者达成调解协议后不履行的,可以向劳动争议仲裁委员会申请仲裁;对仲裁裁决不服的,除法律另有规定的外,可以向人民法院提起诉讼。由于协商和调解不是劳动争议处理的必经程序,而且除法律有特别规定的外,一般调解协议没有法律效力;由于人民法院适用民事诉讼程序审理劳动争议案件,实行两审终审制;也由于现行法规定劳动争议处理必须按"裁、审"依次进行,事实上确立了仲裁前置原则,因此,我国这种体制也可被概括为"先裁后审,一裁两审"的单轨制劳动争议处理机制。

(一)劳动争议处理机构

根据法律规定,[1]我国有权处理劳动争议的机构包括:

---

〔1〕 参见《劳动法》第七十九条、第八十四条和《劳动争议调解仲裁法》第四条、第五条以及第八条至第十条。

1. 调解组织

调解组织指企业劳动争议调解委员会、依法设立的基层人民调解组织和在乡镇、街道设立的具有劳动争议调解职能的组织。其中,企业劳动争议调解委员会是在用人单位内部设立的,专门处理劳动争议的群众性组织,由职工代表和企业代表组成。职工代表由工会成员担任或者由全体职工推举产生,企业代表由企业负责人指定。企业劳动争议调解委员会主任由工会成员或者双方推举的人员担任。依法设立的基层人民调解组织,是指依据《人民调解法》、国务院《人民调解组织条例》和司法部《人民调解工作若干规定》设立的基层人民调解委员会,它是调解民间纠纷的群众性组织。基层人民调解委员会有农村村民委员会、城市(社区)居民委员会设立的人民调解委员会,乡镇、街道设立的人民调解委员会,企业事业单位根据需要设立的人民调解委员会,根据需要设立的区域性、行业性的人民调解委员会。人民调解委员会由委员三人以上组成,设主任一人。目前,全国村居(社区)和乡镇(街道)人民调解委员会实现了全覆盖,在调解民间纠纷方面发挥了重要作用。[1] 在乡镇、街道设立劳动争议调解组织,是一些经济发达地区为了解决劳动争议的实际需要而设立的区域性的调解组织。目前,在乡镇、街道设立的具有劳动争议调解职能的组织主有两种模式:一种是依托于乡镇劳动服务站的调解组织;另一种是依托于地方工会的劳动争议调解组织。现行法肯定了实践中存在的这些区域性的调解组织,一是鼓励现行的区域性调解组织在调解劳动争议方面继续发挥作用;二是可以根据实践需要把现有的调解组织和资源进行整合,形成合力,发挥最大效用。劳动争议调解组织的调解员应当由公道正派、联系群众、热心调解工作,并具有一定法律知识、政策水平和文化水平的成年公民担任。

2. 劳动争议仲裁委员会

劳动争议仲裁委员会或者劳动争议仲裁院是由国家授权、依法独立处

〔1〕 据2018年全国人民调解工作会议上的通报,全国共有人民调解委员会76.6万个(其中行业性、专业性人民调解组织4.5万个,派驻有关单位和部门的人民调解工作室1.5万个),人民调解员366.9万人,专职人民调解员49.7万人,每年调解各类纠纷达900万件左右,调解成功率96%以上。载 http://www.moj.gov.cn/subject/content/2018-05/11/405_19394.html,最后访问日期:2020年7月7日。

理劳动争议的专门机构，一般设在县、市、市辖区一级，[1] 由劳动行政部门代表、工会代表和企业方面代表组成，下设办事机构，负责办理劳动争议仲裁委员会的日常工作。

3. 人民法院

人民法院是处理劳动争议的司法机关，是劳动争议的最终处理机构。劳动争议案件的审理由人民法院的民事审判庭具体负责。[2]

4. 劳动行政部门

实践中，有大量劳动争议案件涉及用人单位违反国家规定，拖欠或者未足额支付劳动报酬、工伤医疗费、经济补偿或者赔偿金等行为，其中不少案件事实清楚，双方对案件的事实不存在争议。如拖欠劳动报酬的案件，对于劳动者提出的用人单位存在拖欠劳动报酬的事实，用人单位予以承认，但是以各种理由拖着不支付。对此类案件，由于事实清楚，为了缩短劳动争议处理的时间，节约成本和精力，劳动者不必再走调解、仲裁、再诉讼的劳动争议处理程序，可以直接向劳动行政部门进行投诉，由劳动行政部门依法通过劳动保障监察的方式进行处理。[3]

因签订集体合同而产生的劳动争议，也就是通常所说的利益争议，由劳动行政部门代表政府协调处理。争议双方当事人一方或双方均可向劳动行政部门提出书面的协调处理申请；未提出申请的，劳动行政部门认为争议有

---

〔1〕《劳动争议调解仲裁法》第十七条规定，"劳动争议仲裁委员会按照统筹规划、合理布局和适应实际需要的原则设立。省、自治区人民政府可以决定在市、县设立；直辖市人民政府可以决定在区、县设立。直辖市、设区的市也可以设立一个或者若干个劳动争议仲裁委员会。劳动争议仲裁委员会不按行政区划层层设立"。因此，直辖市和设区的市也可以设立劳动争议仲裁委员会，如上海市就设立有上海市劳动人事争议仲裁委员会（上海市劳动人事争议仲裁院）。

〔2〕根据新闻报道，近10年来，为满足劳资纠纷与普通民事纠纷在处理程序和审理理念上的特殊需求，各地法院继续推进劳动人事争议案件的专业化审理。例如，2010年1月29日，北京市丰台区人民法院隆重举行大会，正式成立了劳动争议审判庭，这是北京市法院首家也是全国第一家劳动争议案件专业审判庭。又如，2019年年初，江苏省高级人民法院确定由民事审判第四庭集中审理劳动人事争议案件，并对全省法院进行审判业务指导。目前，无锡市中级人民法院及其辖区内梁溪、滨湖、锡山、惠山、江阴五家基层法院成立了劳动争议审判庭，南通市中级人民法院建立专门劳动争议审判庭。

〔3〕劳动行政部门有权对《劳动合同法》第七十四条、2004年国务院发布的《劳动保障监察条例》第十一条规定的事项实施劳动保障监察。

必要协调处理的,也可以主动干预。由于签订集体合同的争议处理机制中没有规定仲裁程序和诉讼程序,争议双方是不能通过仲裁或诉讼解决争议,即使双方当事人对劳动行政部门作出的协调处理结果不自觉履行,或达成协议后又反悔的,也只能通过劳动行政部门再协调处理。

(二)劳动争议处理程序

劳动争议处理程序是指法律规定的处理劳动争议的步骤和规则。我国现已确立了从自治到司法解决的多元化的争议解决机制,包括协商、调解、仲裁和诉讼四种程序。

1. 协商程序

劳动争议的协商,是指发生争议的劳动者与用人单位通过自行协商,或者劳动者请工会或者其他第三方共同与用人单位进行协商,从而使当事人的矛盾得以化解,自愿就争议事项达成协议,使劳动争议及时得到解决的一种活动。这是一种单纯的私力救济程序,一般不被认为是法律程序。根据法律规定,国家提倡劳动争议当事人在发生劳动争议后,主动就争议事项进行协商,协调双方的关系,消除矛盾,解决争议。协商程序的进行,一般是在劳动者与用人单位之间直接开展的,必要时劳动者也可以邀请工会或者第三方共同与用人单位协商。但协商不是处理劳动争议的必经程序,当事人自愿可以协商,不愿协商或者协商不成的,则适用其他的救济程序。

2. 调解程序

这里说的劳动争议的调解,不是劳动争议仲裁或诉讼程序上的调解,而是指劳动争议调解组织对用人单位与劳动者之间发生的劳动争议,在查明事实、分清是非、明确责任的基础上,依照国家劳动法律、法规,以及依法制定的企业规章和劳动合同,通过民主协商的方式,推动双方互谅互让,达成协议,消除纷争的一种活动。调解是一种以柔性方式化解矛盾的机制,调解组织调解劳动争议是一种既十分有效又有利于改善双方关系的方式,因此,调解成为处理劳动争议的法定程序。调解制度在程序设计中体现了两个层面:当事人双方自愿调解的意志自由,社会力量在双方当事人之间的居中协调。当事人申请劳动争议调解既可以书面申请,也可以口头申请。口头申请的,调解组织应当当场记录申请人基本情况、申请调解的争议事项、理由和时间。调解劳动争议,应当充分听取双方当事人对事实和理由的陈述,耐心疏导,帮助其达成协议。经调解达成协议的,应当制作调解协议书。调解协议书由双方当事人签名或者盖章,经调解员签名并加盖调解组织印章后生效,对双方当事人具有约束力,当事人应当履行。自劳动争议调解组织收到调解申请之日起 15 日内未达成调解协议的,当事人可以依法申请仲裁。达成调解协议后,一方当事人在协议约定期限内不履行调解协议的,另一方当事人可以依法申请仲裁。因支付拖欠劳动报酬、工伤医疗费、经济补偿或者赔偿金事项达成调解协议,用人单位在协议约定期限内不履行的,劳动者可以持调解协议书依法向人民法院申请支付令,人民法院应当依法发出支付令。调解组织的性质,决定了调解程序并不具有法律强制效力,调解达成的协议本身不具有程序上的约束力和强制执行效力,而需依靠当事人的自我约束来履行。

3. 仲裁程序

劳动争议的仲裁,是指劳动争议仲裁机构对劳动争议当事人争议的事项,根据劳动方面的法律、法规、规章和政策等的规定,依法作出裁决,从而解决劳动争议的一项劳动法律制度。目前,仲裁是处理劳动争议最主要的方式和最重要的程序。仲裁程序依一方当事人申请开始,且属强制程序,一般情况下当事人不可以越过仲裁程序直接提起诉讼。与协商和调解不同,仲裁程序是处理劳动争议的必经程序。与协商、调解相比,仲裁具有更高的权威性,规定的规则和程序也较调解制度完善得多,且其公正性和彻底性更受制度上的保障。仲裁裁决作出后,其效力处于待定状态,若当事人对仲裁裁决不服的,除法律另有规定的外,可以向人民法院提起诉讼,此时仲裁裁决失去法律效力;若当事人超过 15 日不起诉的,则裁决具有法律效力,一方当事人不履行的,另一方可向人民法院申请强制执行。

4. 诉讼程序

劳动争议的诉讼,是指人民法院依法对劳动争议案件进行审理和判决的司法活动。劳动争议诉讼是保护当事人权利的公力救济程序,是处理劳动争议的最终程序,它通过司法程序保证了劳动争议的最终彻底解决。但劳动争议诉讼并非劳动争议处理的必经程序,只有劳动争议当事人经劳动争议仲裁后,对裁决不服时,在法定的期限内向人民法院起诉的,该程序才可能启动。劳动争议案件的审理由人民法院的民事审判庭具体负责,依民事诉讼程序进行审判,除了适用小额诉讼程序的案件外,实行两审终审制,其生效判决具有最终的法律效力。

我国现行劳动争议处理制度运行,既要从纠纷解决角度突出劳动争议仲裁的核心地位，又要从纠纷预防角度强调协商、调解的基础地位。在现行的劳动争议处理体制安排上，协商、调解、仲裁和审判四种处理劳动争议的程序中，劳动争议仲裁居于核心地位，它必须承接不愿经过调解程序或未能通过调解程序所解决的所有劳动争议案件，同时应该终结绝大部分劳动争议案件。但是这种制度安排在运行上要根据现实案件数量连年攀升、不断涌入后端的仲裁、诉讼程序状况作出适当调整，把等待酿成纠纷来解决的救济思维转变为提前介入避免纠纷成型的治理思维。为此，2015 年 3 月 21 日，中共中央、国务院发布《关于构建和谐劳动关系的意见》要求：坚持预防为主、基层为主、调解为主的工作方针，加强企业劳动争议调解委员会建设，推动各类企业普遍建立内部劳动争议协商调解机制。大力推动乡镇（街道）、村（社区）依法建立劳动争议调解组织，支持工会、商（协）会依法建立行业性、区域性劳动争议调解组织。完善劳动争议调解制度，大力加强专业性劳动争议调解工作，健全人民调解、行政调解、仲裁调解、司法调解联动工作体系，充分发挥协商、调解在处理劳动争议中的基础性作用。

三、我国劳动争议处理制度的特点

劳动争议处理制度是为预防和解决劳动争议而设的，是劳动法律方面的程序法，我国的劳动争议处理制度具有以下特点：

（一）实行"三方原则"

"三方原则"是由西方国家在近代形成的一种处理劳动关系的原则，并由国际劳工组织正式确立的。[1] "三方原则"是指在劳动标准的确定和劳动关系的处理上，由政府、雇主和工人的代表在平等的基础上协商解决。在劳动争议处理制度中"三方原则"体现为劳动争议处理机构由劳方、资方、官方三方代表组成。[2] 由于劳动争议的社会化，传统的私法处理具有天然的缺陷，无法达到劳资关系和谐稳定的目标。在"三方原则"中，政府以社会和国家利益代表的身份介入劳动争议处理程序，并以国家强制力来贯彻劳动法的基本原则，协商和平衡不同利益主体之间不同的利益需求，解决各方分

---

〔1〕 劳动关系三方原则，或称协调劳动关系三方机制，由国际劳工组织 1976 年第 144 号《三方协商促进履行国际劳工标准公约》规定。

〔2〕 参见《工会法》第三十四条、《劳动合同法》第五条、《劳动争议调解仲裁法》第八条。

歧,达到各方基本满意的目标,以促进经济健康发展,推进社会和谐稳定。政府对劳动关系的干预,贯穿于劳动关系的全过程,也是“三方原则”在各个阶段的体现。中共中央、国务院发布的《关于构建和谐劳动关系的意见》明确要求健全协调劳动关系三方机制。具体包括:完善协调劳动关系三方机制组织体系,建立健全由人力资源社会保障部门会同工会和企业联合会、工商联合会等企业代表组织组成的三方机制,根据实际需要推动工业园区、乡镇(街道)和产业系统建立三方机制。加强和创新三方机制组织建设,建立健全协调劳动关系三方委员会,由同级政府领导担任委员会主任。完善三方机制职能,健全工作制度,充分发挥政府、工会和企业代表组织共同研究解决有关劳动关系重大问题的重要作用。

(二)私法公法化

劳动法律具有私法公法化的特征,作为劳动程序法的劳动争议处理制度必然体现这一特征。我国劳动争议处理制度一方面赋予了争议主体一定的处分权,即规定了一些授权性规范;另一方面亦制定了相当的强制性规范。我国根据国情和时代变化对劳动争议处理制度中的授权性规范和强制性规范作出调整。随着劳动争议社会化过程的加深,制定更多的强制性规范,以保护劳动者的劳动权益,是今后我国劳动立法的发展趋势。

(三)处理程序简便、灵活,处理案件迅速、及时

为了适应劳动争议的特殊要求,劳动争议处理制度预防和解决劳动争议的多数程序,不像司法部门那样复杂、烦琐。现行法对于调解和仲裁,仅就一般处理程序作了较原则的规定,调解员、仲裁员可根据案情需要灵活选用。对申请仲裁的时效期间和处理争议的期限等也都作了短于诉讼制度的规定。为防止一些用人单位恶意诉讼以拖延时间,加大劳动者维权成本,现行法还在仲裁环节规定部分案件实行有条件的“一裁终局”。

(四)突出调解

我国的劳动争议处理制度很注重调解的方式。为尽量把争议解决在基层,最大限度地减少社会成本,现行法将调解单列一章。特别是规定对因支付拖欠劳动报酬、工伤医疗费、经济补偿或赔偿金事项达成调解协议,用人单位在协议约定期限内不履行的,劳动者可持调解协议书依法向人民法院

申请支付令,人民法院应当依法发出支付令。这是劳动者向人民法院申请追回工资报酬等经济待遇的一条快捷途径。另外,在仲裁和诉讼环节也都包含着调解的程序,处理中尽可能首先采用调解的方式化解矛盾。可以说,调解是我国处理劳动争议的基本手段,并贯穿于处理劳动争议的全过程。

第二章 劳动争议调解制度的基本问题

第一节 劳动争议调解的概念、性质、特征及任务

一、劳动争议调解的概念

在计划经济体制之下，在国家的统一规划下，用人单位与劳动者的利益一致，二者基本不会存在利益冲突与利益对立。但随着我国社会主义市场经济的发展，劳动关系也逐渐市场化，劳动关系日趋复杂，用人单位与劳动者之间的利益追求并不完全一致，劳动争议频发，因此劳动争议处理制度的构建、完善和发展也备受关注。《劳动争议调解仲裁法》第五条规定，发生劳动争议，当事人不愿协商、协商不成或者达成和解协议后不履行的，可以向调解组织申请调解；不愿调解、调解不成或者达成调解协议后不履行的，可以向劳动争议仲裁委员会申请仲裁；对仲裁裁决不服的，除本法另有规定的外，可以向人民法院提起诉讼。由此可见，劳动争议处理制度包括协商、调解、仲裁和诉讼。其中，使用调解的方式来解决劳动争议，符合当今世界ADR即替代性纠纷解决方式的发展潮流，且劳动争议调解与劳动争议处理制度中的其他争议解决方法比较而言，存在诸多优势，劳动争议调解因此受到较多的关注。对某个制度最直观的认识来源于该制度的概念界定，要对劳动争议调解制度作深入的研究与探讨，首先要对劳动争议调解的概念进行界定。

《大辞海·法学卷》对劳动争议调解的解释是："在中国，指劳动争议调解组织在查明事实、分清是非、明确责任的基础上，依照国家法律、法规的规定以及劳动合同约定的权利和义务，推动用人单位和劳动者之间相互谅解

地争议解决方式。"[1]劳动争议调解概念还被界定为:用人单位劳动争议调解委员会依照法律、法规和政策的规定,在查清事实、分清责任的基础上,以民主协商的方式,说服劝导争议双方互谅互让,并就争议事项达成一致,从而解决争议的活动。[2] 劳动争议调解,是指调解委员会对企业与劳动者之间发生的劳动争议,在查明事实、分清是非、明确责任的基础上,依照国家劳动法律、法规,以及依法制定的企业规则和劳动合同,通过民主协商的方式,推动双方互谅互让,达成协议,消除纷争的一种活动。[3] 对上述不同学者界定的劳动争议调解的概念进行分析,劳动争议调解的概念包括适用主体、调解机构、调解内容、调解依据和方法几个要素。对劳动争议调解的概念的不同表述,仅仅是不同学者在对该概念包含的几个要素的认识存在细微差别的情况下,进行了不同的组合作出的表达,并不存在本质差别。可见,劳动争议调解的概念并不存在较大争议。要把握劳动争议调解的概念,从以下五个方面出发:

(1)劳动争议调解适用的主体具有特定性。劳动争议是指具有劳动关系的用人单位与劳动者之间就劳动权利、劳动义务发生的争议。由于我国长期实行计划经济,使劳动者认识不到自身的价值所在,服从成为每个劳动者的本能,而社会主义市场经济的确立,使人们逐渐认识到自己的价值,即人格的独立,劳动力属于自己,劳动者的主体意识增强。[4] 加之我国法治建设进程加快,法律体系越来越完善,劳动者的维权意识和法律意识也随之加强。有些用人单位则一味追求经济利益最大化,无视劳动者的合法权益,使这对主体之间发生利益对立乃至冲突矛盾。因此,劳动争议具有主体特定性的特征,发生于特定的主体之间,即具有劳动关系的用人单位和劳动者之间,劳动争议调解作为劳动争议的处理方式自然也只适用于具有劳动关系的主体间。劳动争议主体的特定性将许多主体间的争议排除在劳动争议调解的适用范围外,如用人单位与用人单位之间的争议,劳动者与劳动者之

---

[1] 曹建明、何勤华编著:《大辞海·法学卷(修订版)》,上海辞书出版社 2015 年版,第 374 页。

[2] 参见赵永乐、沈鸿编著:《劳动关系管理与劳动争议处理》(第 3 版),上海交通大学出版社 2016 年版,第 186 页。

[3] 参见张居盛、唐文娟主编:《劳动与社会保障法实务教程》,科学出版社 2016 年版,第 113 页。

[4] 参见郭捷主编:《劳动法学》(第 4 版),中国政法大学出版社 2007 年版,第 302 页。

间的争议或者是用人单位与行政主管部门之间的争议就不适用劳动争议调解的方式来解决。

(2)劳动争议调解的机构是特定的。根据劳动争议调解机构范围的不同,将劳动争议调解分为广义的劳动争议调解和狭义的劳动争议调解。调解是指中立的第三方在发生纠纷的当事人间斡旋协调,促使争议当事人相互妥协和谅解,就争议的问题自愿达成协议的一种纠纷解决方式。我国素有以和为贵的说法,厌讼、息讼等传统思想影响深远,调解这种纠纷解决方式有其成长的良好社会土壤,调解也被称为“东方经验”。劳动争议调解其实是调解这种纠纷解决方式在劳动争议处理中的应用,因此劳动争议调解同样以中立的第三方作为调解机构。劳动争议调解有广义和狭义之分,作为调解机构的中立的第三方包含的组织机构的范围是区分广义劳动争议调解和狭义劳动争议调解的标准。

《劳动争议调解仲裁法》第十条规定:“发生劳动争议,当事人可以到下列调解组织申请调解:(一)企业劳动争议调解委员会;(二)依法设立的基层人民调解组织;(三)在乡镇、街道设立的具有劳动争议调解职能的组织。”以上法定的劳动争议调解组织主持下的调解是狭义的劳动争议调解。《劳动争议调解仲裁法》第三条规定:“解决劳动争议,应当根据事实,遵循合法、公正、及时、着重调解的原则,依法保护当事人的合法权益。”《劳动法》第七十七条规定:“用人单位与劳动者发生劳动争议,当事人可以依法申请调解、仲裁、提起诉讼,也可以协商解决。调解原则适用于仲裁和诉讼程序。”说明调解作为劳动争议处理的基本原则,劳动争议调解贯穿于劳动争议处理的全过程,即使是在劳动争议仲裁程序中,仲裁员仍然会先采用调解的方式对劳动争议进行处理;同样地,调解贯穿于民事诉讼中。因此在劳动争议仲裁程序中,在仲裁员的主持下进行的调解和在诉讼阶段,在法院的主持下进行的调解,仍然属于劳动争议调解的范畴,是广义的劳动争议调解。

(3)劳动争议调解的内容是特定的。劳动争议调解的内容是发生劳动争议的双方当事人之间的劳动纠纷,包括因为劳动合同、集体合同的履行,劳动法律、法规的执行等发生的劳动权利义务纠纷。

(4)劳动争议调解的依据多元。调解具有非正式性的特征,根据调解的这一基本特性,调解过程中所依据的规则应该是既具有一定权威性和规范化,又保持灵活性和多样性的。[1] 因此,劳动争议调解的依据应该是多元的,包括国家的劳动法律、法规、政策、劳动合同、集体合同、企业规章、道德、习惯、社会风俗等。

(5)劳动争议调解是调解在劳动争议领域的运用。劳动争议调解同样也采用中立的第三方在纠纷当事人之间斡旋疏导、民主协商的方式,使得双方互谅互让,就争议事项自愿达成协议。

对以上五个方面进行综合理解、有机排列组合就可定义劳动争议调解的概念。劳动争议调解,是指用人单位与劳动者发生劳动争议后,劳动争议处理机构在查明事实、分清是非、明确责任的基础上,依据国家的劳动法律、法规、政策、劳动合同、集体合同、企业规章、道德、习惯等,在发生争议的用人单位与劳动者之间斡旋疏导,采用民主协商的方式,努力劝服双方互谅互让,促使双方当事人就争议事项自愿达成协议进而解决纠纷的一种非诉讼纠纷解决方法。广义的劳动争议调解既包括法定的劳动争议调解组织主持的调解,也包括劳动争议仲裁调解和劳动争议诉讼调解。狭义的劳动争议调解仅指法定的劳动争议调解组织主持的调解。

二、劳动争议调解的性质

在计划经济体制下,在政府计划统筹下,用人单位与劳动者的利益是一致的,而计划经济的年代已经一去不复返了,我国社会主义市场经济和多种所有机制经济蓬勃发展,在这样的大背景下,劳动关系也转向市场化,用人单位与劳动者是两个相互独立的主体,有着各自的利益追求,而市场经济社会是一种以资本为核心和灵魂来运作的经济社会。[2] 这意味着,资本相对于劳动力而言处于优势地位,资本的所有者无论在政治上还是在经济上都比劳动者强势。二者的利益目标不一致,其中一方即用人单位还处于优势地位,会导致用人单位无视劳动者的合法权益等情况的出现;而劳动者的主体意识也在觉醒,法律意识不断得以加强,面对用人单位利用优势地位实施的侵犯自身权益的行为,大多数的劳动者早就抛弃了过去不敢得罪、息事宁人的做法,而是采取各种方法主张权利,劳动争议数量激增。劳动关系是一个社会中最重要的关系,它涉及个人的生存,企业的发展,还关系到社会的

〔1〕 参见何平:《我国劳动争议调解制度功能缺失之反思》,载《河北法学》2014 年第 1 期。

〔2〕 参见段晓红、曹平:《劳动合同纠纷调解与仲裁研究》,法律出版社 2018 年版,第 9 页。

稳定。劳动争议数量过多却不为其提供合理的解决途径会导致矛盾激化，引发一系列的社会矛盾，社会秩序与社会稳定必然遭受重创。从这个意义上说，劳动争议本身是一种社会矛盾，而为劳动争议的解决提供的救济途径——劳动争议调解，则体现为一种社会矛盾的解决方式。

1. 劳动争议调解体现出一定的经济性质

首先，在目前社会主义市场经济的条件下，用人单位和劳动者总是以物质利益为中心驱使自己的行为，而物质利益是劳动争议产生的最根本的原因。[1] 劳动争议从本质上说，是用人单位与劳动者之间因为物质经济利益所产生的纠纷和矛盾，二者在经济利益的追求上存在分歧是劳动争议产生的根本原因。其次，《劳动争议调解仲裁法》第二条规定："中华人民共和国境内的用人单位与劳动者发生的下列劳动争议，适用本法：(一)因确认劳动关系发生的争议；(二)因订立、履行、变更、解除和终止劳动合同发生的争议；(三)因除名、辞退和辞职、离职发生的争议；(四)因工作时间、休息休假、社会保险、福利、培训以及劳动保护发生的争议；(五)因劳动报酬、工伤医疗费、经济补偿或者赔偿金等发生的争议；(六)法律、法规规定的其他劳动争议。"其中，因为劳动报酬、工伤医疗费、经济补偿或者赔偿金、社会保险、福利待遇等发生的争议直接体现为一种经济利益争议。而因为其他原因产生的劳动争议虽然并不直接体现出经济利益，但不论是劳动关系的确认、履行、变更、解除、终止还是辞退、辞职、休息休假等事项，其实都涉及用人单位或者劳动者的物质利益。从本质上来说，还是属于经济利益的范畴，只不过这些事项与经济利益之间的联系是间接性的。劳动争议体现为一种经济利益争议，作为解决劳动争议的一种方式，劳动争议调解自然也体现出一定的经济性质。

2. 劳动争议调解具有民主性

劳动争议调解并不是劳动争议解决的必经途径，任何人不得强迫劳动争议双方选择调解的方式解决劳动纠纷；劳动争议调解采用的方式是民主协商，劳动争议处理机构在发生劳动争议的用人单位和劳动者之间进行斡旋疏导，说服教育，晓之以理动之以情，争议双方自愿达成协议，主持调解的机构不得将自己的意志强加给双方。调解依据的不仅仅是法律法规，双方都认同的习惯或者道德也可以作为调解的依据。调解的整个过程充分体现争议双方主体的意愿，没有强制这种理念存在的空间，体现了劳动争议调解的民主性。

---

[1] 参见郭捷主编：《劳动法学》(第4版)，中国政法大学出版社2007年版，第303页。

3. 劳动争议调解具有群众性和自治性

企业劳动争议调解委员会是依法设立的,专门调解本企业内部争议的群众性组织,它不是国家行政机关和司法机关。企业劳动争议调解委员会的调解是用人单位的劳动者对本单位内部的劳动关系和劳动争议进行自我管理、自我调解、自我化解的一种有效途径。[1] 基层人民调解组织是指基层人民调解委员会,而基层人民调解委员会设立在居民委员会和村民委员会下,这两个组织本身就是自我管理、自我教育、自我服务的基层群众自治组织,基层人民调解委员会作为基层群众性自治组织的有机组成部分,并不是某一级国家行政机关,具有群众性自治组织的性质。在乡镇和街道设立的具有劳动争议调解职能的组织是指区域性、行业性的劳动争议调解委员会。新型调解组织的出现似乎突破了人民调解自治组织的范围。但事实上,这些新型的调解组织的产生只是人民调解委员会的基本形式的扩展,通过制度设计也可以包含在自治的框架内。[2] 除了劳动争议调解组织本身的性质体现了劳动争议调解的群众性和自治性以外,其群众性还体现在劳动争议调解组织的调解员来源于人民群众,劳动争议调解解决的是人民群众间的纠纷,为人民群众排忧解难是该种劳动争议调解的目标之一。

4. 劳动争议调解具有非诉性和准司法性

采用 ADR 来解决纠纷是当今世界的发展潮流,美国现代 ADR 的正式应用,即始于 20 世纪 30 年代的劳动争议调解。[3] ADR 并不是要取代诉讼解决方式,而是与之协同构建完整的纠纷解决体系;ADR 不但没有导致法治危机的出现,反而成为法治自我更新的一种努力。[4] 劳动争议调解作为劳动争议 ADR 的重要组成部分,是一种典型的诉讼外纠纷解决程序,具有非讼程序的性质。另外,劳动争议调解在一定程度上体现了准司法的性质:人民调解委员会主持下的调解,双方当事人可以请求司法确认,调解协议经过

---

[1] 参见李瑞、李文丽主编:《劳动法与社会保障法》(第 3 版),北京大学出版社 2017 年版,第 274 页。

[2] 参见彭芙蓉、冯学智:《反思与重构:人民调解制度研究》,中国人民大学出版社 2013 年版,第 9 页。

[3] 参见范愉:《非诉讼程序(ADR)教程》,中国人民大学出版社 2002 年版,第 71 页。

[4] 参见王阁:《论我国民事纠纷非讼解决机制的现代转型》,载《河南省政法管理干部学院学报》2011 年第 3 期。

司法确认便可以申请强制执行。在《劳动争议调解仲裁法》第十条规定的调解组织主持下达成因为拖欠劳动报酬、工伤医疗费、经济补偿金或者赔偿金等事项的调解协议,可依法向人民法院申请支付令,生效的支付令可以作为强制执行的依据。

三、劳动争议调解的特征

与其他劳动争议的处理方式相比,劳动争议调解具有以下特征:

(一)自愿性

若想进入劳动争议诉讼程序,必须经过劳动争议仲裁程序,在这种情况下,仲裁程序的适用具有强制性;部分劳动争议案件有条件地实行一裁终局,该案件经过仲裁程序便不能再进入诉讼程序。与之相对,调解程序无须通过查明事实、适用法律来追究责任,而是通过当事人自愿处分权利达成调解协议的方式来解决纠纷,其核心是争议双方当事人是否自愿对权利的处分。[1] 劳动争议调解与劳动争议仲裁和劳动争议诉讼相比,充分体现了纠纷当事人自由自主处分的权利,体现出自愿性的特征。即劳动争议调解并不是劳动争议纠纷解决的必经途径,劳动争议调解的启动完全取决于双方当事人的意愿,双方均同意采用劳动争议调解的方式来处理劳动争议,调解程序才能被启动,若有一方不同意适用调解程序,该程序便不会被运用。在劳动争议调解的过程中,是否要达成调解协议以及达成什么内容的调解协议,也完全取决于双方的意愿。达成调解协议后,该调解协议仅具有合同的效力,不具有强制执行力,该协议的履行与否依然依靠双方的自觉自愿,劳动争议调解程序完全体现出自愿性的特征。

(二)及时性

只有在效率提高的前提下才能实现更高层次的公正,公正的第二种含义——也许是最普通的含义——是效率。[2] 根据法律规定,劳动争议仲裁

---

〔1〕 参见张乐:《论我国劳动争议调解制度的完善》,载《海南大学学报》(人文社会科学版)2011 年第 8 期。

〔2〕 参见[美]理查德·A. 波斯纳:《法律的经济分析》(上册),蒋兆康译,林毅夫校,中国大百科全书出版社 1997 年版,第 31 页。

程序两个月结案,劳动争议诉讼一审的审限是六个月,二审的审限是三个月,如果当事人不自觉履行判决,还要经历执行期。《劳动争议调解仲裁法》第十四条规定,自劳动争议调解组织收到调解申请之日起15日内未达成调解协议的,当事人可以依法申请仲裁。据此可以看出,与劳动争议仲裁和诉讼相比,劳动争议调解具有及时性的特征。如果选择运用调解的方式来解决劳动争议,劳动争议可以在短时间内及时获得解决,大大提高了解决劳动争议的效率,节约了时间和精力。

1. 程序简便,便利灵活

首先,无论是仲裁还是诉讼,其申请形式均有严格的规定,劳动争议申请仲裁要提交书面仲裁申请,而提起诉讼原则上要提交起诉状;且申请仲裁和提起诉讼还有时效规定。而劳动争议调解的申请方式较为灵活,可以口头提起,也可以书面提起,申请的期限也没有强制性规定。其次,仲裁和诉讼都有严格的程序要求,如受理、答辩、举证、质证、裁决或审判,等等。而劳动争议调解的程序与之相比,则没有如此严格的程序要求,其程序较为简便和灵活。最后,法定的劳动争议调解组织作为基层群众性自治组织,分布较广,数量较多,要么设在用人单位内部,要么设立在居民委员会或者村民委员会,劳动争议双方欲申请调解也较为便利。申请劳动争议调解无须申请费用,便利了争议双方,充分体现出便利的特点。

2. 调解依据多元化

仲裁的依据是相关的法律法规和仲裁规则,诉讼则严格要求"依法判决",其依据是我国的法律、法规、规章。根据我国《劳动法》第七十八条及《劳动争议调解仲裁法》第三条的规定,处理劳动争议,应当遵循合法、公正、及时的原则。"合法"与"依法"的要求是不同的,"依法"必须严格依照法律法规,所谓"合法",是在法律法规规定的框架和范围内,不违反我国的法律法规的相关规定即可。我国劳动争议调解遵循合法的原则,这就意味着调解的依据除了法律、法规、规章,还包括用人单位的规章制度,劳企双方的劳动合同、集体合同,甚至是行业规则,只要双方能对某个道德或者习惯形成共同的认知,也可以将其作为调解的依据,劳动争议调解的依据具有多元化的特征。

四、劳动争议调解的任务

（一）及时解决劳动争议，维护劳动者合法权益和促进企业经营发展

《劳动争议调解仲裁法》第一条规定，为了公正及时解决劳动争议，保护当事人合法权益，促进劳动关系和谐稳定，制定本法。可见，劳动争议调解作为劳动争议解决机制的一种，使劳动争议获得及时有效的解决是其直接任务。劳动关系是社会中最重要的社会关系，从劳动者的角度来说，劳动是其在社会中生存所需要具备的最基本的权利和能力，劳动者个人的吃穿住行都依赖于通过劳动创造的物质经济条件，劳动者的职业技能的长足发展与素质的提升都与劳动本身密切相关；同样地，用人单位要生存发展，要具有竞争力，都依赖于劳动关系的稳定。可想而知，如果用人单位与劳动者之间发生了劳动争议，二者之间的争议得不到解决，劳动关系始终处于胶着状态，那么劳动者的基本物质生活条件将失去保障，用人单位也失去了生存发展的基础，劳动者的合法权益不仅难以得到维护，企业的生存发展也令人担忧。所以，劳动争议调解最直接的任务便是解决用人单位与劳动者之间的劳动争议，维护劳动者合法权益和促进企业经营发展。

（二）构建和谐社会，获得良好的社会效应

劳动关系的重要性，从点上来说，关乎一个用人单位与其劳动者的生存与发展；从面上来说，劳动关系的健康运行和争议的顺利解决还关乎正常的社会经济秩序和社会稳定。我国社会处于转型时期，劳动争议的数量激增，群体性劳动争议频发，尤其是多个劳动者有共同的利益诉求的群体性劳动争议的情况下，个别劳动争议的解决会产生由点及面的社会效应。况且劳动者本身就是一个群体性的概念，劳动者与用人单位本身就存在政治、经济上的不平等，用人单位在资本上占据优势，发生争议后用人单位有恃无恐，如果不能及时寻找到有效解决劳动争议的纠纷解决方式，劳动者的合法权益得不到有效维护，底层的劳动者内心的怨恨更深，他们可能会实施一些过激的维权行为，劳动者与用人单位之间的矛盾会激化。如此一来，被激化的劳动争议的数量一多，会导致社会矛盾加剧。所以劳动争议调解的任务还在于，及时有效地使双方进行沟通谅解，及时解决矛盾纠纷，构建和谐的劳动关系，产生由点及面的社会示范效应，以此维护社会的稳定，实现和谐社

会的构建，以期实现良好的社会价值，获得良好的社会效应。

（三）实现社会公平正义，实现良好的政治效果

劳动争议多涉及工资、福利、薪金、社会保险、休息休假等内容，许多内容与国家的政策等有关，也就是说，劳动争议可能涉及我国的劳动政策，还包括了一些敏感的问题。法院作为国家司法权的行使者，劳动争议本身涉及国家的劳动政策，如果让法院来处理涉及政治内容的劳动争议，后果可能是劳动争议双方当事人对处理结果不满意。由于劳工政策经常被视为政府政策的一部分，法院在劳动争议案件中的立场，可能使其陷入敏感的政治问题之中，并使法院作为中立裁判者的形象受损。[1] 同样地，劳动争议仲裁委员会设立于劳动保障部门之下，劳动保障部门属于行政机关，由劳动争议仲裁委员会来裁决涉及政府政策内容的争议，同样会引起争议的双方当事人的怀疑。劳动争议调解的双方在第三方的主持之下，互谅互让，相互妥协，最终获得一个双方都可以接受的结果，能充分体现双方的意愿，体现当事人的自主性和自愿性，如果能够通过调解解决劳动争议，就可以使那些涉及政治内容的劳动争议的双方当事人降低对处理结果的不满意程度，相比于带有国家权力象征的机构作出的决断，此时调解更符合双方所追求的公平正义，从这个意义上说，劳动争议调解的任务是：从劳动争议调解实现社会公平正义的同时，避免法院、仲裁机构陷入尴尬的局面，实现了良好的政治效果。

（四）案件分流，构建劳动争议大调解格局

劳动争议的解决，我们实行一裁两审，劳动争议仲裁程序作为劳动争议诉讼程序的前置程序。但随着社会转型的深入，劳动争议的数量日益增加，案件数量激增，劳动争议仲裁机构和司法机关面临着案多人少的矛盾，为了应对这一突出的矛盾，我们积极引导诉讼外纠纷解决机制的发展。劳动争议调解作为一种劳动争议 ADR，立法者的本意也是利用这一纠纷解决方式柔性、及时、便利等优点，使劳动争议双方尽量选择以调解的方式来解决纠纷，以减少进入仲裁和诉讼程序的劳动争议案件的数量，以缓解案多人少的

---

〔1〕 参见谢增毅：《劳动法若干制度比较研究》，载陈甦主编：《社会法学的新发展》，中国社会科学出版社 2009 年版，第 105 页。

困境。所以,劳动争议调解的又一任务是,实现劳动争议案件的分流,缓解仲裁机构和司法机构处理劳动争议案件的压力,以构建劳动争议大调解的格局。

第二节　劳动争议调解的优点与局限性

一、劳动争议调解的优点

劳动争议频发,且涉及的内容复杂,争议处理的程序较为烦琐、周期长,因此劳动争议的处理一直饱受争议和批判,面对这种情况,我们积极探索和构建劳动争议的处理机制。我国劳动争议的处理机制包括协商、调解、仲裁和诉讼。其中,调解与我国的传统文化和传统思想息息相关,调解当之无愧被称为中国传统法文化的重要资源,亦被比较法学家视为划分远东法或中华法系的基本标志之一[1],且调解相比于其他劳动争议处理的方式而言有许多的优点,劳动争议调解在我国劳动争议处理机制的构建中受到了高度关注。2008 年实施的《劳动争议调解仲裁法》将调解作为劳动人事争议处理的基本原则和重要程序,强化了调解在争议处理过程中的地位和作用。2009 年人力资源和社会保障部会同多个部门共同颁布了《关于加强劳动人事争议调解工作的意见》,要求逐步建立和完善多渠道的争议调解组织,构建劳动争议"大调解"格局。[2] 不仅是我国高度重视劳动争议调解,尽管各国所采用的劳动争议处理机制的模式各有不同,但都高度注重调解这一柔性解决劳动争议的方式。无论调解的方式和效力如何的不同,几乎所有国家都将调解作为处理争议的最优手段,以减少对抗和冲突。从实际处理结果看,调解结案是所有国家个别劳动争议处理的主要方式。[3] 劳动争议调解之所以能被各国作为劳动争议处理的最佳途径和选择,劳动争议调解必然有其他劳动争议处理方式所不可比拟的优点。

---

〔1〕 参见范愉:《非诉讼纠纷解决机制研究》,中国人民大学出版社 2000 年版,第 65 页。

〔2〕 参见谢鹏鑫:《近年来国内劳动争议调解的研究综述与展望》,载《中国人力资源开发》2015 年第 1 期。

〔3〕 参见张冬梅:《劳动争议处理体制的比较研究——兼谈〈劳动争议调解仲裁法〉的不足和完善》,载《中国劳动关系学院学报》2008 年第 3 期。

（一）节约成本

劳动争议调解的特征之一是及时性，这就决定了劳动争议调解相较于其他的劳动争议处理方式而言，能最大限度地节约解决争议所需要付出的成本。我国劳动争议处理机制还包括协商、仲裁和诉讼。其中协商是发生劳动争议的双方当事人就争议自愿共同进行协商谈判进而解决纠纷的方式。协商以双方当事人自愿为前提，且是争议双方自己进行协商，没有第三方的参与。劳动关系市场化，劳动力供大于求，资本在劳动关系中占据优势地位，用人单位和劳动者地位并不平等，劳动者处于弱势地位，这会导致用人单位不愿意甚至不屑与劳动者进行协商，协商无法充分发挥劳动争议处理的功能和优势。另外，如前文所表述的，仲裁和诉讼这两种争议处理方式的刚性和严肃性较强，其有严格的程序，从申请、起诉、受理到作出裁决需要一个漫长的周期，少则数月，多则一两年，而劳动争议的内容往往涉及工资、福利、薪金、社会保险等，这与劳动者个人的生存密切相关。如果劳动争议通过需要漫长时间的仲裁和诉讼来解决，就要耗费巨大的时间成本，一些底层的劳动者的生活可能面临无法保障的困境。况且，仲裁和诉讼这两种争议处理方式的法律专业性较强，对于一名普通的劳动者而言，需要聘请律师和专业法律人员，才能最大限度地接近司法，这无疑也是增加了经济成本。

但是采用劳动争议调解的方式，能够在第三方的斡旋疏导之下促进双方互谅互让，及时解决纠纷，不需要经历漫长的等待周期，劳动者能在很短的时间内获得相应的赔偿或者补偿，劳动者能尽快地从劳动争议中解脱出来，尽快地投入下一次的劳动，还能节约一大笔律师费，且申请调解的方式较为灵活，可书面可口头，申请调解也不需要缴纳相应的费用，对于劳动者而言更有利。对于用人单位而言同样如此，能尽快摆脱争议的缠绕，更有利于其全身心投入生产经营与管理。劳动争议调解与其他的劳动争议解决方式相比，能够及时有效地解决劳动争议，有利于最大限度节约争议双方的时间成本和经济成本，获得更大的经济效益。

（二）促进双方和谐共处，维护劳动关系的稳定

劳动争议仲裁与劳动争议诉讼的构造有相似之处，尤其在诉讼程序中，由于庭审的形式和诉讼程序的刚性和严肃性，原被告双方攻击防御，法官中立裁判，双方的利益对立更加被强化和放大化，双方的对抗性较强，其实不

利于双方相互谅解，即使通过仲裁或者诉讼程序解决了劳动争议，当初纠纷解决过程中的对抗性和激烈程度如此之强烈，可能会使双方日后相互之间有所积怨，这有害于社会和谐。同时，劳动争议本身的特点就适宜采用调解的方式解决。通过调解解决劳动争议，通过第三方劝导，双方能够增强沟通和对话，相互理解到对方的难处和困境，劳动争议双方的对抗性减弱，最后相互妥协让步，本次劳动争议能够顺利解决，双方还有可能维持劳动关系。调解本身具有柔性，劳动争议通过调解解决后，即使劳动关系无法继续维持，对于调解后离开的劳动者，可以处理好后劳动合同关系，维护用人单位的利益〔1〕，如劳动者能够更好地履行保密义务等。在市场化劳动用工制度下，尽管劳动关系具有流动性，但劳动关系的稳定性与长期性仍然是法律设计的首选目标。〔2〕劳动争议调解的优势在于减少争议双方的对抗程度，有利于劳动关系的继续维持，促进劳动关系的和谐与稳定。

（三）实现情与法的融合

劳动争议涉及的内容较为复杂，许多的争议不是通过裁决和判决，或者通过简单的是或非的判断能加以解决的。仲裁和裁决解决劳动争议要严格地依法进行，但是劳动者的利益诉求可能并非完全都有相应的法律依据，即个别情况下存在合理性诉求。在我国目前的制度设计下，仲裁只支持劳动者的合法性诉求，而对于超越法定标准的合理性诉求的裁决必然是劳动者败诉。〔3〕面对劳动者的合理性诉求，如果在现行法中找不到与之相对应的能适用的法律依据，仲裁和诉讼则无法支持其请求，但不支持其请求却又是不合理的，此时裁决与判决发挥的作用有限。如果采用调解的方式解决劳动争议，由于调解依据多元，除了相关的国家法律法规，甚至还包括道德习惯、社会风俗等，这就意味着一些具有合理性的请求在法律文本以外是可以找到依据的，劳动者的合理性请求是可以得到支持的。而且，调解是双方相

---

〔1〕参见王旭光主编：《劳动争议纠纷与诉讼指引与实务解答》（第2版），法律出版社2017年版，第42页。

〔2〕参见李雄：《我国劳动争议调解制度的理性检讨与改革前瞻》，载《中国法学》2013年第4期。

〔3〕参见程延园：《我国集体争议处理制度：特点、问题与机制创新》，载《中国人民大学学报》2015年第4期。

互妥协，能够充分体现双方的自主性，双方只要愿意作出让步，就可以对某一项请求在自己可以接受的范围内作出相应的处分，相比于在诉讼中法院对某一项请求的判断更具有灵活性和弹性，更加符合双方的利益。从这个角度上说，劳动争议调解能够弥补裁判的不足，实现情与法的融合，使双方达到双赢。

（四）更有利于群体性纠纷的解决

我国处于社会转型时期，劳动争议越来越多，群体性劳动争议案件也此起彼伏。群体性劳动争议案件在各国都受到高度的关注和重视，因为群体性劳动争议能否得到有效的处理与经济发展和社会秩序息息相关。其他国家对劳动争议的类型作了区分，对群体性劳动争议处理也作了专门的探索。反观我国，关于集体劳动争议行为的立法零散分布在《工会法》《集体合同规定》等法律法规规章中，立法内容与实践脱节，群体性劳动争议缺乏必要的自我调整机制，致使现阶段的集体劳动争议行为基本都是依赖于劳动者的群体理性，而不是依赖于制度。在缺失法治化环境与路径的情况下，不仅出现了“南海本田罢工”事件及其连锁反应，也出现了诸如“徒步进京旅游”“堵路”“集体上访”等事件的发生。[1] 既然我国关于群体性劳动争议方面的立法并不完善或者缺失，以法律为依据的诉讼和仲裁并不能有效地解决此类纠纷，当然要充分发挥调解在解决群体性劳动争议上的优势，通过调解促进双方沟通对话，以达成一个双方都能接受的结果，缓解劳动者们的激动情绪，防止他们使用过激的方式维权。所以说，劳动争议调解的优势还在于弥补法律适用的不足，引导群体性劳动争议的解决。

（五）提高解纷的质量

劳动争议仲裁委员会虽然不是国家的行政机关，也不是国家司法机关，但是劳动争议仲裁委员会设在劳动行政保障部门，且是经过国家授权设立的，代表国家行使仲裁权，国家也以强制力保障其生效裁决的实施。而法院代表国家行使审判权。如前文所述，劳动争议涉及的内容复杂，有时涉及一个国家和政府采取的劳工政策，涉及一些敏感的政治问题。如果通过仲裁

---

〔1〕 参见李雄：《我国劳动争议调解制度的理性检讨与改革前瞻》，载《中国法学》2013 年第 4 期。

和诉讼程序加以解决的话，仲裁委员会和法院都是由国家立法授权行使相应的权力的，让这两个机构严格依照法律来处理涉及敏感政治内容的争议，一方面，处理结果如果对劳动者不利无法获得劳动者的信服；另一方面，这两个机构也会陷入较为尴尬的境地。但如果在法定的劳动争议调解组织的主持下解决劳动争议，则会收获不一样的效果。企业劳动争议调解委员会最为接近发生的争议，利于调查和了解情况，且企业劳动争议调解委员会的调解是劳动争议双方自我化解矛盾和自我管理的一种有效形式，能将矛盾化解在内部，而不用将问题上升至是否涉及敏感性政治问题的高度。人民调解委员会更是分布广泛，且它作为群众性自治组织，是中立的第三方，即使争议涉及敏感内容，交由人民调解委员会来处理，劳动者和用人单位也不会有过多的顾虑，不会产生将纠纷交由仲裁委员会和法院来处理的严重不信任感。最后，在乡镇、街道设立的区域性、行业性的调解组织，具有超然的地位，纠纷双方对其中立性不会产生过多怀疑，且此种类型的调解组织对行业性纠纷的调解较为专业。劳动争议调解在促进争议双方接受处理结果，提高解纷质量方面相比于诉讼和仲裁更具有优势。

二、劳动争议调解的局限性

各国的劳动争议处理机制不论是什么类型的，也不论是实行强制调解还是自愿调解，调解总是各个国家解决劳动争议的主要选择。劳动争议调解与协商、仲裁和诉讼等其他劳动争议处理方式相比有突出的优势，在及时解决劳动争议，维护劳动者的合法权益，节约纠纷解决成本，维护社会稳定，提高解纷质量等方面具有积极意义。调解制度应该凭借其组织覆盖面广、接近争议发生的时间、地点、人物，有第三方主持公道，方式灵活便捷等优势，受到当事人的青睐而“截留”绝大多数劳动争议案件。[1]

但这些所谓的优势和积极意义是从制度运行的理想状态来加以阐述的，由于种种原因，一项制度运行的实际情况与理想状态是存在差距的。据统计，我国 2016 年劳动争议案件的受理数为 828, 714 件，其中仲裁调解处理劳动争议的案件数为 389, 737 件，案外调解劳动争议案件数 239, 298 件。2017 年，劳动争议案件的受理数为 785, 323 件，其中，仲裁调解劳动争议案

---

[1] 参见王蓓：《劳动争议调解——实证分析与改革建言》，载《社会科学研究》2012 年第 6 期。

件处理数为 390,278 件,案外调解劳动争议案件数 208,491 件。[1] 劳动争议调解处理的案件数量占受理劳动争议案件数量的比例低,2016 年仲裁调解劳动争议案件处理数占受理案件数量的47.02%,案外调解劳动争议仅占受理案件数量的 28.9%;2017 年仲裁调解劳动争议案件处理数占受理案件数量的 49.7%,案外调解劳动争议仅占受理案件数量的 26.5%。案外调解劳动争议的占比低,没有在截留案件进入仲裁和诉讼方面起到太大的积极作用,结果就是仍有很多案件进入了仲裁和诉讼程序。虽然仲裁程序中,仲裁调解劳动争议案件的比例接近劳动争议案件受理数的 50%,但仍有一半以上的案件需要使用裁决和判决才能被解决。据美国 FMCS 底特律市办公室介绍,95% 的劳动争议案件可以通过调解解决,只有 5% 的案件进入仲裁程序。[2] 我国的劳动争议调解处理的劳动争议案件的数量与美国等国家相比有较大的距离,说明即使是仲裁程序中的调解仍然没有充分发挥其截留案件的优势。这也从反面说明了仲裁和诉讼外的劳动争议调解发挥的案件分流作用极为有限,既然案件在仲裁程序中也是通过调解解决的,案件为何没有在仲裁程序外的调解程序中加以解决呢?所以劳动争议调解发挥的作用十分有限。劳动争议调解的实际运作情况与制度设计的初衷有较大的距离,意味着劳动争议调解必然存在着某些局限性抑制了其作用的发挥,需要继续对该制度加以完善。

(一)劳动争议调解制度尚未将利益争议纳入管辖范围

如本书第一章所述,劳动争议按照不同的标准可以分为不同的种类。按照劳动争议所涉及劳动者一方人数来划分,可将劳动争议划分为个别劳动争议和集体劳动争议。集体劳动争议是指争议的劳动者一方当事人较多,达到法定人数,并有共同诉由的劳动争议。按照劳动争议标的来划分,可将劳动争议划分为权利争议和利益争议。权利争议是指通过劳动法律法规、劳动合同和集体合同等确定,因执行劳动法律法规或者执行合同中的权利义务而发生的争议。利益争议是发生在合同订立或者变更的时候,为了

---

〔1〕 数据来源于国家统计局国家数据网站,载 https://data.stats.gov.cn/easyquery.htm? cn = C01&zb = A0S05&sj = 2016、https://data.stats.gov.cn/easyquery.htm? cn = C01&zb = A0S05&sj = 2017,最后访问日期:2020 年 6 月 28 日。

〔2〕 参见哈晓斯、王瑞:《美国的劳动争议处理制度》,载《中国劳动保障》2006 年第 3 期。

将新的权利义务确定下来而发生的争议。大体上,国外将劳动争议分为两类:一是个别或集体的权利争议,二是个别或集体的利益争议。针对不同性质的劳动争议则会采用不同的处理方式。[1]

《劳动争议调解仲裁法》第七条规定,发生劳动争议的劳动者一方在十人以上,并有共同请求的,可以推举代表参加调解、仲裁或者诉讼活动。根据该条规定,可以认为我国立法区分个别劳动争议和集体劳动争议,但立法对权利争议和利益争议却没有进行区分。之所以强调劳动争议类型的区分是因为劳动争议的类型不同,那么解决此种劳动争议的方法和途径以及制度设计是存在区别的。在多数国家,因为争议的种类不同,设置了不同的解决争议的机构,采用了不同的法律程序。权利争议的处理多采用仲裁、诉讼方法解决,因为既定权利的确认相对容易,而利益争议则由于其复杂性和专业性,通常由政府或专人士进行仲裁、调解,而很少采用诉讼途径。[2] 权利争议是因为劳动关系中的一方没有严格执行劳动法律法规或者没有履行劳动合同中的义务而发生了争议,是其中一方当事人既定的权利受到了侵犯,在这样的情况下孰是孰非,谁没有履行自己的义务皆有明确的标准,通过仲裁或者诉讼的方式加以判断解决争议即可。所谓利益争议就是双方在确定新的权利义务的过程中都存在期待利益,为了要将期待利益转化成为实际的权利义务而发生的争议,是双方为了将新的权利义务确定下来,在利益磋商中发生了分歧,没有明确的判断是非的标准存在,也不存在谁对谁错,因此利益争议不宜适用仲裁或者诉讼的方式作出"一刀切"的判断,而是要采用协商、调解的方式来加以解决。俗话说,对症下药,情况不同却作相同处理,结果必然是不尽如人意的。既然我国的立法未对权利争议和利益争议进行区分,这就意味着在处理这两种有所区别的劳动争议时,并没有采用不同的方法来加以解决。我国正在积极构建劳动争议大调解格局,但是劳动争议调解制度在构建的过程中存在的局限性在于与整个劳动争议体系的联系与沟通不够,尚未厘清哪些争议适用调解解决能起到更好的效果;劳动争议调解在处理利益争议上的作用没有得到发挥,使许多本应是利益争议,需

---

〔1〕 参见王剑:《我国现阶段劳动争议制度的分析及重构》,载《南京航天航空大学学报》(社会科学版)2017 年第 1 期。

〔2〕 J. Benson, Alternative Dispute Resolution in Japan: The Rise of Individualism, *The International Journal of Human Resource Management*, 2012, 23(3), pp. 511 – 527.

要通过协商调解处理的案件仍然大量进入了仲裁和诉讼程序。当然,要使劳动争议调解"物尽其用"并非劳动争议调解这一制度将利益争议纳入自己的管辖范围即可,还需要我国相关的劳动法律法规区分劳动争议的类型,为劳动争议调解在利益争议处理上发挥作用提供基础。

(二)劳动争议调解组织存在的局限性

1. 企业劳动争议调解委员会组建率低

《劳动法》第八十条规定,在用人单位内,可以设立劳动争议调解委员会。可见,劳动争议调解委员会的设立并不是强制的,各个企业可以根据自己的实际情况选择设立或者不设立。而劳动争议委员会设立在用人单位内,其组建、运转都需要用人单位的资金支持,有的用人单位基于节约经济成本的考虑不愿设立企业劳动争议调解委员会。虽然 2012 年施行的《企业劳动争议协商调解规定》第十三条规定,大中型企业应当依法设立调解委员会,有分公司、分店、分厂的企业,可以根据需要在分支机构设立调解委员会。该规定使企业调解委员会设立数量增加,但总体上来说,企业劳动争议调解委员会的组建率仍然很低。连调解组织都不存在,即使双方想通过内部途径化解矛盾也求助无门,这就使劳动争议调解制度的发展受限。

2. 企业劳动争议调解委员会难保中立性

三方原则是国际公认的处理劳动争议所必须遵循的准则,它指在劳动争议的调解组织中应当包括保护劳动者代表、维护用人单位利益的代表以及政府部门的代表,在处理劳动纠纷时须有三方的代表参加,并由他们共同作出决定。[1]《劳动争议调解仲裁法》第十条规定,企业劳动争议调解委员会由职工代表和企业代表组成。职工代表由工会成员担任或者由全体职工推举产生,企业代表由企业负责人指定。企业劳动争议调解委员会主任由工会成员或者双方推举的人员担任。对企业劳动争议委员会的组成人员加以分析就可以发现,该组织的组成采用的是两方原则。劳动争议调解委员会由职工代表和企业代表组成,意味着该调解委员会完全是由争议的双方当事人的代表所组成的,不论是哪一方都与他们即将要主持调解的劳动争议当事人有一定利害关系,而调解应该由中立的与双方当事人没有利害关

---

〔1〕 参见邓陕峡、邱小霞:《对我国劳动争议处理机制的法律思考》,载《理论导刊》2006 年第 3 期。

系的第三方主持，在企业劳动争议调解委员会中并不存在所谓的中立的第三方。如此一来产生的后果就是企业劳动争议调解委员会因为调解组织与争议双方存在利害关系，缺乏中立的第三方，可能与劳动争议调解的基本原则即公正原则存在紧张关系。

另外，企业劳动争议调解委员会缺乏中立性，这也和该调解委员会的人员组成密切相关。《工会法》第二条规定了工会的基本职责，即依法维护职工的合法权益。而企业劳动争议调解委员会中的职工代表由工会成员担任或者全体职工选举产生，那么此时的问题是，立法明确规定工会要维护职工的合法权益，工会成员作为调解委员会的组成人员又要居中调解，保持中立，这就与工会的基本职责相矛盾了，所以当工会成员作为职工代表主持调解时，其中立性难以保障。即使职工代表由全体职工选举产生也很难保证其中立，与用人单位的代表由企业负责人指定相同，全体职工选举产生的代表抑或是企业负责人指定的人，都是用人单位的工作人员，他们在经济上依赖于用人单位，与用人单位之间存在着管理与被管理的不平等关系，即使用人单位真的存在过错，也不敢做过多的指摘。在决定一个机构独立性最重要的两个因素即财务权和人事权上，调解委员会都受到企业的约束，导致调解带有用人单位行政色彩，丧失劳动者当事人的信任，因此很难期望他们主持调解时不倾向于用人单位一方。[1] 总之，企业劳动争议调解委员会的人员组成和地位就决定了该组织主持下的调解必然存在局限性。

3. 调解结果缺乏权威性

首先，法定的劳动争议调解组织有企业的劳动争议调解委员会、基层人民调解委员会和在乡镇、街道设立的具有劳动争议调解职能的组织。从全国情况看，目前乡镇街道劳动争议调解组织大致有五种模式：一是由乡镇街道劳动保障服务所（站）设立的劳动争议调解组织；二是由乡镇街道工会设立；三是由乡镇街道企业联合会设立；四是人民调解委员会；五是乡镇街道党委、政府领导下，人力资源社会保障部门、工会、企业代表组织共同参与的联动调解组织。[2] 法定的劳动争议调解组织的种类和类型虽然多，但是各

---

〔1〕 参见冯虹：《我国劳动争议调解制度的反思与重构》，载《北京联合大学学报》（人文社会科学版）2005 年第 4 期。

〔2〕 参见劳动人事争议处理专业委员会课题组：《〈劳动争议调解仲裁法〉实施跟踪研究》，载《中国劳动》2011 年第 6 期。

个调解组织之间没有整合相应的力量，相互之间没有配合和分工，力量分散。也没有关于各自管辖的相关规定，容易导致功能重叠和混乱。在乡镇和街道设立的区域性、行业性的调解组织则大多设立在经济发达的地区，这种调解组织的组建不具有普遍性，且这种调解组织缺乏相应的物质保障和经费来源，组织力量薄弱。其次，由于缺乏统一的整合和规划，各个调解组织在主持调解工作的过程中，规范程度不一，使调解结果缺乏公信力。最后，基层人民调解组织是设立在基层群众自治组织之下的，其政治地位低，没有具有公信力的第三方的参与，调解结果缺乏权威性，容易导致劳动争议的双方当事人对基层人民调解委员会主持的调解任意处置，即基层人民调解委员会耗费许多心力达成的调解结果，争议双方却因为某些因素的影响，如因为用人单位领导发表的意见就将调解结果弃置，使调解人员为达成调解协议付出的心血付之东流。

（三）劳动争议调解协议的效力问题

劳动争议调解制度的一大局限还体现在劳动争议调解协议的效力低。《劳动法》第八十条规定，劳动争议经调解达成协议的，当事人应当履行。《劳动争议调解仲裁法》第十四条规定，调解协议书由双方当事人签名或者盖章，经调解员签名并加盖调解组织印章后生效，对双方当事人具有约束力。《最高人民法院关于审理劳动争议案件适用法律若干问题的解释（二）》第十七条规定，当事人在劳动争议调解委员会主持下达成的具有劳动权利义务内容的调解协议，具有劳动合同的约束力，可以作为人民法院裁判的依据。综合以上立法的表述，劳动争议调解协议具有和民事合同相同的法律效力，并不具有强制执行力。虽然《最高人民法院关于审理劳动争议案件适用法律若干问题的解释（四）》第四条规定，当事人在人民调解委员会的主持下仅就给付义务达成的调解协议，双方认为有必要的，可以共同向人民调解委员会所在地的基层人民法院申请司法确认。从而赋予了人民调解委员会主持达成的调解协议申请司法确认的权利，但是申请司法确认的调解协议仅限定于人民调解委员会主持下达成的调解协议，另外两个法定的调解组织主持下的调解则没有申请司法确认的权利。如果没有申请司法确认，那么该调解协议仍然还是仅具有普通的民事合同的效力。《劳动争议调解仲裁法》第十六条规定了劳动者可以就调解协议书申请支付令的情形：因支付拖欠劳动报酬、工伤医疗费、经济补偿或者赔偿金事项达成调解协议，用人单位在协议约定的期限内不履行的,劳动者可以持调解协议书依法向人民法院申请支付令。人民法院应当依法发出支付令。但是即便规定了部分调解协议可以申请支付令,调解协议的效力低这个问题也尚未得到彻底解决。因为申请支付令的情形是有限的,调解协议书的内容有时还包括不可以申请支付令的情形,这样的调解协议不可以通过申请支付令获得强制执行力,其效力仍然停留在民事合同的效力,凭双方自愿履行。

即使调解协议书的内容中包含可以申请支付令的情形,由于我国的督促程序本身适用率极低,督促程序本身就存在局限性。我们对支付令异议虽进行书面审查,但并不进行实质性审查,我国的诚信建设尚在进行中,督促程序的运行缺乏相应的社会环境,如果用人单位确实违背诚信原则滥用异议权会使支付令失效,双方的争议还是会进入诉讼程序。

另外,劳动争议调解协议的效力低还可以体现在不履行调解协议的后果上。《劳动争议调解仲裁法》第十五条规定,达成调解协议,一方当事人在协议约定的期限内不履行调解协议的,另一方当事人可以依法申请仲裁。调解协议仅仅具有合同的效力,即使一方违反了协议的约定也不会带来任何的制裁和惩罚,一方不按照诚信原则履行协议,没有相应的后果,仅仅是仲裁程序被启动。这使通过劳动争议调解达成的调解结果似乎没有什么保障,争议双方难免在选择此种争议解决方式时有不少的顾虑。

尽管立法也作出了种种的努力,以加强劳动争议调解协议的效力,但是调解协议的效力问题并未得到彻底的解决,使争议双方对于劳动争议调解这一制度抱有不信任的态度,劳动争议调解的结果缺乏权威性,降低了劳动争议双方使用这一制度的积极性。这是劳动争议调解制度的一大局限所在。

(四)劳动争议调解可能损害劳动者的合法权益

在社会主义市场经济体制下,用人单位和劳动者在经济上是不平衡的。因为用人单位与劳动者之间存在管理与被管理的关系,地位上也是不平等的。调解是在中立的第三方的主持之下,在其民主协商之下,双方相互谅解,就争议的问题自愿达成协议。但是,调解的过程是劳资双方运用各自资源和力量进行博弈的过程,劳资双方力量的不平衡会体现在双方资源的分配上,力量和资源相对平衡的双方,会产生相对平衡的资源分配,而如果一方的力量更强,则会要求并最终得到更多的资源和更有利的结果。[1] 调解的过程中,必然会涉及双方的相互妥协和相互让步,否则调解协议根本没有达成的可能性。在调解的过程中,居于优势地位的用人单位可能会利用自己在经济上的话语权,违背自愿原则的要求,强迫劳动者妥协,接受调解的结果,这就决定了劳动争议必然存在一个局限,即劳动争议调解可能会损害劳动者的合法权益。

(五)劳动争议调解适用的实体规则缺失

劳动争议调解的基本原则之一是合法。所谓合法,是指在法律的范围内,不违反相关法律、法规的规定即可,这使劳动争议调解的依据多元化有了正当性。调解依据多元化也是劳动争议调解与其他劳动争议处理方式相比所具有的特征之一,劳动争议调解的依据可以包括国家相关的法律、法规、政策,甚至还包括道德、习惯、社会风俗等。调解依据多元化的优势在于使劳动争议调解在处理劳动争议问题上更加灵活,并且能够弥补立法的不足,即能对那些合理性的请求不是通过简单的是或非来作出判断,能消弭情与法的冲突。但是调解依据多元化,也使劳动争议调解存在局限性。即劳动争议调解依据多元化确实不错,但是多元的依据到底包括哪些,与劳动争议处理的相关立法对此并未作出规定,存在的问题就是如果不是以法律法规为依据作出的调解,则该调解的依据将可能会受到是否合法的质疑,最终调解结果的合法性也会被质疑。这就为劳动争议调解在实践中的运用和调解结果的法律效力埋下了隐患。

再者,即使对调解的依据包括道德习惯和社会风俗等持统一意见,也会对究竟是哪种道德,哪种社会风俗习惯持不一致的意见。因为道德是一种主观的认知,何为道德,何为不道德,每个人的认知是存在差异的。我国幅员辽阔,社会风俗习惯因为地域的差异而千差万别。因此,对于作为调解依据的具体的道德和社会风俗习惯等,双方因为认知的差异、价值取向的不同和地域差异等因素的存在,很难达成一致的意见。而劳动争议调解的结果是双方就劳动争议的解决自愿达成的一致意见,既然在调解依据的统一上双方的意见就可能背道而驰,劳动争议调解的过程想必不会顺利。

---

[1] Rubin J Z,The social psychology of bargaining and negotiation,Eisevier,1975.

（六）劳动争议调解的立法地位低

一方面，我国劳动争议调解制度的立法地位低，《劳动争议调解仲裁法》第五条规定，发生劳动争议，当事人不愿协商、协商不成或者达成和解协议后不履行的，可以向调解组织申请调解。也就是说，我国实行的是自愿调解原则，劳动争议调解是否启动完全由争议双方自主决定，并没有就某些类型的劳动争议规定强制调解。所谓强制调解是指劳动争议当事人对是否接受调解机构的最终调解意见享有选择的自由，而对是否选择调解程序的自由则受到限制。〔1〕这可能导致劳动争议调解程序不受重视。

另一方面，《劳动争议调解仲裁法》第二条规定了适用该法的劳动争议的类型，可以理解为规定了适用劳动争议调解程序和劳动争议仲裁程序的范围，立法尚未根据劳动争议类型的不同而规定使用不同的争议解决途径，即适用劳动争议调解和适用劳动争议仲裁的劳动争议的类型相同，不作区分。这恰恰也是劳动争议调解程序的局限性所在。现行规定把劳动争议调解的适用范围限定在仲裁所使用的范围中，一是漠视了调解模式与其他处理劳动争议的方式的差异性，二是忽视了调解在解决争议较小、矛盾不大的劳动争议以及集体劳动争议的巨大作用〔2〕。

如前文所述，划分的标准不同，劳动争议就存在不同的类型，不同类型的劳动争议要根据其特点适用不同的解决方法和程序。如果双方之间的矛盾较小，相互之间的抵触情绪小，有沟通对话的可能性，有相互让步妥协的可能性，意味着该争议能够化解在萌芽状态，有通过调解就能将争议予以解决的可能性。此种劳动争议当然适宜采用劳动争议调解来解决，并没有必要进入仲裁程序，于双方而言省时省力；于仲裁机构而言，实现案件分流，缓解案多人少的办案压力，这样的劳动争议应规定强制调解。而那些矛盾较大，明显没有让步倾向的劳动争议当然不应该再采用劳动争议调解而应该适用劳动争议仲裁程序。否则，不排除有双方对立情绪明显、一方当事人只是想借调解程序的幌子来拖延时间的案件，让争议双方启动调解，容易造成对另外一方当事人的合法权益的损害。

---

〔1〕参见徐丽雯：《我国劳动争议处理制度存在的问题与完善对策》，载《北京行政学院学报》2014年第2期。

〔2〕参见何平：《我国劳动争议调解制度功能缺失之反思》，载《河北法学》2014年第1期。

综上,调解奉行启动自愿的原则,没有强制调解的规定,且适用劳动争议调解与劳动争议仲裁的争议类型不作区分,导致了因为当事人的自主选择,争议解决该适用调解程序的没有适用,案件进入了仲裁程序,增加了仲裁机构的办案压力。而不适用劳动争议调解的劳动争议同样因为当事人的自主选择适用了调解程序,使劳动争议调解变成了那些本没有妥协让步的意思的当事人用来拖延时间的工具。

第三节　劳动争议调解制度的法律渊源

法律渊源通常指具有法律效力的表现形式。当代中国法的渊源是以宪法为核心、以制定法为主的表现形式,法的正式渊源包括宪法、法律、行政法规、地方性法规、自治法规、规章、经济特区的经济法规、特别行政区的法律、法规、国际条约与协定等。我国劳动争议调解制度的法律渊源即由我国国家制定或者认可的劳动争议调解制度规范的表现形式。

一、劳动争议调解的主要法律渊源

我国劳动争议调解的主要法律渊源有宪法中有关劳动争议的规定、劳动法律、劳动行政法规、国务院各部委制定的劳动规章、地方性劳动法规和规章等。

(一)宪法中关于劳动问题的规定

宪法是我国的根本法,具有最高的法律权威和法律效力。宪法的内容是国家生活中最根本、最重要的问题,是国家和公民活动的法律基础。立法应当遵循宪法的基本原则,一切法律、行政法规、地方性法规、自治条例和单行条例、规章都不得同宪法相抵触。现行宪法中关于劳动问题的规定,如《宪法》第四十二条至第四十五条等内容,构成了劳动法律法规的立法基础。

(二)劳动法律

法律是指全国人大及其常委会制定的规范性法律文件。根据现行宪法的规定,法律可以分为基本法律和基本法律以外的法律。在劳动争议调解中,主要的劳动法律有《劳动法》《劳动合同法》《劳动争议调解仲裁法》等。同时,劳动争议调解也受《民事诉讼法》中对于调解规定的约束。

《劳动法》第七十七条至第八十四条从劳动争议的处理机制、劳动争议的调解、仲裁和法院审判等方面作了相关规定，确立了“一调一裁两审”的解决机制。就劳动争议调解而言，《劳动法》第七十九条和第八十条规定，在用人单位内，可以设立劳动争议调解委员会。劳动争议发生后，当事人可以向本单位劳动争议调解委员会申请调解；调解不成，当事人一方要求仲裁的，可以向劳动争议仲裁委员会申请仲裁。当事人一方也可以直接向劳动争议仲裁委员会申请仲裁。对仲裁裁决不服的，可以向人民法院提起诉讼。劳动争议经调解达成协议的，当事人应当履行。

之后施行的《劳动争议调解仲裁法》则进一步对调解程序的有关规定进行细化。根据《劳动争议调解仲裁法》第十条的规定，发生劳动争议，当事人可以到下列调解组织申请调解：（一）企业劳动争议调解委员会；（二）依法设立的基层人民调解组织；（三）在乡镇、街道设立的具有劳动争议调解职能的组织。在调解申请上，由于调解是一种较为灵活的处理劳动纠纷的形式，根据《劳动争议调解仲裁法》第十二条的规定，当事人申请调解既可以采取书面形式，也可以采取口头形式。在调解方式上，根据该法第十三条的规定，应当以事实为依据，根据法律、法规和政策，陈述利害，晓之以理，动之以情，帮助双方解决分歧，就争议事项达成共识。在程序终结上，根据该法第十三条至第十六条的规定，如果当事人经调解达成协议的，应当制作调解协议书，当事人应当履行。如果当事人自劳动争议调解组织收到调解申请之日起 15 日内未达成调解协议的，则可以依法申请仲裁。此外，达成调解协议后，一方当事人在协议约定期限内不履行调解协议的，另一方当事人也可以依法申请仲裁。同时，在救济方式上，也允许劳动者在用人单位在拖欠劳动报酬、工伤医疗费、经济补偿或者赔偿金事项达成的调解协议约定期限内不履行的情况下向人民法院申请支付令。在解决劳动争议中引入支付令制度，始于《劳动合同法》第三十条第二款的规定，此时劳动者申请支付令应当适用民事诉讼法的有关规定。

虽然司法解释一般不认为是法的正式渊源，但是其对于法律的执行具有重要作用，如《最高人民法院关于审理劳动争议案件适用法律若干问题的解释（一）》等 4 部司法解释。

（三）劳动行政法规

行政法规是指国务院在法定职权范围内为实施宪法和法律而制定的有

关国家行政管理的规范性文件。国务院颁布的劳动行政法规是目前我国调整劳动关系的主要依据。在劳动争议调解中,主要的劳动行政法规有《中华人民共和国劳动合同法实施条例》。

《中华人民共和国劳动合同法实施条例》是为了贯彻实施《劳动合同法》而制定的行政法规。对于如何处理因劳动合同产生的劳动纠纷,该条例第三十七条规定,劳动者与用人单位因订立、履行、变更、解除或者终止劳动合同发生争议的,依照《劳动争议调解仲裁法》的规定处理,明确了劳动合同纠纷的处理方式。

(四)国务院各部委制定的劳动规章

根据《立法法》的规定,国务院可以根据法律和国务院的行政法规、决定、命令,在本部门的权限范围内,制定规章。在劳动争议调解中,主要的劳动规章有《企业劳动争议协商调解规定》。

人力资源和社会保障部为规范企业劳动争议协商、调解行为,促进劳动关系和谐稳定,根据《劳动争议调解仲裁法》制定了《企业劳动争议协商调解规定》。该规章对于企业中调解委员会的设立、调解委员会及调解员的职责、调解程序等内容作了细化规定。在机构设置上,根据该规定第十三条的规定,小微型企业可以设立调解委员会,也可以由劳动者和企业共同推举人员,开展调解工作。大中型企业应当依法设立调解委员会,并配备专职或者兼职工作人员。

在职责履行上,根据该规定第十六条至第十七条的规定,调解委员会应当履行的职责有:(一)宣传劳动保障法律、法规和政策;(二)对本企业发生的劳动争议进行调解;(三)监督和解协议、调解协议的履行;(四)聘任、解聘和管理调解员;(五)参与协调履行劳动合同、集体合同、执行企业劳动规章制度等方面出现的问题;(六)参与研究涉及劳动者切身利益的重大方案;(七)协助企业建立劳动争议预防预警机制。调解员应当履行的职责有:(一)关注本企业劳动关系状况,及时向调解委员会报告;(二)接受调解委员会指派,调解劳动争议案件;(三)监督和解协议、调解协议的履行;(四)完成调解委员会交办的其他工作。在程序启动上,根据该规定第二十一条的规定,当事人可以口头或书面的形式向调解委员会提出调解申请,体现了劳动争议调解的灵活性。在纠纷解决上,根据该规定第二十六条至第三十条的规定,经调解达成调解协议的,由调解委员会制作调解协议书。当事人不愿调解、调解不成或者达成调解协议后，一方当事人在约定的期限内不履行调解协议的，调解委员会应当做好记录，由双方当事人签名或者盖章，并书面告知当事人可以向仲裁委员会申请仲裁。

（五）地方性劳动法规和规章

根据《立法法》的规定，省、自治区、直辖市的人民代表大会及其常务委员会根据本行政区域的具体情况和实际需要，在不同宪法、法律、行政法规相抵触的前提下，可以制定地方性法规。设区的市的人民代表大会及其常务委员会根据本市的具体情况和实际需要，在不同宪法、法律、行政法规和本省、自治区的地方性法规相抵触的前提下，可以对城乡建设与管理、环境保护、历史文化保护等方面的事项制定地方性法规。

民族自治地方的人民代表大会有权依照当地民族的政治、经济和文化的特点，制定自治条例和单行条例。

省、自治区、直辖市和设区的市、自治州的人民政府，可以根据法律、行政法规和本省、自治区、直辖市的地方性法规，制定规章。设区的市、自治州的人民政府根据《立法法》第八十二条第一款、第二款制定地方政府规章，限于城乡建设与管理、环境保护、历史文化保护等方面的事项。

上述地方性劳动法规与规章也属于劳动争议调解制度的法律渊源，但是其效力范围仅限于各行政区域内。

二、相关法律渊源之间的关系

相关法律渊源之间的关系主要是指法律渊源之间的效力等级。法的效力等级也称法的效力层级或效力位阶，是指一国法的体系中不同渊源形式的法律规范在效力方面的等级差别。确定制定法规范的效力等级通常应遵循如下原则：

（1）法律规范的效力等级首先取决于其制定机关在国家机关体系中的地位，由不同机关制定的法律规范，效力等级也不相同。除特别授权的场合以外，一般来说，制定机关的地位越高，法律规范的效力等级也越高。

（2）在由同一主体制定或修改的法律规范中，按照特定、更为严格的程序制定或修改的法律规范，其效力等级高于按普通程序制定或修改的法律规范。例如，全国人大既可以修改宪法，又可以制定和修改基本法律，依特殊程序修改的宪法的效力便高于基本法律的效力。

(3)当同一制定机关按照相同的程序先后就同一领域的问题制定了两个以上的法律规范时,后来制定的法律规范在效力上高于先前制定的法律规范,即所谓"后法优于前法"。

(4)当同一主体在某一领域既有一般性立法,又有不同于一般性立法的特殊立法时,特殊立法的效力通常优于一般性立法,即所谓"特殊优于一般"。但必须注意,"特殊优于一般"的原则只限于同一主体制定的法律规范,对于不同主体制定的法律规范,仍然适用制定机关等级决定法的效力的一般原则。

(5)当某一国家机关授权下级国家机关制定属于自己立法职责范围内的法律、法规时,被授权的机关在授权范围内制定的该项法律、法规在效力上通常等同于授权机关自己指定的法律或法规,但仅授权制定实施细则者除外。

据此,相关法律渊源之间宪法中关于劳动争议的规定的效力优于其他渊源,劳动法律的效力仅次于宪法,劳动行政法规的效力低于劳动法律,地方性劳动法规和国务院各部委制定的劳动规章的效力低于劳动行政法规,地方政府规章(如有关于劳动事项的内容)的效力低于国务院各部委制定的劳动规章。等级效力相同的法律渊源之间根据其调整法律关系的性质决定效力。具体而言,劳动争议调解的主要法律渊源之间的关系主要有:

(一)《劳动法》与《劳动合同法》《劳动争议调解仲裁法》之间的关系

《劳动法》属于法律,由第八届全国人民代表大会常务委员会第八次会议于 1994 年 7 月 5 日通过,旨在保护劳动者的合法权益,调整劳动关系,建立和维护适应社会主义市场经济的劳动制度,促进经济发展和社会进步,对我国劳动关系调整中的多项基本问题和原则进行系统、完备的规定。

《劳动合同法》属于法律,由第十届全国人民代表大会常务委员会第二十八次会议于 2007 年 6 月 29 日修订通过,旨在完善劳动合同制度,明确劳动合同双方当事人的权利和义务,保护劳动者的合法权益,构建和发展和谐稳定的劳动关系,是对规范劳动合同作出的集中规定。

《劳动争议调解仲裁法》属于法律,由第十届全国人民代表大会常务委员会第三十一次会议于 2007 年 12 月 29 日通过,旨在公正及时解决劳动争议,保护当事人合法权益,促进劳动关系和谐稳定,是对劳动关系中争议解决问题作出的集中规定。

从制定主体来看，三部法律的制定主体均为全国人民代表大会常务委员会，因此应当根据“特殊优于一般原则”判断三部法律之间的效力。由于《劳动法》是对于劳动关系调整中的基本问题和原则进行规定，而《劳动合同法》《劳动争议调解仲裁法》是对于劳动合同、劳动争议调解所作出的特别规定，所以因劳动合同、劳动争议调解所产生的法律问题应当优先适用《劳动合同法》《劳动争议调解仲裁法》。当两部法律未对此类法律问题进行规定时，再适用《劳动法》。

（二）《劳动合同法》与《劳动合同法实施条例》之间的关系

《劳动合同法实施条例》属于行政法规，由2008年9月3日中华人民共和国国务院第25次常务会议通过，旨在贯彻实施《劳动合同法》，是调整劳动合同关系的重要规范之一。

从制定主体来看，《劳动合同法》的制定主体为全国人民代表大会常务委员会，而《劳动合同法实施条例》的制定主体为国务院。两者属于不同主体制定的法律规范，因此应当适用制定机关等级决定法的效力的一般原则，《劳动合同法》的效力高于《劳动合同法实施条例》，两者之间属于上位法与下位法的关系。《劳动合同法》是《劳动合同法实施条例》的效力依据，《劳动合同法实施条例》是对《劳动合同法》的具体化和个别化，因此《劳动合同法实施条例》应当符合《劳动合同法》预设的创制方式和要求。

在实践中，两者之间除效力优先外，还可能产生适用优先的问题。效力优先是指下位法与上位法抵触的情况下，上位法的效力优于下位法，而适用优先是指下位法符合上位法的情况下，下位法的适用先于上位法。因此对于同一问题，当《劳动合同法实施条例》的规定与《劳动合同法》的规定相符合时，优先适用《劳动合同法实施条例》的规定。当《劳动合同法实施条例》的规定与《劳动合同法》的规定相抵触时，则应由有关机关对《劳动合同法实施条例》的规定予以改变或撤销。

（三）《劳动争议调解仲裁法》与《企业劳动争议协商调解规定》之间的关系

《企业劳动争议协商调解规定》属于部门规章，由人力资源和社会保障部第76次部务会审议通过，于2011年11月30日发布，旨在规范企业劳动争议协商、调解行为，促进劳动关系和谐稳定，是调整企业劳动争议的法律规范之一。

从制定主体来看,《劳动争议调解仲裁法》的制定主体为全国人民代表大会常务委员会,《企业劳动争议协商调解规定》的制定主体为人力资源和社会保障部。两者属于不同主体制定的法律规范,因此应当适用制定机关等级决定法的效力的一般原则,《劳动争议调解仲裁法》的效力高于《企业劳动争议协商调解规定》,两者之间属于上位法与下位法的关系。

根据效力优先与适用优先的原理,对于同一问题,当《企业劳动争议协商调解规定》的规定与《劳动争议调解仲裁法》的规定相符合时,优先适用《企业劳动争议协商调解规定》的规定。当《企业劳动争议协商调解规定》的规定与《劳动争议调解仲裁法》的规定相抵触时,则应由有关机关对《企业劳动争议协商调解规定》的规定予以改变或撤销。

第四节　劳动争议调解法律关系

一、劳动争议调解法律关系概述

法律关系是法律规范在调整人们之间的社会关系过程中所形成的一种特殊的社会关系,即法律上的权利义务关系。劳动争议调解法律关系是法律关系中的一种,指劳动争议处理机构在调解劳动者和用人单位的劳动争议过程中,依据劳动法及相关法律规范等,促使双方当事人就争议事项自愿达成协议从而解决纠纷所形成的权利义务关系。

劳动争议调解法律关系的概念有狭义和广义之分,狭义的劳动争议调解法律关系是指法定的劳动争议调解组织在调解劳动者和用人单位的劳动争议过程中所形成的法律上的权利义务关系;广义的劳动争议调解法律关系不仅包括狭义的劳动争议调解法律关系,也包括在劳动争议仲裁委员会主持的劳动争议仲裁调解中和人民法院主持的劳动争议诉讼调解中所形成的法律上的权利义务关系。

本节所论述的劳动争议调解法律关系是指广义的劳动争议调解法律关系,其主要具有以下特征:

(1)劳动争议调解法律关系的争议主体是特定的,即具有劳动关系的双方当事人,一方是劳动者,另一方是用人单位。同时,由于集体合同制度的深入开展,在集体合同争议中,工会和雇主组织作为劳动者的代表和雇主的代表,也可以成为劳动争议的当事人。

(2)劳动争议调解法律关系的调解主体是中立的。第三方的中立性是调解的基本特征之一,劳动争议处理机构作为劳动争议调解法律关系中的调解主体,其中立性体现在与所调解的劳动争议或争议的当事人没有利害关系,能够平等地对待当事人,维护调解结果的客观性、公正性与可接受性。

(3)劳动争议调解法律关系的客体是特定的,即发生劳动争议的双方当事人之间的劳动纠纷。劳动争议的产生就是双方当事人对彼此权利义务的认识和行为发生争议,其实质是劳动领域中不同主体间的利益冲突。

(4)劳动争议调解法律关系的内容具有民主性。劳动争议调解法律关系是在争议双方当事人自愿和劳动争议处理机构采用民主协商方式调解的基础上缔结的,具体的权利义务关系体现了民主性,有利于促进劳动争议的解决。

(5)劳动争议调解法律关系具有多元的依据。劳动争议调解法律关系所依据的规则是权威规范且灵活多元的,包括国家的劳动法律、法规、政策、劳动合同、集体合同、企业规章、道德、习惯、社会风俗等。

二、劳动争议调解法律关系的要素

劳动争议调解法律关系是由劳动争议调解法律关系主体、劳动争议调解法律关系客体和劳动争议调解法律关系内容三个基本要素构成的,三者缺一不可。

(一)劳动争议调解法律关系主体

劳动争议调解法律关系的主体,就是依法享有权利和承担义务的劳动争议调解法律关系的参与者,包括争议主体及代理人、调解主体和其他参与人。

1. 争议主体及代理人

劳动争议调解法律关系的争议主体是具有劳动关系的双方当事人,一方是劳动者,另一方是用人单位。除此以外,其他主体如用人单位与用人单位、劳动者与劳动者、劳动者或用人单位与行政主管部门等即使因劳动问题产生纠纷也不属于劳动争议调解法律关系的争议主体。

劳动者是指与用人单位建立劳动关系,并在劳动法律关系中享有权利和承担义务的自然人,可以是我国公民,也可以是外国公民和无国籍人士。

用人单位是指与劳动者建立劳动法律关系,并在劳动法律关系中享受权利和承担义务的劳动组织。目前我国《劳动法》《劳动合同法》等相关法律规定的用人单位主要包括:企业、个体经济组织、国家机关、事业组织和社会团体。

争议主体的代理人包括法定代理人和委托代理人,他们都是代表纠纷当事人进行劳动争议调解,维护纠纷当事人的合法权益。劳动者丧失或部分丧失民事行为能力时,可以由劳动者的监护人作为法定代理人参加劳动争议调解;劳动者、用人单位、劳动者的法定代理人可以授权委托代理人在特定范围内进行劳动争议调解。

2. 调解主体

劳动争议调解法律关系的调解主体是劳动争议处理机构,根据《劳动争议调解仲裁法》和《劳动法》的规定,广义的劳动争议调解机构主要有法定的劳动争议调解组织、劳动争议仲裁委员会和人民法院。其中法定的劳动争议调解组织,具体是指《劳动争议调解仲裁法》第十条第一款规定的三种调解组织:企业劳动争议调解委员会,依法设立的基层人民调解组织和在乡镇、街道设立的具有劳动争议调解职能的组织。

(1)企业劳动争议调解委员会。企业劳动争议调解委员会是企业依据法律法规设立的专门调解企业与内部员工劳动纠纷的内部机构。它具有一定的专业性和对内性,只限于解决本单位发生的劳动争议,是单位内部定纷止争的一种调解组织。

(2)依法设立的基层人民调解组织。基层人民调解组织是指基层人民调解委员会,是我国特有的解决民间纠纷的组织。根据2011年《人民调解法》的规定,人民调解委员会是依法设立的调解民间纠纷的群众性组织,受基层人民政府和基层人民法院的工作指导。其主要具有以下几个方面的特点:第一,基层性。这主要体现在人民调解委员会产生于群众生产生活所在的基层社区,受基层人民政府和基层人民法院的工作指导。第二,自治性。首先,人民调解委员会遵循的基本工作原则就是自我管理、自我教育、自我决策、民主监督。其次,人民调解委员会是在双方当事人平等自愿的基础上,采用民主协商的方式,促使双方当事人自愿达成调解意向,解决纠纷,充分体现当事人的意思自治。最后,调解的启动、调解方式的选择、调解程序的进行和最终调解结果都是以当事人的意思自治为前提。因此可以说,自治性是人民调解组织最本质的特征。第三,民间性。民间性主要体现在人民调解委员会的受案范围为民间纠纷,人民调解的依据是法律规范与道德规范的有机结合,人民调解的方式具有民间特色且灵活多样而不拘形式等方面。

(3)在乡镇、街道设立的具有劳动争议调解职能的组织。《劳动争议调解仲裁法》和《人民调解法》规定可以在乡镇、街道设立劳动争议调解中心等具有劳动争议调解职能的组织。在乡镇、街道设立劳动争议调解组织,是一些经济发达地区为了解决劳动争议的实际需要而设立的区域性、行业性的调解组织。目前,我国法律并没有对乡镇、街道设立的劳动争议调解组织进行明确详细的规定,人力资源和社会保障部 2009 年颁布的《关于加强劳动人事争议调解工作的意见》仅是规定大力推动乡镇、街道劳动保障服务所(站)和工会、企业代表组织设立的劳动争议调解组织建设。从全国实践情况来看,乡镇街道劳动争议调解组织大致有五种模式:一是由乡镇街道劳动保障服务所(站)设立的劳动争议调解组织;二是由乡镇街道工会设立的劳动争议调解组织;三是由乡镇街道企业联合会设立的劳动争议调解组织;四是人民调解委员会;五是乡镇街道党委、政府领导下,人力资源社会保障部门、工会、企业代表组织共同参与的联动调解组织。

(4)劳动争议仲裁委员会。劳动争议仲裁委员会是依法独立处理劳动争议案件的专门机构,具有一定的行政属性,代表国家依法独立行使仲裁权,处理劳动纠纷。《劳动争议调解仲裁法》第四十二条第一款规定:“仲裁庭在作出裁决前,应当先行调解。”先行调解并不是强制调解,仍然是在纠纷当事人自愿合法的基础上进行的,在当事人拒绝调解或者调解无效的情况下,仲裁委员会应及时裁决。

(5)人民法院。《劳动法》第七十七条规定:“用人单位与劳动者发生劳动争议,当事人可以依法申请调解、仲裁、提起诉讼,也可以协商解决。调解原则适用于仲裁和诉讼程序。”因此,在诉讼程序中,人民法院可以对劳动争议案件进行调解,包括诉前调解、先行调解和诉讼中调解。

3. 其他参与人

其他参与人包括两部分:一部分是受调解主体邀请协助调解的组织或个人,根据《人民调解法》第二十条的规定,调解员根据调解纠纷的需要,在征得当事人的同意后,可以邀请当事人的亲属、邻里、同事等参与调解,也可以邀请具有专门知识、特定经验的人员或者有关社会组织的人员参与调解。另一部分是争议主体邀请的证人、委托的鉴定人、翻译、专家辅助人等。其他参与人问题在本书第五章中有更为详细的论述。

(二)劳动争议调解法律关系客体

劳动争议调解法律关系的客体,是指劳动争议调解法律关系中争议主体的劳动权利和劳动义务所共同指向的对象,即劳动争议。

1. 劳动争议的形成

劳动争议作为社会纠纷的一种,其形成过程也分为三个阶段:单向的“心怀不满”或“前冲突”阶段,双向的“冲突”阶段,以及有第三人介入的“纠纷”阶段。在劳动争议处于前冲突阶段时,当事人的利益尚未受到严重侵害,只是对此产生不平、不满及愤慨等情绪,一般可能采取如忍让、回避或提出指责等单向性行动,但纠纷当事人仍在努力维护良好的劳动关系。当劳动争议处于双向冲突阶段时,劳动者和用人单位都逐渐意识到劳动关系不协调,并展开一系列双向性的交涉或对抗,导致劳动矛盾有不断激化的可能。此时,为了防止劳动争议进一步激化,缓解劳动关系双方当事人的僵硬关系,需要有劳动争议之外的主体介入此过程,并充当处理该争议的中立的第三人,使劳动争议双方当事人的利益不再继续受损,这是劳动争议的第三个阶段,即有第三人介入的“纠纷”阶段。

2. 劳动争议的范围

我国劳动争议的适用范围经过多部法律规范不断扩大,目前根据《劳动争议调解仲裁法》第二条的规定,劳动争议可以分为以下四类:

(1)因确认劳动关系发生的争议

劳动关系是劳动者在从事劳动过程中与用人单位发生的社会关系。在实践中,不乏一些用人单位未与劳动者订立书面劳动合同,致使劳动者无法以劳动合同作为劳动关系的凭证,存在维权困难的情况,《劳动争议调解仲裁法》将因确认劳动关系发生的争议纳入劳动争议的范围,为事实劳动关系的劳动者提供了寻求法律救济的依据。

(2)因订立、履行、变更、解除和终止劳动合同发生的争议

根据《劳动法》第十六条的规定,劳动合同是指劳动者与用人单位确立劳动关系、明确双方权利和义务的协议。订立劳动合同是劳动者与用人单位建立劳动关系、明确劳动用工的第一个环节。履行劳动合同是当事人各自按照劳动合同的规定,履行劳动义务,实现劳动权利的活动。变更劳动合同是劳动合同履行中的一个特殊情况,是劳动者和用人单位对生效的劳动

合同进行修改和增减。解除劳动合同是用人单位和劳动者在合同期限届满前,提前终止劳动合同,解除双方权利义务关系的活动。终止劳动合同是指由于一定法律事实的出现,双方的劳动合同权利义务结束的情形。解除和终止劳动合同表明整个劳动用工过程的结束。劳动者和用人单位在上述整个劳动用工过程中因劳动合同发生的纠纷,都属于劳动争议范围。

(3)因法定和约定的主要条款具体履行发生的争议

《劳动争议调解仲裁法》第二条第三项、第四项、第五项规定的劳动争议,涵盖了因法定和约定的主要条款具体履行发生的争议,包括因除名、辞退和辞职、离职发生的争议,因工作时间、休息休假、社会保险、福利、培训以及劳动保护发生的争议,因劳动报酬、工伤医疗费、经济补偿或者赔偿金等发生的争议。

(4)法律、法规规定的其他劳动争议

除上述事项外,法律、行政法规或地方性法规规定的其他劳动纠纷,如集体合同纠纷、劳务派遣纠纷、非全日制用工纠纷等也属于劳动争议的范围。

(三)劳动争议调解法律关系内容

劳动争议调解法律关系的内容,是指劳动争议调解法律关系主体依法享有的权利和承担的义务。

1. 争议主体的权利和义务

根据《民事诉讼法》《人民调解法》《劳动争议调解仲裁法》等法律的规定,劳动者和用人单位在劳动争议调解中的基本权利义务主要表现在以下几个方面:

(1)程序性权利。在劳动争议调解中,劳动者和用人单位享有申请调解、申请调解员回避、要求调解组织和调解员保密、提供证据、充分陈述、退出调解等程序性权利。

(2)调解自愿。劳动争议调解以双方当事人的自愿为前提,主要体现在以下两个方面:第一,程序上的自愿。具体表现在当事人双方可以自由协商选择向哪个调解组织申请调解、调解庭的组成和调解员、调解是否公开进行以及调解方法等程序性事项。第二,实体上的自愿。在不违反法律法规的强制性规定、国家政策和公序良俗,不损害国家利益、社会公共利益、他人合法权益的前提下,双方当事人享有可以按照自己意思达成调解协议,包括撤回、放弃请求、认诺请求以及在平等协商基础上自愿达成任何涉及民事权利义务的处分方案。

(3)遵守诚实信用原则。首先,当事人在调解中应如实陈述纠纷的事实。其次,当事人参与调解的行为应前后一致,禁止前后矛盾的行为。最后,当事人不得违背调解权利设置的目的,借行使调解权利之名,以达到损害他人程序利益和实体利益的结果。

(4)自觉履行调解协议。双方当事人在调解员主持下达成的调解协议,是具有法律约束力的,反映了双方的共同意愿,当事人应当按照约定履行。

(5)遵守调解秩序,尊重调解员。

2. 调解主体的权利和义务

劳动争议可以由不同的劳动争议处理机构进行调解,在不同的调解程序中,调解主体的权利和义务表现出不同的状态。总体而言,调解主体主要具有以下权利:依据当事人的申请启动调解程序并引导调解过程的开展、邀请有关组织或个人协助调解、说服劝导当事人并提出具体调解建议等。调解主体应当履行以下义务:不得强迫当事人调解、遇有回避情形依法回避、保障调解自愿合法、保护秘密尊重当事人隐私。

3. 其他参与人的权利和义务

在劳动争议调解中,其他参与人享有的权利主要有说理劝导当事人和向当事人提供建议等,应当承担的义务主要有保守秘密、遵纪守法、遇有回避情形依法回避等。

三、劳动争议调解法律事实

(一)劳动争议调解法律事实的概念

劳动争议调解法律事实,是指依照法律规定能够引起劳动争议调解法律关系产生、变更和消灭的客观情况。根据是否以人的意志为转移,可以分为事件和行为。事件是不以人的意志为转移的法律事实,包括自然事件(如人的出生死亡、地震海啸等自然灾害)和社会事件(如战争、政变等)。行为是受人的意志支配的法律事实,可以分为合法行为和违法行为。

(二)劳动争议调解法律关系的产生事实

劳动争议调解法律关系的产生,是指当劳动者和用人单位之间的劳动争议处于双向冲突，急需第三人及时介入处理时，劳动者或用人单位向劳动争议处理机构提出调解申请，调解组织在审查调解申请后决定受理并开展调解的过程中所形成的引起劳动争议法律关系发生的行为和事件。

（三）劳动争议调解法律关系的变更事实

劳动争议调解法律关系的变更，是指劳动争议调解法律关系形成之后，由于一定的客观事实发生而引起劳动争议调解法律关系的主体、客体和内容的变更。如在劳动者伤亡引起社会保险纠纷的情况下，劳动者的近亲属会成为争议主体中的一方当事人；如纠纷当事人主张新的劳动争议，增加、减少或放弃对劳动争议具体内容的请求，会引起劳动争议调解法律关系客体的变更等。

（四）劳动争议调解法律关系的消灭事实

劳动争议调解法律关系的消灭，是指劳动争议调解法律关系的主体之间的权利和义务不复存在。劳动争议调解法律关系消灭常见的情形有：（1）纠纷当事人双方达成调解协议。（2）纠纷当事人双方未达成调解协议，法定劳动争议调解组织告知当事人通过其他方式解决。对于纠纷当事人拒绝调解、不配合调解、提前终止调解或未能就调解协议达成一致等未达成调解协议的情形，调解员应当进行登记和记录，并告知纠纷当事人调解终结后可以依法通过仲裁和诉讼的途径维护自己的权利。（3）纠纷当事人双方在仲裁或诉讼阶段未达成调解协议，仲裁机构或法院应当依法作出判决。

第三章 劳动争议调解的原则和主要制度

第一节 劳动争议调解的原则和主要制度概述

一、劳动争议调解的原则、主要制度的法源

我国劳动争议处理制度实行“协商—调解—仲裁—诉讼”的处理体制。如前一章所述，劳动争议调解有狭义、广义之分，既可能指作为劳动争议处理制度中四个环节之一的调解这一独立阶段，又可能指劳动争议调解、劳动争议仲裁中的调解和劳动争议诉讼中的调解。我国已经基本形成了中国特色的调解制度即多元化纠纷解决机制之下的多元主体、多种类型的调解并存发展的调解制度。[1] 劳动争议调解是中国特色的调解制度的组成部分，或者说，它是中国特色的调解制度在劳动争议领域的具体体现。

仅从狭义的劳动争议调解而言，它是由劳动争议调解组织通过说服、疏导等方法，促使当事人在平等协商基础上自愿达成调解协议，解决劳动人事争议的活动。根据《劳动争议调解仲裁法》第十条的规定，劳动争议调解组织或是依法设立的基层人民调解组织，或是企业劳动争议调解委员会，或是在乡镇、街道设立的具有劳动争议调解职能的组织。其中，基层人民调解组

---

〔1〕 我国尚未制定承载中国特色的调解制度的统一的调解法典，有关调解的法律规范、规则散见于一些部门法律、行政法规、地方性法规、部门规章以及最高人民法院单独或联合国务院有关部门颁布的司法解释、司法文件或通知之中，还有就是散见于地方政府规章和有关调解组织、仲裁机构制定的章程、调解规则之中，但这些法律规范、规则在观念层面构成了实质意义上的调解法。

织是由村民委员会、居民委员会设立的人民调解委员会,由村民会议或者村民代表会议、居民会议推选的委员组成;企业劳动争议调解委员会由职工代表和企业代表组成,职工代表由工会成员担任或者由全体职工推举产生,企业代表由企业负责人指定,企业劳动争议调解委员会主任由工会成员或者双方推举的人员担任。在乡镇、街道设立的具有劳动争议调解职能的组织,是根据《人民调解法》第三十四条规定设立的人民调解委员会。近年来,还出现了设在工业园区、产业园区、行业商会、行业协会之下的区域性、行业性劳动争议调解组织,都是参照企业劳动争议调解委员会的组成规则,由工会代表或职工代表和区域或行业的代表组成,负责人由双方推举的人员担任。上述劳动争议调解组织都是依法设立的调解劳动争议的群众性组织,其委员或者成员均有一定代表性。所以狭义的劳动争议调解,在性质上归于人民调解制度。

以上将劳动争议调解归入调解法或者人民调解制度,可以使我们对劳动争议调解的原则和制度的讨论依托于更深厚的法理基础和更开放的规范供给。首先,《劳动法》《劳动争议调解仲裁法》对劳动争议调解所应遵循的原则、主要制度的规定,是劳动争议调解的原则和主要制度的法源。其次,更广范围的调解法文本内容,包括《人民调解法》对调解所应遵循的原则、主要制度的规定,也是劳动争议调解的原则和主要制度的法源。

二、劳动争议调解的原则的定义、功能

法律规范的表现形式主要是规则和原则。其中,规则指具体规定行为人的权利和义务以及具体的法律后果的准则,具有刚性(精确、具体、明确);原则指可以作为规则的基础或本源的综合性、稳定性原理和准则,具有规则所没有的深度(广泛、模糊)。[1] 我们认为,劳动争议调解的原则,是指在有关劳动争议调解的规范体系中,贯穿在劳动争议处理各阶段调解过程中起指导作用的根本性准则。

《劳动法》第七十八条规定,解决劳动争议,应当根据合法、公正、及时处理的原则,依法维护劳动争议当事人的合法权益。《劳动争议调解仲裁法》第三条进一步规定,解决劳动争议,应当根据事实,遵循合法、公正、及时、着重调解的原则,依法保护当事人的合法权益。劳动争议调解是解决劳动争

---

〔1〕 参见杨心宇主编:《法理学导论》(第2版),上海人民出版社2006年版,第226~236页。

议的重要方式之一，上述两部法律规定的解决劳动争议的原则，除了着重调解原则是相对于劳动争议仲裁、诉讼阶段而实行外，其他都应该是劳动争议调解应遵循的原则。人力资源和社会保障部办公厅于 2014 年 3 月 5 日印发的《关于印发基层劳动人事争议调解工作规范的通知》（人社厅发〔2014〕30 号）所附《劳动人事争议调解员行为规范（试行）》规定，"一、依法调解。坚持自愿、合法、公正、及时的原则，以事实为依据，以法律为准绳，履行居中调解职责。二、爱岗敬业。热爱调解工作，注重业务学习，以维护劳动人事争议双方当事人权益为己任，恪尽职守，甘于奉献。三、热情服务。工作主动、耐心、细致、周到，仪表整洁、语言文明、举止得体、态度诚恳。四、保守秘密。不得泄露调解工作中获取的商业秘密、个人隐私等。五、廉洁自律。不得收受、索取财物或者牟取不正当利益，不得为当事人介绍劳动人事争议仲裁、诉讼代理人。"该规范一方面重申了上述两部法律规定的适用于劳动争议调解的原则，另一方面结合劳动争议调解应归入调解法的认识，表达了劳动争议调解应遵循自愿、保守秘密、诚实信用（爱岗敬业、热情服务就是这种精神原则的体现）、保护当事人权益的原则。

劳动争议调解的原则具有根本性、抽象性、指导性。它是制定、适用、解释劳动争议调解的具体制度、规则的基础，是调解法律关系主体必须遵守的基本准则；它是基于对调解活动一般规律的总结概括所作出的规定，并不具体规定调解员、当事人在调解中的权利义务；它对调解法律关系主体进行调解活动具有宏观指导作用，为这些主体的调解活动指明了方向，使整个劳动争议调解活动既要符合调解法的基本要求，也要符合劳动争议处理制度的基本要求。劳动争议调解的原则对于劳动争议调解立法、调解活动具有指导性和补充性功能。第一，有关劳动争议调解原则的思想文化早已超越地域限制而由来已久，立法者在制定和修改有关劳动争议调解的法律时，必须以调解的原则为依据，劳动争议调解制度的具体规定必须与原则保持一致。第二，劳动争议调解的原则指导调解员、当事人和其他调解参与人正确地理解、解释、适用劳动争议调解制度的具体规定，以原则作为行为的准则。第三，劳动争议调解与其他调解一样，具有程序灵活性，对规范的依赖性较低，国家对调解规范的供给也较为节制，劳动争议调解的原则具有充当一般性调解规范的作用。第四，劳动争议调解的原则可以保证处理调解案件的调解程序的一致性。调解的多元主体决定了调解形式五花八门，劳动争议调解案件的种类也是多种多样的，处理各种调解案件的调解程序，当然也不完全相同。如果不就多元主体、多种形式、多种类案件规定统一活动的标准，势必影响调解办案的速度和质量。因此，劳动争议调解的原则在调解实践中的一个重要的作用，就是保证不同调解主体处理调解案件的调解程序的一致性和统一性。

三、劳动争议调解的主要制度的定义、功能

本章有关劳动争议调解的原则部分的讨论是站在广义的劳动争议调解的概念上进行的，而对劳动争议调解的主要制度部分的讨论则是站在狭义的劳动争议调解的概念基础上的。

劳动争议调解的具体制度，是对劳动争议调解组织的调解行为进行规范的程序设置，是劳动争议调解组织调解劳动争议所必须遵循的一般性程序规范。与劳动争议调解的原则的抽象性和概括性不同的是，调解的主要制度比较具体，是一套具体的、可操作的程序规范，因此具有实用性、针对性和直接适用性。严格遵循劳动争议调解的主要制度，有利于维护劳动争议调解的目的，有利于劳动争议调解的原则的贯彻实施，有利于提升调解程序正义和实体正义。

根据《劳动争议调解仲裁法》《人民调解法》《人民调解委员会组织条例》《人民调解工作若干规定》的有关规定，在总结我国劳动争议调解、人民调解的实践经验基础上，劳动争议调解已经建立了调解主体制度、调解程序制度、调解协议制度、调解工作制度。

第二节　劳动争议调解的原则

一、自愿原则

（一）法源和含义

《劳动法》第七十七条规定，用人单位与劳动者发生劳动争议，当事人可以依法申请调解、仲裁、提起诉讼，也可以协商解决；调解原则适用于仲裁和诉讼程序。《劳动争议调解仲裁法》第三条规定，解决劳动争议，应当根据事实，遵循合法、公正、及时、着重调解的原则，依法保护当事人的合法权益；第五条规定，发生劳动争议，劳动者可以与用人单位协商，也可以请工会或者第三方共同与用人单位协商，达成和解协议。《人民调解法》第三条第一项

规定，人民调解委员会调解民间纠纷，应当遵循在当事人自愿、平等的基础上进行调解的原则。《人事争议处理规定》[1]第四条第一句规定，当事人在人事争议处理中的地位平等，适用法律、法规平等；第五条规定，处理人事争议，应当注重调解，遵循合法、公正、及时的原则，以事实为依据，以法律为准绳。人力资源和社会保障部自2012年1月1日起施行的《企业劳动争议协商调解规定》第六条规定，根据上位法明确规定，协商、调解劳动争议，应当根据事实和有关法律法规的规定，遵循平等、自愿、合法、公正、及时的原则。该部办公厅《关于印发基层劳动人事争议调解工作规范的通知》所附《劳动人事争议调解员行为规范（试行）》规定，"依法调解。坚持自愿、合法、公正、及时的原则，以事实为依据，以法律为准绳，履行居中调解职责"。《律师调解意见》第一条第二款中规定，基本原则包括坚持平等自愿，律师开展调解工作，应当充分尊重各方当事人的意愿，尊重当事人对解决纠纷程序的选择权，保障其诉讼权利。以上规定构成了劳动争议调解的自愿平等原则的处于不同效力位阶的规范性文件渊源。

根据以上法源，我们认为，劳动争议处理各个程序都必须遵循平等自愿原则，劳动争议调解的平等自愿原则，可简单称为劳动争议调解的自愿原则，是指劳动争议的当事人在调解程序中的法律地位平等，可以自由地基于其意志进行调解活动、处置自己依法享有的劳动权利和程序权利并承受调解结果的基本准则。

（二）实行根据

"劳动关系的基本形态乃民法上的雇佣契约"，[2]劳动争议原则上仍属于民事纠纷，劳动争议调解的自愿原则是民法上的平等原则和自愿原则在调解程序上的投影。《中华人民共和国民法典》（以下简称《民法典》）第四条、第五条规定，民事主体在民事活动中的法律地位一律平等；民事主体从事民事活动，应当遵循自愿原则，按照自己的意思设立、变更、终止民事法律关系。我国明确确认了平等原则和自愿原则。而该两项原则是与社会主义市场经济的本质特征和内在要求联系在一起的，市场交易无须且自觉排斥

---

[1] 该文件是由中央组织部、人力资源和社会保障部、中国人民解放军原总政治部共同制定发布的，在效力级别上，应为部门规范性文件。

[2] 黄越钦：《劳动法新论》，中国政法大学出版社2003年版，第86页。

国家权力的过度强制，只需要交易当事人相互默认对方是那些要让渡的商品的所有者，并由此当作相互独立的人来相互对待就可以了。可见，平等是交换的前提和基础，也是交换得以正常实现的保障，没有平等就不会有市场经济。在市场上，准入的当事人被假定为自身利益的最佳判断者，因此民事主体自愿进行的各项自由选择，应当受到法律的保障，并排除国家和他人的非法干预。[1]

（三）内容

（1）当事人的法律地位平等。在调解程序中，双方当事人在民事权利能力、调解程序地位上无高下之分。当事人法律地位的平等是通过调解程序权利与调解程序义务的平等分配来体现的，没有平等的调解程序权利义务，法律地位的平等则无法实现。

（2）程序上的自愿。具体表现在：以调解方式解决纠纷，应出于当事人的共同意愿；向哪个劳动争议调解组织申请调解，由当事人协商选定；调解庭的组成和调解员由当事人选择；当事人可以约定交由调解解决的争议事项；当事人可以约定调解方法等有关程序事项；当事人如果愿意可以约定准据法；当事人可以接受调解、拒绝调解或者要求终止调解。

（3）实体上的自愿。具体表现在：双方当事人享有可以按照自己意思达成调解协议，包括撤回、放弃请求、认诺请求以及在平等协商基础上自愿达成任何涉及民事权利义务的处分方案。但是，调解协议的内容不得违反法律、法规的强制性规定，不得违反国家政策和公序良俗，不得损害国家利益、社会公共利益、他人合法权益。在调解中，调解员可以根据法律、法规和国家政策对当事人进行引导，说服教育，向当事人提出和解的建议，但不能将自己对纠纷的评价处置意见强加给当事人。双方当事人能否达成调解协议，不仅完全取决于双方当事人的自愿，而且当事人在是否同意和解意愿的表达上必须是明示的，不能采取默示的方式。

（4）履行上的自愿。自愿不仅意味着自主参与，还代表着自己责任，即劳动争议调解当事人应当尊重和承受其自主参与的程序合成的结果，因此

[1] 参见王利明主编：《民法》，中国人民大学出版社 2000 年版，第 32 页。

经调解员主持下达成的调解协议，具有法律约束力，当事人应当按照约定履行。[1]

二、合法原则

（一）法源和含义

《劳动法》第七十八条规定，解决劳动争议，应当根据合法、公正、及时处理的原则，依法维护劳动争议当事人的合法权益。《劳动争议调解仲裁法》第三条规定，解决劳动争议，应当根据事实，遵循合法、公正、及时、着重调解的原则，依法保护当事人的合法权益。《人民调解法》第三条第二项规定，人民调解委员会调解民间纠纷，应当遵循不违背法律、法规和国家政策原则。上述法律规定是合法原则的正式、直接的制定法渊源。作为对这一原则的落实，《人事争议处理规定》第五条规定，处理人事争议，应当注重调解，遵循合法、公正、及时的原则，以事实为依据，以法律为准绳。《企业劳动争议协商调解规定》第六条根据上位法明确规定，协商、调解劳动争议，应当根据事实和有关法律法规的规定，遵循平等、自愿、合法、公正、及时的原则。《人民调解法》在第二十一条中规定了人民调解员调解民间纠纷的工作要求，其中包括应当坚持原则，明法析理，主持公道；在第二十二条中规定了调解方法，即人民调解员根据纠纷的不同情况，可以采取多种方式调解民间纠纷，充分听取当事人的陈述，讲解有关法律、法规和国家政策，耐心疏导，在当事人平等协商、互谅互让的基础上提出纠纷解决方案，帮助当事人自愿达成调解协议。

根据以上法律渊源，我们认为，劳动争议处理各个程序都必须遵循合法原则，在劳动争议调解环节，该原则的表述和含义应当向《人民调解法》规定

[1] 参见《劳动争议调解仲裁法》第十四条。调解成功的案件，调解组织要结合实际引导当事人进行仲裁审查确认（达成调解协议的，双方当事人可以自调解协议生效之日起 15 日内共同向劳动人事争议仲裁委员会提出仲裁审查确认申请）。调解不成的案件，调解组织要及时引导当事人进入仲裁程序。如果当事人不按照约定履行的话，目前国内法律上只认可经调解达成的有民事权利义务内容的调解协议具有民事合同性质。达成调解协议后，一方当事人在协议约定期限内不履行调解协议的，另一方当事人可以依法申请仲裁。因支付拖欠劳动报酬、工伤医疗费、经济补偿或者赔偿金事项达成调解协议，用人单位在协议约定期限内不履行的，劳动者可以持调解协议书依法向人民法院申请支付令。

的不违背法律、法规和国家政策原则看齐。所谓劳动争议的调解的合法原则，是指劳动争议调解组织调解民间纠纷的程序、方法以及促成当事人达成的调解协议，不得违背法律、法规的强制性规定、公序良俗和国家政策的有关规定。

（二）实行根据

人民调解（包括劳动争议调解）实行不违背法律、法规和国家政策原则的根据，首先在于调解的范围限于民间纠纷。人民调解制度自产生以来，调解的范围基本上是公民与公民之间的婚姻、继承、赡养、邻里关系、小额债务、轻微侵权等一般民事纠纷。随着经济社会的发展变化，人民调解的范围，从纠纷主体到纠纷内容，都有了较大的拓展和变化。比如，因土地承包、村务管理、征地拆迁、环境污染、劳资工伤、物业管理、医疗纠纷、催讨欠薪等社会热点、难点等引发的矛盾纠纷不断增多。根据近年的实践，一般认为，凡是发生在公民与公民之间、公民与法人或者非法人组织之间，涉及当事人有权处分的人身、财产权益的纠纷，都属于民间纠纷，都可以通过人民调解来处理。[1] 但法律、行政法规规定应当由专门机关管辖处理的纠纷或者禁止采用调解方式解决的纠纷除外。这样理解，符合宪法及有关法律对人民调解的规定，也是人民调解区别于其他纠纷解决机制的明显特点。

包括劳动争议在内的民间纠纷一般是因为违反法律规范而引起的，人民调解解决民间纠纷需要引用和参照民事等法律规范和有关国家政策。世界纷纷扰扰，纠纷无处不在，而纠纷往往危机社会安定和国家安全，为此需要建构有效的社会机制来管控不利的社会纠纷，旨在消减社会纠纷及其引发的负面影响。其中，法律机制最为有效，也是人们的一种理性选择。法律对社会纠纷的管控，是通过利益法律化的方式，即将意义重大的利益以权利义务的形式规定于法律规范之中，以国家强制力保障法律规范的实现，从而以利益分配的合法化来实现利益分配的合理化和公平化。因此被法律化的社会纠纷，即法律纠纷，一般是因为违反法律规范而引起的，通常表现为社会主体对其他社会主体法律权利的侵害，这往往是该社会主体违反其法律

---

〔1〕 司法部2002年9月26日颁布的《人民调解工作若干规定》第二十条规定，人民调解委员会调解的民间纠纷，包括发生在公民与公民之间、公民与法人和其他社会组织之间涉及民事权利义务争议的各种纠纷。实际上，民间纠纷几乎都是民事纠纷。

义务所致的。民间纠纷,作为社会纠纷、法律纠纷的一种,一般是因为违反民事法律规范而引起的,是民事主体违反民事法律义务规范侵害了他人的民事权利,由此产生的以民事权利义务为内容的争议。[1] 国家政策是国家为实现一定的政治、经济、文化等目标任务而确定的行动指导原则与准则,具有普遍性、指导性、灵活性,其调整范围与法律的调整范围有的是共同的、交错的,有的是有区别的。国家也依有关规定的程序制定有关于民事经济行政社会领域的政策,违反法律规范的行为,也可能同时违反国家政策的有关规定,即使有的行为不违反法律规范,但可能是违反国家政策的。人民调解作为一种民间纠纷解决机制,人民调解员在调解过程中需要引用和参照民事等法律规范和有关国家政策进行说服、疏导和评估,促使当事人在平等协商基础上自愿达成调解协议,所以人民调解应当遵循不违背法律、法规和国家政策原则。

人民调解实行不违背法律、法规和国家政策原则的根据还在于全面推进依法治国。中国共产党十八届四中全会决定指出:"依法治国,是坚持和发展中国特色社会主义的本质要求和重要保障,是实现国家治理体系和治理能力现代化的必然要求,事关我们党执政兴国,事关人民幸福安康,事关党和国家长治久安。"所以,必须全面推进依法治国。为此,要推进法治社会建设,健全包括调解在内的依法维权和化解纠纷机制,强化法律在维护群众权益、化解社会矛盾中的权威地位,引导和支持人们理性表达诉求、依法维护权益,解决好群众最关心、最直接、最现实的利益问题;要提高社会治理法治化水平,推进基层治理法治化,加强基层法治机构建设,强化基层法治队伍,建立重心下移、力量下沉的法治工作机制。人民调解委员会是依法设立的调解民间纠纷的群众性自治组织,人民调解是基层共建共治共享社会治理的重要方式,推进法治社会建设、提高社会治理法治化水平的任务,决定了人民调解应当遵循不违背法律、法规和国家政策原则。

(三)内容

合法原则,包括如下内容:

(1)劳动争议调解的程序,不得违背法律、法规的强制性规定、公序良俗和国家政策的有关规定。调解程序的灵活性和能够根据每个案件的情节和

---

[1] 参见江伟主编:《民事诉讼法学原理》,中国人民大学出版社1999年版,第1~2页。

当事人的愿望调整程序,被认为具有至关重要性。这种灵活性导致了一种普遍观点,认为这种程序如此依赖于当事人的意愿,所以不必从立法上加以规定。的确,人们确信立法规则将会不适当地限制和损害调解过程。但是,调解程序仅凭当事人的约定未必能满足当事人的需要,调解程序不可能在法律的真空下运行,必须依赖于一定的法律背景。于是,包括我国在内的许多国家始终意识到需要维护调解的灵活性,但也通过了关于调解的法律。我国《劳动争议调解仲裁法》设专章规定了调解,尤其是《人民调解法》设专章规定了调解程序,主要对调解的开始方式、指定选择人民调解员、邀请社会人士参与调解、调解工作要求、调解方法、调解权利义务、采取预防措施、调解终止、调解情况记录和归档等作出规定。每个案件的调解程序可以依据法律对程序的这些安排进行,在当事人对调解程序有约定时应当按照约定进行,但是无论如何从最低限度上说,当事人对调解程序的约定和人民调解员决定采用的调解具体程序不得违背法律、法规的强制性规定、公序良俗和国家政策的有关规定。例如,当事人约定,调解程序一旦开始,任一方不得要求终止调解。这一约定内容,根本违反了调解自愿原则,也违反了《人民调解法》有关当事人享有的调解权利的规定。

(2)劳动争议调解的方法,不得违背法律、法规的强制性规定、公序良俗和国家政策的有关规定。其实,调解方法应该属于调解程序的范畴,所以调解方法同样具有灵活性。但是,在调解程序中,“调解方法”或者“调解方式”表达的不仅是如何调解的技术性具体措施的意思,更是类似于民事诉讼的“开庭审理”的概念,它是调解的中心环节,是劳动争议调解组织调解劳动争议或者其他人民调解委员会调解民间纠纷的必经阶段,调解的基本原则和具体制度都要在调解方法中得到贯彻和体现,因此有加以强调的必要。

在学理上,理解调解方法应注意以下两点:一是调解应当采取口头形式。口头形式是相对于书面形式而言的,它是指调解中,各调解法律关系主体的调解行为都必须以口头语言的方式进行。以口头形式对话并当场陈述,信息传达简洁便利,对方当事人及调解员反映直接,便于立即澄清争议。二是调解应当采取不公开形式。调解的方法应以不公开进行为原则,以公开进行为例外。要求调解不公开进行或者公开进行是当事人的权利;在没有当事人合意要求公开进行的情况下,不公开进行调解,是调解组织和调解员的职责。

在实定法上,《劳动争议调解仲裁法》第十三条规定了调解方式:“调解劳动争议,应当充分听取双方当事人对事实和理由的陈述,耐心疏导,帮助其达成协议。"《人民调解法》第二十二条对调解方法则作出更为细致的规定:"人民调解员根据纠纷的不同情况,可以采取多种方式调解民间纠纷,充分听取当事人的陈述,讲解有关法律、法规和国家政策,耐心疏导,在当事人平等协商、互谅互让的基础上提出纠纷解决方案,帮助当事人自愿达成调解协议。"

(3)劳动争议调解促成当事人达成的调解协议,不得违背法律、法规的强制性规定、公序良俗和国家政策的有关规定。调解员促成当事人达成调解协议,不仅要公平、合理,还要符合法律、法规。在最低限度上,对调解协议合乎规范性的要求是,不得违背当事人的自愿,而且综合《人民调解法》第三条第二项、《民事诉讼法》第一百九十五条和《最高人民法院关于适用〈中华人民共和国民事诉讼法〉的解释》(以下简称《民事诉讼法解释》)第三百六十条的规定来看,调解协议的内容,即协议的标的、数量、质量、价款或者报酬、履行期限、地点和方式、违约责任等有关当事人权利义务的具体约定,还不得违反法律、法规的强制性规定,损害国家利益、社会公共利益、他人合法权益以及违背公序良俗和国家政策。

三、公正原则

(一)法源和含义

《劳动法》第七十八条规定,解决劳动争议,应当根据合法、公正、及时处理的原则,依法维护劳动争议当事人的合法权益。《劳动争议调解仲裁法》第三条规定,解决劳动争议,应当根据事实,遵循合法、公正、及时、着重调解的原则,依法保护当事人的合法权益。第十一条规定,劳动争议调解组织的调解员应当由公道正派、联系群众、热心调解工作,并具有一定法律知识、政策水平和文化水平的成年公民担任。《企业劳动争议协商调解规定》第六条根据上位法明确规定,协商、调解劳动争议,应当根据事实和有关法律法规的规定,遵循平等、自愿、合法、公正、及时的原则。《关于印发基层劳动人事争议调解工作规范的通知》所附《劳动人事争议调解员行为规范(试行)》规定,"依法调解。坚持自愿、合法、公正、及时的原则,以事实为依据,以法律为准绳,履行居中调解职责"。《人事争议处理规定》第五条规定,处理人事争议,应当注重调解,遵循合法、公正、及时的原则,以事实为依据,以法律为准绳。《人民调解法》第十四条第一款、第二十一条第一款、第十五条中规定，人民调解员应当由公道正派的成年公民担任；人民调解员调解民间纠纷，应当主持公道；人民调解员在调解工作中有偏袒一方当事人、索取收受财物或者牟取其他不正当利益等行为之一的，由其所在的人民调解委员会给予批评教育、责令改正，情节严重的，由推选或者聘任单位予以罢免或者解聘。《律师调解意见》第一条第二款中规定，基本原则包括坚持调解中立，律师调解应当保持中立，不得有偏向任何一方当事人的言行，维护调解结果的客观性、公正性和可接受性。以上规定是劳动争议调解的独立公正原则的处于不同效力位阶的规范性文件渊源。

根据以上法源，我们认为，劳动争议处理各个程序都必须遵循独立公正原则，所谓劳动争议调解的独立公正原则，或称中立原则、公正原则，是指劳动争议的调解庭或者调解员调解案件，不受任意干预，必须遵守最低限度的公正要求。

（二）实行根据

调解实行独立公正原则，是程序公正观念的体现和要求。我们知道，调解是一种处于私力救济型程序（如自决、和解程序）和公力救济型程序（如诉讼程序）之间的过渡型的“类法律式”程序。在“类法律式”程序中，“调解是最典型的非正式解纷方式，具有反程序的外观”，同时调解也“包含着自身程序化的契机”。[1] 随着世界各国和各种社会组织越来越重视发挥调解在社会治理和多元化纠纷解决中的作用，调解立法增多了，调解的机构规则也越来越多，调解正逐步被纳入法律和规则调整之中，成为一种名副其实的规范程序。

众所周知，程序公正观念起源于英国，为美国继承发展，随后为两大法系各国普遍接受，经历了从自然公正观到正当程序观的演变过程，已经广泛适用于诉讼、仲裁、调解、立法、行政等法律程序中。近代以来，自然公正通常表示处理纠纷的一般原则和最低限度的公正标准，一直被牢固地确立于英国司法制度之中。其具体内容，一是任何人不能自己审理自己或与自己有利害关系的案件；二是任何一方的诉词都要被听取。后来在英国大法官丹宁勋爵的推动下，自然公正的适用范围扩大至非司法程序。在美国法中，

---

〔1〕 参见季卫东：《程序比较论》，载《比较法研究》1993 年第 1 期。

自然公正已被正当程序观所取代,通过美国《宪法》第五条修正案的规定,把正当程序确立为一项基本原则。美国学者马丁·P. 戈尔丁认为程序公正包含以下内容:(1)任何人不能作为有关自己案件的法官;(2)结果中不应包含纠纷解决者个人的利益;(3)纠纷解决者不应有支持或反对某一方的偏见;(4)对各方当事人的意见均给予公平的关注;(5)纠纷解决者应听取双方的辩论和证据;(6)纠纷解决者只应在另一方当事人在场的情况听取对方的意见;(7)各方当事人应得到公平机会来对另一方提出的辩论和证据作出反应;(8)解决的逐项内容需应以理性推演为依据;(9)分析推理应建立于当事人作出的辩论和提出的证据之上。[1] 戈尔丁认为,只要坚持上述公正标准,就能够促进争端从心理上得到真正解决,并且还能确保各方当事人对整个法律制度产生信任,这种信任构成了法律制度存在的基础。

(三)内容

上述程序公正包含的内容,完全适用于劳动争议调解组织和调解员的调解活动程序,略述基本要求如下:

(1)调解员应当由公道正派的成年公民担任,这是对调解员道德品质的要求。所谓公道正派,是指为人公道,作风正派,能够客观地分析判断事务,分清是非和责任,并敢于坚持原则,弘扬正气,支持正义,面对劳动争议能够作出公正的评判,能够为当事人所信服。

(2)劳动争议调解组织、调解员在外部关系上应保持独立,不受司法机关、行政机关、社会团体和个人的干涉。即使司法机关、行政机关、社会团队和个人是调解组织的组建者、管理者、指导者,或者他们对调解组织的活动依据体制、法律、自愿等原因给予了支持指导、拨款资助,但这些均不成为他们干预独立调解的根据。独立调解也表现在调解组织、调解员之间的相互独立。调解组织主要行使一些事务性、程序性的工作,包括案件的受理、调解庭的组成、必要时对调解员的指定和决定回避等工作,其不行使对案件的具体调解权利,也不得干预调解员对案件的调解活动。调解员也是独立的,不得与纠纷当事人存在任何利害关系。

(3)调解员在态度和言行上应当平等地对待双方当事人,不论是弱势的一方还是强势的一方,都要一视同仁,不能厚此薄彼,偏袒一方而压制另一方。

---

[1] 参见[美]马丁·P. 戈尔丁:《法律哲学》,三联书店 1987 年版,第 240 ~ 241 页。

（4）调解员应当为当事人双方平等地行使调解权利创造条件，在调解程序中给予双方平等的机会、便利和手段。

（5）调解员对当事人双方提出的主张和证据予以平等地关注，并在提出调解方案时将双方的观点均考虑在内。

（6）调解是用互谅互让、友好协商解决当事人之间纠纷的形式，所以调解员进行调解时，必须公平合理地说服当事人双方，使当事人双方心悦诚服，才能够达成调解协议，维护调解结果的客观性、公正性和可接受性。

四、及时原则

（一）法源和含义

《劳动法》第七十八条规定，解决劳动争议，应当根据合法、公正、及时处理的原则，依法维护劳动争议当事人的合法权益。《劳动争议调解仲裁法》第三条进一步规定，解决劳动争议，应当根据事实，遵循合法、公正、及时、着重调解的原则，依法保护当事人的合法权益。这是及时原则的正式、直接的制定法渊源。《人事争议处理规定》第五条基本重申了上述法律的两条内容，规定处理人事争议，应当注重调解，遵循合法、公正、及时的原则，以事实为依据，以法律为准绳。人力资源和社会保障部 2012 年 1 月 1 日起施行的《企业劳动争议协商调解规定》第六条根据上位法明确规定，协商、调解劳动争议，应当根据事实和有关法律法规的规定，遵循平等、自愿、合法、公正、及时的原则。在有关人民调解和推动形成中国特色的多元化纠纷解决体系的法律和规范性文件中，也有体现及时原则的内容，可以视为在劳动争议调解中用于落实该原则的具体法源。例如，《人民调解法》第二十一条第二款规定，调解民间纠纷，应当及时、就地进行，防止矛盾激化。最高人民法院于 2016 年 6 月发布的《关于人民法院进一步深化多元化纠纷解决机制改革的意见》在基本原则部分提出“坚持以人为本、自愿合法、便民利民，建立高效便捷的诉讼服务和纠纷解决机制”。《人力资源社会保障部办公厅关于印发基层劳动人事争议调解工作规范的通知》所附《劳动人事争议调解员行为规范（试行）》规定，“依法调解。坚持自愿、合法、公正、及时的原则，以事实为依据，以法律为准绳，履行居中调解职责”。最高人民法院和司法部于 2017 年 9 月 30 日联合颁布的《关于开展律师调解试点工作的意见》在基本原则部分规定，坚持便捷高效原则，律师运用专业知识开展调解工作，应当注重工作效率,根据纠纷的实际情况,灵活确定调解方式方法和程序,建立便捷高效的工作机制。

根据以上法律渊源,我们认为,劳动争议处理各个程序都必须遵循及时原则。所谓劳动争议调解的及时原则,或称及时处理原则,是指发生劳动争议,当事人不愿协商、协商不成或者达成和解协议后不履行的,应当及时向劳动争议调解组织申请调解;劳动争议调解组织调解劳动争议,尽可能快速、高效率地受理和处理,应当在规定的期限内结束。

(二)实行根据

首先,劳动争议调解实行及时原则是程序效益的价值使然。作为法律程序的劳动争议调解,也是一种交涉过程制度化,包括主体、时间、空间和结果四个基本因素,时间就是主体行为的日期和期限。有关劳动争议的调解程序以程序效益为其基本价值。程序效益是表征经济成本与经济收益之间关系的范畴,经济成本是调解主体在实施调解行为的过程中所耗费的人力、物力、财力和时间等社会资源的总和。就时间资源而言,调解中时间的浪费或调解周期的拖延,往往意味着调解主体在单位时间内调解活动效率的降低,同时造成人力、物力、财力资源耗费的增加,因此在有关劳动争议的调解程序中,时间已经成为一种与经济耗费有关的社会资源。经济效益具体到调解当事人身上,是指预期利益的实现或预期不利益的避免。如果调解结果优于其他解决纠纷的机制所产生的结果,当事人就获得正效益。一般来说,以较少的经济成本投入获得既定水平的经济效益,或者既定的经济成本投入达到较大的经济收益,都意味着程序效益的提高。

其次,劳动争议严重影响社会正常秩序。众所周知,劳动争议与劳动者的生活、企业生产密切相关,因此对劳动争议必须及时处理,及时保护权利受侵害一方的合法权益,以协调劳动关系,维护社会和生产的正常秩序。及时原则要求在法定期限内解决劳动争议,要求参与劳动争议调解、仲裁、诉讼的各方积极配合,反对拖延、耽误;另外,及时原则要求保证当事人充分行使其程序权利,保证劳动争议案件的处理质量,反对草率、一味求快。

(三)内容

劳动争议调解实行及时原则,体现在以下方面:

(1)及时申请调解。发生劳动人事争议,当事人不愿协商、协商不成或者达成和解协议后不履行的,可以口头或者书面形式立刻向调解组织申请调解。

(2)及时受理调解申请。《司法部人民调解工作若干规定》第二十四条规定,当事人申请调解纠纷,符合条件的,人民调解委员会应当及时受理调解。不符合受理条件的,应当告知当事人按照法律、法规规定提请有关机关处理或者向人民法院起诉;随时有可能激化的,应当在采取必要的缓解疏导措施后,及时提交有关机关处理。《人力资源社会保障部办公厅关于印发基层劳动人事争议调解工作规范的通知》所附《劳动人事争议调解工作程序》第二条规定,调解组织接到调解申请后,应当及时对调解申请进行审查,在3个工作日内作出是否受理的决定。

(3)及时开展调解,应当在限定期限内结束。《劳动争议调解仲裁法》第十四条第三款规定,自劳动争议调解组织收到调解申请之日起15日内未达成调解协议的,当事人可以依法申请仲裁。《人民调解法》第二十一条第二款规定,调解民间纠纷,应当及时、就地进行,防止矛盾激化。上文援引的《人民调解工作若干规定》在第三十三条规定,人民调解委员会调解纠纷,一般在一个月内调结。而《人力资源社会保障部办公厅关于印发基层劳动人事争议调解工作规范的通知》所附《劳动人事争议调解工作程序》第三条规定,调解组织根据案情指定调解员或者调解小组进行调解,调解应当自收到调解申请之日起15日内结束。但是,双方当事人同意延期的可以延长。

五、保密原则

(一)法源和含义

《人民调解法》第十五条规定,人民调解员在调解工作中有泄露当事人的个人隐私、商业秘密等行为之一的,由其所在的人民调解委员会给予批评教育、责令改正,情节严重的,由推选或者聘任单位予以罢免或者解聘。《企业劳动争议协商调解规定》第十一条第二款规定,经仲裁庭审查,和解协议程序和内容合法有效的,仲裁庭可以将其作为证据使用。但是,当事人为达成和解的目的作出妥协所涉及的对争议事实的认可,不得在其后的仲裁中作为对其不利的证据。第二十四条规定,调解委员会调解劳动争议一般不公开进行。但是,双方当事人要求公开调解的除外。《民事诉讼法解释》第一百四十六条规定,人民法院审理民事案件,调解过程不公开,但当事人同意公开的除外。调解协议内容不公开,但为保护国家利益、社会公共利益、他人合法权益,人民法院认为确有必要公开的除外。主持调解以及参与调解的人员,对调解过程以及调解过程中获悉的国家秘密、商业秘密、个人隐私和其他不宜公开的信息,应当保守秘密,但为保护国家利益、社会公共利益、他人合法权益的除外。《关于印发基层劳动人事争议调解工作规范的通知》所附《劳动人事争议调解员行为规范(试行)》规定,"保守秘密。不得泄露调解工作中获取的商业秘密、个人隐私等"。《关于建立健全诉讼与非诉讼相衔接的矛盾纠纷解决机制的若干意见》(以下简称《纠纷解决机制意见》)在关于完善诉讼活动中多方参与的调解机制部分规定,调解过程不公开,但双方当事人要求或者同意公开调解的除外。从事调解的机关、组织、调解员,以及负责调解事务管理的法院工作人员,不得披露调解过程的有关情况,不得在就相关案件进行的诉讼中作证,当事人不得在审判程序中将调解过程中制作的笔录、当事人为达成调解协议而作出的让步或者承诺、调解员或者当事人发表的任何意见或者建议等作为证据提出,但下列情形除外:双方当事人均同意的;法律有明确规定的;为保护国家利益、社会公共利益、案外人合法权益,人民法院认为确有必要的。《特邀调解规定》第二条、第十六条、第二十二条、第二十八条规定,特邀调解应当遵循调解过程和调解协议内容不公开,但是法律另有规定的除外;邀调解员不得在后续的诉讼程序中担任该案的人民陪审员、诉讼代理人、证人、鉴定人以及翻译人员等;在调解过程中,当事人为达成调解协议作出妥协而认可的事实,不得在诉讼程序中作为对其不利的根据,但是当事人均同意的除外;特邀调解员不得有泄露调解过程或调解协议内容的行为。《律师调解意见》第一条第二款规定,基本原则包括坚持调解保密,除当事人一致同意或法律另有规定的外,调解事项、调解过程、调解协议内容等一律不公开,不得泄露当事人的个人隐私或商业秘密。以上规定是调解的保守秘密原则的处于不同效力位阶的规范性文件渊源。

我们认为,劳动争议处理各个程序都必须遵循保守秘密的原则,所谓劳动争议的调解的保守秘密原则,简称保密原则,是指调解程序只允许调解员、当事人等调解程序参与人参加,不允许与本案无关的人员旁听;调解程序参与人负有法律和道德上对调解保密的义务,对所有在调解程序中为调解目的而产生的材料以及在程序中提供的不为公众知悉的其他文件、证据等,一律不得向社会和他人公开,除非双方当事人同意和存在法定的披露义务。

(二)实行根据

调解实行保守秘密原则是由用户需求和调解程序的私人性质所决定的,[1]这也是调解这种社会救济型或者"类法律式"程序的存在,相对于法院诉讼这种公力救济型程序的竞争优势。

调解本质上是一种自愿的程序,采用调解解决争议,需要有当事人事先或者在争议产生之后同意才行。一般情况下,无论是愿意采用调解的老百姓,还是商业人士,都很看重调解的保密性。在争议过程中,当事人经常宣称存在欺骗、恶意、误解、乘人之危、利用优势地位、极不公平、不具有能力、极不道德或者更加糟糕的一些情形。争议各方宁愿这种诽谤之词以及围绕利益进行的讨价还价发生在私下而不是公开的场合,这是可以理解的。

在当今世界,法院诉讼基本上采用公开审理主义,民众可以旁听,记者可以采访报道,法院的判决会向社会公开。法院公开审理的做法对诉讼参与人来说,变得没有秘密可言。但是,对于那些熟人社会的纠纷——共同体内部发生的、注定今后还要生活面对的诸如婚姻、继承、赡养、相邻关系、借物借钱、土地承包、轻微侵权、村务管理、劳资工伤、物业管理、医疗纠纷等——当事人,接受公开审理或许不是最佳的方案,他们并不希望涉及自己的事务因在法院诉讼而被公开,成为今后多年里左邻右舍茶余饭后消遣的话题。正像有学者观察分析仲裁保密性所指出的,"仲裁比法院诉讼优胜的地方是,它源自当事方的私下协议,属私人性质,不容许无关系的第三者旁听,而后来的裁决书,属于当事方的私产,也无须向公众公开"。[2] 调解虽然不是仲裁,但在不少方面与仲裁有相似性,均属私人性质的活动程序。这种与法院诉讼的重要区别,吸引了越来越多的普通民众、劳动者、用人单位和商业人士选择调解、仲裁作为解决争议的方法。

(三)内容

保守秘密原则,包括如下内容:

(1)调解过程不公开,不允许无关系的第三者旁听,但双方当事人要求

---

〔1〕 参见[英]艾伦·雷德芬、[英]马丁·亨特等:《国际商事仲裁法律与实践》(第4版),林一飞、宋连斌译,北京大学出版社2005年版,第28~30页。

〔2〕 杨良宜等:《仲裁法》,法律出版社2006年版,第1074页。

或者同意公开调解的除外。作为调解过程不公开性的自然延伸,保密应作为一种默示义务或者责任存在,除非双方当事人同意和存在法定的披露义务。

(2)纠纷当事人及其法定代理人或者委托代理人,从事调解的机关、组织、调解员、受邀参与调解的人员以及负责调解事务管理的工作人员,证人、鉴定人、专家辅助人、翻译人员等这些所有的调解程序参与人均负有保密义务。其中,受邀参与调解的人员,是指征得当事人同意,由从事调解的机关、组织、调解员邀请的当事人的亲属、邻里、同事等,也可以是邀请的具有专门知识、特定经验的人员或者有关社会组织的人员。负责调解事务管理的工作人员,如一般调解、诉讼调解、仲裁调解、行政调解中的书记员、记录员等。

(3)保密对象包括但不限于调解过程中获悉的国家秘密、商业秘密、个人隐私和其他不宜公开的信息。保密义务适用于调解协议内容,也适用于所有在调解程序中为调解目的而产生的材料以及在程序中提供的不为公众知悉的其他文件、证据等。即该义务适用于任何因调解而制作、产生、披露及提供的文件、证据以及调解协议书,而这些从调解中获得的文件及证据,只能用于该调解程序本身,不得用于与该调解程序无关的地方。所以,从事调解的机关、组织、调解员、受邀参与调解的人员以及负责调解事务管理的工作人员,不得在就相关案件进行的诉讼、仲裁中作证。如果有关法律明确赋予这些人员的相应拒绝作证权的,应当加以援引,以达到在就相关案件进行的诉讼、仲裁中拒绝出庭、拒绝作证的效果。除非调解程序的双方当事人均同意,或者法律有明确规定,或者为保护国家利益、社会公共利益、案外人合法权益,人民法院认为确有必要的,否则任何一方当事人不得在后续的本案或者就相关案件的诉讼、仲裁等程序中将调解过程中制作的笔录、当事人为达成调解协议而作出的让步或者承诺、调解员或者当事人发表的任何意见或者建议等作为证据提出或者作为对其有利的根据。

(4)除非法律允许,主持调解程序的调解员和受邀参与调解的人员不得在后续的本案或者在就相关案件的仲裁、诉讼等程序中担任仲裁员、法官、人民陪审员、诉讼代理人、证人、鉴定人、专家辅助人以及翻译人员等。

(5)法律或者调解参与人之间通过合同对调解参与人泄露国家秘密、商业秘密、个人隐私和其他不宜公开的信息等的行为,如规定了相应法律后果或者违约责任,应从其规定。例如,《人民调解法》第十五条第一项规定,人民调解员在调解工作中有泄露当事人的个人隐私、商业秘密的行为的,由其所在的人民调解委员会给予批评教育、责令改正,情节严重的,由推选或者聘任单位予以罢免或者解聘。

六、诚信原则

(一)法源和含义

我国《劳动合同法》规定了订立劳动合同应当遵循诚实信用的原则,但有关劳动争议处理制度的法律、法规、规章中没有直接规定这一原则。劳动争议调解作为一种调解程序制度,应当适用处于一般法地位的《人民调解法》和《民事诉讼法》所确立的原则。《人民调解法》第二十四条规定,当事人在人民调解活动中履行下列义务:如实陈述纠纷事实;遵守调解现场秩序,尊重人民调解员;尊重对方当事人行使权利。《民事诉讼法》第十三条第一款规定,民事诉讼应当遵循诚实信用原则。民事诉讼包括立案、审判、调解、执行等环节,法院调解自然实行诚实信用原则。最高人民法院 2009 年 7 月 24 日发布的《纠纷解决机制意见》在关于完善诉讼活动中多方参与的调解机制部分规定,在调解过程中当事人有隐瞒重要事实、提供虚假情况或者故意拖延时间等行为的,调解员可以给予警告或者终止调解,并将有关情况报告委派或委托人民法院。当事人的行为给其他当事人或者案外人造成损失的,应当承担相应的法律责任。以上规定可以作为劳动争议调解的诚实信用原则的处于不同效力位阶的规范性文件渊源。

根据以上法源,我们认为,劳动争议处理各个程序都必须遵循诚实信用原则,所谓劳动争议的调解的诚实信用原则,或称诚信原则,有狭义广义之分,狭义指的是当事人的诚信参与原则,即在调解中,双方当事人负有诚信参与的义务,应真诚地同调解员合作,努力按照调解员的要求,提交书面材料,提供证据和出席会议。[1] 广义指的是,在调解中,调解员、当事人以及其他调解参与人应当公正、诚实和善意地行使权利和实施调解行为。该原则是市场经济和社会生活中的伦理道德准则在调解上的反映。

(二)实行根据

诚实信用(或诚实信义)原则,起源于罗马法中的诚信契约和诚信诉讼,

---

[1] 参见联合国国际贸易法委员会 1980 年《调解规则》第十一条;[澳]娜嘉·亚历山大主编:《全球调解趋势》(第 2 版),王福华等译,中国法制出版社 2011 年版,第 391 ~393 页。

原本是市民社会生活中的一种道德规范,后来上升为民法的一项基本原则。它的基本含义是,要求人们在民事活动中行使民事权利和履行民事义务时应当讲究信用,严守诺言,诚实不欺,在不损害他人利益的前提下追求自己的利益。[1] 到20世纪30年代,诚实信用原则又发展成为公法和私法、实体法和程序法等各个法律领域的最高理念。在我国,1986年《民法通则》首开先河将诚实信用原则确立为民法的基本原则,而后制定的其他民商事单行法无不依样效法。在民事诉讼法领域,最高人民法院2002年4月1日实行的《关于民事诉讼证据的若干规定》在有关确定举证责任承担的规定中使用了诚实信用原则的提法,至2012年修订《民事诉讼法》将诚实信用正式确立为民事诉讼中的一项基本原则。

诚实信用原则在法律上的确立的根据在于,人类的哲学观念从个人本位到社会本位的转变。西方自由主义思想认为,社会的逻辑元点和价值元点是个人。这种观念,折射到民法上,形成以权利为中心的个人本位思想。然而,市场经济制度的种种弊端,迫使人们在法律观念上转而依靠于古代日耳曼社会的团体主义和19世纪末20世纪初产生的社会连带主义思想,于是认为,社会的逻辑元点不是个人而是团体。个人只是处于社会的共同体之中,才有其存在及价值。因此,个人参与法律生活,应当形成法律上的协同关系,而不是权利对抗关系。这种观念,在权利问题上强调权利和义务的有机统一,和权利与责任的互生对应。这种观念,尊崇国家、倾慕权力,主张个人在行使权利之际,应当意识到同时负有增进社会福祉、巩固国家安全和维持公共秩序的任务,这种观念体系,被称为社会本位。[2]

在欧美国家,从19世纪末开始,诉讼制度所具有的公共性质被日益强调,公平诉讼观、协同诉讼观逐渐取代自由主义诉讼观而居于主流地位,认为解决纠纷如同交易关系一样,应以诚实信用的原则进行交涉,法学家设想了在民事诉讼中为当事人规定一项义务,即真实义务。以1877年《德国民事诉讼法》第一百三十八条为蓝本,随后很多国家诉讼立法中均将诚实信用或真实义务作为指导性规定,用以弥补程序功能的局限,允许法官在法无明文规定时依据公平的要求进行裁判,以此及时阻止恶意诉讼行为。与诉讼相比,调解中强调公正协同、沟通交涉的观念,有过之而无不及。

---

〔1〕 参见梁慧星:《诚实信用原则与漏洞补充》,载《法学研究》1994年第2期。

〔2〕 参见张俊浩主编:《民法学原理》,中国政法大学出版社1991年版,第25页。

（三）内容

诚实信用原则既适用于当事人，也适用于调解员、其他调解参与人，对调解活动起着指导作用，具体表现为：

（1）对当事人的适用。诚实信用原则要求当事人在实施调解行为时应当诚实和善意。一是真实义务，当事人在调解中应如实陈述纠纷的事实，禁止当事人故意陈述其明知虚假的事实，或者故意隐瞒其明知真实的事实。二是禁反言，当事人参与调解的行为应前后一致，禁止前后矛盾的行为。三是禁止滥用调解权利，当事人不得违背调解权利设置的目的，借行使调解权利之名，以达到损害他人程序利益和实体利益的结果。四是调解促进义务，在调解过程中，当事人有义务推进调解进程，不得故意拖延调解，具体包括：按照调解员的要求提供有关文件、信息、解释；尽可能采取各种手段满足调解员听取证人及专家证言的要求；在调解员进行实地考察时给予积极配合；应当遵守其同意的及调解员确定的任何时间期限。

（2）对调解员的适用。诚实信用原则要求调解员调解案件时应当意图善良，诚实不欺，根据立法本意行使调解主持沟通的权利，按照现实有利原则采取调解方法，适时履行调解员的义务，促进所有参与人的诚实和坦诚行为，真诚尊重当事人的权利，公正合理提出调解方案。

（3）对其他调解参与人的适用。诚实信用原则要求其他调解参与人实施参与调解的行为时应当诚实和善意。例如，证人不得作虚假证言，鉴定人不得出具与事实不符的鉴定意见，委托代理人不得滥用代理权，不得越权代理，等等。

七、保护当事人权益原则

（一）法源和含义

《劳动法》第七十八条规定，解决劳动争议，应当根据合法、公正、及时处理的原则，依法维护劳动争议当事人的合法权益。《劳动争议调解仲裁法》第三条规定，解决劳动争议，应当根据事实，遵循合法、公正、及时、着重调解的原则，依法保护当事人的合法权益。《人民调解法》第三条第三项规定，人民调解委员会调解民间纠纷，应当遵循尊重当事人的权利原则，不得因调解而阻止当事人依法通过仲裁、行政、司法等途径维护自己的权利。上述法律规定，首先可以解释为重申建立劳动法律制度的目的，尤其结合《劳动法》《劳动争议调解仲裁法》各第一条规定进行解读时更为信服这样的结论。[1]同时，上述规定也可以解释为规定了保护或者尊重当事人权益的原则，构成了该原则的正式、直接的制定法渊源。为了落实这一原则以及明确当事人在人民调解活动中享有的主要权利的范围，《人民调解法》第二十三条进而规定："当事人在人民调解活动中享有下列权利：（一）选择或者接受人民调解员；（二）接受调解、拒绝调解或者要求终止调解；（三）要求调解公开进行或者不公开进行；（四）自主表达意愿、自愿达成调解协议。"同时，《劳动争议调解仲裁法》第五条有关劳动争议处理的基本程序的规定，[2]实际也是对这一原则的落实，要求不得因调解（不愿调解、调解不成或者达成调解协议后不履行）而阻止当事人依法通过劳动争议仲裁、民事诉讼等途径维护自己的权利。

根据以上法律渊源，我们认为，劳动争议调解的保护当事人权益原则，又称尊重当事人的权利原则，是指劳动争议调解组织在调解程序中，应当保障和尊重当事人依法享有的程序权利和实体权利，不得因调解而阻止当事人依法通过仲裁、行政、司法等途径维护自己的权利。

（二）实行根据

人民调解制度的自治性、自愿性决定了包括劳动争议调解在内的人民调解实行保护当事人权益原则。人民调解制度是一种群众自治性的纠纷解决制度，具有自治性、群众性、自愿性、民主性等特征。[3] 其中，自治性主要体现在组织性质和工作方法上。人民调解委员会属于群众性自治组织，而非行政机关或者司法组织；人民调解的工作方法主要基于群众的自我教育、

---

〔1〕《劳动法》第一条规定，"为了保护劳动者的合法权益，调整劳动关系，建立和维护适应社会主义市场经济的劳动制度，促进经济发展和社会进步，根据宪法，制定本法"。《劳动争议调解仲裁法》第一条规定，"为了公正及时解决劳动争议，保护当事人合法权益，促进劳动关系和谐稳定，制定本法。"

〔2〕《劳动争议调解仲裁法》第五条规定，"发生劳动争议，当事人不愿协商、协商不成或者达成和解协议后不履行的，可以向调解组织申请调解；不愿调解、调解不成或者达成调解协议后不履行的，可以向劳动争议仲裁委员会申请仲裁；对仲裁裁决不服的，除本法另有规定的外，可以向人民法院提起诉讼。"

〔3〕参见谭世贵主编：《中国司法制度》（第4版），法律出版社2016年版，第396～397页。

自我管理和自我约束，而不依赖国家强制力。调解本质上是当事人合意解决纠纷，所以自愿性是人民调解工作的基本要求，自愿性主要体现在调解程序的启动、调解工作、达成协议、协议履行上，人民调解工作的启动，一般源于当事人向人民调解委员会申请调解，即便人民调解委员会主动调解，也是以当事人同意认可为前提的；整个调解工作必须在当事人自愿的基础上进行；当事人达成调解协议是一种自愿的合意行为；调解协议当然也要依靠当事人自觉按照约定履行。这决定了人民调解中，人民调解委员会和当事人之间是自治组织和群众之间的平等关系，人民调解委员会没有可以干预、强制当事人私权和意思自治的能力和机会，人民调解委员会的存在、调解程序甚至调解协议的合法性、正当性的基础就在于对当事人权利的尊重。

人民调解实行保护当事人权益原则的根据，还在于上位法的规定。尊重和保障人民群众合法权益，是建设中国特色社会主义法治体系、建设社会主义法治国家的基本原则。因此，我国《宪法》确立了保障公民人身权利和财产权利的原则。宪法的精神和原则必须在《劳动法》《人民调解法》《劳动争议调解仲裁法》中予以体现和落实。通过制定《人民调解法》《劳动争议调解仲裁法》，完善人民调解制度，人民调解工作遵循尊重当事人的权利原则就是要加强对民事主体合法权益的保护，更好地维护人民群众的切身利益。

（三）内容

保护当事人权益原则，包括如下内容：

（1）劳动争议调解组织在调解程序中应当保障和尊重当事人依法享有的程序权利。《人民调解法》第二十三条集中规定了当事人在人民调解活动中享有的主要权利，包括选择人民调解员的权利、接受人民调解员的权利、接受调解的权利、拒绝调解的权利、要求终止调解的权利、要求调解公开进行的权利、要求调解不公开进行的权利、自主表达意愿的权利、自愿达成调解协议的权利。除此之外，该法还在其他条文中也隐含规定了当事人在调解程序享有的其他权利，如第十七条规定中包含的申请调解的权利，第二十条规定中包含的接受邀请有关人员或者社会组织参与调解的权利、拒绝邀请有关人员或者社会组织参与调解的权利，第二十二条规定中包含的要求根据纠纷的不同情况采取某种具体调解方式的权利、要求充分听取己方陈述的权利、要求提出证据材料的权利、要求讲解有关法律、法规和国家政策的权利，等等。可见，当事人在调解活动中享有广泛的程序权利。人民调解是人民调解委员会参与促成当事人解决民间纠纷的活动，人民调解委员会、人民调解员和当事人之间的关系构成了调解法律关系的主轴甚至全部，在这样的程序法律关系中，如果当事人享有权利，那么人民调解委员会或者人民调解员就处在义务主体的地位，负有保障和尊重当事人的程序权利的职责。

（2）劳动争议调解组织在调解程序中应当保障和尊重当事人依法享有的实体权利。人民调解委员会主管的民间纠纷，有轻微刑事违法、民事违法行为引起的纠纷，但主要是一般民事纠纷。实体法律关系发生纠纷，进入调解程序中，当事人的实体权利义务地位并不因之受到剥夺、影响。《人民调解法》作为程序法，调整的是程序问题，规定了当事人的程序权利，但是有些程序权利裹挟着实体权利，两者无法截然分开，如自愿达成调解协议的权利，当事人行使该程序权利实际上也行使了实体处分权。根据《民法典》第三条、第五条的规定，民事主体从事民事活动，应当遵循自愿原则，按照自己的意思设立、变更、终止民事法律关系；民事主体的人身权利、财产权利以及其他合法权益受法律保护，任何组织或者个人不得侵犯。根据《民事诉讼法》第十三条第二款的规定，当事人有权在法律规定的范围内处分自己的民事权利和诉讼权利。可见，当事人依法享有人身权利、财产权利以及其他合法权益，并得根据自愿原则进行某种处分，即使在调解程序、民事诉讼中，当事人依然可以行使这种属于其自己的实体处分权，任何介入当事人之间民事纠纷的第三者，包括人民调解委员会、其他劳动争议调解组织、人民调解员不得侵犯，相反地，还应当保障和尊重当事人依法享有的实体处分权。

（3）劳动争议调解组织不得因调解而阻止当事人依法通过劳动争议仲裁、行政、司法等途径维护自己的权利。调解、仲裁、行政、司法等途径，都是当事人维护自身合法权益的有效途径，各具优势和特点。选择哪种途径主张权利，维护利益是当事人的权利。运用人民调解，采用说服、协商、疏导等办法，及时解决矛盾纠纷，在预防和减少纠纷、增进团结、促进和谐上发挥了重要的基础性作用。但是，这项制度本身的优势建立在尊重当事人权利、自愿平等的基础上，而不是把人民调解作为所有纠纷的解决机制。这是人民调解的性质和功能定位决定的，是人民调解获得社会公信力的重要保障。面对纷繁复杂的矛盾纠纷，需要健全完善多种纠纷解决方式有机结合的机制，整合多种资源，既突出人民调解化解矛盾的基础性作用，又畅通其他权利救济渠道的衔接配合，最终达到化解矛盾、维护稳定、促进和谐的目的。

第三节　劳动争议调解工作制度

上文已述，狭义的劳动争议调解在性质上属于人民调解，我国根据《劳动争议调解仲裁法》《人民调解法》《人民调解委员会组织条例》《人民调解工作若干规定》的有关规定[1]，在参考借鉴人民调解制度的实施经验基础上，总结我国劳动争议调解实践做法，对劳动争议调解，业已建立了调解主体制度、调解程序制度、调解协议制度、调解工作制度。本节内容仅限于劳动争议调解工作的有关制度。

一、劳动争议调解的业务登记和统计制度

《人民调解委员会组织条例》第八条第二款规定，人民调解委员会调解纠纷应当进行登记。据此劳动争议调解也应当建立业务登记制度。业务登记制度的主要作用有：(1)使劳动争议调解工作有据可查。(2)便于自行复查、总结经验、业务统计。(3)便于基层人民政府和基层人民法院对劳动争议调解工作进行指导和监督。(4)在当事人向劳动人事争议仲裁委员会申请仲裁、人民法院起诉后，由于后续处理机构了解劳动争议的情况，促进案件的正确和及时解决。业务登记的主要内容包括：当事人的基本情况；发生劳动争议的情况；劳动争议的调解过程，如受理时间、调解的时点、地点、方式、次数、证据材料等；调解结果等。因此，业务登记的档案应妥善保管。

劳动争议调解组织应建立业务统计制度。统计内容包括：劳动争议调解情况；已经调解争议的回访情况；调解不成功的争议情况；劳动争议的摸底和排查情况等。统计数据应定期汇总，上报基层人民政府、司法行政机关、人力资源和社会保障机关。劳动争议调解组织应对有关统计数据进行分析研究，并对如何进一步做好调解工作提出有针对性的意见和建议。

二、劳动争议调解中的回避制度

我国的程序法都对回避制度作出了详细的规定。在劳动争议调解中，

---

〔1〕 例如，《人民调解工作若干规定》第十九条规定，人民调解委员会应当建立健全岗位责任制、例会、学习、考评、业务登记、统计和档案等各项规章制度，不断加强组织、队伍和业务建设。

回避制度是当事人监督调解员的重要权利,也是保障调解程序公正的重要措施。调解员回避,是指劳动争议调解组织在调解劳动争议案件时,调解庭成员认为自己不适宜参加本案调解的,依照法律和其他有关规定,自行申请退出调解,或者当事人认为由于某种原因调解庭成员可能存在调解不公的情形,申请要求其退出调解活动。回避的方式主要有两种:一是"自行回避";二是"当事人提出回避"。

回避的情形主要包括以下几个方面:(1)是本案当事人或者当事人、代理人的近亲属的;(2)与本案有利害关系的;(3)与本案当事人、代理人有其他关系,可能影响公正裁决的;(4)私自会见当事人、代理人,或者接受当事人、代理人的请客送礼的。

劳动争议调解组织对当事人以口头或者书面方式提出的回避申请应当及时作出决定,并以口头或者书面方式通知当事人。此外,参照我国《民事诉讼法》《劳动争议调解仲裁法》等法律有关回避的规定,回避应不仅适用于组成该案件调解庭的主持调解员、参与调解员,还应适用于劳动争议调解组织的其他人员或者参与调解程序的有关主体,如书记员、鉴定人、勘验人以及翻译人员。

根据《人民调解法》第十五条的规定,如果调解员在调解工作中存在偏袒一方当事人、侮辱当事人、索取收受财物或者牟取其他不正当利益、泄露当事人的个人隐私或商业秘密任一情形的,劳动争议调解组织应当给予批评教育、责令改正,情节严重的,由推选或者聘任单位予以罢免或者解聘。

三、劳动争议调解的免费和补贴制度

《人民调解法》第四条、《人民调解委员会组织条例》第十一条、《人民调解工作若干规定》第八条均规定,人民调解委员会调解民间纠纷,不收取任何费用。而且后者还规定,人民调解员调解纠纷,必须遵守五项纪律:不得徇私舞弊;不得对当事人压制、打击报复;不得侮辱、处罚纠纷当事人;不得泄露当事人隐私;不得吃请受礼。这充分说明,我国的人民调解制度建立在人民利益、劳动者利益的基础上。但是,调解员调解纠纷要耗费时间、精力以及经济成本,还有可能被误解而挨骂受气,甚至存在一定的人身风险。因此,《人民调解法》第六条中规定,国家鼓励和支持人民调解工作,县级以上地方人民政府对人民调解工作所需经费应当给予必要的支持和保障。《人民调解委员会组织条例》第十四条规定,对人民调解委员会委员,根据情况可以给予适当补贴。人民调解委员会的工作经费和调解委员的补贴经费，由村民委员会或者居民委员会解决。《人民调解工作若干规定》第四十二条进一步明确，各级司法行政机关应当积极争取同级人民政府的支持，保障人民调解工作的指导和表彰经费；协调和督促村民委员会、居民委员会和企业事业单位，落实人民调解委员会的工作经费和人民调解员的补贴经费。毫无疑问，劳动争议调解工作也应贯彻执行上述免费和补贴制度。

四、劳动争议排查制度

劳动争议排查既是劳动争议调解组织的一项经常性工作，也是社会综合治理中的一项重要工作，需要各部门密切合作，相互配合。劳动争议排查的内容包括：劳动争议总数，劳动争议分类，重点用人单位、重点事，发现的违法犯罪线索，落实解决的调解员等。劳动争议调解组织应尽可能掌握本企业、辖区内、园区内劳动争议的情况，定期进行摸底、登记、排查，将劳动争议消灭在萌芽状态，如果发现有违法犯罪线索则应及时报告有关部门处理。对可能发生劳动争议的重点地区、重点企业、人物、事件以及多发性劳动争议、易激化纠纷，调解员要分工负责，采取“抓早、抓小、抓苗头”的策略，及时做好劳动争议的防范工作，防止矛盾的激化，维护社会稳定。

五、劳动争议调解组织的例会、业务学习和培训制度

劳动争议调解组织应建立定期的会议制度。例如，每两周举行一次碰头会，每半年举行一次经验交流会。在会议上，调解员们可以对劳动争议的情况和处理进行深入讨论，发现问题及时向有关部门汇报，以取得及时指导。

劳动争议调解组织应定期组织调解员进行业务学习，学习内容包括法律、法规、规章和政策等。业务学习要理论联系实际，经常开展有关调解的工作方法和经验交流活动。基层人民政府、司法行政部门、人力资源和社会保障部门还应定期或不定期对劳动争议调解组织的调解员进行集中培训，通过业务学习和培训，提高调解员的素质，有效地促进劳动争议解决，维护社会稳定和劳动关系的和谐发展。

六、劳动争议调解工作岗位责任制

劳动争议调解工作应责任分明，建立和完善有效的工作岗位责任制。

调解工作岗位责任制要以实现落实组织、思想、工作、补贴,提高劳动争议调解率、调解成功率,减低劳动争议和因纠纷激化引起的刑事犯罪为基本目标,以完成劳动争议调解组织各项任务,遵守调解的基本原则和工作纪律以及在创建文明单位中的作用为考核内容,做到有指标、有考核、有评比、有奖励,保证工作岗位责任制的落实。

七、劳动争议调解的考评、表彰和奖励制度

基层人民政府、司法行政部门、人力资源和社会保障部门和相关基层群众自治组织和劳动争议调解组织应建立考评、表彰和奖励制度,以激励先进,鞭策后进。《人民调解法》第六条规定,国家鼓励和支持人民调解工作,县级以上地方人民政府对有突出贡献的人民调解委员会和人民调解员按照国家规定给予表彰奖励。《人民调解委员会组织条例》第十三条规定,各级人民政府对成绩显著的人民调解委员会和调解委员应当予以表彰和奖励。而《人民调解工作若干规定》第四十一条进一步明确,各级司法行政机关对于成绩显著、贡献突出的人民调解委员会和人民调解员,应当定期或者适时给予表彰和奖励。各级人民政府、司法行政部门、人力资源和社会保障部门的表彰和奖励,一般每年举行一次。通过评选先进集体和个人,表彰和奖励先进人物,抓住典型,推广经验,针对新情况新问题,不断研究和探索加强劳动争议调解工作的思路和途径,必将促进我国劳动争议调解工作的进一步发展。

第四章 劳动争议调解的适用范围

劳动争议调解的适用范围是指社会生活中发生的与劳动有关的各种矛盾纠纷，哪些可以由劳动争议调解予以处理。这一宏观问题既受到调解这一纠纷解决方式在我国民事纠纷解决体系中所发挥作用的影响，也受到司法观念和历史条件的影响。可以说，在劳动争议调解中确认某一纠纷是否属于劳动争议调解的适用范围是其首先需要明确的问题。合理界定劳动争议调解的适用范围，一方面有利于当事人合法权益的保护；另一方面也有利于明确各纠纷解决主体的权限，提高劳动纠纷的解决效率。

第一节 《劳动争议调解仲裁法》第二条规定的范围

我国《劳动争议调解仲裁法》第二条采取列举加兜底补充式的立法模式对劳动争议调解的适用范围进行规定，其主要内容与立法模式是继承了《企业劳动争议处理条例》，比较而言，《劳动争议调解仲裁法》列举的事项更加具体明确，范围有所扩大。[1] 由于劳动争议调解与仲裁合并立法，所以劳动争议调解的适用范围与劳动争议仲裁的适用范围应当是一致的。由于司法所要求的精密性，劳动争议调解与劳动争议诉讼相比，劳动争议诉讼规定的适用范围更加详细具体，其所列举的适用范围除正向规定以外还有反向

---

〔1〕 例如，关于劳动合同争议从以前的"履行"具体明确为"订立、履行、变更、解除和终止"，同时也新增了"因确认劳动关系发生的争议"和"因工作时间、休息休假发生的争议"。

排除的规定。[1] 由于法律的滞后性加之在当前“互联网 +”与大数据的背景下,用工日益多样化、劳动关系更加复杂化,以列举为主的立法模式是难以满足当前实践的需要,故不少学者试图从抽象要件化或要素化认定的方式对劳动争议的受案范围进行研究探索。

一、因确认劳动关系发生的争议

(一)劳动关系及其确认标准

劳动关系是指劳动所有者与劳动力使用者之间,为实现劳动过程而发生的一方有偿提供劳动力由另一方用于同其生产资料相结合的社会关系。简言之,用人单位招录劳动者作为其成员,劳动者在用人单位的管理下提供有偿劳动而产生的社会关系。[2] 劳动法的主要调整对象就是劳动关系,确认劳动关系是能否适用劳动法的先导,只有确定为劳动关系才能适用劳动法中特有的一些原则,如倾斜保护原则、劳动自由原则等。劳动合同是确认劳动关系的重要依据,但是实践中仍然存在不少没有签署劳动合同的情形,《劳动争议调解仲裁法》将因确认劳动关系纳入劳动争议调解仲裁的适用范围有利于更好地维护劳动者的合法权益。

我国《劳动法》和《劳动合同法》都没有对劳动关系的概念及其确认标准作出明确规定,在《劳动和社会保障部关于确认劳动关系有关事项的通知》(劳社部发〔2005〕12 号,以下简称《确认劳动关系通知》)中对劳动关系的确认提出了三项标准:一是主体适格标准,即用人单位和劳动者符合法律、法规规定的资格;二是人身隶属性标准,即用人单位制定各项劳动规章制度适用于劳动者,劳动者受用人单位的劳动管理,从事用人单位安排的有报酬的劳动;三是经济从属性标准,即劳动者提供的劳动是用人单位业务的组成部分。我国相关劳动法学者立足于劳动法基本原理,并借鉴其他国家或地区立法、司法实践提出了确认劳动关系的三项思路:第一,主体适格;第二,以劳动给付为主要内容,而非以劳动成果为给付内容,其主要是为了区分民法上的加工承揽;第三,接受劳务一方是否对劳务提供者有指挥、控制

---

〔1〕 劳动争议诉讼的适用范围参见《最高人民法院关于审理劳动争议案件适用法律问题的解释(一)》第一条、第二条。

〔2〕 参见王全兴:《劳动法》(第 3 版),法律出版社 2015 年版,第 29 页。

权，即双方之间是否具有从属性。[1]

（二）特殊情形下劳动关系的确定

1. 事实劳动关系确定

虽然我国《劳动合同法》明确规定建立劳动关系必须订立劳动合同，但实践中仍然存在不少实事劳动关系，在认定事实劳动关系中除了前面提到的几项标准以外，最重要的就是通过证据来确定是否成立事实劳动关系。其主要证据包括：第一，工资支付凭证或记录（职工工资发放凭证）、缴纳各项社会保险的记录；第二，用人单位向劳动者发放的“工作证”“服务证”等能够证明身份的证件；第三，劳动者填写的用人单位招工招聘“登记表”“报名表”等招用记录；第四，考勤记录；第五，其他劳动者的证言等。根据《确认劳动关系通知》规定，其第一项、第三项、第四项由用人单位负举证责任。调解主体在事实劳动关系的认定过程中也要注意逻辑推理与日常经验法则相结合，证据之间的相互印证。

2. 离退休人员与用人单位之间是否建立劳动关系

根据《劳动合同法》第四十四条的规定，劳动者开始依法享受基本养老保险待遇的，劳动合同终止。《最高人民法院关于审理劳动争议案件适用法律问题的解释（一）》第三十二条规定，用人单位与其招用的已经依法享受养老保险待遇或领取退休金的人员发生用工争议而提起诉讼的，人民法院应当按照劳务关系处理。在现行法律规定下，离退休人员与用人单位之间建立的不是劳动关系。有学者对此提出质疑，认为离退休人员从事的劳动完全具备人身从属性与经济从属性，属于一种特殊的劳动关系，在诸如工资、劳动安全保护、休息休假等劳动基准问题上应该受到劳动法的调整。[2] 在《最高人民法院关于超过法定退休年龄的进城务工农民因工伤亡的，应否适用工伤保险条例的请示的答复》认为，用人单位聘用超过法定退休年龄的务工农民，在工作时间内、因工作原因伤亡的，应当适用《工伤保险条例》的有关规定进行工伤认定。这也从某种意义上认为离退休人员与用人单位之间的关系不能一概简单地认定为劳务关系。

---

〔1〕 参见林嘉：《劳动法的原理、体系与问题》，法律出版社 2016 年版，第 84 页。

〔2〕 参见林嘉：《劳动法的原理、体系与问题》，法律出版社 2016 年版，第 89 页。

3."互联网+"时代下新型劳动关系的确定

"互联网+"在各行各业成为一种不可阻挡的潮流,在此形式下也产生了外卖小哥、网约车司机、网络主播等与相关用人单位之间劳动关系的确定,加之其中夹杂着一些劳务派遣关系的存在,新型劳动关系认定显得比较复杂。关于新型劳动关系的认定应该明确以下几点:第一,对于法律关系的界定不能一概而论,应该立足于个案,根据具体情况个别进行判定;第二,要注意以"指挥监督""为他人劳动"等人格从属性、经济从属性为核心要素审查,以"受拘束下的有偿劳动"为审查目标;第三,某一劳动给付可能同时具备承揽、委托、雇佣等多种外观特征,因此要注意核心实质要素的判断。[1]

二、因订立、履行、变更、解除和终止劳动合同发生的争议

(一)因订立劳动合同发生的争议

劳动合同,是指劳动者与用人单位确立劳动关系、明确双方权利和义务的协议,劳动合同是劳动关系的核心。劳动合同属于一种诺成性合同,双方意思表示一致,并经双方签字盖章后即发生法律效力。因劳动合同的订立主要会发生以下争议:

首先,因劳动关系成立的时间节点发生的纠纷。从《劳动合同法》第十条的规定来看,貌似劳动合同之于劳动关系建立的作用不大,劳动关系的建立取决于用工时间,劳动合同之于劳动关系建立的最大作用在于证明。

其次,因订立书面劳动合同与双倍工资发生的纠纷。在《劳动合同法》出台之前,我国劳动合同的订立率比较低,为了遏制这一现象、更好地保护劳动者的合法权益,《劳动合同法》第十条规定,建立劳动关系必须订立劳动合同。并在第八十二条规定用人单位自用工之日起超过一个月不满一年未与劳动者订立书面合同的,应当向劳动者支付双倍工资。为了避免道德风险,《劳动合同法实施条例》第五条规定,自用工之日起一个月内,经用人单位书面通知后,劳动者不与用人单位订立书面合同的,用人单位应当书面通知劳动者终止劳动关系,无须向劳动者支付经济补偿。在具体纠纷中要注意二倍工资的计算基数,支付时限,支付时效,用人单位的法定代表人、高管

---

[1] 参见王天玉:《基于联网平台提供劳务的劳动关系的认定——以e代驾在京、沪、穗三地法院的判决为切入点》,载《法学》2016年第6期。

是否适用该条等情形。

再次，因订立劳动合同时的说明告知义务发生的纠纷。基于诚实信用原则，双方订立劳动合同过程中都有说明告知义务。用人单位的说明告知义务包括工作内容、工作条件、工作地点、职业危害、安全生产状况、劳动报酬，以及劳动者要求了解的其他情况。劳动者的说明义务限于与劳动合同直接相关的基本情况。在有些情形下，没有履行法定的说明告知义务可能影响合同的效力。

最后，因劳动合同效力发生的纠纷。在《劳动合同法》第二十六条规定了劳动合同无效或者部分无效的情形。在实务中关于欺诈、胁迫、乘人之危等的认定还需要结合民法中相关认定方法与经验。不过与民法相比，劳动合同效力问题有自身的一些特点，如不采自始无效理论、现行法下没有可变更可撤销的规定、无效后果的处理有自身的独特方式。

（二）因劳动合同的履行、变更发生的争议

劳动合同的履行，是指劳动者与用人单位按照劳动合同的具体要求，履行劳动合同规定的义务，从而保证对方享有合法的权利，实现劳动过程和合法权益的过程。[1] 根据《劳动合同法》第二十九条及相关规定，劳动合同的履行应当遵循全面履行、亲自履行的原则。在实践中也会因违背劳动合同的履行原则发生纠纷。

劳动合同的变更涉及合同主体的变更、内容的变更以及形式的变更。劳动合同主体的变更主要是关于用人单位的变更，如果原用人单位消灭（被宣告破产、解散等[2]）没有新的主体承继，此时依照《劳动合同法》第四十四条的规定，劳动合同终止；如果原用人单位消灭，有新的主体承继，那么由承继其权利义务的单位继续履行（《劳动合同法》第三十四条）；原用人单位

---

〔1〕 参见关怀、林嘉主编：《劳动与社会保障法学》，法律出版社 2016 年版，第 27 页。

〔2〕 参见《民法典》第六十八条规定，“有下列原因之一并依法完成清算、注销登记的，法人终止：（一）法人解散；（二）法人被宣告破产；（三）法律规定的其他原因。法人终止，法律、行政法规规定须经有关机关批准的，依照其规定”。第六十九条规定，“有下列情形之一的，法人解散：（一）法人章程规定的存续期间届满或者法人章程规定的其他解散事由出现；（二）法人的权力机构决议解散；（三）因法人合并或者分立需要解散；（四）法人依法被吊销营业执照、登记证书，被责令关闭或者被撤销；（五）法律规定的其他情形”。

没有消灭，只是相关要素发生变化，不影响劳动合同的履行（《劳动合同法》第三十三条）。劳动合同内容的变更依据《劳动合同法》第三十五条规定，双方当事人协商一致可以变更。劳动合同的形式必须采用书面形式，但是实践中也存在双方当事人协商一致对合同部分内容进行变更，但并没有通过书面形式进行认定，如果变更内容不存在无效事由且已经履行的，应当认定口头形式变更的效力。在实践中容易因用人单位擅自更改劳动合同条款引发纠纷，如改变劳动者的工种、工作岗位、劳动强度、福利待遇等。

（三）因解除和终止劳动合同的争议

劳动合同的解除，是指劳动合同在订立以后，还没有履行完毕以前，由于合同双方或者单方法律行为导致提前消灭劳动关系的法律行为。[1] 主要分为双方解除和单方解除，单方解除又分为劳动者的单方解除和用人单位的单方解除。双方解除（又称协议解除）其法律依据是《劳动合同法》第三十六条之规定，劳动合同的协议解除是契约自由的表现。劳动者的单方解除包括提前通知解除和随时解除（又称被迫解除），前者主要是依据《劳动合同法》第三十一条的规定，劳动者可以提前30日书面通知用人单位，无理由解除劳动合同，提前通知解除是劳动自由的表现，也是对劳动者自主择业权的保护；后者的主要依据是《劳动合同法》第三十八条之规定，因用人单位的过错，劳动者可以随时解除劳动合同。

用人单位的单方解除包括用人单位的即时解除、非过失性解除、经济性裁员。用人单位即时性解除的主要依据是《劳动合同法》第三十九条之规定，因劳动者的过错用人单位可以即时性解除，劳动者过错的情形限于第三十九条完全列举的情形；非过失性解除的主要依据是《劳动合同法》第四十条之规定，以完全列举的形式规定在三种情形下，用人单位可以提前30日通知或者额外支付劳动者一个月的工资作为代通知金[2]后，解除劳动合同；经济性裁员是指用人单位由于生产经营状况出现危机而导致劳动力过

---

[1] 参见信春鹰、阚珂主编：《中华人民共和国劳动合同法释义》（第2版），法律出版社2013年版，第127页。

[2] 代通知金是指用人单位在提出解除劳动合同或终止劳动合同时应该提前一个月通知的情况下，如果用人单位没有依法提前一个月通知的，以给付一个月工资作为代替。

剩,用人单位集体性解除与劳动者的劳动合同。[1] 经济性裁员是市场经济下不可避免的一种现象,但其会对劳动者造成不利影响,也会造成一定的社会就业压力,故《劳动合同法》第四十一条对经济性裁员的实体条件、程序条件都作出了规定,并规定经济性裁员要遵循社会福利原则,在重新招录人员时,被裁减人员具有优先就业权。

劳动合同的终止是指劳动合同的法律效力依法被消灭,即劳动关系由于一定法律事实的出现而终结,劳动者与用人单位之间原有的权利义务不复存在。[2] 我国立法采取的是劳动合同解除与终止并列的做法。与劳动合同的解除相比,劳动合同终止更有自然结束、预见性更强、意思自治等意味。

如果用人单位或劳动者没有遵守法律有关劳动合同的解除或终止规定,在实践中极易引发纠纷。根据2016年中国劳动统计年鉴表,2011~2015年解除、终止劳动合同引发的纠纷数量仅次于追索劳动报酬、社会保险引发的纠纷数量,成为引发劳动合同纠纷的主要原因之一。[3] 因解除和终止劳动合同有时也会引发关于商业秘密保护以及竞业禁止的相关争议。

三、因法定和约定的主要条款的具体履行发生的争议

(一)因除名、辞退和辞职、离职发生的争议

这一类劳动争议属于劳动关系解除或终止过程产生的争议,不过相关概念在《劳动法》与《劳动合同法》中都没有规定。相关概念带有计划经济时代的影子,行政色彩较为浓厚,以后修法有可能与《劳动争议调解仲裁法》第二条第二项进行合并。除名是指职工无正当理由经常旷工,经批评教育无效,连续旷工时间超过15日,或者一年以内累积旷工时间超过30日,企业有权予以除名。[4] 辞退,是指用人单位依照法律规定的条件或程序,解除与其工作人员的关系,分为正常辞退与违纪辞退,与第二项中用人单位的单方

---

〔1〕 参见喻术红、张荣芳编著:《劳动合同法学》(第2版),武汉大学出版社2015年版,第107页。

〔2〕 参见信春鹰、阚珂主编:《中华人民共和国劳动合同法释义》(第2版),法律出版社2013年版,第163页。

〔3〕 参见段晓红等:《劳动合同纠纷调解与仲裁研究》,法律出版社2018年版,第17页。

〔4〕 参见《企业职工奖惩条例》第十八条,该行政法规已于2008年废止。

解除劳动合同类似。辞职是指劳动者根据本人的意愿,辞去其所担任的职务,解除与所在单位劳动关系的行为,类似于第二项中的劳动者单方解除劳动合同。离职,是指劳动者根据本人的意愿,自动解除与所在单位的劳动关系的行为。[1]

(二)因工作时间、休息休假、社会保险、福利、培训以及劳动保护发生的争议

我国工作时间分为标准工作时间、特殊工作时间(包括缩短工作时间、不定时工作时间、综合计算工作时间、计件工作时间和非全日制工作时间)、延长工作时间、弹性工作时间。因工作时间引发的劳动争议主要涉及工作时间的计算、延长工作时间的工资支付、用人单位执行非标准用工时间合理性的认定等纠纷。休息休假制度是保护劳动者休息权的重要制度,可以使劳动者消除疲劳、恢复体力、丰富业余生活,我国休息休假主要包括工作内的间歇时间、两个工作日间的休息时间、公休假日、法定假日、年休假、探亲假。关于休息休假可能涉及的劳动争议主要有:休息休假的时间计算、不同休息休假类型的适用范围、不安排休假的补偿等。

我国的社会保险包括养老、工伤、医疗、失业以及生育等,因社会保险发生的争议主要包括缴纳争议、发放争议、待遇争议。因为社会保险涉及用人单位、劳动者、社会保险经办机构三方主体,所以社会保险争议是否属于劳动争议存在一定的争议:有观点认为,社会保险争议属于劳动争议,其主要依据就是《劳动争议调解仲裁法》第二条;也有观点认为,社会保险争议不属于劳动争议,其主要依据是《劳动法》第一百条,《社会保险法》第六十三条;还有观点认为,应当具体问题具体分析,将因社会保险待遇所引发的纠纷纳入劳动争议受案范围。[2] 笔者认为,由于调解的灵活性以及法律的明确规定,在没有涉及相关行政权的处分时或者说法律没有明确规定不属于劳动争议时,因社会保险引发的争议尤其是因用人单位没有为劳动者缴纳保险而请求赔偿的纠纷应该属于劳动争议调解的适用范围。我国关于福利的相关立法大多与社会保险并列,相关情形可以进行一定的参照。

---

〔1〕 相关概念释义参见李援主编:《〈中华人民共和国劳动争议调解仲裁法〉条文释义与案例精解》,中国民主法制出版社 2012 年版,第 18 页。

〔2〕 参见张琪:《社会保险劳动争议的受案范围》,载《人民司法》2016 年第 4 期。

培训是提高劳动者技能以适应社会发展的重要手段，培训所引发的劳动争议主要与当事人双方所约定的事项履行有关，可能主要涉及服务期以及违约金的相关争议。因劳动保护发生的争议主要涉及用人单位是否为劳动者提供了法律规定的劳动安全卫生条件及标准问题，如安全生产所必备的条件、职业病的防治、特殊人群（女职工、未成年工）的保护等。国家向来对安全生产高度重视，在 2002 年出台了《安全生产法》。

（三）因劳动报酬、工伤医疗费、经济补偿或者赔偿金等发生的争议

这一类争议涉及的是相关金钱给付或费用的问题。劳动报酬又称工资，是用人单位根据劳动者提供劳动的数量和质量，以货币的形式支付给劳动者的报酬，是劳动者维持基本生活的重要依据。劳动报酬一般包括计时工资、计件工资、奖金、津贴和补贴、加班加点工资、特殊情况下支付的工资。在现实生活中拖欠农民工工资、不足额支付劳动者报酬的事件屡见不鲜，因劳动报酬引发的纠纷在现实中较为普遍，其主要涉及的纠纷包括：劳动报酬的计算标准及范围、劳动报酬的支付及其支付时效、最低工资标准等问题。

职工因工作遭受事故伤害或者患职业病进行治疗，享受工伤医疗待遇，职工治疗工伤应当在签订服务协议的医疗机构就医，情况紧急的可以先到就近医疗机构急救。根据《工伤保险条例》第三十条的规定，工伤医疗待遇包括：（1）治疗工伤所需的挂号费、医疗费、药费、住院费等费用，符合工伤保险诊疗项目目录、工伤保险药品目录、工伤保险住院服务标准的，从工伤保险基金中支付；（2）工伤职工治疗工伤需要住院的，职工住院治疗的伙食补助费，到统筹地区以外就医所需的交通、食宿费用；（3）工伤职工需要停止工作接受治疗的，享受停工留薪待遇。其主要涉及的争议：工伤医疗费的给付、工伤医疗费计算额标准及范围等。

经济补偿金是劳动合同解除或终止后，用人单位依照法定标准以货币的形式向劳动者一次性支付的离职补贴。[1] 按照我国《劳动合同法》第四十六条的规定，在第三十八条规定的劳动者随时解除劳动合同、双方协商一致由用人单位提出解除劳动合同、第四十条规定的非过失性解除、第四十一条规定的经济性裁员、部分劳动合同终止以及法律行政法规规定的其他情形下，用人单位应当支付经济补偿金。经济补偿金的计算公式：经济补偿

〔1〕 参见郑尚元：《劳动合同法的制度与理念》，中国政法大学出版社 2008 年版，第 307 页。

金=工作年数×月工资基数，工作年限的上限为12年，月工资基数上限为用人单位所在地上年度职工平均工资的三倍。《劳动合同法》第八十五条规定了赔偿金的情形，其情形包括：未按照劳动合同的约定或者国家规定及时足额支付劳动者劳动报酬的；低于当地最低工资标准支付劳动者工资的；安排加班不支付加班费的；解除或者终止劳动合同，未依照本法规定向劳动者支付经济补偿的。其支付标准为应付金额百分之五十以上百分之一百以下。其涉及的争议可能包括：适用的情形，计算的标准，补偿金、赔偿金、违约金的重叠适用以及其支付问题。

四、法律、法规规定的其他劳动争议

列举性立法难免存在挂一漏万之嫌，所以经常会存在一个兜底条款，劳动争议调解的适用范围也不例外，其规定除了上述劳动争议以外，其他法律、行政法规或者地方性法规规定的劳动争议亦属于劳动争议的调解范围。鉴于司法解释在我国司法实务中的重要作用，其规定的相关劳动争议也可以参照适用。

除了相关正向规定以外，相关反向性规定也应该进行参照适用，如《最高人民法院关于审理劳动争议案件适用法律问题的解释（一）》第二条规定的下列争议“（1）劳动者请求社会保险经办机构发放社会保险金的纠纷；（2）劳动者与用人单位因住房制度改革产生的公有住房转让纠纷；（3）劳动者对劳动能力鉴定委员会的伤残等级鉴定结论或者对职业病诊断鉴定委员会的职业病诊断鉴定结论的异议纠纷；（4）家庭或者个人与家政服务人员之间的纠纷；（5）个体工匠与帮工、学徒之间的纠纷；（6）农村承包经营户与受雇人之间的纠纷”也应当不属于劳动争议调解的适用范围。

第二节　《劳动争议调解仲裁法》第五十二条规定的范围

事业单位是具有中国特色的社会组织，在我国事业单位具有数量多、种类广、队伍庞大等特点。事业单位是指为了社会公共利益，由国家机关举办或者其他组织利用国有资产举办的，从事教育、科技、文化、卫生等活动的社会组织，其可以分为三类：全额拨款型、差额拨款型以及自收自支型。其内部单位人员可以归为三种：第一种是编制内聘用人员，包括签订聘用合同的

编制内聘用人员和无须签订聘用合同的编制内聘用人员。[1] 这一种人员就是属于第五十二条规定的,事业单位实行聘用制的工作人员与本单位发生劳动争议的,依照本法执行。在2014年出台的《事业单位人事管理条例》第三十七条也明确规定,事业单位工作人员与所在用人单位发生人事争议的,依照《劳动争议调解仲裁法》有关规定进行处理。第二种是编制外人员,包括档案内部管理的编外人员和档案外部管理的编外人员,这一种人员与用人单位签订劳动合同,应当属于《劳动合同法》进行规制,其产生的劳动争议当然属于劳动争议调解的适用范围。第三类人员属于劳务派遣人员,其应属于劳务派遣的相关规则进行规制。

综上所述,在现行法体系下事业单位工作人员与事业单位发生的人事争议(参照公务员管理的除外)或劳动争议都属于劳动争议调解仲裁的适用范围。

---

[1] 参见《〈中华人民共和国劳动争议调解仲裁法〉注解与配套》(第4版),中国法制出版社2017年版,第61页。

第五章 劳动争议调解的主体

第一节 劳动争议调解组织

一、劳动争议调解组织的历史沿革

早在1931年11月中华苏维埃共和国中央临时政府成立时就颁布了《中华苏维埃共和国劳动法》,其中对"违犯劳动法的案件以及劳资的纠纷",就规定"或由人民法院的劳动法庭判决强制执行之,或由劳资双方代表所组成的评判委员会及设在原劳动部的仲裁委员会以和平解决之",即劳动争议调解的组织为劳资双方代表组成的评判委员会和原劳动部的仲裁委员会,其中评判委员会类似今天的劳动争议调解委员会,而原劳动部的仲裁委员会与今天的劳动争议仲裁委员会有着相同的性质。但由于该部劳动法的适用一直处于战争时期,劳动争议的调解组织一直未能系统地建立起来。

中华人民共和国成立后,为贯彻"发展生产、繁荣经济、公私兼顾、劳资两利"的经济与劳动政策,颁布了相关的文件规定。1949年11月22日,中华全国总工会下发了《关于处理劳资关系问题的三个文件的通知》,其中《关于劳资关系暂行处理办法》中规定,发生劳动争议"应由劳资双方请求该业工会与同业公会派出之代表会同双方当事人共同协商解决之,如仍无法取得一致意见时,任何一方得请求当地人民政府劳动局调解之。调解无效得由劳动局组成仲裁委员会仲裁之……任何一方对劳动局仲裁不服时,得依司法程序向法院提出控诉。由法院判处之";《关于私营工商业劳资双方订立集体合同的暂时办法》中规定,就集体合同的修改或废止双方不能达成一致意见时,"得申请劳动局调解或仲裁解决之";《劳动争议解决程序的暂行规定》中规定,“人民政府劳动局为调解、仲裁一切劳动争议之机关”,“劳动争议解决之第一步骤为双方协商,第二步骤为劳动局之调解,第三步骤为劳动局组织的仲裁委员会之仲裁”。从中不难看出,劳动争议的调解组织为主管劳动事务的行政机关劳动局。1950 年 11 月 26 日,经政务院批准,原劳动部发布了《劳动争议解决程序的规定》,其中规定发生劳动争议的双方不能协商解决时,“国营、公营、公私合营与合作社经营之企业,应由争议双方之上级工会组织与上级企业主管机关协商解决;私营企业应由该产业之工会组织及同业公会协助解决”,“如仍不能解决,得申请当地劳动行政机关调解;调解不成,由劳动争议仲裁委员会仲裁之”,从而以行政法规的方式明确了劳动行政机关为劳动争议的调解组织。但随着 1956 年我国社会主义改造完成,私营企业不再存在,工人变成了企业的“主人翁”,劳资纠纷被认为不再存在,劳动争议改由政府机关以人民来信、来访的方式处理,上述文件也停止了施行,相关劳动争议调解、仲裁机构也随之撤销。

1978 年党的十一届三中全会之后,随着社会主义市场经济的建立,私有企业发展,国有企业改制,均对及时、有效处理劳动争议提出了法律制度上的要求。对劳动争议进行调解、仲裁的制度首先在地方上开始恢复。如处在改革开放前沿的广东省于 1981 年颁行了《广东省经济特区企业劳动工资管理暂行规定》,其中第十八条规定:“被特区企业解雇、处分的职工,如有异议时可向企业提出协商解决;协商不能解决的,可向特区(市)劳动局请求调解处理;任何一方认为劳动局处理不当的,可向特区所在地的人民法院提起诉讼。”

1987 年 7 月 31 日,国务院发布了《国营企业劳动争议处理暂行规定》,规定国营企业中,因履行劳动合同发生的争议,“当事人可以向企业劳动争议调解委员会(或者调解小组,以下统称调解委员会)申请调解,也可以直接向当地劳动争议仲裁委员会(以下简称仲裁委员会)申请仲裁。因开除、除名、辞退违纪职工发生的劳动争议,当事人应当直接向当地仲裁委员会申请仲裁”。按照该规定,国营企业应当设立调解委员会;对于设有分厂(或者分公司、分店)的企业,应当设置两级调解委员会,即在总厂(或者总公司、商店)设立一级调解委员会,在分厂(或者分公司、分店)设立二级调解委员会,经二级调解委员会调解不成的劳动争议,当事人可以向一级调解委员会申请调解,也可以直接向仲裁委员会申请仲裁。调解委员会由职工代表、企业行政代表和企业工会委员会代表组成;职工代表由职工代表大会(或者职工大会）推举产生，企业行政代表由企业行政方面指定，工会代表由企业工会委员会指定。调解委员会具体人数由职工代表大会提出并与厂长协商确定。调解委员会主任由调解委员会在成员中选举产生。调解委员会在职工代表大会领导下工作。调解委员会办事机构设在企业工会委员会。同时，该规定明确劳动争议仲裁委员会对受理的劳动争议，应当在查明事实的基础上进行调解，促使当事人相互谅解，达成协议。对调解达成的协议，应当制作调解书，由双方当事人签字，仲裁委员会成员署名，并加盖仲裁委员会印章，送达后即具有法律效力；对调解未达成协议的，仲裁委员会应当及时仲裁。

《国营企业劳动争议处理暂行规定》仅适用于国营企业的劳动争议，在适用范围上存在局限，不能满足社会发展需要。为此，国务院于1993年7月6日发布了适用于所有境内企业与职工之间的劳动争议的《企业劳动争议处理条例》，《国营企业劳动争议处理暂行规定》同时废止。条例明确规定协商、调解、仲裁与诉讼的劳动争议解决方式，并明确协商和调解不是必经程序，而仲裁是诉讼的前置程序，“对仲裁裁决不服的，可以向人民法院起诉”。条例还明确规定，企业可以设立劳动争议调解委员会，负责调解本企业发生的劳动争议。调解委员会由职工代表、企业代表和企业工会代表组成，其中职工代表由职工代表大会（或者职工大会）推举产生，企业代表由厂长（经理）指定，企业工会代表由企业工会委员会指定。条例仍延续了《国营企业劳动争议处理暂行规定》中调解委员会组成人员的具体人数由职工代表大会提出并与厂长（经理）协商确定的办法，但明确规定“企业代表的人数不得超过调解委员会成员总数的三分之一”，同时改变了调解委员会主任由委员选举产生的规定，明确由企业工会代表担任。条例还规定，调解委员会的办事机构设在企业工会委员会。没有成立工会组织的企业，调解委员会的设立及其组成由职工代表与企业代表协商决定。与《国营企业劳动争议处理暂行规定》规定相同的是，条例也要求劳动争议仲裁委员会在处理劳动争议时“应当先行调解，在查明事实的基础上促使当事人双方自愿达成协议”。仲裁调解“达成协议的，仲裁庭应当根据协议内容制作调解书，调解书自送达之日起具有法律效力”，“未达成协议或者调解书送达前当事人反悔的，仲裁庭应当及时裁决。”该条例已于2011年1月8日废止。

1994年7月5日，全国人大常委会通过了《劳动法》，以法律的形式对劳动争议调解组织作出了规定，提升了对劳动争议调解组织的立法规格。

2008年5月1日施行的《劳动争议调解仲裁法》在《劳动法》的基础上,对劳动争议调解组织的类型,调解人员的组成、任职条件及产生进行了更加详细和系统的规定。

二、劳动争议调解组织的现状

《劳动法》第七十七条规定:"用人单位与劳动者发生劳动争议,当事人可以依法申请调解、仲裁、提起诉讼,也可以协商解决。调解原则适用于仲裁和诉讼程序。"第七十九条规定:"劳动争议发生后,当事人可以向本单位劳动争议调解委员会申请调解;调解不成,当事人一方要求仲裁的,可以向劳动争议仲裁委员会申请仲裁。当事人一方也可以直接向劳动争议仲裁委员会申请仲裁。对仲裁裁决不服的,可以向人民法院提起诉讼。"

《劳动争议调解仲裁法》第十条第一款规定:"发生劳动争议,当事人可以到下列调解组织申请调解:(一)企业劳动争议调解委员会;(二)依法设立的基层人民调解组织;(三)在乡镇、街道设立的具有劳动争议调解职能的组织。"

《人民调解法》第八条规定:"村民委员会、居民委员会设立人民调解委员会。企业事业单位根据需要设立人民调解委员会。"第三十四条规定:"乡镇、街道以及社会团体或者其他组织根据需要可以参照本法有关规定设立人民调解委员会,调解民间纠纷。"

《民事诉讼法》第九条规定:"人民法院审理民事案件,应当根据自愿和合法的原则进行调解;调解不成的,应当及时判决。"

根据上述法律规定以及相关司法解释,我国目前劳动争议的调解组织主要有企业劳动争议调解委员会,基层人民调解组织,在乡镇、街道设立的具有劳动争议调解职能的组织,劳动争议仲裁委员会以及人民法院。

(一)企业劳动争议调解委员会

依据《劳动法》的规定,用人单位均可以设立劳动争议调解委员会。劳动争议调解委员会是用人单位内部的一种劳动争议解决机制,性质上属于内部的自治组织。由于立法并没有强制用人单位必须设立,因此是否设立劳动争议调解委员会由用人单位决定。而对于由用人单位设立的劳动争议调解委员会,必须从人员组成、调解原则和调解效力等方面予以明确,从而能够保证其能够中立、公正地进行调解。人力资源和社会保障部颁布的《企业劳动争议协商调解规定》进一步明确了用人单位内部劳动争议调解委员会的设立要求。第十三条规定:“大中型企业应当依法设立调解委员会,并配备专职或兼职工作人员。有分公司、分店、分厂的企业,可以根据需要在分支机构设立调解委员会。”第十四条规定:“小微型企业可以设立调解委员会,也可以由劳动者和企业共同推举人员,开展调解工作。”

在劳动争议调解委员会的人员组成上,《劳动争议调解仲裁法》改变了《劳动法》“三方机制”即“由职工代表、用人单位代表和工会代表组成”的规定,建立了“两方机制”即“由职工代表和企业代表组成”的模式,并规定“职工代表”由工会成员担任或者由全体职工推举产生,“企业代表”由企业负责人指定。之所以作出这样的改变,一是增加制度的灵活性。实践中存在一些用人单位没有建立工会或者建立的工会名存实亡的情况,“两方机制”有利于这样的用人单位建立劳动争议调解委员会;二是明确工会代表的地位。工会代表并非职工和用人单位之外的第三方,他就是职工的代表,应当从维护职工权益的立场来参与劳动争议的调解工作。《劳动争议调解仲裁法》还改变了《劳动法》对劳动争议调解委员会主任“由工会代表担任”的规定,改为“由工会成员或者双方推举的人员担任”,这一改变也在否定工会是第三方,由工会负责调解的认识,明确其职工代表的地位,同时也是增加主任人选的灵活性,使那些虽然不是工会成员,但是能力强、有威信,又热衷于调解纠纷、维护正常的劳动秩序的人员能够被推选出来。

关于劳动争议调解委员会成员的人数以及各方代表比例,现行法律均没有规定,其主要原因在于该组织的自治性,即由用人单位在决定设置调解委员会时议定。对此本书认为已废止的《企业劳动争议处理条例》相关规定仍具有借鉴意义,即关于调解委员会成员的人数,由职工代表大会提出并与用人单位负责人协商确定;但鉴于“三方机制”已改为“两方机制”,职工代表与企业代表各占二分之一较为适当。或正是基于这种借鉴,关于具体的人数,《企业劳动争议协商调解规定》第十五条规定:“人数由职工代表和企业代表双方协商确定,双方人数应当对等。”另外,在女职工较多的用人单位,调解委员会成员中应当有女职工代表。

关于职责问题。企业设立劳动争议调解委员会,目的在于及时处理本企业内部发生的劳动争议。根据《企业劳动争议协商调解规定》第十六条的规定,调解委员会履行以下职责:第一,对本企业发生的劳动争议进行调解。这是调解委员会的首要职责,劳动争议发生后,企业劳动争议调解委员会应当认真对待,及时介入,依法处理,使双方当事人的劳动争议得到解决,维持良好的劳动关系。第二,监督调解协议的履行。双方当事人达成调解协议后,企业劳动争议调解委员会应当负责检查督促调解协议的履行,可以采取说服教育、定期或不定期回访等手段。第三,聘任、解聘和管理调解员,保证调解员依法履行调解职责。第四,宣传劳动保障法律、法规和政策,增强企业劳动法治观念,提高劳动者的法律意识。第五,参与协调履行劳动合同、集体合同、执行企业劳动规章制度等方面出现的问题。第六,参与研究涉及劳动者切身利益的重大方案。第七,协助企业建立劳动争议预防预警机制。

为了有效开展工作,企业劳动争议调解委员会应当建立起相应的工作制度,主要有调解登记制度、调解会议制度、回访制度、档案管理制度、调解委员会会议制度以及统计分析制度。这些制度内容已在本书第三章中作过介绍和论述。

(二)基层人民调解组织

基层人民调解组织,主要是指人民调解委员会,它是我国解决民间纠纷的群众性自治组织。根据《人民调解法》等法律法规,村民委员会、居民委员会设立人民调解委员会,企业事业单位根据需要可以设立人民调解委员会,乡镇、街道以及社会团体或者其他组织根据需要也可以设立人民调解委员会,还可以根据需要设立区域性、行业性的人民调解委员会。2018 年 4 月司法部在“人民调解员队伍建设”主题新闻发布会上介绍,目前,全国共有人民调解委员会 76.6 万个,人民调解员 366.9 万人,每年化解矛盾纠纷 900 万件左右。利用覆盖全部村居(社区)和乡镇(街道)的人民调解委员会来调解劳动争议,可以有效解决企业劳动争议调解委员会缺失,劳动争议调解力量不足的问题。

《人民调解法》规定,人民调解委员会由委员 3 ~ 9 人组成,设主任一人,必要时,可以设副主任若干人。人民调解委员会应当有妇女成员,多民族居住的地区应当有人数较少民族的成员。村民委员会、居民委员会的人民调解委员会委员由村民会议或者村民代表会议、居民会议推选产生;企业事业单位设立的人民调解委员会委员由职工大会、职工代表大会或者工会组织推选产生。

关于职责问题。人民调解委员会的职责主要有以下两个方面:第一,及时解决社会纠纷,化解劳动争议双方的矛盾,缓解劳资关系,维护社会和谐稳定。第二,加强劳动法律法规和劳动政策的宣传工作,加强用人单位和劳动者的法律意识,从源头上预防劳动纠纷的发生。

人民调解委员会应当建立健全各项调解工作制度,听取群众意见,接受群众监督。2002 年 9 月司法部颁布的《人民调解工作若干规定》第十九条规定,人民调解委员会应当建立健全岗位责任制、例会、学习、考评、业务登记、统计和档案等各项规章制度,以不断加强组织、队伍和业务建设。同样地,这些制度内容可参见本书第三章中的介绍和论述。

(三)乡镇(街道)劳动争议调解组织

这类调解组织就是建立在乡镇、街道的劳动争议调解机构,是一些经济发达地区基于劳动争议解决的实际需要而建立的区域性的调解组织。这种调解组织一般由地方工会、劳动行政部门、用人单位代表和社会人士组成。因为有地方政府、地方工会参与,相对于企业劳动争议调解委员会来说,其地位更加超脱,更具中立性,因而有着更高的权威性和公信力。

对于这种调解组织的设立和人员构成等,目前并没有法律的明确规定。从实践来看,大多是多部门、多单位代表联合组建的模式。例如,福建省泉州市人民政府在《泉州市乡镇(街道)、村(居)劳动争议调解工作规则》中规定:“有 50 家以上企业的乡镇(街道)应建立劳动争议调解委员会(以下简称调委会)。调委会人员由劳动保障事务所、综治、司法、企业综合管理部门以及工会、商会等有关单位代表组成。调委会主任由乡镇党委、人民政府或街道党工委(党委)、办事处 1 名领导担任。”[1]

从实践来看,乡镇街道劳动争议调解委员会的主要职责有:(1)调解本区域内各类用人单位与职工之间发生的劳动争议;(2)督促劳动争议双方当事人履行调解协议;(3)通过调解工作宣传劳动保障法律、法规、规章和政策,教育用人单位和劳动者遵纪守法,预防劳动争议发生;(4)分析本辖区内劳动争议调解工作形势,研究解决本区域内劳动争议解决的重大问题。

(四)劳动争议仲裁委员会

劳动争议仲裁委员会是专门处理劳动争议案件的仲裁机构。根据《劳动法》和《劳动争议调解仲裁法》的规定,职工与用人单位发生了劳动争议,

---

〔1〕 载 http://www.quanzhou.gov.cn/zfb/xxgk/zfxxgkzl/zfxxgkml/srmzfxxgkml/ghjh/201604/t20160411263585.htm,最后访问日期:2020 年 6 月 16 日。

应当首先经过劳动争议仲裁委员会仲裁，如果对仲裁裁决不服，才可以向人民法院提起诉讼。同时《劳动法》第七十七条明确规定“调解原则适用于仲裁和诉讼程序”，《劳动争议调解仲裁法》第四十二条也规定“仲裁庭作出裁决前，应当先行调解”，可见劳动争议仲裁委员会处理劳动争议案件时，必须进行调解。因此，可以将劳动争议仲裁委员会看作广义上的劳动争议调解组织。

劳动争议仲裁委员会按照统筹规划、合理布局和适应实际需要的原则设立，不按行政区划层层设立。省、自治区人民政府可以决定在市、县设立；直辖市人民政府可以决定在区、县设立。直辖市、设区的市也可以设立一个或者若干个劳动争议仲裁委员会。劳动争议仲裁委员会由劳动行政部门代表、工会代表、企业方面代表组成，人数为单数。劳动争议仲裁委员会主任由劳动行政部门代表担任。

劳动争议仲裁委员会的调解职能是由仲裁庭具体承担的。仲裁庭在处理劳动争议案件时，应当全程贯彻调解原则。在当事人不愿调解或者调解不能达成协议时，应当及时裁决。调解达成协议的，仲裁庭应当制作调解书。调解书送达双方当事人签收后，即发生法律效力。可见，劳动争议仲裁委员会的调解与企业劳动争议调解委员会、基层人民调解组织等的调解不同，其调解书具有与诉讼判决相同的法律效力，即调解书生效后，当事人不得就同一事项再次向劳动争议仲裁委员会申请仲裁，也不得向法院提起诉讼；如果调解书具有给付内容，它还获得强制执行力，义务人不履行的，权利人可以向法院申请强制执行。

（五）人民法院

宪法规定，人民法院是国家的审判机关，但其在审理民事案件时，应当注重调解。我国《民事诉讼法》明文将法院调解规定为民事诉讼的一项基本原则，同时还规定“当事人起诉到人民法院的民事纠纷，适宜调解的，先行调解，但当事人拒绝调解的除外”。在实践中，对于劳动争议案件，人民法院也侧重以调解的方式来处理。因此，虽然调解并不是人民法院审理劳动争议案件的必经程序，但基于司法传统和审判实践，也可以将人民法院视作广义上的劳动争议调解组织。

我国的人民法院分为普通法院和专门法院，其中普通法院按四级建制，分别是基层人民法院、中级人民法院、高级人民法院和最高人民法院。绝大多数的劳动争议案件是由基层人民法院管辖的，而基层人民法院审理案件的职能具体由审判庭来承担。就人民法院对劳动争议案件的调解来说，可以由审判人员来调解，也可以通过特邀调解的方式，将其交给法院之外的人员来调解，而特邀调解又分为立案之前的委派调解和立案之后的委托调解。所谓委派调解，是指在立案前将当事人起诉到法院的民事纠纷交由符合条件的人民调解、行政调解、商事调解、行业调解等调解组织或者个人调解，由于法院还没有进行立案，不发生诉讼系属，因此这种调解属于非诉讼调解。所谓委托调解，是指在立案后将民事案件交由符合条件的人民调解、行政调解、商事调解、行业调解等调解组织或者个人调解，由于已经立案，发生了诉讼系属，因此从性质上来说属于诉讼调解。之所以要进行这样的区分，就在于诉讼调解被视为法院审判权的行使，我国在立法上也肯定了诉讼调解具有与诉讼判决相同的法律效力，即诉讼调解达成协议后，法院应当制作调解书，而生效的调解书与生效的判决书具有相同的法律效力；而非诉讼调解属于替代性纠纷解决方式，在我国其结果并不具有与诉讼判决相同的法律效力，非诉讼调解达成的协议一般只具有民事合同的效力。

因此，对于由审判人员自行调解或者委托调解的劳动争议案件，当事人达成协议的，人民法院应当制作民事调解书。民事调解书送达当事人签收后即具有法律效力，一方当事人不履行的，另一方当事人可以申请强制执行；对于由法院委派调解的劳动争议案件，当事人达成协议的，协议书经当事人签字即具有民事契约的效力，一方当事人不履行的，另一方当事人可以向法院提起诉讼。其中，如果是委派人民调解委员会调解达成协议的，当事人可以依法申请司法确认。

需要说明的是，以上是有法律明文规定的劳动争议调解组织。由于调解是一种替代性纠纷解决方式，因此并不排斥非法人组织机构来开展对劳动争议的调解，如政府的信访部门，律师事务所成立的律师调解中心以及社会法律援助机构等。从这个意义上来说，劳动争议的调解组织应当是一个多元的、开放的体系。

第二节　劳动争议调解人员

劳动争议调解组织的调解职能主要由具体人员——调解员来承担的，基于劳动争议调解组织的多元性，对于调解员的任职资格、工作职责、经济待遇等应当分别讨论。

一、企业劳动争议调解委员会的调解员

《劳动争议调解仲裁法》第十一条规定:“劳动争议调解组织的调解员应当由公道正派、联系群众、热心调解工作,并具有一定法律知识、政策水平和文化水平的成年公民担任。”这是对第十条所列举调解组织中调解员任职条件的规定,当然适用于企业劳动争议调解委员会的调解员。其中“公道正派、联系群众、热心调解”讲的主要是品行方面,即为人正直,与群众联系密切,在群众中具有一定的威信和较高的认可度,而且对调解工作的价值持积极态度,自愿承担,乐于奉献;“具有一定法律知识、政策水平和文化水平”讲的主要是能力方面,即要具有一定的知识水平和表达能力。劳动争议毕竟牵扯当事人的利益,对其中基本的法律政策不了解,不清楚当事人的权利义务,就很难提出适当的调解方案,也很难开展有理有据的说服工作;“成年公民”讲的是法律上的要求,即调解员应当具有完全民事行为能力。对劳动争议的调解是一种纠纷解决活动,也是一种法律活动,如果调解员不具有完全民事行为能力,那么其所言所行在法律上就不具有相应的效力,也就不会为当事人所接受。从这个意义上来说,这里的“成年”不仅仅是一个年龄上的规定,而应视作对完全民事行为能力的要求。

作为企业劳动争议调解委员会的调解员,除了要满足上述共性条件外,还应当符合以下条件:(1)调解员是本企业单位的职工。调解员主要是由企业劳动争议调解委员会主任和委员来担任,即不是职工代表就是企业代表。但无论是哪方代表,基于有效开展调解工作的需要,都应当对企业的情况、对发生劳动争议职工的情况有所熟悉和了解。此外,劳动争议调解委员会的自治性也要求调解员应当来自企业内部。(2)调解员经由相应的法定程序产生。法律规定,企业劳动争议调解委员会的职工代表由工会成员或者由全体职工推举产生,企业代表由企业负责人指定。如果不是按照法律规定产生,则不能取得调解员的资格。

企业劳动争议调解委员会主任的职责主要有:(1)对劳动争议调解委员会无法决定是否受理的调解申请,决定是否受理;(2)决定调解员的回避;(3)及时指派调解员调解简单劳动争议;(4)主持调解委员会会议,确定调解方案;(5)召集有调解员、劳动争议双方当事人参加的调解会议,依法主持调解。

企业劳动争议调解委员会委员的职责主要有:(1)依法调解本企业单位

的劳动争议;(2)在调解中保障当事人自愿调解、申请回避等权利;(3)努力寻求最佳调解方案,促使当事人达成协议;(4)及时完成调解;(5)遵守保密规则,不对外泄露在调解中所知悉的信息和资料。

由于企业劳动争议调解委员会的调解员都是由在职职工担任,且对于一些工会成员来说,调解劳动争议本来就是其职责所在,因此不存在另外再给予报酬的问题。但如果调解员是在正常工作时间之外开展调解的,应当根据企业单位的相关规定给予一定的加班补贴。因开展调解工作而产生的必要费用支出,应当由企业单位承担。

二、基层人民调解组织的调解员

基层人民调解组织的调解员实际上就是人民调解员。关于人民调解员的任职资格、工作职责、经济待遇等,《人民调解法》有比《劳动争议调解仲裁法》更加具体的规定。

根据《人民调解法》的规定,人民调解员的产生按人员类型有两种方式:一种是人民调解委员会委员,采取推选的方式产生,具体是村民委员会、居民委员会的人民调解委员会委员由村民会议或者村民代表会议、居民会议推选产生;企业事业单位设立的人民调解委员会委员由职工大会、职工代表大会或者工会组织推选产生。另一种是人民调解委员会直接聘任的人员,采取聘任的方式产生。

对于人民调解员的任职条件,《人民调解法》也主要是从品行方面、能力方面和法律上的要求等进行规定的,具体也是"公道正派、热心人民调解工作""具有一定文化水平、政策水平和法律知识""成年公民"。

为了保证人民调解工作的有效、高质,实践中结合立法规定,对人民调解员实施了培训后持证上岗的制度,而且对已经上岗的人民调解员,县级司法行政部门仍然要定期地开展业务培训,不断提升人民调解员的业务素养和工作能力。

根据《人民调解法》的有关规定,人民调解员在调解中应履行以下职责:(1)根据人民调解委员会的指定,积极开展调解。(2)在调解中,应当坚持原则,明法析理,主持公道,不偏袒任何一方当事人。(3)应当及时、就地进行调解,防止矛盾激化。发现纠纷有可能激化的,应当采取有针对性的预防措施;对有可能引起治安案件、刑事案件的纠纷,应当及时向当地公安机关或者其他有关部门报告。(4)根据纠纷的不同情况,采取多种方式调解,努力帮助当事人自愿达成调解协议。(5)尊重当事人的调解意愿,保障当事人在调解中的权利。(6)不得索取、收受财物或者牟取其他不正当利益。(7)遵守保密规则。(8)对调解情况做好记录。

对于人民调解员在调解工作中存在偏袒一方当事人、侮辱当事人、索取、收受财物或者牟取其他不正当利益或者泄露当事人的个人隐私、商业秘密的,由其所在的人民调解委员会根据具体情况给予批评教育、责令改正;情节严重的,由推选或者聘任单位予以罢免或者解聘。

县级以上地方人民政府对人民调解工作所需经费应当给予必要的支持和保障。就人民调解员来说,对其从事调解工作,应当给予适当的误工补贴;因从事调解工作致伤致残,生活发生困难的,当地人民政府应当提供必要的医疗、生活救助;在人民调解工作岗位上牺牲的人民调解员,其配偶、子女按照国家规定享受抚恤和优待。对有突出贡献的人民调解员,应当按照国家规定给予表彰奖励。

三、乡镇(街道)劳动争议调解组织的调解员

除了《劳动争议调解仲裁法》对劳动争议调解员共性条件所作的规定外,没有其他法律再对乡镇(街道)设立的具有劳动争议调解职能的组织的调解员任职作出规定。从实践来看,这些被称作劳动争议调解中心或者劳动争议调解委员会的调解组织通常由乡镇(街道)的副职负责人担任主任,成员主要是相关政府部门的人员,如派出所所长、司法所所长、工商所所长等,也有一些人民调解员、商会代表或者企业代表,但数量还较为有限。

大量的政府人员来担任调解员,当然能够很好地提升调解组织的权威性和调解工作的有效性,因为这些政府人员在文化水平和办事能力上是毋庸置疑的,而且他们能够调动更多的社会资源参与劳动争议的解决。目前关于乡镇(街道)劳动争议调解组织的调解员队伍建设来说,可能需要进一步补充一些人民调解员、退休的法官、律师以及企业等用人单位的代表,一方面在于加强调解的专业化,另一方面在于提升用人单位的参与度,就当地整体的劳动秩序可以起到很好的沟通协调作用。

四、劳动争议仲裁委员会的调解人员

劳动争议仲裁委员会对劳动争议案件的调解一般由仲裁员来完成,此时所谓的调解员就是仲裁员。作为社会纠纷的解决方式,仲裁相对于调解

来说更接近公力救济，因此法律对仲裁员的选任规定了比调解员更加严格的条件。

根据《劳动争议调解仲裁法》第二十条的规定，劳动争议仲裁委员会应当设仲裁员名册。仲裁员除了在品行上公道正派外，还必须符合下列条件之一：(1)曾任审判员的；(2)从事法律研究、教学工作并具有中级以上职称的；(3)具有法律知识、从事人力资源管理或者工会等专业工作满五年的；(4)律师执业满三年的。从中不难看出，对于仲裁员，不仅仅是要具有一般的法律知识，而且要有扎实的法学理论基础和一定年限的法律实践。

仲裁员主要职责有：(1)接受劳动争议仲裁委员会交办的劳动争议案件，参加仲裁庭；(2)进行调查取证，有权向当事人及有关单位、人员调阅文件、档案，询问证人，进行现场勘查、技术鉴定等与争议事实有关的调查；(3)参加仲裁庭合议，根据国家有关法律、法规、规章、政策以及案件事实，提出裁决意见；(4)对争议当事人双方进行调解工作，促使当事人达成和解协议；(5)遵守保密规则，对案件涉及的商业秘密和个人隐私应当保密。可见，对劳动争议案件进行调解，是仲裁员的一项重要职责，也是必须要做的一项工作。

仲裁员在处理劳动争议案件，包括在做调解工作时，必须遵守法定的义务，具体包括：是本案当事人或者当事人、代理人的近亲属，或与本案有利害关系时，应当主动回避；不得私自会见当事人、代理人，或者接受当事人、代理人的请客送礼；不得有索贿受贿、徇私舞弊、枉法裁决行为。其中违反后两种义务时，不仅要承担相应的法律责任，劳动争议仲裁委员会还应当将其解聘。

根据《劳动人事争议仲裁办案规则》第七十条的规定，在开庭审理前，征得当事人同意的，仲裁庭也可以将案件委托给调解组织或者其他具有调解能力的组织、个人进行调解，此时的调解员就是调解组织的调解员或者其他适合的人员。关于调解组织的调解员，根据相关规定来确定其任职条件、职责和经济待遇等，而对于其他适合的人员可能并无特别的法律规定，我们认为应当参照《劳动争议调解仲裁法》《人民调解法》的相关规定。

五、人民法院的调解人员

如上文所述，人民法院对劳动争议的调解分为由法院自己调解和委派或者委托法院之外的调解组织或者人员进行调解。法院自己调解通常是在立案之后，属于诉讼调解，自然就是由负责案件审理的审判人员负责，此时审判人员就是调解人员。而关于审判人员，无论是法官还是陪审员，法律已经对其任职条件、职务任免、在诉讼中的权利义务等作出了详细的规定，此处不再赘述。

当法院将劳动争议委派或者委托给有关调解组织或者人员调解时，相关人员的任职调解、选任程序、具体职责等，就依据规范其所在的调解组织相关法律法规予以确定。例如，法院将劳动争议委派或者委托给人民调解委员会调解，则最终负责案件的调解人员就是人民调解委员会的调解员；委派或者委托给乡镇（街道）具有调解劳动争议职能的调解组织调解，则最终负责案件的调解人员就是该调解组织的调解员。

根据《最高人民法院关于人民法院特邀调解的规定》，依法成立的人民调解、行政调解、商事调解、行业调解及其他具有调解职能的组织，可以申请加入特邀调解组织名册。品行良好、公道正派、热心调解工作并具有一定沟通协调能力的个人可以申请加入特邀调解员名册。人民法院也可以主动邀请符合条件的调解组织加入特邀调解组织名册，主动邀请人大代表、政协委员、人民陪审员、专家学者、律师、仲裁员、退休法律工作者等符合条件的个人加入特邀调解员名册。被列为特邀调解的组织应当推荐本组织中适合从事特邀调解工作的调解员加入名册，并在名册中列明；在名册中列明的调解员，视为人民法院特邀调解员。特邀调解员在入册前和任职期间，应当接受人民法院组织的业务培训。特邀调解员应当根据案件具体情况采用适当的方法进行调解，可以提出解决争议的方案建议。特邀调解员为促成当事人达成调解协议，可以邀请对达成调解协议有帮助的人员参与调解。特邀调解员适用回避制度，遇有回避情形时应当自行回避，当事人也可以申请其回避。特邀调解员还适用任职回避，即不得在后续的诉讼程序中担任该案的人民陪审员、诉讼代理人、证人、鉴定人以及翻译人员等。

第三节　劳动争议调解的当事人及代理人

一、当事人的确定

劳动争议调解中的当事人是指发生劳动争议而参加调解的单位与人员，也就是说，调解中的当事人应当是发生劳动争议的当事人。通常情况下，发生劳动争议的就是用人单位与职工，但是在发生企业单位分立、合并、注销，在劳动派遣，在非法用工，在劳动者工亡等情况下，问题就变得稍微复杂。

1. 用人单位合并、分立情况下当事人的确定

用人单位与其他单位合并后，因合并前发生的劳动争议，在调解时应当以合并后的单位为当事人。在单位合并的情况下，合并后的单位实际上承继了合并前用人单位与职工劳动关系中的权利义务；无论发生劳动争议的职工是否在合并后的单位任职，在其与原用人单位的劳动争议中，都以合并后的单位为当事人。

用人单位分立为若干单位时，其分立前发生的劳动争议，以分立后的实际用人单位为当事人，其他单位不作为当事人。其法理基础在于，分立后的实际用人单位承继了原用人单位与该名职工劳动关系中的权利义务。但如果出现劳动关系中权利义务不明确时，譬如发生劳动争议的职工不在分立后的任何单位任职，而依据用人单位分立的相关文件也无法确定劳动权利义务的承继单位，那么就由分立后的所有单位为当事人。

2. 用人单位非法用工情况下当事人的确定

劳动者与未办理营业执照、营业执照被吊销或者营业期限届满仍继续经营的用人单位发生争议的，应当以用人单位或者其出资人为当事人。其法理基础在于利益主体与责任主体相一致原则。

未办理营业执照、营业执照被吊销或者营业期限届满仍继续经营的用人单位，以挂靠等方式借用他人营业执照经营的，与劳动者发生争议时，应当以用人单位和营业执照出借方为当事人。

3. 劳务派遣情况下当事人的确定

在劳务派遣的情况下，劳动者与劳务派遣单位或者用工单位发生劳动争议，在处理时应当以劳务派遣单位和用工单位为当事人。笔者认为，调解毕竟不是诉讼，可以将与争议有关的各方尽可能地纳入调解中来，有利于一次性、彻底地解决纠纷。

4. 用人单位被注销、撤销情况下当事人的确定

用人单位注销登记的，其作为民事主体的资格已经消灭，在实际上不可能成为劳动争议的当事人。如果用人单位是经过清算后注销的，那么职工的权益应当在清算过程中来主张和维护；如果没有，那么在用人单位被注销后，就只能依法向原用人单位的股东或者出资人来主张。如果用人单位没

有经过清算即注销，那么负有清算义务的人应当承担相应的法律责任，职工可依法向其主张自己的权益。但无论是哪种情况，此时的争议在性质上都已经不再是劳动争议，但基于其源于原来的劳动关系，仍可由相关的劳动争议调解组织进行调解，在调解时就以原用人单位的股东、出资人或者清算义务人为当事人。

在用人单位被撤销的情况下，要看在作出撤销决定时有没有明确其权利义务承继单位，如果有，则以承继单位为当事人；如果没有，则以作出撤销决定的单位为当事人。

5. 招用尚未解除劳动合同的劳动者情况下当事人的确定

用人单位招用尚未解除劳动合同的劳动者，原用人单位与劳动者发生劳动争议，进行调解时，除将原用人单位和劳动者列为当事人外，也可以将新的用人单位作为当事人参与调解。这样有利于查明事实，在兼顾各方利益的情况下妥善解决争议。

6. 在承包经营期间发生劳动争议情况下当事人的确定

劳动者在用人单位与其他平等主体之间的承包经营期间，与发包方和承包方双方或者一方发生劳动争议，将发包方和承包方一并作为当事人。

劳动者与个人承包经营者发生争议，可将发包的组织和个人承包经营者一并作为当事人。

7. 劳动者工亡情况下当事人的确定

《工伤保险条例》规定，职工因工死亡的，其近亲属可以按照法定标准从工伤保险基金领取丧葬补助金、供养亲属抚恤金和一次性工亡补助金。近亲属在行使这些权利时，往往会就死亡职工与用人单位之间的劳动关系发生争议，特别是在用人单位没有依法为死亡职工办理工伤保险时，如是否存在劳动关系，是否构成工亡，死亡职工的工资是多少，等等。对于近亲属与用人单位之间就工亡补助金、抚恤金与用人单位发生的争议是否属于劳动争议，在理论上存在不同的观点。本书认为，这种争议的核心问题是劳动关系，是就劳动关系的存否及内容进行的争议，虽然争议一方不是职工，但作为劳动争议来进行对待并无不妥。另外，作为替代性纠纷解决方式，调解中当事人的确定更多的是依据争议当事人的意愿。再者，《劳动争议调解仲裁法》明确规定“劳动者死亡的，由其近亲属或者代理人参加仲裁活动”，由此推知其近亲属参加调解亦无不可。因此，在发生工亡的情况下，就死亡职工近亲属与用人单位之间的争议在调解时，应当将近亲属和用人单位作为当事人。

总体来说,作为纠纷解决方式,调解与仲裁、诉讼有着显著的区别,其中当事人的确定无须像仲裁和诉讼中那样遵守严格的适格规则,而是更多地遵循相关主体的意愿。只要是和劳动争议有着利害关系的,而又愿意通过调解的方式来解决彼此之间的争议的,就可以作为当事人纳入调解程序中来。在衡量利害关系时,标准也应宽松一些,对于不具有法律上的利害关系,但存在事实上的利害关系,也可以作为调解的当事人。

二、当事人的权利义务

调解是一种以当事人意愿为基础的自决型纠纷解决方式,因此当事人在调解程序的启动、进行和终结,在调解方案的协商、形成等方面享有着广泛的权利。当然,为了保证调解能够顺利、有效地进行,当事人在调解中也应承担相应的义务。

劳动争议调解中,当事人享有的权利主要有:

(1)申请调解的权利。在劳动争议发生后,如果双方当事人无法协商解决,任何一方都可以向相关的劳动争议调解组织申请调解。

(2)同意或者拒绝调解的权利。在一方当事人申请调解的情况下,另一方当事人有权决定是否同意调解,如果拒绝调解,那么调解组织就无法进行调解。从这个意义上来说,调解是需要争议的各方当事人达成合意的。

(3)申请回避的权利。调解毕竟是一种社会救济,是借助于争议之外的第三方介入来解决争议的,因此调解员的中立性直接关系到程序的公正性和结果的可接受性。对于存在回避情形的调解员没有自行回避时,当事人有权要求其回避。

(4)要求公开或者不公开调解的权利。调解是否公开,即是否允许社会民众旁听等,当事人有权决定,调解组织和调解员应当尊重当事人的决定,否则很难保证调解的顺利进行。

(5)提出请求,进行陈述和辩论的权利。当事人可以就争议的实体权利提出自己的主张,并就相关事实进行陈述,与对方当事人进行辩论,以达到说服对方当事人接受己方主张,从而达成协议的目的。

(6)提供证据的权利。为了使调解员对案件情况有充分的了解,便于调解方案的形成,对相关事实当事人可以提供证据。

(7)委托代理人的权利。劳动争议属于民事争议,根据法律上代理的一般原理，当事人可以委托代理人参与调解。就代理人的范围而言，既可以委托律师，也可以委托其他具有完全民事行为能力的公民。

(8)推选代表人的权利。发生劳动争议的劳动者一方在10人以上，并且有着共同请求的，可以推举代表参加调解。被推选的代表与用人单位达成的调解协议，必须经被代表的劳动者同意。

(9)终止调解的权利。在调解过程中，任何一方当事人都可以决定不再进行调解，而选择其他方式来解决争议。

(10)接受或者拒绝调解方案的权利。对于对方当事人以及调解员提出的调解方案，当事人可以自主决定是否接受。如果接受，则调解成功，双方签订调解协议；如果拒绝，则调解不成功，调解组织应当终结调解，告知当事人可以通过仲裁、诉讼的方式来解决争议。

劳动争议调解中，当事人承担的义务主要有：

(1)积极参与调解，配合调解员工作的义务。调解是当事人自愿选择的争议解决方式，当事人应本着真诚之态度积极参与，及时出席调解会议，主动配合调解员的调查和询问，为调解的顺利开展尽到自己的责任。

(2)如实陈述的义务。为了能够达成协议，当事人在调解中应当遵守诚实信用原则，不得捏造事实、伪造证据。如果不能如实陈述，那么双方当事人就争议的事实很难形成一致，达成协议的可能性也就微乎其微。

(3)履行调解协议的义务。经过调解，当事人自愿达成协议的，协议具有相应的法律效力，当事人应当遵守和履行。一方当事人不履行的，另一方当事人可以依法申请仲裁或者提起诉讼解决。

三、当事人的代理人

法律上所言代理，是指代当事人完成一定的法律行为，而其法律后果由当事人承担。代理当事人完成一定法律行为的人即为代理人。劳动争议的调解也是一项法律活动，是一项就劳动关系中权利义务发生争议进行解决的活动，当然可以由他人代理当事人来完成。

就代理权的产生来说，代理通常分为法定代理和委托代理。法定代理，是指当事人不具有完全民事行为能力时，由其监护人代为完成一定的法律行为，而由当事人承担法律后果；委托代理，是指基于当事人或者法定代理人的委托授权，代为完成一定的法律行为，而由当事人承担法律后果。

在劳动争议调解中，当事人可以委托他人作为代理人参加调解；如果作为当事人的职工丧失或者部分丧失了民事行为能力,则由其监护人作为法定代理人参加调解。当然,为了保证行为的有效性,委托代理人的,应当出具授权委托书,交付负责调解的组织存档;法定代理人的,应当出具相关的证件,由负责调解的组织复印留存。作为委托代理人,应当在当事人授权的范围内进行代理,不得逾权代理,否则应承担相应的法律责任。作为法定代理人,则可以行使当事人所行使的一切权利,包括对实体权利的处分权。

第四节　劳动争议调解的其他参与人

其他参与人,是指除调解人员、当事人及其代理人之外的,参与劳动争议调解活动的人员。其他参与人在调解中的作用主要是协助调解人员进行调解,以促使当事人能够达成调解协议。

由于调解是一种自决型的纠纷解决方式,当事人对于结果有着直接的控制,因此在程序规范上就没有必要像仲裁、诉讼那样严格。基于此,相关法律对于其他参与人的规定也较为原则和概括,而并没有按其功能再作细致的分类,也没有为其参与调解设置具体的程序规则。具体来说,相关规定并没有将其他参与人划分为证人、鉴定人、翻译人员,而只是明确其参与的作用是协助调解。之所以如此,是因为调解不需要像仲裁、诉讼那样,将证人证言、鉴定意见作为证据资料,其运用必须遵循严格的证据规则。

大体上说,不管劳动争议是由哪个组织进行调解的,都可以邀请有利于促成调解协议的人员参与协助调解。邀请参与的前提主要有两个:一是调解人员认为必要;二是当事人不反对。以下按调解组织,分别对劳动争议调解的其他参与人进行讨论。

一、企业劳动争议调解委员会调解的其他参与人

目前,没有法律法规对企业劳动争议调解委员会在调解劳动争议时邀请相关人员参与协助调解进行明确规定,但正如上文所言,这并不意味着不可以邀请。企业劳动争议调解委员会在调解劳动争议时,认为有必要的,完全可以邀请相关人员参与,协助调解员了解案件情况,对当事人进行说服,就专业问题提供咨询等,来帮助调解员和当事人形成调解方案。

二、基层人民调解组织调解的其他参与人

对于基层人民调解组织，即人民调解委员会在调解中邀请相关人员参与调解，《人民调解法》第二十条规定："人民调解员根据调解纠纷的需要，在征得当事人的同意后，可以邀请当事人的亲属、邻里、同事等参与调解，也可以邀请具有专门知识、特定经验的人员或者有关社会组织的人员参与调解。人民调解委员会支持当地公道正派、热心调解、群众认可的社会人士参与调解。"从这个条文中可以看出，能够被邀请作为调解其他参与人的人员范围是非常广泛的，既有与当事人存在特定关系的亲属、邻里和同事，也有可能与当事人素不相识的专业人员、其他社会组织人员或者社会人士；既有参与进来帮助调解员了解案件情况的当事人同事等，也有就专业问题进行说明或提供咨询的具有专门知识或特定经验的人员，还有仅仅是热心调解的社会人士。这些人员参与到调解中来，无论具体功能为何，其目的都只有一个，就是协助调解员和当事人进行有效的协商，以便达成调解协议。

三、乡镇（街道）劳动争议调解组织调解的其他参与人

关于乡镇（街道）劳动争议调解组织在调解劳动争议时邀请有关人员参与协助调解，也没有法律法规的明文规定，但正如企业劳动争议调解委员会一样，这并不妨碍实际邀请相关人员参与调解，其理由不再赘述。

四、劳动争议仲裁委员会调解的其他参与人

2017 年，人力资源和社会保障部在《劳动人事争议仲裁办案规则》对劳动争议仲裁委员会调解劳动争议案件中邀请有关人员参与调解作出了规定。《劳动人事争议仲裁办案规则》第七十一条规定："仲裁庭审理争议案件时，应当进行调解。必要时可以邀请有关单位、组织或者个人参与调解。"可以看出，劳动争议仲裁委员会调解中邀请参与调解是在"必要时"，至于何为"必要"，通常由调解人员来把握；如果当事人提出邀请的，调解人员也应当予以考虑。与《人民调解法》规定不同的是，《劳动人事争议仲裁办案规则》规定的受邀参与调解的不仅限于个人，还包括有关单位、组织，也就是说，如果有关单位、组织参与调解有助于调解协议的达成，可将有关单位、组织作为调解参与人予以邀请。当然，有关单位、组织具体的参与仍然要由个人来完成，也就是应当由其负责人或者相关工作人员代表单位、组织参与调解。

五、人民法院调解的其他参与人

《民事诉讼法》和《最高人民法院关于人民法院民事调解工作若干问题的规定》对人民法院在调解民事案件时邀请参与调解作了规定。《民事诉讼法》第九十五条规定:“人民法院进行调解,可以邀请有关单位和个人协助。被邀请的单位和个人,应当协助人民法院进行调解。”《关于人民法院民事调解工作若干问题的规定》第三条规定:“根据民事诉讼法第八十七条[1]的规定,人民法院可以邀请与当事人有特定关系或者与案件有一定联系的企业事业单位、社会团体或者其他组织,和具有专门知识、特定社会经验、与当事人有特定关系并有利于促成调解的个人协助调解工作。经各方当事人同意,人民法院可以委托前款规定的单位或者个人对案件进行调解,达成调解协议后,人民法院应当依法予以确认。”

从《民事诉讼法》的规定来看,被邀请的单位和个人应当协助进行调解,这是否意味着被邀请的单位和个人具有法定协助调解的义务?如果不参与协助调解,是否要承担一定的法律责任?这些问题不甚明了。结合《民事诉讼法》其他一些没有规定罚则的条文来看,对此处的“应当”也只能理解为一种宣示性、号召性的规定。《关于人民法院民事调解工作若干问题的规定》对“有关单位和个人”作了具体的界定,对于实践操作具有指导意义。“有关单位”,是指“与当事人有特定关系或者与案件有一定联系的企事业单位、社会团体或者其他组织”;“有关个人”,是指“具有专门知识、特定社会经验、与当事人有特定关系并有利于促成调解的个人”。

如果人民法院将劳动争议案件委派或者委托给有关调解组织或者个人调解,有关调解组织或者个人在进行调解时,也可以根据需要来邀请上述单位或者个人参与协助调解。

最后需要说明的是,上述相关法律法规在邀请参与人的范围、类别上有所不同,在具体表述上也存在差异,但是基于调解是一种开放式的合意性纠纷解决方式,无须遵循严格的程序规则,不同调解组织在对劳动争议进行调解时,对上述规定均可相互借鉴,参照适用。

---

[1] 2017年《民事诉讼法》修改后,条文序号为第九十五条。

第六章 劳动争议调解的程序和效力

劳动争议调解是劳动争议处理的第一道防线,它贯穿于劳动争议全过程,如本书第二章中所述,从广义上说甚至包括仲裁和诉讼阶段。广义上的劳动争议调解分为三种,分别是狭义的劳动争议调解、仲裁调解和诉讼调解。这三种调解是完全不同的。狭义的劳动争议调解仅指仲裁前的调解,根据《劳动法》第七十九条[1]的规定,狭义的劳动争议调解不是仲裁的必经程序,当事人可以直接申请调解,也可以直接申请仲裁而不经调解,如何选择由当事人自主决定。仲裁调解是指仲裁庭作出裁决前的调解,根据《劳动争议调解仲裁法》第四十二条第一款[2]的规定,仲裁庭作出裁决前,应当先行调解,仲裁委员会不得未经调解就直接作出裁决,这意味着仲裁调解是必经程序。诉讼调解是指法庭作出判决前的调解,根据《民事诉讼法》第一百四十二条[3]的规定,判决前能够调解的,可以进行调解,调解不成的,应当及时作出判决,这一规定对进入诉讼阶段的劳动争议案件同样适用。由此可见,这三种调解中,企业调解和诉讼调解都不是必经程序,仲裁调解则是仲裁委员会作出裁决的必经程序。于此特别说明,本章所论述的劳动争议调解属于狭义上的概念。

---

〔1〕《劳动法》第七十九条规定:"劳动争议发生后,当事人可以向本单位劳动争议调解委员会申请调解;调解不成,当事人一方要求仲裁的,可以向劳动争议仲裁委员会申请仲裁。当事人一方也可以直接向劳动争议仲裁委员会申请仲裁。对仲裁裁决不服的,可以向人民法院提起诉讼。"

〔2〕《劳动争议调解仲裁法》第四十二条第一款规定:"仲裁庭在作出裁决前,应当先行调解。"

〔3〕《民事诉讼法》第一百四十二条规定:"法庭辩论终结,应当依法作出判决。判决前能够调解的,还可以进行调解,调解不成的,应当及时判决。"

第一节 劳动争议调解的启动

劳动争议调解的启动包括劳动争议调解的申请和劳动争议调解的受理两部分。

一、劳动争议调解的申请

劳动争议调解申请，是指在发生劳动争议后，企业劳动争议的双方或者其中一方当事人向调解组织提出申请，请求调解双方的劳动争议以解决矛盾和纠纷。调解作为多元化纠纷解决方式之一，集规范性与灵活性为一体，更加强调当事人意思自治的发挥，在解决民间纠纷的过程中发挥着其他纠纷解决方式无可比拟的重要作用。然而，在劳动争议案件中，调解并不是必经阶段，劳动争议的当事人可以选择申请调解，也可以直接向仲裁机构申请仲裁，这也是调解注重当事人意思自治的一个表现。此外，根据2012年1月1日起施行的《企业劳动争议协商调解规定》第二十三条的规定，发生劳动争议，当事人没有提出调解申请，调解委员会可以在征得双方当事人同意后主动调解。虽然劳动争议调解的启动不只有当事人申请这一种方式，但是根据实证研究发现，当事人申请是启动人民调解的主要方式，因此，可以认为当事人提出申请是劳动争议调解启动的第一步，也是重要一步。

（一）申请的法律依据

《劳动争议调解仲裁法》第十条规定，劳动争议发生后，当事人可以到以下三个调解组织申请调解：（1）企业劳动争议调解委员会；（2）依法设立的基层人民调解组织；（3）在乡镇、街道设立的具有劳动争议调解职能的组织。《企业劳动争议协商调解规定》第二十一条第一款规定，发生劳动争议后，当事人可以向调解委员会提出调解申请。《劳动法》第七十九条规定，发生劳动争议后，当事人可以向本单位劳动争议调解委员会申请调解。不难发现，后两条规定已经包含在《劳动争议调解仲裁法》第十条的规定里，这三条规定都明确了劳动争议调解需要当事人向调解组织提出申请，由当事人选择是否申请调解也是贯彻调解自治原则的体现。

(二)申请的条件

根据法律和相关司法解释的规定,劳动争议当事人在向调解组织提出申请时应当符合以下条件:

第一,主体条件。提出劳动争议调解申请的主体必须是劳动关系的主体,即劳动者或者用人单位才可以提起申请。此外,还需要有明确的对方当事人。劳动争议的一方当事人向调解组织提出申请时,应当说明争议的对方当事人的具体情况,包括姓名、性别、住址、工作单位等,如果对方当事人是法人或其他社会组织的,则应当说明其单位地址、法定代表人姓名等基本情况。

第二,请求条件。当事人提出劳动争议调解申请需要有具体的调解请求。即当事人申请时应当说明请求调解所要解决的问题和达到的目的,例如,劳动者认为用人单位在履行劳动合同或者执行劳动保障法律、法规和企业劳动规章制度等方面存在问题的,可以提出让用人单位继续履行劳动合同,按照法律法规的规定执行劳动保障;另外,调解请求一定要具体、明确,涉及财产赔偿的,要注明请求赔偿的数额。

第三,依据条件。当事人提出劳动争议调解申请需要有法律和事实依据。法律依据是指该调解申请的请求必须是符合法律规定、受法律保护的,事实依据是指申请人应当提出申请劳动争议调解所根据的具体事实,包括发生了何种纠纷,何时发生以及相应的证据。

第四,受理范围条件。当事人提出劳动争议调解申请需要符合劳动争议调解的受案范围。根据《劳动争议调解仲裁法》第二条的规定,劳动者与用人单位发生的下列劳动争议可以申请调解:(1)因确认劳动关系发生的争议;(2)因订立、履行、变更、解除和终止劳动合同发生的争议;(3)因除名、辞退和辞职、离职发生的争议;(4)因工作时间、休息休假、社会保险、福利、培训以及劳动保护发生的争议;(5)因劳动报酬、工伤医疗费、经济补偿或者赔偿金等发生的争议;(6)法律、法规规定的其他劳动争议。

第五,调解组织条件。当事人应当向有管辖权的调解组织提出。调解不像诉讼那样具有严格的管辖,但应当遵循与当事人有密切联系的原则、就近原则和有利于解决纠纷的原则。[1] 此外,根据《劳动争议调解仲裁法》第

---

〔1〕 参见国务院法制办公室编:《中华人民共和国人民调解法注解与配套》(第4版),中国法制出版社2017年版,第25页。

十条的规定，对于劳动争议，当事人可以向三类调解组织提出申请，一是企业劳动争议调解委员会；二是依法设立的基层人民调解组织；三是在乡镇、街道设立的具有劳动争议调解职能的组织。

（三）申请的方式

根据《劳动争议调解仲裁法》第十二条的规定，当事人申请劳动争议仲裁，既可以以书面方式提出申请，也可以以口头方式提出申请。这条规定基本承继了我国相关法律规定。《企业劳动争议调解委员会组织及工作规则》第十四条规定，当事人申请调解，应当自知道或应当知道其权利被侵害之日起30日内，以口头或书面形式向调解委员会提出申请，并填写《劳动争议调解申请书》。

劳动争议的当事人申请调解通常以书面方式提出，即向调解组织递交书面的调解申请书。当事人采用书面方式提出调解申请的，应当在申请中写明以下各项内容：当事人双方的基本情况；申请调解的事项；事实和理由；申请人应当亲自签署申请书。除书面方式外，当事人也可以采用口头方式提出劳动争议调解申请，这样规定的目的是最大限度地便利当事人，实务中不乏一些劳动者由于文化水平或者其他因素，不会或者不愿写申请书，或者由于时间紧急或者其他事由来不及写申请书，此时，法律允许当事人采取口头方式进行申请。口头申请的，调解组织应当当场记录申请人基本情况、申请调解的争议事项、理由和时间。调解组织的工作人员对口头申请做出记录后，应当让当事人确认与其描述是否一致，当事人对记录内容无异议的，应当签字确认。

关于当事人申请劳动争议调解的方式，还需注意以下几点：

第一，当事人采用口头方式还是书面方式申请调解，完全由当事人自主选择且没有前提条件，不以当事人书写困难等作为前提。

第二，当事人选择以口头方式提出劳动争议调解请求时，调解组织工作人员记录申请人基本情况、申请调解的争议事项、理由和时间这些事项是法律明确规定的义务，调解组织工作人员必须记录，并且不能向当事人收取费用。如若调解组织工作人员以工本费等为由向当事人收取费用，当事人有权拒绝。

第三，无论当事人选择采取何种方式申请调解，都需要明确自己的请求及主要事实和理由。

（四）申请书的内容

劳动争议调解申请书是劳动争议的一方当事人或者双方当事人共同向劳动争议调解组织申请调解时所填写的一种文书。劳动争议调解申请书主要包括以下三个方面的内容：(1)首部；(2)正文；(3)尾部。各部分又有更详细的内容要求。首部主要有标题（标题需居中写明“劳动争议调解申请书”）、当事人的基本情况和事由三项；正文主要有调解请求（简要写明申请人提出调解的目的和具体请求事项；如有多项请求，应分项列出），事实部分（应写明申请人、被申请人劳动法律关系存在的事实，以及双方发生劳动争议的时间、地点、原因、经过、情节和后果），理由部分（要根据劳动纠纷和有关法律、法规和政策阐明申请人对纠纷的性质、被申请人的责任以及如何解决纠纷的看法）和证据（要尽可能列举足以证明纠纷事实的证据名称、件数或证据线索，并写明证据来源。有证人的，应写明证人的姓名和住址）四项；尾部主要有劳动争议调解委员会的名称，申请人签名或盖章（如果是法人应加盖公章），申请时间三项。

二、劳动争议调解的受理

（一）受理的概念

劳动争议调解的受理可分为三种情形：一是根据当事人的申请受理调解。这种调解是一般情形下的调解，以劳动争议纠纷的一方或双方当事人向调解组织以书面或口头方式提出申请为前提。二是调解组织主动受理调解。调解组织通过群众反映、有关部门转告、纠纷信息员的报告等方式获得劳动争议的线索，认为有必要进行调解的，可以主动、及时受理调解，这种受理方式体现了调解的主动性、及时性和高效性，有助于在纠纷初始时第一时间解决纠纷，避免纠纷激化。三是移交受理调解。有关政府、行政机关及其他部门已经受理的劳动争议纠纷，认为更适宜通过调解方式解决的，在征得当事人同意后，移交调解组织进行调解。[1]

由于调解组织受理当事人申请调解是最普遍的情形，因此，一般认为，劳动争议调解的受理，是指劳动争议调解组织在收到申请人的劳动争议调

〔1〕 参见王恒勤主编：《人民调解理论与实务》，中国政法大学出版社2011年版，第178页。

解申请后，经过审查，认为申请符合法定条件的，决定受理该调解申请的行为。

劳动争议调解申请可以由双方当事人共同提出，也可以由其中一方当事人提出，但必须是在双方当事人合意的情况下，如果一方当事人不同意且明确拒绝调解的，调解组织不得受理调解申请。

劳动争议调解申请必须符合前述五项申请条件，包括主体条件、请求条件、依据条件、受理范围条件和调解组织条件，并且不具有其他特殊情况，调解组织受理申请人的申请时，调解程序才能正式启动。由此可见，受理直接决定着调解程序的启动。

（二）受理的程序

劳动争议调解组织在收到申请人的书面或者口头申请后，应当先依照相关法律法规的规定对申请进行审查，以决定是否受理，应当受理的，应当对纠纷情况进行登记。

1. 审查

劳动争议调解组织接到当事人的申请后，应当对纠纷和申请进行审查，符合法定条件的，应当及时受理。

审查的具体内容应当包括以下两方面：一方面审查申请条件。即审查申请人和对方当事人是否符合主体要求，是否为劳动者和用人单位；有无具体的调解请求；调解申请是否有事实和法律依据；是否属于劳动争议调解的受理范围；是不是向有管辖权的调解组织提出的申请。另一方面审查当事人意愿。审查当事人是否都同意以调解方式解决纠纷。

此外，法律法规对劳动争议调解申请的审查时间也有明确规定，根据《企业劳动争议协商调解规定》第二十二条的规定，调解组织在接到调解申请后，应当及时对调解申请进行审查，在3个工作日内作出是否受理的决定。对属于劳动争议受理范围且双方当事人同意调解的，应当在3个工作日内受理。对不属于劳动争议受理范围或者一方当事人不同意调解的，应当做好记录，并书面通知申请人。

2. 登记

登记是调解组织决定受理劳动争议调解的文字记载。当事人以口头方式申请的，调解员应当认真听取当事人的陈述，并如实、客观地记录，不得加入自己的主观分析。对于一些案情简单，可以当场调解的纠纷，也可以在调解结束后补办登记。

确切地说，劳动争议调解的受理不是一个专门的环节，至少目前为止它还不能被称为一个专门的环节，不需要给当事人发放受理通知书，只要调解组织经过审查认为申请事项符合法律规定的条件，即应开始对纠纷进行调解，这就意味着已经受理。如果不符合受理条件的，劳动争议调解组织工作人员应当向当事人说明情况，指引当事人作出正确的选择。[1] 根据2002年11月1日起施行的《人民调解工作若干规定》第二十四条[2]中关于人民调解的规定，可以类推适用于劳动争议调解的受理，即对当事人符合法定条件的劳动争议调解申请，调解组织应当及时受理；对不符合受理条件的，应当依法向当事人释明，并告知其可以向有管辖权的机关请求处理；对纠纷随时有可能激化的，应当先采取必要的舒缓措施，然后及时提交有关机关处理。

第二节　劳动争议调解前准备

劳动争议调解前的准备是调解组织为了保证劳动争议调解的顺利进行，在受理申请后到实施调解前进行的一系列围绕劳动纠纷调解所做的准备工作。劳动争议调解前准备是引导劳动纠纷顺利进入调解程序的基础，是当事人在调解过程中充分表达自己的意愿和要求以实现自己的权利的前提。充分、细致的劳动争议调解前准备工作有助于确保案件调解质量、提高调解效率，同时也有利于公正透明地对劳动争议进行调解。因此，劳动争议调解前的准备程序是整个调解程序的重要阶段。

劳动争议调解前的准备主要包括发送调解通知、确定调解员、初步调查、拟订调解方案四个方面。

一、发送调解通知

劳动争议调解组织在收到申请人的调解申请并决定受理该申请后，应

---

[1] 参见国务院法制办公室编：《中华人民共和国人民调解法注解与配套》（第4版），中国法制出版社2017年版，第25页。

[2] 《人民调解工作若干规定》第二十四条规定："当事人申请调解纠纷，符合条件的，人民调解委员会应当及时调解。不符合受理条件的，应当告知当事人按照法律、法规规定提请有关机关处理或者向人民法院起诉；随时有可能激化的，应当在采取必要的缓解疏导措施后，及时提交有关机关处理。"

当联系当事人，与当事人进行沟通，并将调解的相关事项（包括调解的时间、地点及其他相关事项）告知当事人，以便当事人做好准备，这是调解组织应尽的义务。

劳动争议调解时间的确定。在确定调解时间时，根据《企业劳动争议协商调解规定》第二十二条规定可知，调解组织对符合劳动争议调解范围和要求的申请应当在3个工作日内受理，受理后应当根据案件的轻重缓急，合理安排调解时间。秉持快速高效解决纠纷的理念，调解组织应当在受理申请后尽快确定调解时间，并及时通知劳动争议纠纷的双方当事人。

劳动争议调解地点的确定。调解不同于诉讼，虽然调解和诉讼都是解决纠纷的重要途径，但诉讼是双方当事人在法院组织下平等对抗的过程，调解则强调当事人以合作的方式促成共同的调解结果，应当"去对抗性"，和谐的空间和氛围才有助于双方当事人心平气和地通过调解解决纠纷。因此，在确定调解地点时，应当根据原则性与灵活性相结合的理念，根据劳动争议纠纷的具体情况，优先选择更便利解决纠纷的地点。原则上，调解组织应当在调解组织所在地的办公场所为双方当事人调解，因为这个场所是不偏向于任何一方当事人的中立的场所，可以使调解过程和结果更具有公信力，也可以增强当事人的信任，同时，调解员在熟悉的场所为当事人进行调解，有利于调解员对调解进程的把控，促进纠纷的迅速解决。有原则就有例外，何况调解还是一种具有灵活性、自主性的纠纷解决方式。在当事人由于行动不便或者距离较远无法到达调解组织所在地时，调解组织可以到当事人的工作单位、住所等地进行调解，甚至可以利用微信视频等即时通信工具进行远程调解。

除了将调解时间、地点等及时通知当事人以外，出于纠纷一次性解决的目的，调解员还可以根据情况通知与案件有利害关系的案外人参与调解，同时还可以保护有利害关系的第三人，避免出现恶意调解、虚假调解等情形。但若当事人明确表示拒绝，则调解员不应通知其他人参与调解，这主要是基于调解保密性原则的要求。

二、确定调解员

劳动争议调解组织在受理调解纠纷后，应当尽快指定一名调解员为调解主持人，根据具体纠纷案情的需要可以指定若干调解员作为调解的组成人员参加调解。

（一）确定方式

调解员可以是专职调解员，也可以是兼职调解员，无论是专职的还是兼职的，调解员都应当具备公道正派、热心等特质，并且需要具备一定的法律知识和文化水平。《人民调解法》第十九条规定，人民调解委员会根据调解纠纷的需要，可以指定一名或者数名人民调解员进行调解，也可以由当事人选择一名或者数名人民调解员进行调解。由此可见，调解员可以由调解委员会指定产生，也可以由当事人选择产生。

调解委员会指定调解员主要是根据“谁接待，谁调解”的原则，再结合劳动争议纠纷的具体情形指定调解员。在以下三种情形下，劳动争议调解组织应当指定调解员：（1）当事人在申请劳动争议调解时未选择调解员的；（2）双方当事人就选择调解员不能达成一致意见的；（3）人民调解组织主动进行调解的。[1]

当事人选择调解员则是完全由当事人自由意志决定的，当事人自己选定的调解员更加容易得到当事人的信任，从而有利于促进劳动纠纷调解的顺利进行。一般情况下，调解组织会向当事人提供调解员名录、名册或专家库，当事人可以通过这些材料了解调解员的信息，包括姓名、年龄、单位、调解特长等，然后通过协议选择、独自选择等方式选出调解员。

（二）调解员的数量

根据《人民调解工作若干规定》第二十五条第一款[2]和《人民调解法》第十九条[3]的规定可知，人民调解委员会根据调解纠纷的需要，可以指定一名或者数名人民调解员进行调解，也可以由当事人选择一名或者数名人民调解员进行调解。也就是说，调解员的具体数量没有明确限制，调解组织可以根据劳动争议纠纷的案情难易程度指定调解员人数，当事人也可以通过意思自治选定调解员人数。如果最终确定数名调解员进行调解时，则需

---

〔1〕参见常怡：《中国调解制度》，法律出版社2013年版，第129页。

〔2〕《人民调解工作若干规定》第二十五条第一款规定：“人民调解委员会调解纠纷，应当指定一名人民调解员为调解主持人，根据需要可以指定若干人民调解员参加调解。”

〔3〕《人民调解法》第十九条规定：“人民调解委员会根据调解纠纷的需要，可以指定一名或者数名人民调解员进行调解，也可以由当事人选择一名或者数名人民调解员进行调解。”

要从其中选定一人为调解主持人。

（三）调解员的回避

劳动争议调解过程中，调解主持人应坚持回避原则。根据《人民调解工作若干规定》第六条[1]和第二十五条第二款[2]的规定可知，调解员的回避主要有两种方式：其一，调解员主动回避；其二，依当事人的申请回避。对调解主持人而言，只要当事人提出回避要求，调解组织就应当更换调解主持人。对其他调解人员是否依当事人要求必须更换法律没有作出明确规定，但在实务中，为了促进纠纷的顺利、一次性解决，普遍做法是只要当事人提出调解人员回避的要求，调解组织就会更换调解员。调解主持人回避的情形主要包括三个方面：(1)是其中一方当事人的近亲属；(2)与该劳动争议纠纷的处理结果有利害关系；(3)与当事人有其他可能影响公正调解纠纷的关系。回避申请的提出没有时间限制，当事人在调解的各个阶段发现调解主持人可能存在上述影响公正调解的现象的，都可以向调解组织提出申请。被申请回避的调解主持人回避后，调解组织可以另行指定调解主持人，也可以由双方当事人共同选择一名新的调解主持人。[3]

三、初步调查

劳动纠纷调解组织在受理纠纷后，应当对案件进行初步的调查。调查的内容应当包括该劳动纠纷的争议焦点，产生该劳动纠纷的缘由，纠纷发展的进程及现状，双方当事人的调解要求及相应证据，当事人对纠纷的态度及当事人的性格特征，其他对该劳动纠纷有影响的社会关系等。为了纠纷一次性解决的需要，要尽可能全面地对各项内容进行调查，调查过程中也要分清主次，优先调查清楚有助于厘清事实真相的关键问题上。调解人员在调查过程中应当做好充分详尽的记录，必要时可以请被调查人作出书面陈述。

---

〔1〕《人民调解工作若干规定》第六条规定："在人民调解活动中，纠纷当事人享有下列权利：（一）自主决定接受、不接受或者终止调解；（二）要求有关调解人员回避；（三）不受压制强迫，表达真实意愿，提出合理要求；（四）自愿达成调解协议。"

〔2〕《人民调解工作若干规定》第二十五条第二款规定："当事人对调解主持人提出回避要求的，人民调解委员会应当予以调换。"

〔3〕参见王恒勤主编：《人民调解理论与实务》，中国政法大学出版社 2011 年版，第 181 页。

初步调查可以通过查阅并分析当事人提出的申请和与当事人初步会谈达成。

（一）查阅并分析当事人提出的申请

当事人的书面申请书或者调解人员对当事人口头申请的记载有助于调解人员初步了解该劳动争议。调解申请中一般包括申请人和被申请人，劳动争议发生的时间、地点、起因、经过和结果等，还包括当事人对纠纷的看法和解决纠纷的要求等基本情况，调解人员可以通过查阅并分析这些内容得出初步的认识，为顺利解决纠纷奠定基础。

（二）与当事人初步会谈

如果调解员在查阅和分析当事人提出的申请后对纠纷仍然有较大的疑问，可以通知当事人进行初步会谈。根据《人民调解工作若干规定》第二十六条[1]可知，调解员应当分别会见双方当事人，向当事人询问纠纷的基本事实和细节，了解双方当事人的调解要求及理由，调解员通过与当事人的初步会谈，向当事人询问案件的基本事实和情节，了解当事人的调解需求及其理由。其内容主要包括纠纷产生的原因、发展过程及目前处于什么程度；当事人文化程度、经济状况、个性特征和当事人对纠纷的态度；对纠纷当事人起影响或制约作用的各种因素和社会关系等情况。

除了与双方当事人会谈，调解员还可以向当事人的亲友或者用人单位的其他员工等了解纠纷情况的人询问关于纠纷的具体问题，和当事人的陈述作对比以辨别真伪。在涉及劳动者人身伤害的纠纷中，调解员还应向医院或者鉴定机构咨询伤情和严重程度。

四、拟定调解方案

调解员在初步了解案件情况后，要拟订切实可行的调解方案，供调解时参考。

---

〔1〕《人民调解工作若干规定》第二十六条规定："人民调解委员会调解纠纷，应当分别向双方当事人询问纠纷的事实和情节，了解双方的要求及其理由，根据需要向有关方面调查核实，做好调解前的准备工作。"

(一)拟定调解方案需注意的事项

1. 拟定的调解方案内容不得违反法律、行政法规的强制性规定。虽然调解具有灵活性,但是这个灵活性是有底线的,那就是法律和行政法规的强制性规定,无论如何都不得违反强制性规定。否则,即便最后纠纷成功得到调解,过程也是违法的,是不值得倡导的。

2. 拟定的调解方案要注意平衡双方当事人之间的利益关系。调解员在拟订调解方案时,要做到公平公正,不偏私,否则会造成当事人内心的不平衡,不利于调解的顺利进行。

3. 拟定的调解方案要全面,如有需要可制订备选方案。[1] 调解员要根据申请调解的劳动争议案件的具体案情全面确定调解方案,要站在双方当事人的立场,设计调解方案,提出对策,对调解中可能出现的各个问题都要有所准备,以免对调解过程中出现的意外情况束手无策,案情复杂的,最好制订备选方案,以备不时之需。

4. 拟定的调解方案内容不必局限于当事人的请求。调解不同于民事诉讼,民事诉讼具有被动性,审理的内容局限于当事人的诉讼请求,调解具有灵活性,调解内容无须严格受制于当事人的请求,对当事人没有要求调解但有助于解决双方劳动争议的,调解人员也可以征得当事人同意后进行调解。

(二)拟定调解方案的内容

1. 拟定调解方式

《人民调解法》第二十二条规定,人民调解员根据纠纷的不同情况,可以采取多种方式调解民间纠纷。针对劳动争议的不同情况采取灵活的方式,有利于调解工作的顺利进行。对相对简单的劳动争议,调解员可以帮助当事人进行分析,提供参考意见和方案,促进当事人达成调解;对相对复杂、矛盾尖锐的劳动争议,调解员在调解纠纷的过程中,发现纠纷有可能激化的,应当采取有针对性的预防措施;对有可能引起刑事或治安案件的劳动争议,调解员应当及时向当地公安机关或者其他有关机关报告。[2]

---

〔1〕 参见廖永安主编:《中国调解学教程》,湘潭大学出版社 2016 年版,第 111 ~ 112 页。

〔2〕 参见国务院法制办公室编:《中华人民共和国人民调解法注解与配套》(第 4 版),中国法制出版社 2017 年版,第 34 页。

2. 拟定调解员规模

关于劳动争议调解员的规模，法律法规并没有特别明确的规定，实践中往往根据纠纷的具体情况确定规模，对简单的劳动争议，可以由一名调解员进行调解，对复杂的、当事人意见不一的劳动争议，可以由多名调解员共同调解，还可以在征得当事人同意后邀请当事人的亲友、同事或者有专门知识的人参加调解，协助调解员解决纠纷。

3. 拟定调解内容

调解员在分析劳动争议的基础上对纠纷的概况、争议的焦点等案情都有了一定的了解，再结合双方当事人的调解请求，作出调解内容的大致范围。调解内容一般是当事人请求调解的内容，但也不局限于当事人的请求，原则上只要能够促进解决纠纷的事项都可以进行调解。

第三节　劳动争议调解的实施

劳动争议调解组织在受理当事人的调解申请并做了充分的准备工作后，即可开始组织双方当事人进行调解。本节主要从劳动争议调解的主要步骤和劳动争议的调解期限两个方面介绍调解的实施。

一、劳动争议调解的主要步骤

一般情况下，劳动争议调解程序主要有以下三个步骤：第一，告知当事人权利义务；第二，双方当事人陈述；第三，调解员进行调解。调解员在调解过程中，既要考虑法理，又要考虑情理，还要做到动之以情，促成双方当事人达成协议以彻底解决纠纷。

（一）告知当事人权利义务

在调解程序开始后，调解主持人首先告知当事人该调解的相关事项，包括但不限于当事人享有的权利和承担的义务，调解的性质，调解的法律效果，调解的基本原则等，使当事人对调解的进程有初步了解，从而自觉配合调解员的工作，促进调解活动的顺利进行。

1. 当事人享有的权利

根据《人民调解法》第二十三条的规定，在调解活动中，当事人享有以下四项权利：

(1)选择或者接受人民调解员。当事人有权选择人民调解员。调解作为社会救济方式,当事人意思自治是其基础,当事人对调解有一定的控制权,在调解程序中,当事人意思处于重要地位。劳动争议调解组织可以根据解决劳动争议的需要,指定一名或者数名调解员进行调解,也可以由当事人自主选择一名或者数名调解员进行调解。如果是由当事人选择调解员,但双方当事人对调解员的选定不能达成一致意见时,应当由调解组织指定调解员。选择调解员是当事人的权利,当事人可以选,也可以不选,在当事人拒绝选择调解员时,调解组织也应当为当事人指定调解员。对纠纷简单的劳动争议,一般由调解组织指定或者当事人选定一名调解员进行调解;对案情复杂,调解难度较大的劳动争议,则需要由数名调解员进行调解,此时还需要从数名调解员中选定一人作为调解主持人。当事人有权选择是否接受人民调解员。当事人对调解组织指定的调解员,可以选择接受与否,无须任何理由。当事人也有权申请调解主持人回避。在调解过程中,当事人发现调解主持人是另一方当事人的近亲属或者与该劳动纠纷有利害关系,可能影响纠纷公正解决的,可以向调解组织提出申请,申请调解主持人回避。被申请回避的调解主持人回避后,调解组织可以另行指定调解主持人,也可以由双方当事人共同选择一名新的调解主持人。

(2)接受调解、拒绝调解或者要求终止调解。与诉讼和仲裁相比,调解中的当事人享有广泛的权利和更大的自主性。一般情况下,诉讼程序开始后应当依照法定程序持续进行,不以当事人意志决定诉讼阶段,只有出现法定情形,才中止或者终结诉讼,当事人对审理结果也只能服从并履行,这是国家审判权强制性的表现。仲裁虽然也是社会救济,但是仲裁和调解中的当事人权利仍然不尽相同,与仲裁相比,调解中当事人的意愿更具有自主性。在劳动争议调解程序中,任何一方当事人都可以选择拒绝调解或者终止调解,此即调解失败。

(3)要求调解公开进行或者不公开进行。当事人有权选择调解的方式。调解的基础和前提是当事人意思自治,劳动争议调解也不例外。根据《企业劳动争议协商调解规定》第二十四条的规定,除了当事人向调解组织要求公开调解外,劳动争议调解组织一般不公开调解劳动争议案件。也就是说,当事人可以要求调解公开进行,也可以要求调解不公开进行,无论当事人作何种要求,劳动争议调解组织都应当予以准许。劳动争议调解中往往会涉及一些商业秘密和个人隐私,这种情况下当事人一般不愿意公开调解,一味公开调解反而也不利于调解的顺利进行。此外,在调解的具体方式上,调解员还可以根据劳动争议的具体情况,采取"面对面"或者"背对背"的方式进行调解。"面对面"调解法是指双方当事人直接坐在一起,当面摆事实讲道理进行调解的方法;"背对背"调解法是双方当事人不直接进行面对面沟通,由调解员分别对当事人进行耐心的说服教育,不断说服当事人做出让步,使双方分歧逐渐缩小并接近,从而促成调解合意的方式。[1] 无论采取何种调解劳动争议的方式,都必须首先取得双方当事人的同意,在当事人自愿的基础上进行。

(4)自主表达意愿、自愿达成调解协议。当事人有自主表达意愿的权利。自愿原则是调解的基本原则,调解组织不是审判机关和行政机关,没有强制力。调解员在调解过程中,要善于倾听,由当事人充分、自主的表达意愿,不能因为先入为主的偏见打断当事人表达意愿,即便调解员认为当事人描述不当,也应让当事人充分表达意愿。只有建立在当事人自主表达意愿基础上的调解才能查明纠纷事实和纠纷的争点所在,为顺利调解并达成调解协议起正面作用。当事人有自愿达成协议的权利。在劳动争议调解组织的主持下,经过双方当事人自主、充分表达意愿,调解员动之以情、晓之以理的调解,最终在平等自愿的基础上双方当事人各自作出让步并达成的协议就是调解协议,虽然调解协议的达成牺牲了一方或双方当事人的部分利益,但这是他们在协商过程中自愿放弃利益达成一致意见的结果,也是当事人自主自愿参与调解过程的结果。

2. 当事人承担的义务

根据《人民调解法》第二十四条的规定,在调解活动中,当事人需承担以下三项义务:

(1)如实陈述纠纷事实。如实陈述纠纷事实是调解顺利进行的保障,当事人要如实陈述纠纷事实,不得为了一己私利添加、杜撰虚假事实,这既是对调解程序和调解员、对方当事人的不尊重,也不利于调解的顺利进行,更不利于调解协议的达成。对当事人陈述中与本劳动争议无关的事实,调解员可以制止。

(2)遵守调解现场秩序,尊重人民调解员。在劳动争议调解开始之前,调解员会向当事人释明需要遵守的调解秩序和规则,在调解过程中,当事人

---

[1] 参见盛永彬、刘树桥:《人民调解实务》,中国政法大学出版社2010年版,第105~106页。

要遵守现场秩序，尽可能心平气和地文明调解，不偏激。即便最终不能在调解员的调解下与对方当事人达成一致意见，也要尊重调解员，不责怪谩骂调解员，选择其他方式解决纠纷。

（3）尊重对方当事人行使权利。调解的双方当事人是平等的民事主体，劳动争议调解过程中，当事人要给予对方当事人充分的尊重。在对方当事人陈述时，不随意打断，尊重其陈述意愿的权利；对对方当事人的陈述有不同意见的，可以等对方当事人陈述完成后逐条列出，表达自己的观点和意见。只有双方当事人互相尊重，才有利于调解程序的进行，有助于迅速高效解决劳动争议。

（二）双方当事人陈述

劳动争议调解必须在查明案件真实情况的基础上进行，而查明一个劳动争议案件离不开当事人陈述。当事人陈述，即当事人就劳动争议纠纷的事实情况向调解组织作出陈述。调解员要积极、耐心地引导当事人讲清事实真相，并在此过程中进一步查明事实，分清责任。调解中的当事人陈述原则上没有顺序限制，为了使纠纷的解决有序进行，人民调解员应主导调解程序，确定当事人陈述的先后顺序。实践中一般首先由申请调解一方进行陈述，然后由被申请一方针对事实提出自己的意见和看法。

当事人陈述时可以叙述纠纷发生的起因、经过、结果以及其调解请求和事实理由，调解主持人要积极、耐心地引导当事人陈述，以查明纠纷事实。对当事人陈述中与解决本纠纷无关的事实，调解员可以制止；对于个别当事人在陈述过程中故意歪曲事实、无理取闹的，调解员也可以及时制止和纠正；对当事人描述不清的，调解员可以向当事人发问，引导当事人作出清楚明白的表述。一方面，调解主持人可以指引当事人作出真实、充分的陈述；另一方面，调解主持人可以让当事人对其陈述中的关键问题作重点陈述以暴露双方劳动争议纠纷的争点所在，避免当事人陈述过多与解决纠纷无关的事实，延长陈述时间。[1]

当事人陈述主要有两个特点：其一，真实性较强。当事人是劳动争议的直接参加者，亲身经历了劳动争议的各个阶段，对争议有比较全面的了解，因此，当事人陈述是调解员了解纠纷真实情况的重要依据。其二，主观性较

---

〔1〕 参见王恒勤主编：《人民调解理论与实务》，中国政法大学出版社2011年版，第183页。

强。当事人对纠纷的陈述往往受到自己的主观影响,容易作出利己性陈述。在劳动争议调解中,当事人为了达到自己的调解目的会少说甚至不说于己不利的陈述,夸大于己有利的陈述,其陈述带有较强的主观性,此时就需要调解员结合双方的陈述,加之适当的释明和引导来了解纠纷真实情况。

总之,双方当事人陈述这个阶段主要是当事人自主、充分陈述纠纷情况和调解要求的阶段,调解员在这个过程中只是起适当引导的作用。

(三)调解员进行调解

劳动争议调解是调解员在查明劳动争议事实的基础上对双方当事人进行说服协调的工作,调解员进行调解是劳动争议调解的重要环节。根据《劳动争议调解仲裁法》第十三条[1]和《企业劳动争议协商调解规定》第二十五条第二款[2]的规定,调解员进行调解要做到如下三点:首先,调解员应当认真且充分听取双方当事人对纠纷情况和调解理由的陈述,总结当事人对该劳动纠纷的态度和观点。这要求调解员全面听取双方当事人的陈述,不可偏听一方的单面陈述,以保证调解员客观了解劳动争议。应当注意的是,调解组织不是审判组织,调解员对当事人的陈述只是听取即可,无须进行举证质证。其次,调解员应当耐心疏导双方当事人,引导、促进双方当事人沟通交流,为达成协议做好铺垫。调解员掌握劳动争议的事实真相是成功调解的前提,在查明事实的基础上,调解员应当作出分析,指出劳动者或者用人单位哪一方犯了何种错误,并把所依据的法律法规告知双方当事人。双方当事人在调解过程中不能达成一致意见时,调解员应当对当事人进行安抚和疏导,避免当事人特别是劳动者情绪激动,从而激化矛盾。最后,调解员应当通过多种途径和方式寻求解决方案,帮助当事人达成调解协议,并从法律层面进一步审查调解方案,以确保调解方案不违背法律法规的规定。

1. 总结当事人观点

在劳动者和用人单位双方当事人对纠纷事实和主张作出各自陈述后,

---

[1] 《劳动争议调解仲裁法》第十三条规定:"调解劳动争议,应当充分听取双方当事人对事实和理由的陈述,耐心疏导,帮助其达成协议。"

[2] 《企业劳动争议协商调解规定》第二十五条第二款规定:"调解员应当全面听取双方当事人的陈述,采取灵活多样的方式方法,开展耐心、细致的说服疏导工作,帮助当事人自愿达成调解协议。"

调解员应当在总结当事人陈述的基础上找准纠纷争点,并分阶段对争点进行归纳总结,只有这样才能抓住重点,明确思路,有针对性地解决主要矛盾。

调解就是一个利益发现和利益协调的过程。纠纷的发生往往是当事人利益冲突所致,调解员在双方当事人陈述完成后,应当立即对当事人的陈述作出总结,从中提炼出当事人的共同利益和冲突利益。发现共同利益是为了更充分地了解双方当事人在意的事情和问题,将当事人的现实纠纷与利益结合起来,为调解提供双方当事人都可以接受的可行方案;发现冲突利益是为了更好地认识双方当事人之间的矛盾和纠纷焦点,为解决这些矛盾和焦点问题作出针对性的对策。

调解员要公道正派,在总结当事人观点时应当坚持公平公正的原则,保持中立的立场和态度。调解员作为一个普通人,在面对劳动者这种弱势群体时也难免产生同情的心理,但是,调解员不能将这种情绪带到调解过程中。在调解时,无论遇到什么样的情形,即便是当事人不尊重、不理解或者纠纷疑难复杂的情况下,调解员都必须秉持中立的态度。

2. 促进当事人沟通

调解员应当采取各种可能的途径促进双方当事人之间的交流和沟通,鼓励当事人勇于表达真实的意愿和想法,以便精准地把握劳动争议的实际情况和进度。当事人虽然大多没有专业的法律和调解的知识,但是作为劳动争议的当事人,他们在调解开始之前可能就已经确立了自己的调解底线,一旦调解突破了这个底线,当事人将会选择不接受调解结果,会导致调解失败。[1] 因此,调解员要尽可能地加强引导,促进当事人沟通,促使当事人表达出自己的真实意思,从而达成一致意见。

(1)设定调解目标。在劳动争议调解中,调解目标往往是多层次的,分别有顶线目标、底线目标和可接受目标。[2] 顶线目标是指对其中一方当事人最为有利的目标,这种目标往往很难达成,因为双方当事人的劳动争议既然到了需要寻求救济的地步,就一定不会同意损失自己的利益使对方达到最有利的目标。底线目标是双方当事人都必须达到的最低限度的目标,也就是说,双方当事人自己内心会有一个底线,突破了这个底线,将直接导致调解失败。可接受目标是双方最有可能实现的目标,可接受目标处于顶线

---

〔1〕 参见廖永安主编:《中国调解学教程》,湘潭大学出版社2016年版,第112页。

〔2〕 参见范愉:《多元化纠纷解决机制》,厦门大学出版社2005年版,第295页。

目标和底线目标的中间，但这个中间不是指一个固定的值，而是一个弹性很大的范围，调解员在这个范围内进行调解会大大增加劳动争议调解的成功率，因此，有经验的调解员一般都在可接受调解范围内进行调解。

(2)运用多种调解方法。调解方法是调解组织在进行调解过程中，为了达成调解目的而采用的不同的途径和手段的统称。根据《人民调解法》第二十二条[1]、《人民调解工作若干规定》第三十一条[2]和《企业劳动争议协商调解规定》第二十五条第二款[3]的规定，调解组织应当采取多种方式方法，对当事人开展耐心、细致的疏导、说服工作，帮助和促使当事人达成协议。

第一，换位思考法。换位思考实际上是要求调解员和双方当事人具有同理心，站在对方的位置和立场考虑，作出适当让步，从而达到成功调解的目的。[4] 在劳动争议中，由于劳动者是相对弱势的一方，因此，普遍情况下调解员会要求用人单位换位思考，设身处地地站在劳动者的立场，体察劳动者的感受，从而自动作出一些让步。当然，要求劳动者同时也为用人单位考虑的也时有发生，毕竟调解具有很大的灵活性，只要能达到解决纠纷的目的且不违反法律法规的强制性禁止规定，任何方法都是可以尝试的。

第二，明法析理法。明法析理法是调解员在调解劳动争议时要充分发挥法理、情理的重要作用，以法理为前提和基础，以情理为主线和关键，对当事人明之以法、动之以情、晓之以理，化解当事人之间的纠纷。以法理为前提和基础就是在调解劳动争议时，调解员要先判断当事人的做法有没有违反法律的规定，如果有，再判断是哪一方当事人违反了法律规定，判断清楚

---

〔1〕《人民调解法》第二十二条规定："人民调解员根据纠纷的不同情况，可以采取多种方式调解民间纠纷，充分听取当事人的陈述，讲解有关法律、法规和国家政策，耐心疏导，在当事人平等协商、互谅互让的基础上提出纠纷解决方案，帮助当事人自愿达成调解协议。"

〔2〕《人民调解工作若干规定》第三十一条规定："人民调解委员会调解纠纷，应当在查明事实、分清责任的基础上，根据当事人的特点和纠纷性质、难易程度、发展变化的情况，采取灵活多样的方式方法，开展耐心、细致的说服疏导工作，促使双方当事人互谅互让，消除隔阂，引导、帮助当事人达成解决纠纷的调解协议。"

〔3〕《企业劳动争议协商调解规定》第二十五条第二款规定："调解员应当全面听取双方当事人的陈述，采取灵活多样的方式方法，开展耐心、细致的说服疏导工作，帮助当事人自愿达成调解协议。"

〔4〕参见盛永彬、刘树桥：《人民调解实务》，中国政法大学出版社2010年版，第107页。

后，告知当事人判断结果，向当事人释明调解不成的后果，帮助当事人分析利弊得失，促进调解进程。以情理为主线和关键在调解劳动争议中具有重要作用，我国现代社会仍然是注重人情的社会，情理是维系社会关系的桥梁和纽带，调解员应当向当事人说明人情的重要性，化解当事人心中的隔阂，以促进劳动纠纷的解决。

第三，重点突破法。重点突破法是指调解员在充分了解劳动争议后要抓住争议中起决定作用的主要矛盾，并优先解决主要矛盾，再依次逐个击破次要矛盾。如果当事人一方为多数的，调解员可以首先说服纠纷中的关键人物或领头人物，形成初步调解方案，然后带动其他当事人接受该方案。

第四，巧借外力法。巧借外力法是指调解员在调解劳动争议过程中，除了依靠自身能力外，还可以借助当事人的亲友或者其他专业人士的帮助来完成调解的方法。根据《企业劳动争议协商调解规定》第二十五条第一款的规定，调解委员会可以依劳动争议的实际情况，在征得双方当事人的同意后，邀请有关单位和个人协助调解。调解员可以借助当事人亲友的力量进行调解，由于其与当事人的关系较为密切，彼此之间存在一定的信任基础，借助他们进行调解，容易为当事人所接受，也因为他们熟悉当事人的状况，更容易抓住问题的症结，对症下药。调解员也可以借助专业人士的力量进行调解，专家基于其具备的专业知识所发表的意见，更易被当事人接受。

(3)运用多种调解技巧。调解员在调解劳动争议时不仅可以运用不同的调解方法，还可以运用不同的调解技巧来协助调解的顺利完成。与注重宏观战略性的调解方法不同，调解技巧更侧重微观战术性。以下就劳动争议调解中可能用到的几种调解技巧作简要介绍。

第一，找准原因。在一个劳动争议调解案件中，当事人可能陈述了许多事实，这些事实有与解决争议无关的，有与解决争议密切相关的。与解决争议相关的事实又可以分为主要原因和次要原因，找准原因就是指要找准造成该劳动争议的主要原因，集中力量针对主要原因解决主要矛盾，主要矛盾解决了，其他次要纠纷和矛盾也就迎刃而解。

第二，把握时机。劳动争议的双方当事人既然愿意将争议交由调解组织进行调解，说明当事人的目的都是解决纠纷，因此，只要调解员的调解言之有理，足以在某种程度上打动当事人，当事人的态度就不会一直强硬下去，会有所松动，调解员要抓住这个时机乘胜追击，说服当事人互相体谅，对各自的调解要求作出适当让步，从而达成调解协议。

第三,营造氛围。良好的调解氛围可能会对调解结果造成一定的影响,甚至会造成颠覆性的影响,因为气氛可以潜移默化影响人的心情,从而影响人的行为,良好的氛围会使人的心态趋于平和。一般情况下,当事人在劳动争议调解过程中会为了达到自己的要求不肯退让,和对方当事人僵持不下甚至情绪激动,此时,就需要调解员来营造良好的氛围缓解紧张气氛。例如,调解员可以和当事人聊一些轻松的话题愉悦气氛,转移当事人的注意力,等当事人情绪平复后再继续调解纠纷。此外,调解员主动采取措施缓解气氛也是给当事人寻找台阶的一种方式,便于当事人顺势作出让步,停止争论,积极需求解决方案。

3. 寻求解决方案

劳动争议调解在当事人意思自治的基础上,通过劳动争议调解组织的协调沟通,使双方当事人达成解决纠纷的一致方案。寻求解决劳动纠纷的方案是劳动争议调解的目标。

(1)调解方案的形成。调解方案的形成主要有两种方式。一个是双方当事人在调解员的协商调解下共同作出一定的让步,从而达成一致意见的合意。劳动者和用人单位是劳动争议的当事人,他们对纠纷的事实真相和自身利益可以有更好的判断,让当事人自己在利弊权衡后自愿提出的解决方案代表当事人的意志,更容易得到履行,这无疑是解决纠纷的最佳方案。[1] 另一个是双方当事人分歧较大,无法自行达成一致意见,都坚持自己的调解要求不肯让步,调解员经过全面考虑后为当事人提出相对折中的方案,当事人最终认可并接受该方案。这两种方式在劳动争议调解中具有同等重要的地位和作用。

(2)调解方案的选择。劳动者和用人单位之间的劳动争议是否能够顺利以调解方式得到解决,极大程度上是由调解方案的可行性和科学性决定的。如前所述,在一个劳动争议的调解过程中可能形成的调解方案不止一个,这种情况下就需要调解员综合各方面考虑,兼顾当事人双方利益,对多个调解方案进行分析研究,择优选择,选出最合适最恰当的调解方案。[2]

双方当事人作出各自对劳动纠纷的陈述后,调解员应当首先引导当事

〔1〕 参见赵钢、王杏飞:《我国法院调解制度的新发展》,载《法学评论》2005 年第 6 期。

〔2〕 参见沈志先主编:《诉讼调解》,法律出版社 2014 年版,第 117 ~ 118 页。

人交换提议,由当事人提出自己考虑的解决方案,看双方提出方案的差距所在,从而在这个差距内缩小争议范围。一般情况下,当事人提出的方案是完全站在自己的角度考虑自身利益形成的,此时双方当事人提出的方案必然会有较大差距,需要调解员发挥协调作用,采取各种可行的方法和技巧在争议范围内引导当事人达成合意,并对合意进行巩固,促成当事人达成一个双方都可以接受的调解协议。

二、劳动争议的调解期限

《人民调解工作若干规定》第三十三条规定,人民调解委员会调解纠纷,一般在一个月内调结。该条规定虽然设置了一个月的调解期限,但是有一般就有例外,这并不是一个强制性规定,只是表达了希望纠纷尽快得到解决的愿望。调解期限规定的较短是因为调解较之诉讼来说,有更大的灵活性,程序上没有太多必须遵守的硬性规定,程序较为简单。同时,规定较短的调解期限有助于民事纠纷得到迅速、及时的解决,防止纠纷久拖不决,激化当事人的矛盾,影响社会秩序的稳定。[1]

劳动争议调解对调解期限的要求比普通民事纠纷的调解期限更短。根据《劳动争议调解仲裁法》第十四条第三款可知,劳动争议调解的调解期限为15日。劳动争议调解组织自收到调解申请之日起15日内没有调解成功的,当事人可以依法申请仲裁,调解成功的标志即达成调解协议。《企业劳动争议协商调解规定》第二十九条也规定了15日的劳动争议调解期限,此外,该条还对劳动争议调解期限设置了例外情形,双方当事人同意延期的可以延长调解期限。在15日内或者经双方当事人同意延期的时间内仍未达成调解协议的,视为调解失败,当事人可以寻求其他救济途径。需要注意的是,这两条规定中的15日指的是自然日,而不是工作日。15日期满,双方当事人未能达成调解协议的,既可以向劳动争议仲裁委员会申请仲裁,也可向劳动行政部门进行投诉。不需要劳动争议调解组织出具调解意见书作为申请仲裁依据。[2]

---

[1] 参见王恒勤主编:《人民调解理论与实务》,中国政法大学出版社2011年版,第187页。

[2] 参见王建平、姜俊禄主编:《中华人民共和国劳动争议调解仲裁法释义》,中国法制出版社2008年版,第84页。

第四节　劳动争议调解的终结

劳动争议调解终结是指劳动争议案件经劳动争议调解组织与当事人协商调解后即宣告结束的一个程序。它主要分为两种不同的情况：一是经过劳动争议调解组织的调解，双方当事人各自作出适当让步并达成调解结案的合意，签订调解协议书，正常而圆满地结束调解程序；二是双方当事人都固执己见，不肯让步，劳动争议调解组织经多方努力仍未能使双方当事人达成一致意见，最终不能达成调解协议，调解员告知当事人可以向劳动争议仲裁委员会申请劳动争议仲裁来解决纠纷。无论最终是否成功达成调解协议，劳动争议调解终结后，调解员要严格按照法律规定，对调解过程中该案所涉及的文书等材料归档备查，这些材料包括但不限于劳动争议纠纷申请书、调查笔录、调解记录和调解协议书。一般情况下这些文书的保管期限为3年。[1] 此外，调解组织在调解终结后还要根据劳动纠纷的具体情形对达成调解协议当事人做好回访工作，询问协议的履行情况。

一、劳动争议双方当事人达成调解协议

在劳动争议调解中，经过调解员一系列充分的说理以及耐心认真的说服教育工作后，劳动者和用人单位在思想观念上发生了转变，决定互相做出退让以达成调解协议，此时，调解员就应当迅速抓住机会，促成调解协议的达成。如果在经过调解员的说服教育之后当事人仍然坚持自己的调解要求不肯有丝毫松懈，调解员就应为当事人另外提出合乎法理和情理的建议性解决方案，供当事人参考，当事人在调解员建议的基础上经过协商可以自愿达成调解协议。

以达成调解协议的形式终结劳动争议调解还可以细分为三种情形：第一种情形是双方当事人达成口头协议。口头协议适用于劳动争议较小，案情简单的纠纷，双方当事人自愿达成口头协议后，调解组织对达成的调解协议内容予以登记并标注时间，由调解员签名即可。第二种情形是双方当事人达成书面调解协议，但不制作专门的调解协议书。此时只要双方当事人在书面协议上签名，并由调解员签名或盖章即可，该调解协议不必交给当事

---

〔1〕 参见盛永彬、刘树桥主编：《人民调解实务》，中国政法大学出版社2010年版，第32页。

人,只需留在调解组织归档备查。第三种情形是劳动者与用人单位达成了调解协议并由调解组织制作了书面的调解协议书,由双方当事人签名或者盖章,调解员签名并加盖调解组织印章后生效,该调解协议书会以调解组织的名义发给双方当事人各持一份,调解组织也会留一份归档备查。第三种是最普遍、最正规的情形,一般只要条件具备,均应制作调解协议书。[1]

二、劳动争议双方当事人未达成调解协议

调解不一定总是成功的,劳动争议调解不成的案例比比皆是。调解不成的原因大致有两种:一是当事人由于调解不能使其达到过高的预期要求或者其他原因而不接受、不配合调解。二是该劳动争议不属于劳动争议调解组织受理范围,这种情况下即便调解组织已经受理,发现后也应当立即终止调解。无论由于上述哪种情形导致劳动争议未能顺利得到调解的,调解员都应当如实登记和记录,并告知当事人可以向劳动争议仲裁机构申请仲裁或依照法律法规规定寻求其他救济途径解决。

三、调解回访

劳动争议调解达成协议后,双方当事人履行调解协议的过程中,调解组织还应当根据纠纷情况及时做好回访当事人的工作,以确保协议及时履行,巩固调解工作成果,尤其是对履行内容复杂多样的劳动争议纠纷,更应当认真对待。

根据《人民调解工作若干规定》第三十六条第二款[2]的规定可知,回访的对象主要是当事人和其他知情人,向他们询问协议的履行情况,听取他们的意见和建议,全面了解调解协议的履行情况。对回访的方式而言,有定期回访和针对性回访两种。调解组织对达成调解协议的复杂劳动纠纷案件,要派专门的人员定期进行回访,了解调解协议的履行进度,巩固调解成果;对于那些在调解过程中固执己见,在达成调解协议后可能会反悔从而不履行调解协议的当事人,调解组织应当派专业人士对其进行针对性回访,耐心劝导其按时履行调解协议。对回访的内容而言,第一,在纠纷回访过程

---

〔1〕 参见王恒勤主编:《人民调解理论与实务》,中国政法大学出版社 2011 年版,第 185 页。

〔2〕 《人民调解工作若干规定》第三十六条第二款规定:"人民调解委员会应当对调解协议的履行情况适时进行回访,并就履行情况做出记录。"

中,要注意及时发现、纠正调解工作中的错误,改进工作,听取群众的意见和要求,以巩固调解成果;第二,了解调解协议的执行情况以及影响协议履行的隐患;第三,了解当事人的思想动态,继续进行法治宣传与道德教育等思想工作,督促双方履行协议;第四,在结束调解后,对未能达成调解协议的,调解员也应主动上门回访纠纷当事人,了解矛盾纠纷解决与否及发展动态,劝告当事人冷静、理智、正确对待,依法办事,不可感情用事,扩大纠纷事态,以防止纠纷扩大激化或转化。每一次回访当事人结束后,调解组织都应当对回访的具体情况记录在案以备查用。

第五节 劳动争议调解协议书及效力

如前所述,根据《劳动争议调解仲裁法》第十四条第一款的规定,对顺利完成调解并达成协议的劳动争议案件来说,应当制作调解协议书。本节内容主要介绍劳动争议调解协议书及其效力。

一、劳动争议调解协议书

劳动争议调解协议书是劳动者和用人单位双方调解组织的调解下自愿达成的书面协议,是一项重要的法律文书。根据法律规定,经劳动争议调解组织调解达成协议的,应当制作调解协议书。当事人认为不需要制作的,可以选择口头协议的形式,调解员应记录调解协议的内容。书面的调解协议书应由双方当事人签名或盖章,并由调解员签名并加盖调解组织印章,调解协议书对双方当事人均具有约束力,当事人应当按协议履行。

(一)现行法律、法规关于劳动争议调解协议书的规定

《劳动争议调解仲裁法》第十四条规定:“经调解达成协议的,应当制作调解协议书。调解协议书由双方当事人签名或者盖章,经调解员签名并加盖调解组织印章后生效,对双方当事人具有约束力,当事人应当履行。”第十五条规定:“达成调解协议后,一方当事人在协议约定期限内不履行调解协议的,另一方当事人可以依法申请仲裁。”第十六条规定:“因支付拖欠劳动报酬、工伤医疗费、经济补偿或者赔偿金事项达成调解协议,用人单位在协议约定期限内不履行的,劳动者可以持调解协议书依法向人民法院申请支付令。人民法院应当依法发出支付令。”

《企业劳动争议协商调解规定》第二十六条规定:“经调解达成调解协议的,由调解委员会制作调解协议书。调解协议书应当写明双方当事人基本情况、调解请求事项、调解的结果和协议履行期限、履行方式等。调解协议书由双方当事人签名或者盖章,经调解员签名并加盖调解委员会印章后生效。调解协议书一式三份,双方当事人和调解委员会各执一份。”第三十条规定:“当事人不愿调解、调解不成或者达成调解协议后,一方当事人在约定的期限内不履行调解协议的,调解委员会应当做好记录,由双方当事人签名或者盖章,并书面告知当事人可以向仲裁委员会申请仲裁。”

《人民调解委员会组织条例》第八条规定:“人民调解委员会调解纠纷,应当在查明事实、分清是非的基础上,充分说理,耐心疏导,消除隔阂,帮助当事人达成协议。调解纠纷应当进行登记,制作笔录,根据需要或者当事人的请求,可以制作调解协议书。调解协议书应当有双方当事人和调解人员的签名,并加盖人民调解委员会的印章。”

(二)制作劳动争议调解协议书的意义

劳动争议调解组织在双方当事人达成协议的基础上制作的调解协议书具有如下意义:(1)通过调解协议书将双方争议事实和解决方案以文字形式固定下来,可以有效避免争议各方就有关事实再次发生争议,避免被申请人一方(主要是用人单位)出尔反尔,利用调解程序故意拖延时间,侵犯对方合法利益。当一方不履行时,调解协议书具有证据的效力,可以确定当事人各方的权利义务。(2)有利于劳动争议仲裁委员会的仲裁审理工作。就争议事实而言,调解协议一经签订即具有劳动合同的效力,双方的权利义务通过调解协议予以确定。当一方在期限内不主动履行调解协议时,另一方当事人可以向劳动争议仲裁委员会申请仲裁。由于有调解协议,一般情况下,劳动争议仲裁委员会对于争议事实和相关证据审查、认定就简化了,有利于迅速审结争议案件。(3)有利于监督劳动争议双方当事人主动履行调解协议。(4)调解协议书可以产生仲裁申请时效中断的法律后果,有利于当事人权利的保护。[1]

---

〔1〕 参见王建平、姜俊禄主编:《中华人民共和国劳动争议调解仲裁法释义》,中国法制出版社2008年版,第79~80页。

(三)劳动争议调解协议书的内容

由前述《企业劳动争议协商调解规定》第二十六条的规定可知,劳动争议调解协议书应当包括以下内容:(1)双方当事人的基本情况,劳动者的姓名、年龄、民族、住址、工作单位、职务、身份证号码、代理人姓名、地址、工作单位、职务等,用人单位的名称、住所地、法定代表人、主要负责人、委托代理人等。(2)争议事项,应当明确双方各自的主张及理由。(3)调解内容,对于双方调解内容要具体、明确,可操作。如工资支付争议,调解协议要对支付工资的数额、税金支付、支付时间写明确。对于当事人放弃权利主张的事项也要在调解协议中载明。

调解协议书的内容必须合法,虽然双方当事人有权处分自己的权利,但是如果调解协议的内容违反法律规定,调解组织是应当予以制止的。也就是说,调解协议书不完全是当事人意思自治的结果,调解员和调解组织对调解协议的内容负有审查的责任。

调解协议书应由各方当事人签名或者盖章。劳动者一方要有其本人或者特别授权委托人签名,用人单位一方要有具体承办人员签名并于必要时加盖公章。调解协议书应当由调解员签名并加盖调解组织印章,对双方当事人具有约束力。根据《企业劳动争议协商调解规定》第二十六条第三款的规定,调解协议书一式三份,调解组织和双方当事人各执一份。

(四)劳动争议调解协议书的送达

调解协议书作为调解组织出具的法律文件,应当送达双方当事人才产生约束力。送达程序是调解协议书生效的必经程序。如果调解协议制作完成以后当事人反悔不领取的,就意味着当事人不接受调解达成的协议,调解失败,调解协议就不能产生法律效力。

调解协议书同时送达双方当事人。如果一方当事人签收了调解协议书,另一方反悔,则会造成劳动争议调解组织必须向签收一方收回调解协议书的局面,工作较为被动。

应当注意的是,劳动争议调解组织的调解协议书与劳动争议仲裁委员会的仲裁调解书或者人民法院的民事调解书一样,调解是当事人的自主处分民事权利的一种行为,在双方领取之前并不发生法律效力,而且调解组织、仲裁委员会、人民法院都不能采取公告送达、邮寄送达的方式向当事人送达调解协议书、调解书,必须向当事人当面直接送达,当事人双方均签收以后才发生法律效力。[1]

(五)劳动争议调解协议书的履行与救济

调解协议书送达双方当事人后,双方当事人应当主动履行。调解协议书不具有强制执行的效力,如果当事人不履行的,另一方当事人不可以申请强制执行,而可以采取以下方式进行救济:

1. 当事人可以在调解协议履行期限届满后向劳动争议仲裁委员会申请劳动争议仲裁

根据《劳动争议调解仲裁法》第十五条的规定,达成调解协议后,一方当事人在协议约定期限内不履行调解协议的,另一方当事人可以依法申请仲裁。可见,该条解决的是调解与仲裁之间如何衔接的问题。调解协议对双方当事人有约束力,对于达成调解协议双方都应当自觉履行。但调解协议的效力限于合同效力,不具有直接向人民法院申请强制执行的效力。因此,达成调解协议后,如果一方当事人不履行调解协议,劳动争议并没有得到解决,仲裁是解决劳动争议的必经程序,另一方当事人就可以依法申请仲裁,以使劳动争议得到尽快解决。

需要注意的是,达成调解协议后,各方当事人应当自动履行,一方当事人在协议约定期限内不履行调解协议的,当事人可以以原劳动争议申请仲裁,也可以以调解协议申请仲裁。参照《最高人民法院关于审理涉及人民调解协议的民事案件的若干规定》的规定,当事人一方以原劳动争议申请仲裁的,对方当事人以调解协议抗辩的,应当提供调解协议书;当事人一方申请仲裁委员会裁决对方当事人履行调解协议,对方当事人反驳的,有责任对反驳所依据的事实提供证据予以证明。当事人一方请求仲裁变更或者撤销调解协议,或者请求确认调解协议无效的,有责任对自己的请求所依据的事实提供证据予以证明。[2]

---

[1] 王建平、姜俊禄主编:《中华人民共和国劳动争议调解仲裁法释义》,中国法制出版社2008年版,第80~85页。

[2] 参见国务院法制办公室编:《中华人民共和国劳动争议调解仲裁法注解与配套》(第4版),中国法制出版社2017年版,第13页。

2. 对给付金钱事项,可以向人民法院申请支付令

双方争议事项属于拖欠劳动报酬、工伤医疗费、经济补偿或者赔偿金事项的,如用人单位在调解协议规定的期限内没有主动履行的,劳动者可以向人民法院申请支付令。人民法院应当依法发出支付令。该救济的依据是《劳动争议调解仲裁法》第十六条的规定。

支付令是人民法院根据债权人的申请,督促债务人履行债务的程序,是民事诉讼法规定的一种法律制度。在劳动争议解决中引入支付令制度,主要有两个目的:一是尽快解决劳动争议,保护劳动者的合法权益。现实劳动争议中,大量发生的就是用人单位拖欠劳动报酬,侵犯劳动者合法权益的现象。像劳动报酬、工伤医疗费、经济补偿或者赔偿金事项,都关系劳动者的切身利益,有的对维持劳动者的生活来说非常急迫,能够迅速解决这些争议,是对劳动者最有力的保护措施,而且这类争议一般也比较简单,标准明确,也达成了调解协议,用人单位与劳动者之间也不存在别的债务纠纷,符合我国现行《民事诉讼法》第二百一十四条关于申请支付令的条件和要求,适于通过支付令的方式解决。二是解决调解协议的效力问题,强化调解的作用。《劳动争议调解仲裁法》明确调解协议对双方当事人有约束力。劳动者就调解协议向法院申请支付令,用人单位如果提不出抗辩事由的,人民法院就可以强制执行,这样就部分地解决了调解协议的效力问题。

拖欠劳动报酬、工伤医疗费、经济补偿或赔偿金事项达成的调解协议被列入劳动争议调解申请支付令的范围,因为这些事项关系劳动者的生存,对于劳动者来说都比较紧急,需要尽快解决;而且这些都是金钱给付事项,人民法院也可以强制执行。需要注意的是,根据《劳动合同法》第三十条第二款的规定,用人单位拖欠或者未足额支付劳动报酬的,劳动者可以依法向当地人民法院申请支付令,人民法院应当依法发出支付令,不一定需要事先达成调解协议。

根据《民事诉讼法》和《劳动争议调解仲裁法》等相关法律规定,劳动者和用人单位达成调解协议后,用人单位不履行劳动协议的,劳动者申请支付令的一般步骤为:(1)向人民法院提交申请书。由于劳动者申请支付令的前提是达成了调解协议,因此,劳动者一般只需要提供调解协议书就可以。(2)向有管辖权的基层人民法院申请。申请支付令的管辖法院的确定应当根据民事诉讼法有关管辖的规定。(3)受理。申请人提出申请支付令后,人民法院应当在5日内通知申请人是否受理。(4)审查和决定。人民法院受

理申请后，经审查债权人提供的事实、证据，对债权债务关系明确、合法的，应当在受理之日起 15 日内向债务人发出支付令；申请不成立的，裁定予以驳回。(5)清偿或者提出书面异议。债务人应当自收到支付令之日起 15 日内清偿债务，或者向人民法院提出书面异议。支付令发出后，用人单位要么按照支付令的要求向劳动者支付拖欠劳动报酬、工伤医疗费、经济补偿或者赔偿金，要么提出书面异议。由于发出支付令前，法院没有对事实进行全面的审查，也没有要求作为被申请人的答辩，为了被申请人的合法权益，民事诉讼法规定债务人可以提出书面异议，如果异议成立，法院就会裁定终结督促程序，支付令自行失效。(6)申请执行。用人单位在收到人民法院发出的支付令之日起 15 日内不提出书面异议，又不履行支付令的，劳动者可以向人民法院申请执行，人民法院应当按照民事诉讼法规定的执行程序强制执行。[1]

二、劳动争议调解协议书的效力

(一)《劳动争议调解仲裁法》实施前学界的观点

在 2008 年《劳动争议调解仲裁法》实施之前，关于劳动争议调解组织的调解协议书的效力问题争议焦点在于，能否赋予调解协议书以强制执行的效力。对该问题，学界有两种不同观点。

第一种观点为肯定说，即支持调解协议书具有强制执行力。持该观点的学者认为调解协议书是双方当事人自己处分自己民事权利的行为，只要不违反法律规定，调解组织就应当按当事人要求出具调解协议书。而调解协议书一旦制作并送达当事人就具有相当于民事调解书的法律效力，如果当事人不履行，就应当赋予另一方（主要是劳动者）申请强制执行的权利。这样有利于树立调解的权威性，加快劳动争议解决的速度，有利于改善目前劳动争议案件久拖不决的顽疾。

第二种观点为否定说，即不赞同调解协议书具有强制执行力。持该观点的学者认为，调解组织不是裁决机构，不能赋予其法律文书以强制执行的效力，如果这样，势必导致很多用人单位拒绝调解，反而不能有效地发挥调

[1] 参见国务院法制办公室编：《中华人民共和国劳动争议调解仲裁法注解与配套》（第 4 版），中国法制出版社 2017 年版，第 14～16 页。

解组织的作用。同时,调解组织毕竟不是仲裁机构,也不是人民法院,赋予其法律文书以强制执行效力,实际上就是赋予了调解组织最终的裁决权,这与调解组织的性质是不相符的。所以不能赋予调解协议强制执行的效力,但是调解协议一经送达应当产生劳动合同的效力。[1] 最终立法采用了否定调解协议书强制执行力的观点。

(二)现行法律法规对调解协议书效力的规定

《劳动争议调解仲裁法》第十四条规定调解协议书由双方当事人签名或者盖章,经调解员签名并加盖调解组织印章后生效,对双方当事人具有约束力,当事人应当履行。应当注意的是,此处的"约束力"的含义。考虑到调解是双方当事人自愿选择解决劳动争议的一种形式,调解协议是双方自愿达成的,调解协议能否得到双方的自觉履行,主要看调解协议的内容是不是双方真实意思的反映,如果调解协议反映了双方的真实意思和利益,协议内容公平合理,绝大多数情况下,协议是会得到履行的。但是如果法律直接赋予调解协议有申请人民法院强制执行的效力,调解也发挥不了很好的效果,起不到缓和矛盾的作用。因此,本法规定调解协议对双方具有约束力,当事人应当履行,而没有直接赋予其具有直接申请执行的效力。[2] 《企业劳动争议协商调解规定》第二十七条也规定:"生效的调解协议对双方当事人具有约束力,当事人应当履行。"

根据《劳动法》《劳动争议调解仲裁法》等规定,劳动争议经调解达成协议的,当事人应当履行。这一规定明确了调解协议书的效力。经调解委员会调解达成的劳动争议调解协议书,其效力表现在以下两个方面:其一,劳动争议调解协议书具有民间合同的效力。调解协议是由当事人双方自愿达成的,是双方意思表示一致的结果,类似于民间的合同,应当具有合同的效力。而且调解协议书是由劳动争议调解组织居中调解,以当事人的诚信作保证的,故具有一定的约束力,当事人不应随意变更或者解除已经达成的调解协议书的内容。调解是当事人自愿选择解决劳动争议的一种形式,调解

---

〔1〕 参见王建平、姜俊禄主编:《中华人民共和国劳动争议调解仲裁法释义》,中国法制出版社2008年版,第79~85页。

〔2〕 参见国务院法制办公室编:《中华人民共和国劳动争议调解仲裁法注解与配套》(第4版),中国法制出版社2017年版,第11~12页。

协议是双方自愿达成的，调解协议能否得到双方的自觉履行，主要看调解协议的内容是不是双方真实意思的反映，如果调解协议反映了双方的真实意思和利益，协议内容公平合理，绝大多数情况下，协议是会得到履行的。可以理解，调解协议具有劳动合同性质，如果没有其他证据证明调解协议无效或者是可撤销的，将来可以作为仲裁组织裁决和人民法院裁判的依据。其二，当事人应当自觉履行协议规定的内容。协议是在调解委员会的主持下双方自愿达成的，是当事人对解决劳动争议事项作出的承诺，虽然调解协议不具有强制执行的法律约束力，但当事人有义务主动、自觉地履行。

第二编

劳动争议其他处理程序中的调解

第七章 劳动行政部门投诉处理程序中的调解

第一节 劳动行政部门投诉处理程序概述

根据《劳动争议调解仲裁法》的规定,用人单位违反国家规定,拖欠或者未足额支付劳动报酬,或者拖欠工伤医疗费、经济补偿或者赔偿金的,劳动者可以向劳动行政部门投诉,劳动行政部门应当依法处理。根据《劳动保障监察条例》的规定,劳动者认为用人单位侵犯其劳动保障合法权益的,有权向劳动保障行政部门投诉。

投诉是一个有别于举报的概念。举报是指任何组织或个人对用人单位违反劳动保障法律、法规及规章的行为,可以采取走访、书信、电话、电子邮件、传真等形式向劳动保障监察机构举报。举报人为非涉案人员,举报人要求保密的,劳动保障监察机构应当为其保密。投诉是指劳动者对用人单位违反劳动保障法律、法规及规章,侵犯其合法权益的行为,有权向劳动保障监察机构投诉。投诉人为涉案人员。

因此,劳动者对侵犯其劳动保障合法权益的,可以向劳动行政部门进行投诉,劳动行政部门应当对投诉进行处理,这属于劳动行政部门劳动保障监察工作内容之一。

一、劳动保障监察的含义

劳动保障监察是指法定专门机关代表国家对劳动法律法规的遵守情况依法进行检查、纠举、处罚等一系列活动。劳动行政部门在接到劳动者的投诉后,对违反劳动法规的单位,可以依据现行劳动法律、法规、规章的决定,分别给予警告、通报批评、罚款、吊销许可证、责令停产整顿的处罚；对触犯其他行政法规的，建议有关行政机关给予行政处罚；对触犯刑律的，建议执法机关追究刑事责任。

二、劳动保障监察的内容

劳动行政部门对下列事项实施劳动保障监察：(1)用人单位制定内部劳动保障规章制度的情况；(2)用人单位与劳动者订立劳动合同的情况；(3)用人单位遵守禁止使用童工规定的情况；(4)用人单位遵守女职工和未成年工特殊劳动保护规定的情况；(5)用人单位遵守工作时间和休息休假规定的情况；(6)用人单位支付劳动者工资和执行最低工资标准的情况；(7)用人单位参加各项社会保险和缴纳社会保险费的情况；(8)职业介绍机构、职业技能培训机构和职业技能考核鉴定机构遵守国家有关职业介绍、职业技能培训和职业技能考核鉴定的规定的情况；(9)法律、法规规定的其他劳动保障监察事项。

三、劳动保障监察的投诉处理工作

(一)可投诉事项

劳动争议中的可投诉事项包括：用人单位违反国家规定，拖欠或者未足额支付劳动报酬；拖欠工伤医疗费；拖欠经济补偿或者赔偿金。

(二)投诉受理条件

劳动行政部门受理劳动者的投诉需要满足一定的条件，否则劳动者的投诉劳动行政部门不受理，需要劳动者另行处理。

首先，根据《劳动保障监察条例》第二十条的规定，劳动者所投诉的违反劳动保障法律的行为发生在 2 年内的。违反劳动保障法律、法规或者规章的行为在 2 年内未被劳动保障行政部门发现，也未被举报、投诉的，劳动保障行政部门不再查处。该 2 年的期限自违反劳动保障法律、法规或者规章的行为发生之日起计算，违反劳动保障法律、法规或者规章的行为有连续或者继续状态的，自行为终了之日起计算。如果该违反劳动法律法规的行为发生在 2 年之外，那么劳动行政部门是不受理该劳动者所投诉的行为的，需要劳动者另行处理。

其次，投诉中有明确的被投诉用人单位，且投诉人的合法权益受到侵害是被投诉用人单位违反劳动保障法律的行为所造成的。

最后，属于劳动保障监察职权范围并由受理投诉的劳动保障行政部门管辖。劳动行政部门的职权范围涵盖上述劳动保障监察的内容，以及相关劳动法律法规赋予劳动行政部门劳动保障监察的范围。《劳动保障监察条例》第十条规定，劳动行政部门实施劳动保障监察的职责包括：宣传劳动保障法律、法规和规章，督促用人单位贯彻执行；检查用人单位遵守劳动保障法律、法规和规章的情况；受理对违反劳动保障法律、法规或者规章的行为的举报、投诉；依法纠正和查处违反劳动保障法律、法规或者规章的行为。

劳动行政部门应当在接到投诉之日起5个工作日内依法受理，并于受理之日立案查处。

（三）投诉材料

劳动者向劳动行政部门投诉，应当提交以下文件材料：（1）明确的被投诉用人单位，即用人单位名称、住所、法定代表人或者主要负责人姓名、职务、联系电话。（2）劳动保障合法权益受到侵害的事实和具体投诉请求事项。（3）由劳动者提供本人身份证件及复印件、住所和联系电话。（4）劳动关系证明材料。已签订劳动合同的，应提交劳动合同复印件；未签订劳动合同的，可提供用人单位发放的"工作证""服务证"等能够证明身份的证件作为凭证。（5）有与投诉请求事项有关的证据，应提交该证据原件及复印件。

（四）投诉的处理期限

对符合条件的投诉，自收到投诉案件登记表之日起5个工作日依法受理，并于受理之日起立案查处。60个工作日内由监察员提出调查终结意见，对情况复杂的，经劳动保障行政部门负责人批准，可以延长30个工作日。

（五）劳动保障监察的处理

劳动行政部门实施劳动保障监察，有权进入用人单位的劳动场所进行检查，就调查、检查事项询问有关人员，要求用人单位提供与调查、检查事项相关的文件资料，有权要求作出解释和说明，记录、录音、录像、照相或者复制等方式收集有关情况和资料，委托会计师事务所对用人单位工资支付、缴纳社会保险费的情况进行审计等调查、检查措施。

对用人单位存在的违反劳动保障法律的行为事实确凿并有法定处罚(处理)依据的,可以当场作出限期整改指令或依法当场作出行政处罚决定。当场作出限期整改指令或行政处罚决定的,劳动保障监察员应当填写预定格式、编有号码的限期整改指令书或行政处罚决定书,当场交付当事人。

对不能当场作出处理的违法案件,劳动保障监察员经调查取证,应当提出初步处理建议,并填写案件处理报批表。案件处理报批表应写明被处理单位名称、案由、违反劳动保障法律行为事实、被处理单位的陈述、处理依据、建议处理意见。

劳动保障行政部门对违反劳动保障法律的行为,根据调查、检查的结果,作出以下处理:(1)对依法应当受到行政处罚的,依法作出行政处罚决定;(2)对应当改正未改正的,依法责令改正或者作出相应的行政处理决定;(3)对情节轻微,且已改正的,撤销立案。

经调查、检查,劳动行政部门认定违法事实不能成立的,也应当撤销立案。劳动行政部门立案调查完成,应在15个工作日内作出行政处罚(行政处理或者责令改正)或者撤销立案决定;特殊情况,经劳动保障行政部门负责人批准可以延长。

劳动保障行政部门对违反劳动保障法律、法规或者规章的行为作出行政处罚或者行政处理决定前,应当听取用人单位的陈述、申辩;作出行政处罚或者行政处理决定,应当告知用人单位依法享有申请行政复议或者提起行政诉讼的权利。

发现违法案件不属于劳动保障监察事项的,应当及时移送有关部门处理;涉嫌犯罪的,应当依法移送司法机关。

第二节　劳动行政部门投诉处理程序中调解的适用

一方面,《劳动保障监察条例》在第九条中规定,劳动者认为用人单位侵犯其劳动保障合法权益的,有权向劳动保障行政部门投诉;在第十条中规定,劳动保障行政部门实施劳动保障监察,履行职责其中包括受理对违反劳动保障法律、法规或者规章的行为的举报、投诉,依法纠正和查处违反劳动保障法律、法规或者规章的行为;在第十一条中规定,劳动保障行政部门实施劳动保障监察的事项中包括用人单位支付劳动者工资和执行最低工资标准的情况等。另一方面,在第二十一条中规定,“用人单位违反劳动保障法律、法规或者规章，对劳动者造成损害的，依法承担赔偿责任。劳动者与用人单位就赔偿发生争议的，依照国家有关劳动争议处理的规定处理。对应当通过劳动争议处理程序解决的事项或者已经按照劳动争议处理程序申请调解、仲裁或者已经提起诉讼的事项，劳动保障行政部门应当告知投诉人依照劳动争议处理或者诉讼的程序办理”。据此可见，该条例对诸如用人单位拖欠劳动者工资的事项一方面规定可以通过劳动保障监察投诉处理；另一方面又规定事项构成争议的，属于应当通过劳动争议处理程序解决的事项，劳动行政部门不进行投诉处理而是告知投诉人依照劳动争议处理或者诉讼的程序办理。这显然存在矛盾。

到《劳动争议调解仲裁法》发布实施，根据该法第二条、第五条、第九条、第十条的规定，一方面，用人单位违反国家规定，拖欠或者未足额支付劳动报酬，或者拖欠工伤医疗费、经济补偿或者赔偿金的，劳动者可以向劳动行政部门投诉，劳动行政部门应当依法处理。另一方面，“拖欠或者未足额支付劳动报酬，或者拖欠工伤医疗费、经济补偿或者赔偿金”的事项本身也可能是“因劳动报酬、工伤医疗费、经济补偿或者赔偿金等发生的争议”，当事人可以向调解组织申请调解。因为《劳动争议调解仲裁法》系法律，《劳动保障监察条例》系行政法规，所以在法律效力位阶上前者高于后者。因此，对“拖欠或者未足额支付劳动报酬，或者拖欠工伤医疗费、经济补偿或者赔偿金”的事项应该如何救济和处理问题，应当依据《劳动争议调解仲裁法》的规定。也就是说，“拖欠或者未足额支付劳动报酬，或者拖欠工伤医疗费、经济补偿或者赔偿金”的事项本身也可能是“因劳动报酬、工伤医疗费、经济补偿或者赔偿金等发生的争议”，当事人是可以申请调解的。在理论上应当承认和鼓励，在遵循自愿和劳动行政部门不违反法定职责的前提下，经投诉人即一般是劳动者和用人单位的同意，劳动行政部门可以对“拖欠或者未足额支付劳动报酬，或者拖欠工伤医疗费、经济补偿或者赔偿金”的事项进行调解。在《中共中央、国务院关于构建和谐劳动关系的意见》（中发〔2015〕10 号），中央综治委、人力资源社会保障部等 16 部委《关于深入推进矛盾纠纷大调解工作的指导意见》（综治委〔2011〕10 号），《人力资源社会保障部、中央综治办关于加强专业性劳动争议调解工作的意见》（人社部发〔2015〕53 号），人力资源和社会保障部、最高人民法院、司法部等《关于进一步加强劳动人事争议调解仲裁完善多元处理机制的意见》（人社部发〔2017〕26 号）等政策文件中均要求各地人力资源社会保障行政部门、综治组织要高度重视专业性劳动争议调解工作,将其作为构建和谐劳动关系、健全社会矛盾纠纷预防化解机制的重要任务,切实加强组织领导,密切配合,形成工作合力,隐含了劳动行政部门可以对劳动保障监察的投诉处理(行政执法)中发现的"拖欠或者未足额支付劳动报酬,或者拖欠工伤医疗费、经济补偿或者赔偿金"的事项,通过行政调解的方式予以解决的意思。这是总结实践情况后在政策层面上的体现。

第八章 集体合同争议的调解处理

集体合同是体现集体劳动关系的核心制度，是指用人单位与本单位职工根据法律、法规、规章的规定，就劳动报酬、工作时间、休息休假、劳动安全卫生、职业培训、保险福利等事项，通过集体协商签订的书面协议。[1] 集体合同制度在劳动法体系中处于与劳动合同制度并重甚至比劳动合同制度更为重要的地位，并且盛行于当代各国，很重要的原因是其在保护劳动者利益和协调劳动关系方面，具有劳动合同所无法取代的功能。而集体合同争议及其处理是考量集体劳动关系状态的一个重要指标和进路。近年来，我国集体合同签订数量不断增多，根据《2018 年度人力资源和社会保障事业发展统计公报》显示，截至 2018 年年末，全国报送人力资源社会保障部门审查并在有效期内的集体合同累计达 175 万份，覆盖职工 1.55 亿人。集体合同争议行为也呈现出新的特点，但由于我国劳动立法的调整重点一直放在个体劳动关系领域，主要围绕劳动合同构建了劳动用工的法律框架，对于集体劳动关系的法律规定则几近缺失，为促进集体合同的协商签订和认真履行，有必要完善我国集体合同争议的处理制度。

调解是我国解决劳动争议机制中不可或缺的组成部分，通过调解解决集体合同争议，可以及时把矛盾化解在基层，有利于维护劳动关系的和谐与稳定。

[1] 参见 2004 年 5 月 1 日起施行的《集体合同规定》第三条。

第一节 集体合同争议及其分类

一、集体合同争议的概念

不同于劳动合同争议发生于单个劳动者与用人单位之间,集体合同争议通常发生在工会与用人单位之间,基于集体合同而产生。我国学界对集体合同争议概念的界定有以下几种代表性观点。

王全兴教授认为,集体合同争议,亦称团体争议,是工会和用人单位或其团体之间因集体合同而发生的争议。[1] 董保华教授认为,我国的劳动争议可以分为个别争议、集体合同争议和群体性争议,集体合同争议是"工会与用人单位或者团体之间因集体合同而发生的争议,其标的是全体职工的利益,工会主席在劳动争议处理中充当当事人参加诉讼"。[2] 黄越钦教授论述的集体劳动争议,内容上等同于集体合同争议,他认为,基于宪法赋予的生存权,劳动者通过行使团结权进行集体交涉,通过行使争议权以达成其改善劳动条件的目的。争议权的落实是基于集体协议的签订,故只有在集体协议缔结或者履约过程中行使争议权而导致的争议行为才是集体劳动争议,并不是所有基于劳动关系产生的争议都属于集体劳动争议。[3]

综合上述观点,本书认为,集体合同争议是劳动争议的一种类型,是工会与用人单位因签订或履行集体合同而发生的争议。

与集体合同争议相对的概念是劳动合同争议,劳动合同争议是发生在单个劳动者与用人单位之间,基于劳动合同所发生的争议。区分劳动合同争议与集体合同争议的意义在于,劳动合同争议往往解决的是个别劳动者通过劳动合同所取得的个人利益,具有一定的特殊性;而集体合同争议往往要解决的是最基本的权利,所涉及的往往是某一用人单位或行业的多数或全体劳动者,解决的是带有共性的问题。一般来说,集体合同的效力高于劳动合同,但是劳动合同有特别约定的,且有关约定相较集体合同的约定是有

---

〔1〕 参见王全兴:《劳动法》,法律出版社 2008 年版,第 422 页。

〔2〕 董保华主编:《劳动争议处理法律制度研究》,中国劳动社会保障出版社 2008 年版,第 4 页。

〔3〕 参见黄越钦:《劳动法新论》,中国政法大学出版社 2003 年版,第 318 ~ 319 页。

利于劳动者的，则以劳动合同为准，这是劳动者有利原则。[1]

与集体合同争议相关的概念是集体争议，但集体合同争议与集体争议是两个不同的概念。集体争议，又称群体性争议或多人争议，发生在多个（或部分）职工当事人基于共同理由与用人单位发生的劳动争议。集体合同争议与集体争议的不同之处主要体现在以下四个方面。

（1）争议的主体不同。集体合同争议发生在工会和用人单位之间，而集体争议的当事人，一方为达到法定数额以上的特定部分职工（我国法定为三人以上），另一方为用人单位。

（2）争议的对象不同。集体合同争议针对的对象是集体合同，而集体争议则是关于同一类劳动关系的争议。

（3）争议的内容不同。集体合同争议以全体职工的整体利益为争议标的，而集体争议的各个当事人应当具有与用人单位发生劳动争议的共同理由，即有同样的事实和要求，但这只限于特定部分职工各自的具体利益。

（4）职工一方代表及其行为效力不同。集体合同争议中工会的法定代表人是工会主席，在争议处理过程中，其行为涉及公会所代表的全体职工利益，对全体职工具有法律意义，而集体争议的职工当事人应当推举代表参加争议处理程序，职工代表在争议处理过程中的行为只代表卷入争议的部分职工的利益和意志，对为卷入争议的职工不具有法律意义。[2]

二、集体合同争议的构成要素

按照一般法律关系的构成，集体合同争议由主体、客体、内容三要素构成。

（一）争议的主体

集体合同争议的主体就是集体合同争议的当事人，集体劳动权利义务的承担者。根据《劳动法》《劳动合同法》《集体合同规定》的规定，集体合同争议的主体包括中华人民共和国境内的企业、实行企业化管理的事业单位和本单位的劳动者团体。

---

〔1〕 杨志明主编：《劳动人事争议调解仲裁》，中国劳动社会保障出版社2012年版，第9页。

〔2〕 参见王全兴：《劳动法》，法律出版社2008年版，第422页。

（二）争议的客体

集体合同争议的客体，是指集体合同争议主体的权利义务所指向的对象，即集体合同争议所要达到的目的与结果，包括行为、物品、与人身联系的非物质财富。例如，集体合同争议的客体包括，履行集体合同行为，具体的工资、奖金、福利等。

（三）争议的内容

集体合同争议的内容是集体合同约定或为签订集体合同进行集体协商的劳动权利和劳动义务。这些劳动权利和劳动义务的主要内容包括：贡献与劳动报酬，工作时间、休息休假及劳动安全与卫生，补充保险和福利，职业技能培训及奖惩，违反集体合同的责任等。

三、集体合同争议的特点

集体合同争议产生于特定主体之间，涉及内容广泛，并在处理规则和程序上具有自身的特性。

（一）主体的特定性

集体合同争议的主体必须是集体劳动关系的双方，也正是基于集体合同主体的特定性，使集体合同争议是发生于特定主体之间的劳动争议。根据2018年修订的《劳动法》第三十三条的规定，集体合同由工会代表职工与企业签订；没有建立工会的企业，由职工推举的代表与企业签订。因此，集体合同争议的当事人双方一般是劳动者团体与用人单位或其组织，即至少劳动者一方当事人是团体，单个劳动者不能成为集体合同争议的当事人。另外，劳动者团体不是单个劳动者的简单累积，而是劳动者一方通过内部决议机制对外形成统一意志后，通过集体谈判与用人单位一方的意志达成合意，最终实现集体合同的达成。那么，集体合同争议的当事人双方即为集体合同的签订双方，一般是工会或职工推荐的代表与用人单位。当然，集体合同争议的当事人不仅局限于某一企业内部双方，如在行业性集体合同争议及区域性集体合同争议中，某一特定行业或者特定地区的所有劳资双方都是集体合同争议的主体。

（二）内容的广泛性

集体合同争议的客体和内容是十分广泛的，凡是企业在制定、修改或决定的直接涉及职工切身利益的规章制度或重大事项，均可以经集体协商后达成集体合同，例如，劳动报酬、工作时间、休息休假、劳动安全卫生、保险福利、职工培训、劳动纪律、劳动定额，甚至包括职工工资水平、工资调整机制以及其他法律没有明确规定的内容等。因此，集体合同争议涉及的客体和内容也可能涉及劳动关系及与劳动关系有密切联系的社会关系的各个方面。

（三）处理规则上的特殊性

由于集体合同适用于签订集体合同的企业内的所有劳动者，并且具有高于劳动合同的效力，当集体合同的双方当事人产生争议时，应当设置特殊的规则和程序。在处理争议的程序上，集体合同争议包含涉及集体合同签订事项的争议以及因集体合同履行产生的争议，不同阶段发生的争议在处理程序上体现了差异性：在集体协商签订集体合同发生争议时，应当由劳动保障部指定的省级劳动保障行政部门组织同级工会和企业组织人员协调处理，2004 年劳动和社会保障部颁布实施的《集体合同规定》第七章专门对集体协商争议的协调处理进行了规定；因履行集体合同发生争议时，当事人协商解决不成的，可以依法向劳动争议仲裁委员会申请仲裁。

四、集体合同争议的类型

确定集体合同争议有何种类型的前提是明确劳动争议的分类。国际上通行的关于劳动争议的分类，是根据争议的内容，以争议当事人之间的分歧属于要求实现既定权利还是属于要求新的权利，把劳动争议分为利益争议和权利争议。

具体而言，利益争议，又称确定权利的争议，或缔约争议，指因主张有待确定的权利和义务所发生的争议。利益争议是法律允许个人或社会群体进行自治同时为了交易进行又要求他们必须达成合意，而当事人却无法达成合意的背景下出现的一种特殊情况。[1] 而权利争议，又称实现既定权利的

〔1〕 参见沈建峰：《劳动争议中利益争议的范畴及处理》，载《法学》2015 年第 6 期。

争议，或履约争议，指因实现劳动法、集体合同和劳动合同所规定的权利和义务所发生的争议。

利益争议与权利争议的这一划分，早期源于保障当事人意思自治和节制司法权之法理念。由于利益争议是当事人对新的、未来的权利预期之主张，在规则与合约形成之前，其只能由当事人通过协商、谈判对权利空间进行填充和创制，司法的干预显然于法无据；而权利争议则不同，其是对既存权利或既有事项被侵害与否之争议，对权利争议的处理已达致法律评判层面，属于法律上之争议，需要司法对其加以评判和干预。[1] 据此，本书依据集体合同争议的内容及集体合同争议处理的实践情况，将其划分为集体合同签订争议和集体合同履行争议。对集体合同争议作这一区分的重要意义是便于将其进行类型化处理，根据不同的争议特点设计不同的争议解决制度。

（一）集体合同签订争议

集体合同签订争议是指集体合同双方当事人在集体协商签订协议过程中就如何确定合同条款所产生的争议，例如，确定集体合同的标准条件、义务条款产生的纠纷，是围绕劳动条件整体规则的制定展开的。

与签订集体合同后在履行中发生的争议不同，在集体协商签订合同的过程中，双方的权利义务尚未协商确定，争议的目的在于要求在合同中依法确定当事人的某种利益，使之上升为权利，若未能就相关内容达成一致，则未能形成劳动关系，因此，在集体协商签订合同的过程中发生的争议属于利益之争，是针对合同中如何设定尚未确定的劳动者利益而产生的。

集体合同签订争议主要有以下三种表现形式：第一种是一方当事人无正当理由拒绝进行集体协商；第二种是虽然同意集体协商，但以种种理由拖延，迟迟不启动实质性协商的；第三种是已经开始进行集体协商，但双方不能达成一致的。这些争议中，前两种往往是因为一方当事人主观上不希望进行协商而产生的，第三种争议则既有可能是主观原因，也有可能是客观原因，但无论是哪种情况，都阻碍了集体协商的正常进行。[2]

---

〔1〕 参见郑祝君：《劳动争议的二元结构与我国劳动争议处理制度的重构》，载《法学》2012 年第 1 期。

〔2〕 参见上海市人大常委会法制工作委员会等编：《〈上海市集体合同条例〉释义》（修订版），上海人民出版社 2015 年版，第 81 页。

（二）集体合同履行争议

集体合同履行争议，是指在履行集体合同过程中，当事人双方就如何将合同条款付诸实现所发生的争议，其标的所实现集体合同中已经设定并表现为权利义务的劳动者利益。具体而言，集体合同履行争议包括对集体合同履行情况的争议和对集体合同不履行后果的争议。

对集体合同履行情况的争议，是指当事人对集体合同是否已经履行或是否已经按约定的方式履行产生的纠纷；对集体合同不履行后果的争议，是指当集体合同没有履行或没有完全履行时，当事人对应当由哪一方承担责任和承担多少责任产生的纠纷。[1]

第二节　集体合同签订争议的协调处理

集体合同签订争议是当事人就利益分配无法达成合意从而发生的利益分配分歧，属于利益争议。由于利益争议是没有利益分配规则状态下的争议，很难以“合法”或“非法”作出行为效力和法律后果上的判断，一般不是通过调解、仲裁、诉讼程序解决。利益争议解决的最优过程就是当事人达成合意的过程，这一过程在信息充分透明、当事人足够理性的前提下，似乎就是信息交换基础上的理性计算，并相互妥协与让步，最终达成合意，市场交易的理想模式过程就是如此。[2] 由此，各个国家发展出第三方介入的利益争议解决机制。我国高度重视以协调等非司法方式处理集体合同签订争议，即在政府的干预之下通过协商进行解决，从而弥合当事人之间的利益分歧。这是由于我国企业劳动争议调解委员会是由工会主持的，再由其进行调解，则有所不妥，而集体协商是和平协商，双方不得采取过激手段，在发生争议时由劳动行政部门进行协调处理，有利于争议的及时解决。[3]

---

〔1〕 参见刘继臣：《共同的约定：集体合同与劳动合同》，中国工人出版社 2010 年版，第 111 页。

〔2〕 参见沈建峰：《劳动争议中利益争议的范畴及处理》，载《法学》2015 年第 6 期。

〔3〕 参见人民法院出版社法信编辑部编：《劳动合同纠纷司法观点与办案规范》，人民法院出版社 2017 年版，第 190 页。

一、集体合同签订争议协调的主体

集体合同在签订之前必须遵循诚实守信、公平合作的原则进行平等协商。集体协商是以包括企业内部工资分配制度、工资分配形式、工资收入水平、工资支付方式为主要内容的,并且涉及其他劳资权利义务的双方协商一致签订合同的行为。集体合同的集体协商、签订情况均由县级以上劳动保障行政部门进行监督。一旦发生争议,根据《劳动法》第八十四条第一款的规定,当事人协商解决不成的,当地人民政府劳动行政部门可以组织有关各方协调处理。

(一)劳动关系三方协调机制

劳动保障行政部门在对集体合同签订争议进行协调处理时,应当组织同级工会和企业组织等三方面的人员共同进行。根据《集体合同规定》第五十一条第二款的规定,中央管辖的企业以及跨省、自治区、直辖市用人单位因集体协商发生的争议,由劳动保障部指定的省级劳动保障行政部门组织同级工会和企业组织等三方面的人员协调处理,必要时,劳动保障部也可以组织有关方面协调处理。这是对集体劳动关系三方协调机制所作出的规定。

劳动关系三方协调机制是指企业的代表组织、工会组织和政府共同协调劳动关系的机制。组织政府、工会、企业(雇主)共同协调劳动关系,是市场经济条件下各国广泛采用并行之有效的调整劳动关系的做法,是保护稳定和谐的劳动关系和社会安定的必然选择。我国 2009 年修订的《工会法》第三十四条第二款明确提出,各级人民政府劳动行政部门应当会同同级工会和企业方面代表,建立劳动关系三方协商机制,共同研究解决劳动关系方面的重大问题。随后,劳动和社会保障部、中华全国总工会、中国企业联合会、中国企业家协会于 2002 年联合出台了《关于建立健全劳动关系三方协调机制的指导意见》,明确要求各地根据自己的实际情况,建立健全劳动关系的三方协调机制,对涉及劳动关系方面的重大问题进行沟通和协商。2007 年《劳动合同法》正式在总则第五条中对劳动关系三方协调机制进行了规定,"县级以上人民政府劳动行政部门会同工会和企业方面代表,建立健全协调劳动关系三方机制,共同研究解决有关劳动关系的重大问题",从而为三方机制的发展奠定了更为坚实的法律基础。

（二）协调处理机构的主要职责

作为协调处理签订集体合同争议的日常工作机构，劳动争议协调处理机构具有如下主要职责：（1）调查了解争议的情况；（2）研究制定协调处理争议的方案；（3）对争议进行协调处理；（4）制作《协调处理协议书》并监督处理结果的执行；（5）统计归档并将处理结果报上级劳动行政部门备案；（6）必要时向政府报告并提出有关建议。

（三）集体合同签订争议处理的管辖

县级以上人民政府劳动行政部门的劳动争议协调处理机构是受理和协调处理签订集体合同争议的日常工作机构。集体合同签订争议处理实行属地管辖，具体而言：（1）地方各类企业和不跨省（自治区、直辖市）的中央直属企业因签订集体合同发生争议的处理，由省（自治区、直辖市）劳动保障行政部门确定管辖范围。（2）全国性集团公司、行业性公司以及跨省（自治区、直辖市）的中央直属企业因签订集体合同发生的争议，由国务院劳动行政部门指定有关省（自治区、直辖市）劳动行政部门受理，或由国务院劳动行政部门组织有关方面协调处理。

二、集体合同签订争议协调程序

由于集体合同争议主体的特定性，对集体合同签订争议的处理不仅仅关乎单个劳动者的劳动权，而且涉及整个企业甚至是行业、区域内所有劳动者的劳动权利。为促进集体合同的及时签订，在协调处理集体合同签订争议时应当快速、有效。2004 年生效的《集体合同规定》第五十二条规定，协调处理集体协商争议，应当自受理协调处理申请之日起 30 日内结束协调处理工作；期满未结束的，可以适当延长协调期限，但延长期限不得超过 15 日。协调处理集体合同签订争议应当按照程序进行（见图 1）。

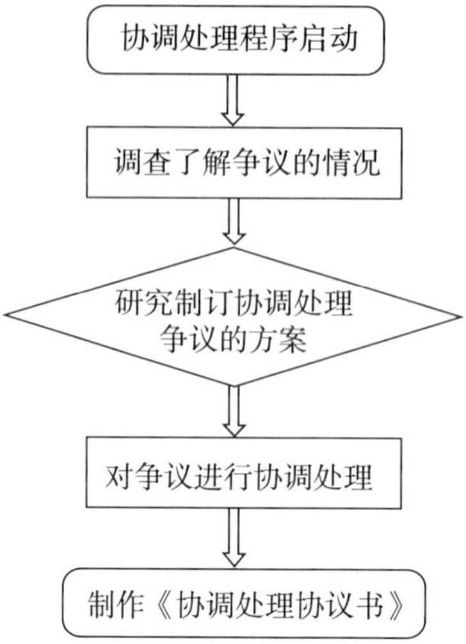

图1　集体合同签订争议协调处理程序图

(一)协调处理的启动

在集体协商签订集体合同的过程中,双方当事人若发生争议,协商解决不成的,当地人民政府劳动行政部门可以组织有关各方协调处理。劳动保障行政部门的劳动争议调处机构协调处理集体合同争议通过当事人申请和劳动保障行政部门主动启动两种方式进行。

1. 当事人申请启动

当事人一方或双方可以书面向劳动保障行政部门的劳动争议调处机构提出协调处理申请。职工一方提请指导、协调处理,已建立工会的,由工会提出;尚未建立工会的,由职工一方协商代表提出。用人单位一方的申请主体一般是企业委托的人员。

2. 劳动保障行政部门主动启动

当事人未提出申请的,劳动保障行政部门认为必要时也可以视情况进行协调处理。之所以赋予劳动保障行政部门主动协调的权力,是为了在双方争议对公共利益、社会秩序产生影响时,通过政府部门的主动协调及时解决争议,维护社会的和谐稳定。[1]

---

〔1〕参见上海市人大常委会法制工作委员会等编:《〈上海市集体合同条例〉释义》(修订版),上海人民出版社2015年版,第83页。

实践中，还有的地方条例规定在提请人力资源社会保障部门协调处理之前，职工一方可以提请上级工会、企业一方提请企业方面代表进行指导。例如，《上海市集体合同条例》第三十四条规定，职工一方或者企业一方无正当理由拒绝或者拖延另一方的集体协商要求，或者双方在集体协商过程中不能达成一致或者签订集体合同的，职工一方可以提请上级工会、企业一方可以提请企业方面代表进行指导。经指导仍未能达成一致的，集体协商的任何一方可以提请人力资源社会保障部门协调处理。这里的"企业方面代表"不是指企业一方协商代表，而是指可以承担指导职能的相关组织，如企业和联合会、工商业联合会、外企协会、私企协会、行业协会等，由他们各自对属于己方的协商代表进行指导和帮助，而不是对双方进行协调处理，也不是代替己方代表与对方进行协商。

（二）调查了解争议的情况

人力资源社会保障部门协调处理集体协商争议时，可以会同同级工会、企业方面代表共同进行。首先，应当召集争议双方陈述各自意见，为他们提供一个对话的平台；其次，查阅争议双方提交的相关证据材料，将双方争议焦点进行列举，依次进行讨论；最后，公正客观地分析双方协商意见及主张的合理性，必要时可以委托社会第三方对双方协商意见进行合理性评估。

（三）研究制订协调处理争议的方案

通过以上调查和分析争议的情况，调处机构应针对集体合同签订双方之间的争议焦点，平衡双方的利益关系，研究制订协调处理争议的方案。在研究制订协调处理争议方案时，应当结合之前初步掌握的争议事实，在不违背法律、行政法规的强制性规定的前提下，尊重双方的核心利益。

（四）对争议进行协调处理

在制订好协调处理争议的方案之后，调处机构应促使双方合理调整各自的诉求，逐步缩小争议的范围，从而引导双方达成一致。由于集体合同签订的双方基于自身利益的考虑，对于集体合同的条款均有自己的设想，因而在劳动行政部门协调之初，双方当事人对于争议的解决方案不可避免地存在差距。但只要双方具有真正签订集体合同的意愿，他们所提出的方案总会存在或多或少的共同之处，或者是双方共同认可的地方。协调机构对于双方的意见需要认真分析，尽量耐心细致地思考，及时提炼出一致的意见、看法，进而达到缩小争议范围的目的。

（五）制作《协调处理协议书》

协调处理集体合同签订争议的最后一个程序是双方达成合意并签订协议书。协调处理集体合同签订争议结束后，由劳动行政部门制作《协调处理协议书》，《协调处理协议书》应当载明协调处理申请、争议的事实和协调结果，双方当事人就某些协商事项不能达成一致的，应将继续协商的有关事项予以载明。《协调处理协议书》由集体协商争议协调处理人员和争议双方首席代表签字盖章后生效。《协调处理协议书》生效后，争议双方均应遵守。

第三节 集体合同履行争议的调解

《劳动法》第八十四条第二款规定，因履行集体合同发生争议，当事人协商解决不成的，可以先向劳动争议仲裁委员会申请仲裁，对仲裁裁决不服的可以向人民法院提起诉讼。《劳动合同法》第五十六条也对集体合同履行争议的解决途径进行了规定："用人单位违反集体合同，侵犯职工劳动权益的，工会可以依法要求用人单位承担责任；因履行集体合同发生争议，经协商解决不成的，工会可以依法申请仲裁、提起诉讼。"据此，仲裁已不再是履行集体合同发生争议时，工会提起诉讼的必经程序，这突破了传统的"先裁后审"体制，而是采取"或裁或审"模式。虽然在理论上集体合同双方均有违反合同的可能，但是从现实情况来看，用人单位侵害劳动者权益的可能性更大，这也是《劳动合同法》第五十六条之所以如此规定的初衷。

通过以上规定可以总结集体合同履行争议的解决途径主要有协商、仲裁和诉讼，而调解则存在于这三种方式之中。在德国，解决集体合同争议的基本方式之一是集体合同争议调解程序，包括合意调解程序和国家调解程序，其中，国家调解处于辅助性地位。〔1〕 在我国，集体合同履行争议的调解，是指在第三方主持下进行的，依照法律、法规、政策和道德规范，在查明事实、分清是非的基础上，通过疏导、说服、劝导，促使争议双方自主协商、自愿

---

〔1〕 参见沈建峰：《德国集体性劳动争议处理的框架及其启示》，载《中国劳动关系学院学报》2013年第3期。

达成协议,从而解决集体合同履行争议的活动。集体合同履行争议的调解具体包括劳动争议调解组织的调解、劳动争议仲裁委员会的调解(仲裁中的调解)和人民法院的调解(司法调解)。其中,劳动争议调解机构的调解属于仲裁和诉讼之前的调解,较之属于官方调解的仲裁调解和司法调解,称为民间调解。

一、调解组织的调解

(一)集体合同履行争议的调解组织

劳动争议调解,是依照法律规定设立的劳动人事争议调解组织,对发生在本单位、本行业或本区域的劳动争议,经过当事人的申请,通过劝导的方法,促使双方当事人达成协议,从而使争议得到及时解决的一种活动。2009年《关于加强劳动人事争议调解工作的意见》(人社部发〔2009〕124 号)要求,逐步建立和完善企事业单位调解、乡镇街道调解、行业调解、人民调解、行政调解等多渠道的争议调解体系,推动和促进具有调解职能的其他社会组织及律师、专家学者开展调解工作,形成开放式的社会化调解网络,最大限度地将争议通过调解快捷、平稳化解,维护劳动人事关系和谐和社会稳定。据此,劳动争议进入仲裁程序之前有三种调解渠道:企业劳动争议调解委员会调解,依法设立的基层人民调解组织调解,在乡镇、街道设立的具有劳动争议调解职能的组织调解。

1. 企业劳动争议调解委员会

已成立工会的企业一般应设立调解委员会,企业劳动争议调解委员会由职工代表和企业代表组成。职工代表由工会成员担任或者由全体职工推举产生,企业代表由企业负责人指定。企业劳动争议调解委员会主任由工会成员或者双方推举的人员担任。人数由双方协商确定,双方人数应当对等。尚未成立工会的企业要将工会组建与调解组织建设同步推进。尚未建立劳动争议调解委员会的小型企业,可推举企业和职工共同认可的职工代表负责与企业经营者、职工及乡镇街道劳动争议调解组织的沟通协调,预防和解决劳动争议。企业调解组织要与当地人力资源社会保障行政部门、工会、企业代表组织建立工作联系机制,及时报送调解委员会的组成、工作进展等情况。

2012 年实施的《企业劳动争议协商调解规定》第十六条明确了企业劳

动争议调解委员会具有对本企业发生的劳动争议进行调解及参与协调履行集体合同出现问题的职责。据此,对于履行集体合同时出现的争议,企业劳动争议调解委员会要主动参与协调,并健全劳动争议预防和预警机制,做到超前防范,提高企业自主解决争议的能力,将争议化解在源头。

具体而言,劳动者认为企业在履行集体合同方面存在问题的,可以向企业劳动争议调解委员会提出,调解委员会应当及时核实情况,协调企业进行整改或者向劳动者作出说明。一旦发生争议,当事人可以口头或者书面形式向调解委员会提出调解申请,若当事人没有提出调解申请,调解委员会可以在征得双方当事人同意后主动调解。经调解达成调解协议的,由调解委员会制作调解协议书。调解协议书应当写明双方当事人的基本情况、调解请求事项、调解的结果和协议履行期限、履行方式等。

2. 人民调解委员会

《劳动争议调解仲裁法》第十条规定,发生劳动争议,当事人可以到依法设立的基层人民调解组织申请调解,正式确立基层人民调解组织调解作为劳动争议调解模式之一。2011 年司法部发布《关于加强行业性、专业性人民调解委员会建设的意见》,推进了专业性劳动纠纷人民调解组织的设立,各地区纷纷成立专门的劳动争议人民调解委员,促进了集体合同履行争议的调解解决。

此外,在实践中,人民调解委员会还可以接受来自劳动人事争议仲裁委员会和人民法院的移送或委托,依法调解集体合同履行争议纠纷。[1] 结案后,人民调解组织应当填写《委托(移送)人民调解结案单》,连同必要相关材料复印件退回委托或移送的仲裁委员会、人民法院。

3. 乡镇街道调解组织

在乡镇、街道设立具有劳动争议调解职能的组织,是强化基层调解,就

---

〔1〕 例如,福建省泉州市司法局办公室印发的《关于进一步加强劳动争议人民调解工作的意见的通知》规定,劳动人事争议仲裁委员会在劳动争议纠纷受理前或仲裁中,以及人民法院在"诉前"或"诉中",根据合法、自愿、便民原则将劳动争议纠纷移送或委托辖区内或纠纷发生地的人民调解组织进行调解的,人民调解组织依法予以调解。载 http://www.shishi.gov.cn/zwgk/zfxxgkzl/bmzfxxgk/sfj/zfxxgkml/gzdt/201809/t20180907_733568.htm,最后访问日期:2020 年 9 月 10 日。再如,浙江省绍兴市上虞区道墟街道也印发了类似规定,载 http://xxgk.shangyu.gov.cn/art/2019/7/19/art_1372922_35891298.html,最后访问日期:2020 年 9 月 10 日。

近就地化解劳动争议的重要体现。近年来，全国各地建立起区域性劳动争议调解指导组织，这些组织以地域为基础，以地方工会、劳动行政部门、综合经济管理部门以及企业代表为成员，特别是在城镇和乡镇企业集中的地方设立区域性的劳动争议调解组织，指导和协调所在区域内集体合同履行争议调解工作，在协调集体合同关系、解决集体合同履行争议方面发挥了积极、有效的作用。

2009年《关于加强劳动人事争议调解工作的意见》规定乡镇街道劳动争议调解组织主要由乡镇、街道劳动保障服务所（站）和工会、企业代表组织设立的劳动争议调解组织组成。近年来，乡镇街道劳动争议调解组织的形式有所增加，还包括乡镇街道党委、政府主导，人力资源社会保障等有关部门整合设立的调解组织等。乡镇街道劳动争议调解组织主要负责调解本区域内未建立劳动争议调解委员会的企业劳动争议，企业调解不成的劳动争议，以及跨区域的劳动争议，其中包括有关集体合同履行所引发的争议。

（二）调解的程序

调解组织在调解集体合同履行争议时应当遵循一定的程序和原则，以人民调解组织办理仲裁委员会、人民法院移送、委托调解案件为例，应当按照以下程序办理集体合同履行争议。

1. 审查相关材料。人民调解组织受理纠纷，应当审查以下材料：《委托（移送）人民调解函》、有关纠纷材料的复印件。

2. 填写《人民调解申请书》和《人民调解案件受理登记表》。《人民调解申请书》由人民调解组织指导当事人填写；《人民调解案件受理登记表》由人民调解组织负责填写。当事人在填写《人民调解申请书》前反悔拒绝接受人民调解，人民调解组织应当即函告委托或移送的仲裁委员会、人民法院。

3. 集体合同履行争议的调解。根据集体合同履行争议的难易程度，由人民调解组织指派一名至若干名人民调解员予以调解。调解过程中，人民调解员应做好调解笔录，并由人民调解员及当事人签名或盖章。

4. 调解结案。经调解达成协议的，应当制作人民调解协议书，由人民调解组织留存，同时，人民调解组织应当填写《委托（移送）人民调解结案单》，连同必要相关材料复印件于3日内退回委托或移送的仲裁委员会、人民法院。

另外，人民调解组织应当建立委托（移送）人民调解案件交接档案。调解不成的也应当将相关情况记录在案，包括当事人明确拒绝调解，或经过以上调解程序未能达成协议，或规定期限届满仍不能调解结案的情况。

（三）调解协议的效力

经企业劳动争议调解委员会、基层人民调解组织及乡镇、街道劳动争议调解组织调解达成的集体合同履行争议协议，应当制作调解协议书，调解协议书由双方当事人签名或者盖章，经调解员签名并加盖调解组织印章后生效，对双方当事人具有约束力，当事人应当履行。除一般规则外，针对不同调解组织出具的调解协议还有一些特别规定。

首先，《最高人民法院关于审理劳动争议案件适用法律若干问题的解释（二）》（法释〔2006〕6 号）第十七条规定，"当事人在劳动争议调解委员会主持下达成的具有劳动权利义务内容的调解协议，具有劳动合同的约束力，可以作为人民法院裁判的根据"。因此，经企业劳动争议调解委员会达成的集体合同履行争议调解协议，具有劳动合同效力。2012 年《企业劳动争议协商调解规定》第二十七条进一步规定了对调解协议的仲裁审查：双方当事人可以自调解协议生效之日起 15 日内共同向仲裁委员会提出仲裁审查申请；仲裁委员会受理后，应当对调解协议进行审查，并对程序和内容合法有效的调解协议出具调解书。

其次，关于人民调解组织主持下达成的集体合同履行争议调解协议的效力问题，基于人民调解协议的司法确认制度的确立，人民调解组织调解的集体合同履行争议纠纷案件达成调解协议，双方当事人可以自调解协议生效之日起 30 日内共同向人民法院申请司法确认。除司法确认外，另外，还有些地方办法规定，当事人可以向人民调解组织申请将调解协议书置换成仲裁调解书。[1]

---

〔1〕 例如，天津市人力资源和社会保障局于 2012 年发布的《人民调解组织参与劳动人事争议调解工作办法》规定，经人民调解委员会调解达成调解协议后，当事人也可以申请将调解协议书置换成仲裁调解书。当事人申请置换的，应根据《天津市街乡镇劳动人事争议调解办法》在调解协议书达成当日向人民调解委员会提交《置换劳动人事仲裁调解书申请》，人民调解委员会应自收到置换申请之日起 2 个工作日内将调解协议、调解笔录等材料移交劳动人事争议仲裁委员会。劳动人事争议仲裁委员会应自收到材料之日起，于 2 个工作日内审查受理条件、依法确认调解协议内容并出具仲裁调解书。仲裁调解书送达双方当事人后发生法律效力。

最后，经乡镇街道调解组织调解达成的集体合同履行争议调解协议，经劳动争议仲裁机构依法审查，也可申请置换为可依法申请强制执行的劳动争议仲裁书。[1] 同时，可以适用2009年《最高人民法院关于建立健全诉讼与非诉讼相衔接的矛盾纠纷解决机制的若干意见》第二十条的规定，向人民法院申请确认调解协议的效力。

二、劳动争议仲裁中的调解

劳动争议仲裁是劳动争议诉讼的法定前置程序，是由劳动争议仲裁委员会组织仲裁庭对双方的争议进行审理并作出裁决的活动。2004年劳动和社会保障部颁布实施的《集体合同规定》第五十五条规定，因履行集体合同发生的争议，当事人协商解决不成的，可以依法向劳动争议仲裁委员会申请仲裁。然而，2008年开始施行的《劳动争议调解仲裁法》构建了个别劳动争议的调解仲裁制度，但整体性地缺失了集体合同争议处理制度，致使实践中的集体合同履行争议几乎无法通过仲裁获得解决。2009年1月1日发布并实施的《劳动人事争议仲裁办案规则》零星地规定了集体合同履行争议的处理，主要包括：(1)规定因履行集体合同发生的劳动争议，仲裁委员会可优先立案，优先审理；(2)仲裁委员会处理因履行集体合同发生的劳动争议，应当按照三方原则组成仲裁庭处理；(3)因履行集体合同发生的劳动争议，经协商解决不成的，工会可以依法申请仲裁；尚未建立工会的，由上级工会指导劳动者推举产生的代表依法申请仲裁。

直到2017年5月8日，人力资源和社会保障部发布新的《劳动人事争议仲裁办案规则》，在第三章仲裁程序中专门规定了集体劳动人事争议的处理程序，明确因履行集体合同发生的劳动争议案件除事实清楚、权利义务关系明确、争议不大的可以简易处理外，均适用该特别程序的规定。

---

[1] 例如，江苏省南京市劳动争议仲裁委员会于2010年发布的《关于非诉调解协议置换劳动争议仲裁调解书的实施意见》(宁劳仲委〔2010〕2号)规定，非诉调解协议是企业劳动争议调解委员会，依法设立的基层人民调解组织，在乡镇、街道设立的具有劳动争议调解职能的组织对所辖范围内发生的劳动争议，经当事人书面或口头申请劳动争议调解，在调解达成协议后，由双方当事人签字、盖章，经调解员签名并加盖调解组织印章后生效的书面文书。非诉调解协议置换劳动争议仲裁调解书，是行使劳动争议仲裁权的过程。具有约束力的非诉调解协议置换为具有强制执行效力的劳动争议仲裁调解书，有利于劳动仲裁与基层调解的对接，有利于构建科学、合理的多元化解决劳动争议机制。

（一）集体合同履行争议仲裁庭的组成

劳动争议仲裁委员会处理因履行集体合同发生的劳动争议，应当按照三方原则组成仲裁庭处理。也就是说，审理履行集体合同争议，应当由三名分别代表三方的仲裁员组庭。我国劳动关系中的三方是指由代表政府的人力资源社会保障部门、代表职工的工会组织和代表企业的企业代表组织。三方组成的仲裁庭在根本上是劳动关系协调的三方原则的体现。一方面，由三方组成仲裁庭可以为履行集体合同争议的处理提供理解问题的不同视角和具有不同工作背景的知识、经验；另一方面，在一定程度上也为不同群体的利益平衡找到了合理的通道。

三方组庭时应当注意以下三点：首先，政府代表一方应从人力资源社会保障部门中产生，职工代表一方应当从各级工会组织中产生，企业代表一方应当从企业联合会、工商业联合会等组织中产生；其次，因履行集体合同发生的劳动争议，按三方原则组成的仲裁庭，其成员也必须已具有仲裁员条件，并被仲裁委员会聘任为仲裁员；最后，三方组成的仲裁庭成员在仲裁庭审中具有同等的权利与义务。

另外，仲裁庭处理集体合同履行争议案件，可以邀请法律工作者、律师、专家学者等第三方共同参与调解。

（二）庭前先行调解

2017 年《劳动人事争议仲裁办案规则》第六十六条第一款规定："仲裁庭处理集体劳动人事争议，开庭前应当引导当事人自行协商，或者先行调解。"据此，仲裁委员会处理集体合同履行争议案件，应当坚持调解优先，引导当事人通过协商、调解方式解决争议，给予必要的法律释明以及风险提示。

具体而言，对未经调解组织调解，当事人直接申请仲裁的集体合同履行争议案件，仲裁委员会可以向当事人发出调解建议书，引导其到调解组织调解；对认为可以委托调解组织进行调解的，也可以委托有关调解组织调解，调解不成的再开庭予以审理，在开庭审理时应当先行进行调解（见图 2）。

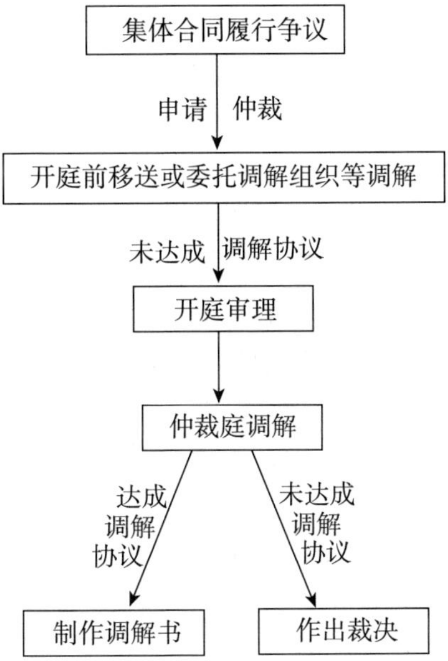

图2　集体合同履行争议仲裁中的调解程序

1. 移送或委托调解组织等调解

对未经调解、当事人直接申请仲裁的争议，仲裁委员会可以向当事人发出调解建议书，引导其到调解组织进行调解。当事人同意先行调解的，应当暂缓受理；当事人不同意先行调解的，应当依法受理。

开庭之前，经双方当事人同意，仲裁庭可以委托调解组织或者其他具有调解能力的组织、个人进行调解。若自当事人同意之日起10日内未达成调解协议的，应当开庭审理。

2. 仲裁庭先行调解

仲裁庭审理争议案件时，应当进行调解，必要时可以邀请有关单位、组织或者个人参与调解。仲裁调解达成协议的，仲裁庭应当制作调解书。调解不成或者调解书送达前，一方当事人反悔的，仲裁庭应当及时作出裁决。如果当事人就部分仲裁请求达成调解协议的，仲裁庭可以就该部分先行出具调解书。

（三）仲裁调解协议的效力

根据《劳动人事争议仲裁办案规则》第七十二条的规定，“仲裁调解达成协议的，仲裁庭应当制作调解书。调解书应当写明仲裁请求和当事人协议的结果。调解书由仲裁员签名，加盖仲裁委员会印章，送达双方当事人。调解书经双方当事人签收后，发生法律效力。调解不成或者调解书送达前，一方当事人反悔的，仲裁庭应当及时作出裁决。”

三、诉讼调解

因履行集体合同发生争议，若当事人协商解决不成的，向劳动争议仲裁委员会申请仲裁后，对仲裁裁决不服的，可以自收到仲裁裁决书之日起15日内向人民法院提起诉讼。劳动争议诉讼是集体合同履行争议处理的重要环节，是通过法律手段解决争议的最后途径。由于劳动争议仲裁程序为法院分流大量案件的同时，也对案件起到了过滤作用，一些矛盾不是很难调和的案件已在此阶段予以解决，导致起诉到法院的案件通常较难做调解工作。[1]因此，为了维护和谐的集体劳动关系，当事人向诉讼提起诉讼后，法院采取先行调解、委派委托调解的新型调解方式，促进双方当事人本着互谅互让的精神，在自愿的基础上达成协议，以求有序解决集体合同履行争议等劳动争议。

（一）先行调解

根据2017年修订的《民事诉讼法》第一百二十二条的规定，“当事人起诉到人民法院的民事纠纷，适宜调解的，先行调解，但当事人拒绝调解的除外”。当集体合同的当事人向人民法院提起诉讼，递交起诉状或者口头起诉之后，人民法院尚未立案，根据案件具体情况，人民法院认为适宜调解的，可以先行就集体合同争议进行调解。当事人不同意调解或者在商定、指定时间内不能达成调解协议的，人民法院应当依法及时立案。需要说明的是，在案件受理之后尚未开庭审理前，人民法院仍然可以进行调解。

（二）委派调解和委托调解

随着司法改革的深入和诉讼调解机制的创新，人民法院开始借助社会力量调处包括集体合同履行争议在内的劳动纠纷，创立了委派调解、委托调解等新型调解模式，对当事人起诉到人民法院的适宜调解的集体合同履行争议案件，登记立案前，人民法院可以委派特邀调解组织、特邀调解员进行

---

〔1〕 参见范跃如：《劳动争议诉讼调解程序研究》，载《法律适用》2009年第6期。

调解。委派调解达成协议的，当事人可以依法申请司法确认。当事人明确拒绝调解的，人民法院应当依法登记立案。登记立案后或者在审理过程中，人民法院认为适宜调解的案件，经当事人同意，可以委托给特邀调解组织、特邀调解员或者由人民法院专职调解员进行调解。委托调解达成协议的，经法官审查后依法出具调解书。

2019 年，全国总工会和最高人民法院决定在部分地区先行推广深化劳动争议案件委派委托调解机制建设，确立了法院委托委派工会组织调解的工作机制。对当事人起诉到人民法院、属于受诉法院管辖、依法应当登记立案的集体合同履行争议等劳动争议纠纷，适宜调解解决且双方当事人自愿调解的，由工会派驻调解员接受人民法院委派或委托进行调解；调解不成的，由人民法院依法审理。

四、集体合同履行争议人民调解与仲裁调解、司法调解的衔接

2009 年人力资源和社会保障部、司法部、中华全国总工会和中国企业联合会/中国企业家协会联合发布的《关于加强劳动人事争议调解工作的意见》提出应加强劳动人事争议调解与仲裁的相互衔接。该意见明确要求，对未经调解组织调解，当事人直接申请仲裁的劳动争议案件，仲裁委员会可向当事人发出调解建议书，引导其在乡镇、街道、企业以及人民调解委员会等调解组织进行调解，就近就地解决争议。仲裁委员会认为可以委托调解组织调解的劳动人事争议案件，经当事人同意，可以委托调解组织进行调解。对当事人双方提出的确认调解协议的申请，仲裁委员会应及时受理，对合法的调解协议，可以出具仲裁调解书。特别是 2017 年《劳动人事争议仲裁办案规则》明确赋予了双方当事人向仲裁委员会提出审查经调解组织达成的调解协议的权利。由此，通过对集体合同履行争议人民调解协议进行仲裁审查并出具仲裁调解书，经调解组织调解的集体合同履行争议人民调解协议将具有强制执行的法律效力。实践中，各地方也确立了劳动争议人民调解协议仲裁审查确认机制，例如，2018 年 9 月深圳印发《关于进一步加强专业性劳动争议调解工作的意见》，就明确建立调解与仲裁衔接机制，提升调解协议的执行力，对当事人双方提出的确认调解协议的申请，仲裁委员会应依法优先受理，对经审查程序和内容合法有效的调解协议出具调解书。

此外，集体合同履行争议人民调解协议还可以通过司法确认程序获得强制执行效力，即人民调解与司法调解衔接机制的建立。例如，2018 年 8

月，福建省泉州市司法局发布《关于进一步加强劳动争议人民调解工作的意见的通知》（泉司办〔2018〕36 号），规定人民调解组织调解劳动争议纠纷案件达成调解协议，双方当事人可以自调解协议生效之日起 30 日内共同向人民法院申请司法确认。

由此，通过集体合同履行争议人民调解与仲裁调解、司法调解衔接机制的建立，一方当事人若不执行调解结果，另一方当事人可直接向法院申请强制执行，从而可以进一步促进集体合同履行争议的化解。

第九章

劳动争议仲裁程序中的调解

第一节 劳动争议仲裁程序概述

一、劳动争议仲裁的概念、性质及特征

（一）劳动争议仲裁的概念

劳动争议仲裁，是指劳动争议当事人一方或者双方自愿把劳动争议提交劳动争议仲裁委员会处理，由其依法就劳动争议的事实与责任作出对双方当事人具有法律约束力的判断和裁决。或者说，劳动争议裁决，是指劳动争议仲裁委员会依据法律规定和劳动争议当事人的申请，以第三方的身份就争议事实与责任居中进行调解或作出裁决。

仲裁包括两种形式，即仲裁调解和仲裁裁决。在仲裁员的主持下，由双方当事人自愿协商、互谅互让达成协议以解决争议的方式，叫作仲裁调解。在仲裁调解不成的情况下，由仲裁员对案件作出具有法律约束力的决断的方式，就是仲裁裁决。[1]

（二）劳动争议仲裁的性质

劳动争议仲裁不同于劳动争议诉讼，劳动争议仲裁兼具行政性和司法性两种性质。一方面，它代表国家行使行政权；另一方面，它必须依照法律

---

〔1〕 参见刘振军主编：《劳动争议仲裁实用手册》，中国劳动社会保障出版社 2009 年版，第 24 页。

规定处理争议,生效裁决具有国家强制性。劳动争议仲裁符合司法的基本特征,其与传统司法机关的区别仅在于其裁决结果不具有完全的终局性,其裁决过程缺乏完全的强制性,这反映的正是劳动争议仲裁准司法性的性质。[1]

(三)劳动争议仲裁的特征

1. 实行特别的三方原则

劳动争议仲裁实行三方原则,是由我国劳动关系和劳动争议主体的特征以及长期的劳工运动实践所决定的。不少资本主义国家的劳动争议处理机构一般是由政府、工会、雇主组织三方代表组成的。我国因处于国有经济形式为主、多种经济形式并存的经济形态,并且经济管理体制正在经历改革,所以《劳动争议调解仲裁法》第十九条规定:"劳动争议仲裁委员会由劳动行政部门代表、工会代表和企业方面代表组成。"

2. 劳动行政部门发挥主导作用

政府在劳动争议处理机构中发挥重要作用,这是许多国家的共同特点之一。但是,我国的劳动行政部门在劳动争议仲裁委员会及其工作中的主导作用是独具特色的。劳动争议仲裁委员会主任由劳动行政部门的代表担任;仲裁委员会的办事机构由劳动行政部门的代表担任;仲裁委员会的办事机构由劳动行政部门劳动争议处理机构或者依法设立的劳动争议仲裁院充当;省、自治区、直辖市人民政府劳动行政部门对本行政区域内的劳动争议仲裁工作进行指导;在实际工作中,劳动行政部门承担着主要的工作量。

3. 处理结果具有法律效力

这是我国劳动争议仲裁与劳动争议调解的重要区别,也是劳动争议仲裁制度被称为劳动法律制度的重要标志。无论是劳动争议仲裁中的调解书,还是劳动争议仲裁中的裁决书,一旦发生法律效力,一方当事人不履行,另一方当事人可向人民法院申请强制执行,保证劳动争议仲裁的严肃性和

---

〔1〕 参见沈建峰、姜颖:《劳动争议仲裁的存在基础、定性与裁审关系》,载《法学》2019 年第 4 期。

权威性。[1]

二、劳动争议仲裁的组织机构、受案范围及管辖

(一)劳动争议仲裁的组织机构

1. 劳动争议仲裁委员会

(1)劳动争议仲裁委员会的设立。《劳动争议调解仲裁法》第十七条规定明确了劳动争议仲裁委员会的设立原则、设置权限和设立方式。

在统筹规划、合理布局、适应实际需要的原则之下,委员会不按照行政区划层层设立。仲裁委员会不按照行政区划在省、市、县三级层层都设立,而是仅在市、县、区设立。各委员会之间没有上下级隶属关系,不存在级别管辖,而是相互独立的争议处理机构。且委员会的设立与行政区划没有必然的一一对应关系,而是根据实际需要,统筹安排、合理布局仲裁委员会的数量和层次。

(2)劳动争议仲裁委员会的组成与职责。《劳动争议调解仲裁法》第十九条规定了劳动争议仲裁委员会的组成、职责和办事机构的相关内容。

劳动争议仲裁委员会是由劳动行政部门代表、工会代表和企业方面代表这三方共同组成的,体现了国家、企业、劳动者三方利益的平衡,是市场经济条件下处理劳动关系的通行做法和基本制度之一,也是社会经济政策制定和实施中的一个重要程序和手段。在仲裁工作中为了贯彻合议和少数服从多数的组织原则,故而劳动争议仲裁委员会组成人员应当是单数。劳动争议仲裁委员会下设办事机构,负责办理劳动争议仲裁委员会的日常工作。劳动争议仲裁委员会依法履行下列职责:聘任、解聘专职或者兼职仲裁员;受理劳动争议案件;讨论重大或者疑难的劳动争议案件;对仲裁活动进行监督。

2. 劳动争议仲裁庭

《劳动争议调解仲裁法》第三十一条规定明确了劳动争议仲裁庭的组成与形式。

仲裁庭制度是劳动争议仲裁的基本制度之一,是劳动争议仲裁委员会

---

[1] 参见刘振军主编:《劳动争议仲裁实用手册》,中国劳动社会保障出版社 2009 年版,第 26 页。

处理劳动争议案件的组织形式。仲裁庭按照“一案一庭”的原则，组成仲裁庭，审理劳动争议案件。根据案件的不同，劳动争议仲裁委员会从其聘任的仲裁员中，有针对性地选取一名或三名组成仲裁庭，代表劳动争议仲裁委员会行使劳动争议案件处理权，因此，仲裁庭是一个临时性机构。

仲裁庭的组织形式包括合议制仲裁庭与独任制仲裁庭两种。合议制仲裁庭，由劳动争议仲裁委员会指定三名仲裁员共同审理仲裁，设一名首席仲裁员。除简单劳动争议案件外，均应组成合议庭进行仲裁。独任制仲裁庭由一名仲裁员独任审理仲裁，适用于事实清楚、情节认定容易、适用法律法规明确、无其他事实或法律上分歧的劳动争议案件。[1]

3. 劳动争议仲裁员

劳动争议仲裁员是指由当地劳动行政等有关部门推荐，参加国家或省级劳动行政部门或由其认定的有关单位所组织的劳动争议处理专业培训，并参加国家或省级劳动行政部门组织的仲裁员资格考试，取得仲裁员资格者，按规定程序由劳动争议仲裁委员会聘任的，从事劳动争议案件仲裁工作的专门人员。劳动争议仲裁员分为专职和兼职两种。

根据《劳动争议调解仲裁法》第二十条的规定，仲裁员应当符合下列条件之一：(1)曾任审判员的；(2)从事法律研究、教学工作并具有中级以上职称的；(3)具有法律知识、从事人力资源管理或者工会等专业工作满 5 年的；(4)律师执业满 3 年的。

（二）劳动争议仲裁的受案范围

根据《劳动争议调解仲裁法》第二条的规定，下列几类劳动争议可以适用仲裁程序。因本书有专章论述劳动争议调解的受案范围，劳动争议仲裁的受案范围与之相同，此处不再赘述，仅摘录如下：(1)因确认劳动关系发生的争议；(2)因订立、履行、变更、解除和终止劳动合同发生的争议；(3)因除名、辞退和辞职、离职发生的争议；(4)因工作时间、休息休假、社会保险、福利、培训以及劳动保护发生的争议；(5)因劳动报酬、工伤医疗费、经济补偿或者赔偿金等发生的争议；(6)法律、法规规定的其他劳动争议。

---

〔1〕 参见程延园主编：《劳动争议调解仲裁法理解与应用》，中国劳动社会保障出版社 2008 年版，第 121 页。

（三）劳动争议仲裁的管辖

劳动争议仲裁管辖，是指各级仲裁委员会之间、同级仲裁委员会之间，受理劳动争议案件的分工与权限。明确仲裁管辖，对当事人意义重大。[1]

《劳动争议调解仲裁法》第二十一条明确了仲裁委员会的管辖范围，规定劳动争议仲裁委员会负责管辖本区域内发生的劳动争议。劳动争议由劳动合同履行地或者用人单位所在地的劳动争议仲裁委员会管辖。双方当事人分别向劳动合同履行地和用人单位所在地的劳动争议仲裁委员会申请仲裁的，由劳动合同履行地的劳动争议仲裁委员会管辖。

我国的劳动争议仲裁实行的是特殊地域管辖，明确了只能是劳动者合同履行地或用人单位所在地的劳动争议仲裁委员会管辖。当管辖权发生争议时，由劳动合同履行地的仲裁委员会管辖，避免了指定管辖的情形。劳动争议不能由双方当事人协商选择劳动合同履行地或用人单位所在地之外的仲裁委员会进行管辖，若出现这种情况，仲裁委员会将移送劳动争议案件到有管辖权的仲裁委员会。[2]

三、劳动争议仲裁程序

（一）申请与受理

1. 劳动争议仲裁案件的申请

根据中华人民共和国人力资源和社会保障部发布的《劳动人事争议仲裁办案规则》第二十九条的规定，当事人申请仲裁应当提交书面仲裁申请，并按照被申请人人数提交副本。对于仲裁申请书不规范或者材料不齐备的，仲裁委员会应当当场或者在5日内一次性告知申请人需要补正的全部材料。仲裁委员会收取当事人提交的材料应当出具收件回执。

2. 劳动争议仲裁案件的受理

根据《劳动争议调解仲裁法》第二十九条、第三十条的规定，劳动争议仲裁委员会收到仲裁申请之日起5日内，认为符合受理条件的，应当受理，并通知申请人；认为不符合受理条件的，应当书面通知申请人不予受理，并说

---

〔1〕 参见俞飞主编：《劳动争议解决》，厦门大学出版社2008年版，第382页。

〔2〕 参见程延园主编：《劳动争议调解仲裁法理解与应用》，中国劳动社会保障出版社2008年版，第71页。

明理由。对劳动争议仲裁委员会不予受理或者逾期未作出决定的,申请人可以就该劳动争议事项向人民法院提起诉讼。

劳动争议仲裁委员会受理仲裁申请后,应当在5日内将仲裁申请书副本送达被申请人。被申请人收到仲裁申请书副本后,应当在10日内向劳动争议仲裁委员会提交答辩书。劳动争议仲裁委员会收到答辩书后,应当在5日内将答辩书副本送达申请人。被申请人未提交答辩书的,不影响仲裁程序的进行。

(二)审前准备

根据《劳动法》《劳动争议调解仲裁法》和《劳动人事争议仲裁办案规则》等有关规定,在案件仲裁准备阶段应做好以下工作:

(1)组成仲裁庭。仲裁委员会决定受理的劳动争议案件,应当自受理仲裁申请之日起5日内按规定组成仲裁庭。

(2)通知当事人。根据《劳动争议调解仲裁法》第三十二条的规定,劳动争议仲裁委员会应当在受理仲裁申请之日起5日内将仲裁庭的组成情况书面通知当事人,以便于当事人了解仲裁庭成员和各个仲裁员情况,确定是否申请仲裁员回避。

(3)研究案情。仲裁庭组成人员认真审阅申诉、答辩材料,调查取证,研究争议事实。在统一的认识基础上,将适用的法规、政策等文件的文号和有关条款作出笔录,拟定详细的庭审提纲和方案。

(4)确定开庭时间、地点。根据《劳动争议调解仲裁法》第三十五条、《劳动人事争议仲裁办案规则》第三条的规定,仲裁庭应当在开庭5日前,将开庭日期、地点书面通知双方当事人和其他仲裁参与人。需要其他有关单位和有关人员参加的,也应及时通知。

(5)处理延期开庭事项。在开庭审理前,当事人有正当理由的,可以在开庭3日前申请延期开庭。是否延期,由仲裁委员会根据实际情况决定。经仲裁委员会研究决定延期开庭的,应及时通知有关人员。

(6)决定回避事项。当事人申请回避理由成立的,需要重新组织仲裁庭而不能如期进行审理时,经劳动争议仲裁委员会决定,可以延期审理,并及时通知有关人员。

（三）开庭审理

开庭审理，是指劳动争议仲裁委员会在当事人和其他仲裁参与人的参与下，全面审查认定案件事实，并依法作出裁判或调解的活动。开庭审理由合议庭或独任仲裁员主持。

根据《劳动争议调解仲裁法》和《劳动人事争议仲裁办案规则》的有关规定，开庭审理的程序如下：

（1）宣布庭审开始。

（2）庭审调查。听取当事人对案情的充分陈述和提供的证据材料，听取证人提供的证言，出示各种物证、书证和视听资料，宣读勘验笔录和鉴定结论，全面核实证据、揭示案件真相。法庭调查阶段，仲裁员应严守法律规定的发言顺序，不能随意颠倒，剥夺发言权。

（3）仲裁庭辩论。《劳动争议调解仲裁法》第三十八条规定，当事人在仲裁过程中有权进行质证和辩论。质证和辩论终结时，首席仲裁员或者独任仲裁员应当征询当事人的最后意见。通过双方辩论，使仲裁员进一步弄清案件真相和适用的规范。

（4）仲裁庭调解。《劳动争议调解仲裁法》第四十二条规定，仲裁庭在作出裁决前，应当先行调解。调解达成协议的，仲裁庭应当制作调解书。调解书应当写明仲裁请求和当事人协议的结果。调解书由仲裁员签名，加盖劳动争议仲裁委员会印章，送达双方当事人。调解书经双方当事人签收后，发生法律效力。调解不成或者调解书送达前，一方当事人反悔的，仲裁庭应当及时作出裁决。

（5）休庭合议。

（6）继续开庭，宣布仲裁庭决定。

（7）宣布闭庭。

（四）评议和裁决

根据《劳动争议调解仲裁法》第四十五条的规定，仲裁庭裁决劳动争议案件，应当按照多数仲裁员的意见作出，少数仲裁员的不同意见应当记入笔录。仲裁庭不能形成多数意见时，裁决应当按照首席仲裁员的意见作出。

仲裁庭作出裁决后，应当制作仲裁裁决书，送达双方当事人。当事人对仲裁裁决不服的,自收到仲裁裁决书之日起15日内可以向人民法院起诉;期满不起诉的,仲裁裁决书即发生法律效力。如一方当事人不执行,另一方当事人可申请人民法院强制执行。

第二节 劳动争议仲裁程序中先行调解的适用

一、劳动争议仲裁程序中先行调解的基本问题

(一)劳动争议仲裁程序中先行调解的法律规定

劳动争议仲裁程序中的先行调解要求主要是由《劳动争议调解仲裁法》第四十二条规定的,其条文内容为:“仲裁庭在作出裁决前,应当先行调解。调解达成协议的,仲裁庭应当制作调解书。调解书应当写明仲裁请求和当事人协议的结果。调解书由仲裁员签名,加盖劳动争议仲裁委员会印章,送达双方当事人。调解书经双方当事人签收后,发生法律效力。调解不成或者调解书送达前,一方当事人反悔的,仲裁庭应当及时作出裁决。”由条文内容可见,调解在仲裁程序中是一个强制性的步骤,并且顺序在仲裁裁决之前,故称为“先行调解”,而且仲裁程序中的调解具有法律效力。仲裁庭在作出裁决前,应当先行调解,即在查明事实的基础上促使双方当事人自愿达成协议。经调解达成协议的,仲裁庭应当根据协议内容制作仲裁调解书。调解书应当写明仲裁请求和当事人协议的后果,由仲裁员签名,加盖仲裁委员会印章,送达双方当事人。调解书经双方当事人签收之后,发生法律效力。

仲裁中的先行调解原则性的规定在《劳动法》第七十七条:“用人单位与劳动者发生劳动争议,当事人可以依法申请调解、仲裁、提起诉讼,也可以协商解决。调解原则适用于仲裁和诉讼程序。”各国立法重视仲裁与调解的配合,仲裁前的调解程序,对于某些案件,调解为必经程序。

我国人力资源和社会保障部发布的《劳动人事争议仲裁办案规则》中,有单独的一章“调解程序”,并在第七十一条规定:“仲裁庭审理争议案件时,应当进行调解。必要时可以邀请有关单位、组织或者个人参与调解。”部委规章中也体现出了调解原则在仲裁程序中的适用。

我国的劳动争议仲裁程序区别于商事仲裁,有特殊的强制属性。劳动争议仲裁体制存在之根本在于劳动关系、劳动法律及劳动争议本身具有特殊性,我国劳动争议仲裁体制的生成与商事仲裁的理念和思路并无关联,

"因劳动关系而生的争议属于人民内部矛盾，其解决的路径选择不应是传统的司法路径"。[1] 法律、法规和规章在劳动争议仲裁程序中规定的先行调解也体现了劳动争议处理的特殊性。

（二）劳动争议仲裁程序中先行调解的运作方式

1. 先行调解的启动方式

仲裁庭在作出裁决前，应当先行调解。这就意味着劳动争议仲裁调解是由仲裁庭依法律规定启动的，调解程序的启动不需要劳动争议双方当事人的合意，但调解能否顺利进行和最终是否能达成协议则有赖于当事人的合意。

2. 调解主体

劳动争议仲裁调解的主体和劳动争议仲裁的主体一致，包括劳动争议双方当事人和仲裁庭。其中，发生劳动争议的劳动者和用人单位为劳动争议仲裁案件的双方当事人；仲裁庭由仲裁委员会在受理仲裁申请之日起5日内组成，劳动争议仲裁委员会由劳动行政部门代表、工会代表和企业方面代表组成。仲裁庭主持调解程序，在必要时可以邀请有关单位、组织或者个人参与调解。

同一个仲裁庭在一个仲裁程序中既要扮演调解员的角色也要负责在调解不成后作出仲裁裁决，且无论最后作出的是调解书还是仲裁裁决书，都有法律效力，再加上劳动争议仲裁程序是诉讼的强制前置程序，仲裁调解又是仲裁程序中的强制程序，都不依当事人的意志而启动，仲裁庭在整个劳动争议解决程序中的主动性比较大，其独立性和中立性就更加值得关注。

3. 先行调解的效力

仲裁庭进行先行调解后，根据劳动争议双方当事人合意达成协议的，仲裁庭应当制作调解书，调解书应当写明仲裁请求和当事人协议的结果。调解书由仲裁员签名，加盖劳动争议仲裁委员会印章，送达双方当事人，调解书经双方当事人签收后，发生法律效力。调解书送达之前，一方当事人反悔的，仲裁庭应当及时作出裁决。劳动人事争议仲裁委员会作出的调解书已

---

〔1〕 参见沈建峰、姜颖：《劳动争议仲裁的存在基础、定性与裁审关系》，载《法学》2019年第4期。

经发生法律效力,一方当事人反悔提起诉讼的,人民法院不予受理;已经受理的,裁定驳回起诉。可见,调解书是根据双方的调解协议制作的,在当事人签收之后就发生法律效力;相比之下,当事人在收到仲裁裁决书之日起15日内可以向人民法院提起诉讼,也可以根据法律规定在30日之内向法院申请撤销裁决,期满不起诉的,裁决书才发生法律效力。另外,类似于部分判决和部分裁决,当事人就部分仲裁请求达成调解协议的,仲裁庭可以就该部分先行出具调解书。

当事人对发生法律效力的调解书应当依照规定的期限履行,一方当事人逾期不履行的,另一方当事人可以依照民事诉讼法的有关规定向人民法院申请执行,受理申请的人民法院应当依法执行。

(三)劳动争议仲裁程序中先行调解的特征

1. 依附性

依附性是先行调解的首要特征,区别于独立的劳动争议调解程序,先行调解在劳动争议仲裁程序中发生,调解主体和仲裁主体一致,都由仲裁庭主持;经调解达成的调解协议,作出并送达至双方当事人的调解书也有强制执行的法律效力,可以排除当事人的诉权。先行调解的启动、进行和最终效力,都依附于劳动争议仲裁程序,显著地带有仲裁程序的特征,自身的独立性大为弱化。

2. 前置性与强制性

前置性和强制性是先行调解的主要特征,调解是仲裁程序得以进行的必经程序;虽然调解是否能进行以及是否能达成调解协议是由双方当事人的合意决定,但调解的启动是依法律的规定而不是当事人的合意申请。调解所依附的劳动争议仲裁程序本身也有前置性和强制性的特征。根据《劳动争议调解仲裁法》的规定,劳动争议仲裁程序是诉讼程序的前置程序;其启动虽然是由当事人主动申请,但劳动者和单位需要解决纠纷,除了进行调解之外,如需借助司法诉讼途径,则必须申请仲裁程序,与普通商事仲裁程序由双方当事人的仲裁协议约定决定相比,当事人合意的作用发挥空间就狭窄得多。可见,劳动争议仲裁程序中的调解程序,具有双重的前置和强制属性,纠纷双方的合意仅体现在调解协议的达成方面。

二、劳动争议仲裁程序的先行调解与其他调解程序比较

我国立法中的劳动争议解决，包括用人单位调解机构调解、仲裁程序中的调解和诉讼程序中的调解。[1] 以下将仲裁程序中的先行调解与其他两种调解程序进行比较分析，以更好地了解仲裁程序中调解程序的特殊之处和相应的优势与不足。

（一）劳动争议仲裁中的先行调解与劳动争议调解程序

1. 共性与差异

劳动争议调解程序和劳动争议仲裁的调解程序都是针对劳动争议解决的调解程序，两者的区别主要体现在调解主体和调解协议的法律效力上。

人民调解是人民群众行使民主自治权利参与人民司法的自治性活动，而仲裁调解是由仲裁机构或仲裁员主持的调解。[2]《劳动争议调解仲裁法》第十条对劳动争议调解的调解组织作了穷尽列举，分别是：企业劳动争议调解委员会；依法设立的基层人民调解组织；在乡镇、街道设立的具有劳动争议调解职能的组织。调解协议的效力则规定在《最高人民法院关于审理劳动争议案件适用法律若干问题的解释（二）》第十七条第一款："当事人在劳动争议调解委员会主持下达成的具有劳动权利义务的调解协议，具有劳动合同的约束力。"这表现为一方当事人依据劳动争议调解协议，要求对方当事人履行调解协议确定的义务的，法院应当直接依据劳动争议调解协议裁决义务方履行义务。除非对方提出证据证明调解协议有可撤销或者应宣告无效的情形。[3] 当事人一方不履行调解协议，另一方可以申请仲裁，而后可以提起诉讼。而劳动争议仲裁程序中，经调解形成的调解协议做成的调解书，送达当事人之后生效，当事人不能再就调解事项起诉，只能申请法院强制执行。

2. 优势与不足

调解是劳动争议双方当事人在第三方主持下进行沟通谈判的纠纷解决

[1] 王全兴主编：《劳动法学》（第 2 版），高等教育出版社 2008 年版，第 458 页。

[2] 参见盛永彬、刘树桥主编：《人民调解实务》（第 4 版），中国政法大学出版社 2018 年版，第 25 页。

[3] 参见赵信会：《论我国的劳动争议调解制度》，载《行政与法》2009 年第 11 期。

方式,其中第三方必须具有中立性。劳动争议调解程序的三类调解组织中,企业劳动争议调解委员会的中立性争议较大。企业劳动争议调解委员会由职工代表和企业代表组成。职工代表由工会成员担任或者由全体职工推举产生,企业代表由企业负责人指定,企业劳动争议调解委员会主任由工会成员或者双方推举的人员担任。企业劳动争议调解委员会是附设在企业内部的机构,其经费和各项运营成本均由企业承担,这实际上使企业利润成为调解组织的经费来源,使其依附于雇主而难以中立;我国工会的组建并不是在劳动者行使团结权基础上形成的,工会并不具有独立代表劳动者利益的地位与功能,因此,即使企业劳动争议调解机构由工会主持,也很难保证其在调解中能够独立代表劳动者制衡雇主,因此,在调解机构本身难以保持中立的情况下,调解程序即使再完备也不能使劳资双方相互信赖。[1] 其他人民调解组织虽然具备了一定的中立性,但劳动争议往往比较复杂,涉及诸多法律问题,调解组织的专业性得不到保障。相较而言,劳动争议仲裁委员会的行政性虽然也会对其中立性造成影响,但一般和劳资纠纷当事人双方没有直接利益联系,中立性更强;另外,仲裁庭的仲裁员对法律知识与经验的要求更高,专业性上也更有保障。

劳动争议调解程序是人民调解在劳动争议解决上的适用,当事人有程序选择权,在发生争议后可以书面或口头申请调解,在争议解决过程中更能保障纠纷当事人的程序和实体意愿,选择调解程序解决纠纷,也体现出劳资双方互相的一定信赖,调解效果会更好。在同样照顾到劳动争议的特殊性,注重社会关系的修复基础上,劳动争议仲裁程序的调解因其强制性,在对当事人的意愿尊重和调解效果上都有所欠缺。

(二)劳动争议仲裁中的先行调解与诉讼中的先行调解

诉讼中的先行调解,是指法院在民事诉讼程序开始之前对双方当事人之间的民事纠纷进行的调解,就其性质而言,该种先行调解属于替代诉讼的纠纷解决机制,在程序上既独立于诉讼程序,同时又与诉讼程序紧密相连。[2] 诉讼中的先行调解与劳动争议仲裁程序中的先行调解,都是诉讼或仲裁的前置程序;调解不成转入诉讼或仲裁程序;调解的主体与后一程序的

---

〔1〕 参见曹燕:《我国劳动争议处理制度的困境与突破》,载《河北法学》2012 年第 5 期。

〔2〕 参见洪冬英主编:《民事诉讼法学通论》(第 2 版),北京大学出版社 2016 年版,第 200 页。

主体一致；经调解达成的调解协议制作的调解书也都具有强制执行的法律效力，法院制作的调解书有与生效判决同样的法律效力。两者的区别除了法院的诉讼过程中调解程序具有司法性质，劳动争议仲裁过程的调解程序没有司法性质外，最主要的区别在于自愿性与强制性。

2003年《最高人民法院关于适用简易程序审理民事案件的若干规定》中规定了六种类型的案件实行调解前置，开庭审理时先行调解。2012年《民事诉讼法》修正时在第一百二十二条中借鉴了此种做法，并将先行调解的适用扩展至一审普通程序，并不限案件类型。规定内容为"当事人起诉到人民法院的民事纠纷，适宜调解的，先行调解，但当事人拒绝调解的除外"。由此可见，诉讼中的先行调解程序中当事人有绝对的程序选择权。当事人自愿，包括程序上的自愿和实体上的自愿，程序上的自愿，是指以调解的方式来解决争议必须征求当事人的同意，当事人拒绝调解或不同意以调解的方式结案的，人民法院不能强迫当事人接受调解。[1] 由此可见，诉讼中先行调解的启动需要双方当事人的同意，具有自愿性。反观劳动争议仲裁程序中的先行调解，没有给争议双方当事人程序选择权，具有强制性。

由以上分析可以看出，劳动争议仲裁程序中的先行调解在启动和运行上与其他的调解程序都有很大的差异。

三、调解和劳动争议仲裁结合的优势与潜在问题

（一）劳动争议解决中调解和仲裁的共同性与差异性

如前文所述，劳动争议解决的调解程序和仲裁程序都与普通的调解和仲裁程序有区别，劳动争议仲裁程序中的先行调解又与劳动争议调解程序不是同样的概念，为了分析劳动争议仲裁程序与程序中先行调解结合的优势与不足，下文中作比较分析的仲裁程序指劳动争议仲裁程序，调解程序则是劳动争议调解程序。

仲裁和调解作为非诉讼纠纷解决机制中最常见的两种程序，既能充分体现我国《劳动法》规定的劳动争议"合法、公正、及时处理"的原则，又能减少用人单位与员工争议解决的对抗性，维护社会和生产秩序。它们的共同性体现在都是由中立第三方参与纠纷处理，劳动争议仲裁程序的仲裁庭成

---

〔1〕 参见张卫平：《民事诉讼法》（第4版），法律出版社2016年版，第311页。

员由劳动争议仲裁委员会选取,临时组成;劳动争议调解程序的调解员也是由三种调解组织的成员担任,都具有一定的专业性和固定性。劳动争议仲裁和调解程序相较于诉讼程序会更加简便快捷,处理更加及时。

劳动争议仲裁程序和调解程序的差异主要体现在调解协议是调解员根据争议双方的合意作出的,达成的调解协议没有可强制执行的法律效力;仲裁裁决书则是由仲裁庭通过仲裁中争议双方的举证、质证、调查等程序,依据事实和法律作出的,不需要争议双方的合意同意,生效之后有强制执行的法律效力,且可以排除双方当事人的起诉权。劳动争议调解程序与仲裁程序相较更为灵活,且调解的启动、进行和最终能否达成调解协议都由当事人决定;而劳动争议仲裁是诉讼的前置程序,其启动和程序进行,作出裁决书都有相应的法律规定,具有一定强制性。

(二)劳动争议解决中仲裁与调解结合的优势与理论争议

1. 仲裁与调解相结合的优势

单独的调解程序或仲裁程序都有各自的问题存在。一方面,劳动关系的复杂性和社会保障制度的不确定状态,导致处理规范的不明确,当事人之间的协商难以进行,同时由于调解委员会或调解组织缺乏足够的权威和影响力,当事人双方难以达成合意,即使达成合意,调解协议的约束力也不够强,这反过来削减了双方达成合意的意愿;另一方面,劳动争议数量急速增长,仲裁程序的负担过重,通过仲裁能够一裁终局的案件,除了法律规定之外,数量很少,大部分争议当事人会选择不接受仲裁裁决进而起诉,法院通过判决对仲裁裁决改判比例偏高,这都会使劳动争议程序复杂化、劳动争议处理的社会成本增加。[1]

在仲裁程序中进行调解,即仲裁与调解的结合,这种争议解决的方式最早源于中国国际经济贸易仲裁委员会的早期实践,[2]也规定在现行的《中国国际经济贸易仲裁委员会仲裁规则》第四十七条中。仲裁程序和调解程序的结合一方面可以在一定程度上发挥各个程序本身的优势,更好地解决争议;另一方面意味着可以在一个程序中进行原本单独的两个程序,能够更快地解决争议。在一定意义上,《劳动争议调解仲裁法》中劳动争议仲裁程

〔1〕 参见范愉:《非诉讼纠纷解决机制研究》,中国人民大学出版社 2000 年版,第521~522 页。
〔2〕 参见王生长:《仲裁与调解相结合的理论与实务》,法律出版社 2001 年版,第 79 页。

序中的先行调解安排是借鉴了我国民商事仲裁程序和调解程序结合的实践。虽然劳动争议仲裁程序的先行调解程序启动不依当事人的合意，但调解协议的达成却是要完全尊重争议双方的意愿，这就使当事人的意思主张可以在原本由仲裁庭进行裁决的仲裁程序中实现；另外，仲裁员在劳动争议的解决上更有专业和权威性，调解协议制成的调解书在送达双方当事人之后可以申请法院强制执行，这些仲裁程序独有的优势又能促使劳动争议双方调解协议的达成。以达成调解协议方式结案的仲裁程序，由于调解书是根据双方的意愿制作，履行的主动自愿性会更强；双方能够通过调解解决纠纷，也有利于用人单位与劳动者之间关系的修复。争议双方在劳动争议仲裁的先行调解程序中达成调解协议，据此制作而成的调解书送达之后，双方当事人就该争议都不再有重新申请仲裁或者提起诉讼的权利，劳动争议解决程序到此为止，也就不会出现"一调一裁二审"这等繁复的争议解决过程。

以上的优势都是基于劳动争议双方当事人在劳动争议仲裁的先行调解程序中达成调解协议的情况，然而，现实中劳动争议往往冲突性较强，不可能在先行调解程序中就解决好所有的纠纷。先行调解不成，还需要继续进行仲裁程序，甚至之后还需要启动诉讼程序，先行调解和仲裁程序的结合，也会给整个劳动争议解决程序带来诸如拖延时间等问题。

2. 仲裁与调解结合的理论争议

劳动争议仲裁程序与调解结合，主要的争议源于仲裁庭需要在同一程序中扮演仲裁员与调解员的角色，作为争议解决中的中立第三方，仲裁庭的角色融合可能会对纠纷解决的公平公正造成影响，包括对程序正义和自然公正的影响。

有学者认为，调解和仲裁虽然都是由第三方介入来解决争议，但毕竟是两种不同的处理方式，仲裁员的能力主要体现在对劳动法律的适用来裁决当事人之间的纠纷，而调解是调解员运用自己的调解技巧来帮助双方进行协商达成解决纠纷的方式。调解与仲裁是性质完全不同的纠纷解决手段，即使劳动争议进入了仲裁程序，也应该建立独立的调解和仲裁程序，即调解和仲裁应该分开进行，调解员与仲裁员不宜由同一人担任。[1] 这两种纠纷解决手段的混合，对于调解程序来说，仲裁员可能并不具备相应的调解技

〔1〕 参见翟玉娟：《劳动争议 ADR 研究》，载《法学评论》2009 年第 4 期。

巧，从而导致调解成效不佳；对仲裁程序来说，仲裁员在作出裁决前需要进行调解，而调解和仲裁程序不同，当事人向仲裁员披露的信息内容和要求也不同，如果调解不成，在作出裁决时，很难保证仲裁员客观中立，不受调解中了解的一方或双方的信息所干扰。有学者认为，其实调解与仲裁的结合也并非中国作出的先例，如前文所述，在诉讼中和国际经济贸易仲裁中都有与调解相结合的做法，说明调解与其他程序结合，确实能够使争议更好地解决。仲裁员和调解员身份的混合带来的问题，可以通过加强仲裁员的素质来解决。仲裁员守则和仲裁规则的要求也会为消除调解不成对后续仲裁的不利影响提供保障。[1]《劳动争议调解仲裁法》中，虽然只是明确规定调解在作出裁决之前，而没有规定调解程序必须在查明事实之后，但该法在规定仲裁过程时，将调解的规定放在了举证、质证、辩论之后，说明仲裁庭需要在一定程度上查明事实，而后需要进行调解，如此，调解中仲裁员能够了解到的新信息较少，对最后作出裁决的干扰性较低，程序的正当性也更有保障。

自然公正的基本要求，是要求居中裁判者不得在结果上与其有利害关系的程序中充任裁判者，也不得与当事人之间有直接或间接的联系，但自然公正的这条要求有着例外的规定，即当事人各方同意的，不视为对自然公正原则的违反。[2] 上述提及的国际经济贸易仲裁委员会仲裁中的仲裁与调解相结合程序中，调解程序的启动、方式、终止或达成协议，都是按照当事人的意愿进行，这也就补正了自然公正原则对裁判者不得与当事人之间有直接或间接联系的要求。然而，劳动争议仲裁程序的先行调解，由法律强制规定仲裁庭在作出裁决前需要对双方当事人进行调解，程序的启动上没有照顾到当事人的意愿，可能会损害仲裁程序的公正性。

（三）劳动纠纷解决中调解与仲裁程序结合的前景与出路

如上文所述，劳动争议解决程序因劳动争议的特殊性而与普通的争议解决程序不同，劳动争议解决的价值取向和一般的民事纠纷不同，特殊的劳动争议解决程序的存在是为了更好地解决纠纷的同时最大化地实现社会效益。在“一调一裁二审”的纠纷解决进程中，调解与仲裁之间、仲裁与诉讼之间的关系处理和衔接一直是劳动争议解决程序中的难题。调解与仲裁程序

---

〔1〕 参见王生长：《仲裁与调解相结合的理论与实务》，法律出版社2001年版，第174页。

〔2〕 参见王生长：《仲裁与调解相结合的理论与实务》，法律出版社2001年版，第168页。

结合，有利于劳动争议处理的效益，但也需要看到劳动争议处理本身就已经有独立的调解程序，当事人走到劳动争议仲裁的程序，要么是双方放弃了劳动争议调解程序，要么是调解没有成功，所以在劳动争议仲裁程序中，强制调解也就显得没有那么必要，故而可以增加争议双方当事人对纠纷解决程序的选择权和意愿表达。另外，先行调解不但要强调先行，也要强调“后行”，在仲裁程序中查明事实后再进行调解，既有利于仲裁员与争议双方说明利弊，促成调解，也有利于仲裁员在最后裁决时不被双方单独给出的新事实干扰，保证仲裁程序的正义。最后，仲裁员素质的提高和成员构成的多元化，是老生常谈但确是仲裁的程序正义能够落到实处的关键。劳动争议仲裁程序与先行调解的结合，是争议解决程序的创新，也是视劳动争议解决需要而作出的灵活做法，但也要保证仲裁程序和调解程序本身的争议逻辑底线，才能不断焕发生机。

第十章 劳动争议诉讼程序中的调解

第一节 第一审劳动争议的调解

一、第一审诉讼程序概述

普通程序是人民法院审理第一审民事案件通常适用的程序。我国实行两审终审制,一个民事案件经两级人民法院审理即告终结。故民事诉讼程序包括第一审程序与第二审程序,而第一审程序又分为普通程序和简易程序两类。普通程序是人民法院审理第一审民事案件所适用的基础性程序,在整个民事诉讼中处于基础地位,在立法上最为完整,其他程序没有特殊规定的,都应适用普通程序。普通程序实际起着各种程序通则的作用,是整个民事审判程序的基础。《民事诉讼法》第一百一十九条至第一百六十三条详细规定了第一审普通程序。

(一)起诉与受理

民事诉讼中的起诉,是指公民、法人或其他组织认为自己所享有的或者依法由自己管理、支配的民事权益受到侵害或与他人发生争议,以自己的名义请求人民法院通过审判给予司法保护的诉讼行为。根据《民事诉讼法》第一百一十九条的规定,起诉必须同时符合以下四个要件:(1)原告是与本案有直接利害关系的自然人、法人和其他组织。(2)有明确的被告。(3)有具体的诉讼请求和事实、理由。诉讼请求是原告提出的实体权利主张。(4)属于人民法院受理民事诉讼的范围和受诉人民法院管辖。根据《民事诉讼法》第一百二十条的规定,起诉可采取书面和口头两种方式,采用第一审普通程序审理的案件,当事人的起诉应以书面起诉为原则,口头起诉为例外。

民事诉讼中的受理,是指人民法院对起诉进行审查,将符合起诉条件的案件予以立案的审判行为。原告向法院起诉后,一方面,法院应审查原告的起诉是否符合《民事诉讼法》第一百一十九条规定的起诉实质要件;另一方面,法院应审查原告起诉的形式要件是否合法。最高人民法院关于适用《中华人民共和国民事诉讼法的解释》(下文简称《民事诉讼法解释》)第二百零八条对法院受理程序作了进一步的细化:人民法院接到当事人提交的民事起诉状时,对符合起诉条件的,应当登记立案。对当场不能判定是否符合起诉条件的,应当接收起诉材料,并出具证明收到日期的书面凭证。需要补充必要相关材料的,人民法院应当及时告知当事人。在补齐相关材料后,应当在7日内决定是否立案。

(二)审理前的准备

审理前的准备,是指原告的起诉被受理后,至正式的开庭审理前,为使庭审顺利进行,审判人员与当事人依法所进行的一系列准备工作的总称。根据《民事诉讼法》第一百二十五条至第一百三十三条及有关司法解释的规定,审理前的准备工作主要包括以下几方面内容:(1)在法定期间内送达诉讼文书。(2)告知当事人诉讼权利义务与合议庭组成人员。(3)审核诉讼材料,调查收集必要的证据。(4)追加当事人。(5)程序分流。按照《民事诉讼法》第一百三十三条的规定,人民法院对受理的案件,分别情形,予以处理。第一,转入督促程序。督促程序是人民法院督促债务人向债权人偿还债务的一种简便、快捷的程序。对于请求给付已经到期且数额确定的金钱或有价证券,且债权人和债务人没有其他债务纠纷的民事案件,债权人可以向人民法院申请支付令,请求人民法院督促债务人偿还债务。人民法院对受理的案件,如果当事人没有争议,符合督促程序规定条件的,可以转入督促程序。第二,庭前调解。对于已经受理的民事案件,如果人民法院认为可通过调解解决的,经当事人同意,可以在开庭前采取调解方式及时解决纠纷。调解不成的,应当及时开庭审理。第三,确定适用简易程序或者普通程序。人民法院受理案件后,应当根据案件情况,确定所适用的程序。如果案件属于事实清楚、权利义务关系明确、争议不大的简单民事案件,应适用简易程序审理。否则,应适用普通程序。第四,组织交换证据,明确争议焦点。需要开庭审理的,通过要求当事人交换证据等方式,明确争议焦点。(6)召集庭前会议。依照《民事诉讼法解释》第二百二十五条的规定，根据案件具体情况，庭前会议可以包括以下几方面内容：第一，明确原告的诉讼请求和被告的答辩意见；第二，审查处理当事人增加、变更诉讼请求的申请和提出的反诉，以及第三人提出的与本案有关的诉讼请求；第三，根据当事人的申请决定调查收集证据，委托鉴定，要求当事人提供证据，进行勘验，进行证据保全；第四，组织交换证据；第五，归纳争点；第六，进行调解。

（三）开庭审理及程序

开庭审理，是人民法院于确定的日期在当事人和其他诉讼参与人的参加下，依照法定程序和形式，在法庭上对民事案件进行实体审理的诉讼活动。开庭审理是整个民事诉讼的核心环节，民事诉讼基本原则与基本制度都要在开庭审理中得到贯彻和体现。开庭审理的主要任务是，通过法庭调查和辩论，审查核实证据，查明案件事实，并在此基础上正确适用法律，确认当事人之间的权利义务关系，制裁民事违法行为，保护当事人的合法权益。

开庭审理必须严格依照法定程序来进行。根据《民事诉讼法》及相关司法解释，一审普通程序中的开庭审理包括：(1)开庭准备。(2)法庭调查。法庭调查是指人民法院依照法定程序，在法庭上向当事人和其他诉讼参与人审查核实各种证据的活动。法庭调查是开庭审理的核心环节，标志着案件进入实质性审理阶段。法庭调查的主要任务是围绕双方当事人争议的事实、证据和法律适用等焦点问题，在双方当事人质证的基础上，审查核实证据，以逐步查明案件事实，为法庭辩论奠定基础。根据《民事诉讼法》及相关司法解释的规定，法庭调查可分为当事人陈述和当事人出示证据并相互质证两个环节。(3)法庭辩论。法庭辩论是在法庭调查的基础上，双方当事人围绕争议焦点，就案件事实的认定和法律的适用进一步向法庭阐明自己的观点，反驳对方的主张，进行论证和辩驳的活动。(4)合议庭评议。(5)宣告判决。(6)审结期限。依照《民事诉讼法》第一百四十九条的规定，第一审普通程序应在立案之日起6个月内审结，有特殊情况需要延长的，由受诉法院院长批准，可以延长6个月，还需要延长的，须报请上一级人民法院批准。

（四）对开庭审理特殊情况的处理

撤诉，是指当事人将已成立之诉撤回，不再要求人民法院对案件进行审理的诉讼行为。撤诉是当事人的一项重要诉讼权利，是当事人依法行使处分权的具体体现。它是当事人对法院的意思表示,目的是使法院停止审判,结束正在进行的诉讼程序。因此,一经撤诉,人民法院就不能对案件继续审理,诉讼程序即告终了。撤诉通常由当事人向人民法院递交撤诉申请书,在申请书中必须有撤诉的明确意思表示。

缺席判决,是指人民法院开庭审理案件时,在一方当事人没有到庭的情况下依法作出的判决。根据《民事诉讼法》的规定,缺席判决适用于以下几种情形:(1)被告反诉的案件,本诉与反诉合并审理的,原告经传票传唤,无正当理由拒不到庭或未经法庭许可中途退庭按撤诉处理后,可以就反诉缺席判决。(2)被告经传票传唤,无正当理由拒不到庭的,或未经法院许可中途退庭的。被告是无民事诉讼行为能力人,其法定代理人有前述同类情形的,比照处理。(3)法院裁定不准许原告撤诉,原告经传票传唤,无正当理由拒不到庭的。

延期审理,是指人民法院已经确定开庭审理的日期后,或者在开庭审理的过程中,由于出现某种法定事由,使开庭审理不能如期进行,或者已经开始的庭审无法继续进行,从而决定推延审理的一种诉讼制度。《民事诉讼法》第一百四十六条规定:"有下列情形之一的,可以延期开庭审理:(一)必须到庭的当事人和其他诉讼参与人有正当理由没有到庭的;(二)当事人临时提出回避申请的;(三)需要通知新的证人到庭,调取新的证据,重新鉴定、勘验,或者需要补充调查的;(四)其他应当延期的情形。"

诉讼中止,是指在诉讼进行过程中,由于某种法定情形的出现而使诉讼活动难以继续进行,受诉人民法院裁定暂时停止本案诉讼程序的制度。根据《民事诉讼法》第一百五十条的规定,"有下列情形之一的,中止诉讼:(一)一方当事人死亡,需要等待继承人表明是否参加诉讼的;(二)一方当事人丧失诉讼行为能力,尚未确定法定代理人的;(三)作为一方当事人的法人或者其他组织终止,尚未确定权利义务承受人的;(四)一方当事人因不可抗拒的事由,不能参加诉讼的;(五)本案必须以另一案的审理结果为依据,而另一案尚未审结的;(六)其他应当中止诉讼的情形。中止诉讼的原因消除后,恢复诉讼"。

诉讼终结,是指在诉讼进行过程中,由于某种法定事由的出现,致使本案诉讼程序无法或没有必要继续进行时,受诉人民法院裁定结束本案诉讼程序的制度。根据《民事诉讼法》第一百五十一条的规定,"有下列情形之一的,终结诉讼:(一)原告死亡,没有继承人,或者继承人放弃诉讼权利的;

(二)被告死亡,没有遗产,也没有应当承担义务的人的;(三)离婚案件一方当事人死亡的;(四)追索赡养费、扶养费、抚育费以及解除收养关系案件的一方当事人死亡的”。

(五)简易程序与小额程序

简易程序和小额诉讼程序并非普通程序的附属程序,而是与普通程序并列存在的独立程序,在诉讼程序体系中具有独立的地位。我国《民事诉讼法》第十三章规定的是“简易程序”(第一百五十七条至第一百六十三条),其中第一百六十二条规定的是“小额诉讼程序”。在我国,简易程序必须同时适用于:(1)简单民事案件及当事人双方约定适用简易程序的普通民事案件;(2)一审程序;(3)基层人民法院和其派出的法庭。小额诉讼程序必须同时适用于:(1)小额诉讼案件和法律及司法解释明文规定的其他民事案件;(2)一审程序,且实行一审终审;(3)基层人民法院和其派出的法庭,以及海事法院和其派出法庭。

二、劳动争议第一审程序中委派调解与委托调解的适用

(一)委派调解

委派调解是指人民法院在立案前,将特定的民事案件交由专业化的组织进行调解的制度。委派调解属于特邀调解制度的一种,是人民法院充分利用社会资源为当事人提供的具有专业化的调解制度。2016 年,最高人民法院发布《关于人民法院特邀调解的规定》(以下简称《规定》),明确将委派调解制度作为特邀调解制度的一个重要类型。《规定》第一条载明“特邀调解是指人民法院吸纳符合条件的人民调解、行政调解、商事调解、行业调解等调解组织或者个人成为特邀调解组织或者特邀调解员,接受人民法院立案前委派或者立案后委托依法进行调解,促使当事人在平等协商基础上达成调解协议、解决纠纷的一种调解活动”。

从诉讼阶段的划分上来看,委派调解又属于先行调解的一部分。先行调解是指人民法院在立案前,针对当事人所涉纠纷进行调解的活动。现行调解发生在立案之前,此时人民法院并未受理案件,即纠纷并未进入人民法院的诉讼程序中。一旦立案,则民事纠纷即进入诉讼系属。《民事诉讼法》第一百二十二条规定了先行调解制度。从体系解释来看,属于立案前的规

定；从先行调解的性质来看，先行调解属于非诉调解，且不能等同于强制调解。先行调解的主体基本为非诉调解组织。先行调解旨在实现案件分流，缓解法院案多人少的压力，故其通过引入第三方组织进行调解的方式来得以实现。先行调解并非民事诉讼的必要组成部分，亦非当事人向人民法院起诉的特殊诉讼要件。

先行调解具有以下几个特征。第一，当事人的自治性。当事人自治性是指当事人具有实体的处分权和程序的选择权，现代调解制度下，当事人对调解事项具有决定权，是调解程序的主导者。先行调解是现代调解制度的一种，这就意味着先行调解必须经过双方当事人同意才可以启动，《民事诉讼法》第一百二十二条的但书规定也体现了这一点。在先行调解中，一方面，双方当事人与法院或其他调解组织之间的关系是平等的，由于此时纠纷尚未进入诉讼系属，法院并不能行使职权，所以先行调解的启动及调解协议的达成是完全依靠当事人自主决定的。另一方面，若当事人不愿意调解，法院应该及时立案，转入诉讼程序，不允许强制调解、拖延调解。所以，先行调解具有当事人自治性的特征。第二，调解的社会化与协同性。调解的社会化与协同性强调先行调解主体的多元化、社会化以及主体间相互协调、相互配合。具体而言，先行调解是非诉讼化调解，调解主体是法院外的组织，如人民调解委员会、妇联、工会等。因此，先行调解应该引入社会化力量参与调解且各调解主体之间具有协同性可以相互配合。此外，必要时法院可以派员参加先行调解，因为法院外调解组织或人员具有先天权威性不足、约束性不强等缺点，法院的参与可以推动先行调解更有效地进行。先行调解的社会化主要体现在先行调解中引入专业性强、权威性强的社会组织参与调解。先行调解的协同性主要体现在各种调解主体、各种调解模式，取长避短，相互融合，共同推动先行调解的进行。第三，适用阶段的特定化。调解的分类标准主要有两个：一是调解的主体；二是调解所适用的阶段。前者是在横向角度区分诉讼调解、行政调解、仲裁调解等，后者是在纵向角度区分诉讼调解和非诉讼调解。调解制度性质由其主体和适用阶段共同决定，两者缺一不可，调解主体决定调解性质，调解的适用阶段影响调解主体的选择。第四，调解的有限性。先行调解中的调解有限性是指先行调解的适用范围和调解期限的有限性。先行调解制度的运行直接关系到当事人基本诉权的保障，而诉权是当事人享有的宪法性权利，即当事人有权请求通过诉讼来维护其合法权益，国家有义务为当事人提供公正、快速、经济的诉讼程序来保障当事人的诉权。如果不能明确先行调解的纠纷范围和先行调解期限,把是否可以先行调解的判断权交由法官,在立案前一味地强调调解、长期调解很容易侵犯当事人的诉权,进而使“立案难”的问题进一步恶化。所以,先行调解中的调解应该是有限的,只有坚持先行调解的有限性才能落实先行调解制度的本质目的,才能更好地保障当事人的诉权,进一步解决“立案难”等问题。

(二)委托调解

委托调解,是指对起诉到法院的部分民事案件,法院在征询当事人意见后,委托民间调解组织、各个行业协会等相关单位或者律师等进行调解的制度。委托调解并未在现行《民事诉讼法》中有所规定,而是首先出现于2004年实施的《最高人民法院关于民事调解工作若干问题的规定》中。从委托调解的主体来看,是由法院以外的有关组织或个人支持。从运行过程来看,委托后的调解过程不必遵循诉讼程序的严格规定,但要受到人民法院合理引导、必要监督以及充分保障。故而,委托调解可以看作一种非讼化的纠纷解决方式。人民法院虽然会在此过程中有不同程度地参与,但更多地是发挥引导和监督的作用,而非直接干预调解事项。

依照不同的标准,可将委托调解划分为不同的类型。以诉讼阶段为标准,可分为立案前的委托调解与立案后的委托调解。立案前的委托调解基本与委派调解相同,而立案后的委托调解是指在立案后开庭前或在案件审理过程中进行的委托调解。按照人民法院委托何种调解主体为依据可分为独立型委托调解和附设型委托调解。前者调解主体较为广泛,可以是工会、妇联、居民委员会等组织,后者多在附设于法院内部的调节窗口、调解服务中心、调解工作室中开展工作。

委派调解与委托调解之间既有联系又有区别。从事人民法院委派调解和人民法院委托调解的主体基本都是相同的,即进入法院名册的特邀调解组织与特邀调解员。特邀调解组织主要包括经法院筛选的依法成立的人民调解、行政调解、商事调解、行业调解及其他具有调解职能的组织,特邀调解员大致上为作风良好、乐于助人、为人正派且具有一定沟通协调能力的个人,如人大代表、政协委员、人民陪审员、专家学者、律师、仲裁员、退休法律工作者等符合条件的个人。在特邀调解中,法院承担的角色虽然不是主导调解的主体,但也需要对调解进行多方面的指导和培训工作,主要包括指导调解工作;管理调解流程;对入册人员进行规律性的业务培训等。

法院委派调解和法院委托调解的主体条件虽然一致,但在性质上、程序的启动时间上和调解协议的效力上均存在很大差异。首先,法院委派调解发生在立案前,纠纷仍未进入诉讼阶段,虽然由当事人选择被委派人员,法院进行委派,但其在性质上仍然属于诉讼前的调解,即非诉调解;法院委托调解发生在立案后,虽由其他组织和个人主持调解工作,但人民法院具有制作调解书的义务。除非当事人撤诉这一特殊情况,人民法院都要审查委托调解中所达成的调解协议的内容,并依据该内容出具调解书。一经双方当事人签收,该调解书在法律上具有强制执行力,特邀调解中的法院委托调解在性质上仍然属于诉讼调解。其次,法院委派调解程序启动的时间点和委托调解程序启动的时间点也有区别。委派调解程序的启动须发生在立案前,由立案庭征得纠纷当事人的同意。而委托调解程序的启动须发生在立案后,由审判庭的法官在尊重当事人意愿的前提下,将纠纷运用委托的方式进行解决。最后,委派调解和委托调解过程中纠纷当事人所达成的调解协议的效力不同。案件登记立案前经法院委派调解达成的调解协议的效力要区分情况来辨别。由于该调解协议在达成的时间阶段不属于诉讼程序,所以该协议的内容在性质上属于民事合意,与司法程序是相对割裂的。只有当事人为保障协议的顺利履行而使之进入司法程序时,该协议才有望具备强制执行力。而此时,当事人需要采取的有效手段即申请人民法院对调解协议予以司法确认。在委派调解中未达成调解协议的纠纷的解决方式也有两种情况需要考虑,即若当事人放弃通过诉讼解决,则可以随时采取其他合法方式解决,不需要再履行任何司法手续。另一种情况是若当事人仍然坚持诉讼,对待该案件时,人民法院就应当依法按照一般的诉讼程序进行。案件经人民法院立案后,再经该人民法院委托调解所达成的调解协议则与委派调解所达成的调解协议具有明显区别,此时对于该调解协议是否要经人民法院确认,特邀调解员拥有绝对的主动权,在不需要经过当事人同意的前提下,其负有主动向施托法院提交调解协议,由人民法院进行实质审查并制作调解书来进行结案的法定义务,该调解书由于是以人民法院的名义出具并由当事人签收,因而具有强制执行力。若不赋予该调解协议强制性执行力,当事人则需要通过向人民法院提交撤诉申请的方式将案件脱离人民法院的控制。而对于委托调解,当事人最终不能达成调解协议的案件,应当由人民法院按照诉讼程序继续审理。

我国现阶段虽在理论上区分委派调解与委托调解，但在立法或政策层面对其进行的区分并不大。最为典型的是，2016 年，最高人民法院颁布《规定》以特邀调解的方式统一了委派调解与委托调解二者的适用原则、适用条件、适用规范等。例如，《规定》第二条规定，特邀调解应遵循原则为当事人平等自愿、尊重当事人诉讼权利、不违反法理、法规的禁止性规定、不损害国家利益、社会公共利益和他人合法权益、调解过程和调解协议内容保密。再如，《规定》第十一条规定，“对适宜调解的纠纷，登记立案前，人民法院可以经当事人同意委派给特邀调解组织或者特邀调解员进行登记；登记立案后或者在审理过程中，可以委托给特邀调解组织或者特邀调解员进行调解”。第十四条规定，“调解一般应当在人民法院或者调解组织所在地进行，双方当事人也可以在征得人民法院同意的情况下选择其他地点进行调解。特邀调解组织或者特邀调解员接受委派或者委托调解后，应当将调解时间、地点等相关事项及时通知双方当事人，也可以通知与纠纷有利害关系的案外人参加调解。调解程序开始之前，特邀调解员应当告知双方当事人权利义务、调解规则、调解程序、调解协议效力、司法确认申请等事项”。

（三）利用委托调解、委派调解方式解决劳动争议

劳动争议具有专业性与人身性，且具有一定的社会性，其并非属于传统的民商事案件，故利用调解来解决劳动争议一直是我国处理此类纠纷的重要方式。在劳动争议仲裁前置的前提下，在民事诉讼中，也仍旧坚持适用调解。

利用委托调解与委派调解的方式解决劳动争议，具有专业性与合意性。专业性，是指委托或委派调解的主体一般为具有专业性劳动知识的群体，包括但不限于各种劳动专业委员会、工会、劳动专家等，此类群体的劳动方面的专业知识往往高于一般的民事法官，故由此类群体居中调解，调解的结果更加具有专业性，也更具有说服力。合意性，是指当事人对是否采用调解、达成调解以及调解的内容达成一致。在专业性人员居中调解的过程中，劳动纠纷的当事人更容易获得知识、地位以及专业上的认同感，从而促使纠纷双方更快、更好地解决纠纷。

我国一直倡导通过委托、委派调解的方式来解决劳动争议。例如，《规定》第五条指出“积极发挥人民调解的职能作用。在审理劳动争议纠纷案件时，要加强与政府部门的沟通和协调，积极主动地邀请企业工会、居民委员

会、村民委员会、人民调解员、人民陪审员等社会各方力量参与调解，促成劳动关系双方当事人互谅互让。要充分尊重人民调解在社会矛盾纠纷调解工作体系的基础作用，加强对人民调解的业务指导，依法确认人民调解协议的效力，促进人民调解制度更加有效地发挥预防和及时化解矛盾纠纷、维护社会和谐稳定的功能”。

人民法院并非推进劳动争议调解制度的唯一主体，其他与劳动争议调解仲裁有关的部门也积极推进劳动争议的调解。2019 年 9 月，中华全国总工会、最高人民法院联合下发了有关共同深化劳动争议案件委派委托调解机制建设——“法院 + 工会”诉调对接工作模式将在部分地区推广的通知，从而拉开了“法院 + 工会”的劳动争议调解模式的序幕。新的机制对劳动争议调解的工作提出了新的要求。中华全国总工会进一步加强调解队伍建设，由工会遴选优秀律师参与人民法院委派委托调解工作；会同人民法院按需在法院诉讼服务中心（大厅）设立劳动争议调解工作室，由工会派驻调解员接受法院委派、委托开展劳动争议案件诉前诉中调解；为委派委托调解工作提供必要的经费保障；提高调解工作信息化水平，运用“互联网 + ”手段便利当事人解决纠纷，并运用好司法大数据，共同对典型性、苗头性、普遍性劳动争议案件进行分析，努力从源头上化解矛盾纠纷。

在“法院 + 工会”的最新劳动争议调解模式下，以下几方面内容值得注意。第一，在调解范围上，劳动争议纠纷应满足当事人已经起诉到法院、属于受诉法院管辖且应当登记立案的案件。对于此类案件，适宜调解解决且双方当事人自愿调解的，由工会派调解员接受人民法院委派或委托进行调解，调解不成的，由人民法院依法审理。第二，调解的机构为试点地区的法院和工会，原则上在法院诉讼服务中心联合挂牌设立劳动争议诉调对接工作室。第三，新的劳动争议诉调对接工作室在调解时受法院委派、委托，所调解的案件属于囊括诉前及诉中调解两类。在调解之外，劳动诉调对接工作室在诉后为涉案职工做好释法答疑、心理疏导等工作，参与法院诉前信访矛盾化解等。第四，在所调解案件的法律效果上，对诉前委派调解成功的，当事人可依法向法院申请司法确认。对诉中委托调解成功的，由法院依法出具民事调解书。第五，对于调解人员的选任主要包括遴选与选聘。针对遴选，主要从职工法律服务团和工会法律顾问中遴选，遴选人员应政治立场坚定、业务素质过硬、调解经验丰富。对于选任，主要从劳动人事争议调解员和兼职仲裁员、人民调解员、人民陪审员、集体协商指导员、劳动关系协调员，以及退休的法官、工会干部、人社干部中选聘法律知识水平高、纠纷化解业务熟练的人担任工作室调解员，并依据以上标准设立调解员名册。第六，委派调解的具体程序。人民法院立案前认为纠纷可以先行调解的，应当征求当事人意见。若当事人不同意调解，则依法立案；若当事人同意调解，则由人民法院出具《委派调解函》，向工作室移送案卷材料并进行调解。若调解不成功，则进行立案审理；若调解成功，当事人可选择申请司法确认或不申请司法确认。若不申请，则工作室直接将调解结果反馈给人民法院；若申请，则由人民法院出具相关法律文书。第七，委托调解的具体程序。人民法院立案后认为劳动纠纷可以调解的，征求当事人意见。不同意委托调解的，由人民法院依法审理；同意委托调解的，由法院出具《委托调解函》向工作室移送案卷材料进行调解。调解不成功，则由人民法院继续审理；调解成功，人民法院可依当事人申请制作调解书。

三、劳动争议第一审程序中法院调解的适用

（一）第一审程序中的法院调解

法院调解，又称诉讼调解，是指在人民法院审判人员的主持下，双方当事人就民事权益争议自愿、平等地进行协商，以达成协议，解决纠纷的诉讼活动。《民事诉讼法》第九条规定了自愿、合法调解原则。作为基本原则的法院调解至少具有以下两个特征：其一，法院调解具有广泛的适用性。其二，法院调解适用于民事审判程序的始终。法院调解的原则，是人民法院和双方当事人在法院调解活动中应当遵守的行为准则。在此基础上，《民事诉讼法》第九十三条规定，人民法院审理民事案件，根据当事人自愿的原则，在事实清楚的基础上，分清是非，不公开进行调解。据此，法院调解应当遵循以下四个原则：第一，自愿原则。自愿原则，是指在民事诉讼中，人民法院必须在双方当事人自愿的基础上进行调解。法院调解活动的进行和调解协议的达成，都必须以双方当事人自愿为前提，而不得违背当事人的意愿强制调解。自愿原则包含程序上的自愿和实体上的自愿两项要求。第二，查明事实、分清是非原则。查明事实、分清是非原则要求审判人员在主持调解的过程中，应当查明案件事实，分清争议的是非曲直，明确当事人各自的责任。第三，合法原则。合法原则是指人民法院主持的调解活动和当事人达成的调解协议应当符合法律的规定，即程序上的合法和实体上的合法。第四，不

公开原则。法院调解遵循不公开原则。调解注重以协商方式解决双方之间的争议,而在不公开的场合下往往更容易达成调解协议。因此,《民事诉讼法解释》第一百四十六条规定,人民法院审理民事案件,调解过程不公开,但当事人同意公开的除外。

(二)法院调解的程序

1. 调解的开始

法院调解程序的启动主要有三种情形:第一种是因当事人一方或双方共同提出调解申请而开始;第二种是人民法院依职权主动征求当事人的意见,取得当事人同意后而开始;第三种是对于法律规定的特殊案件,法院依职权主动进行调解而无须征得当事人的同意。审判实务中的调解,多是因法院主动征求意见而开始。

2. 法院调解的阶段

在我国,法院调解贯穿于民事诉讼的全过程,在第一审程序、第二审程序以及再审程序中都可以进行调解。在每一个程序阶段,法院调解又可分为庭前调解和庭上调解两种。庭前调解,也称审前调解,即开庭审理前的调解。它发生在诉讼的初始阶段,通常是在被告应诉答辩后至正式的开庭审理前进行,不过,在征得当事人各方同意后,人民法院也可以在答辩期满前进行调解。庭前调解开始于审前准备阶段,在此阶段,合议庭或独任审判员经对原告、被告提交的诉讼材料进行审查,如果认为案件事实清楚、法律关系明确,在征得当事人双方同意后即可启动调解程序,而无须进入开庭审理阶段。经调解达成协议的,即可结束诉讼。庭上调解,又称庭审中的调解,即法院在开庭审理过程中进行的调解。庭审中的调解可以在开庭审理的各个诉讼阶段进行,但通常应在法庭辩论结束后至裁判作出前进行。因为经过法庭调查和法庭辩论两个阶段后,案件事实已经清楚,是非责任也已明确,具备调解的基础。此时,审判长或独任审判员应当询问当事人各方是否愿意进行调解,当事人一致同意调解的,可以当庭进行调解,也可以休庭后进行。

3. 主持调解的主体

在法院调解中,主持调解的人员通常为审理案件的审判组织成员。适用普通程序审理的案件,既可以由合议庭主持调解,也可以由审判长指派合议庭成员之一主持调解。适用简易程序审理的案件,由独任审判员主持调解。此外,为了提高调解工作效率,减轻审判人员的工作负担,最高人民法院提倡有条件的人民法院可以探索建立专门的庭前调解组织,也可以探索试行法官助理等审判辅助人员开展庭前调解工作。

4. 当事人参加

与判决不同,法院调解是在人民法院的主持下双方当事人的合意形成过程,也是当事人之间理性协商和相互妥协的过程,当事人有更多的机会和可能真正参与到纠纷解决中来。由当事人本人参加调解过程,有利于其对纠纷解决过程的理解与接纳。因此,法院在进行调解时,双方当事人都应当出庭。因故不能出庭参加调解的当事人,可由经其特别授权的委托诉讼代理人代为参加调解,达成的调解协议也可由该委托诉讼代理人签名。

5. 调解的进行

在调解开始前,人民法院应当告知当事人相关的诉讼权利和诉讼义务,如主持调解人员和书记员姓名,以及是否申请回避等。调解开始后,先由当事人双方陈述案件的事实和理由,并出示相关的证据,进行质证和辩论。主持调解的人员应当认真听取双方当事人对案件事实和理由的陈述,并根据当事人之间的质证和辩论情况查明案件的基本事实,在此基础上,有的放矢地对双方当事人进行法律的宣传教育,引导当事人就具体的争议事项展开协商。人民法院主持调解过程中,当事人各方应同时在场,以确保有关解决纠纷的重要信息为双方当事人平等占有。在调解过程中,当事人可以自行提出调解方案,主持调解的人员也可以提出调解方案供当事人协商时参考,但不能强迫当事人接受人民法院的调解方案。此外,在诉讼中,当事人为达成调解协议或者和解协议作出妥协而认可的事实,不得在后续的诉讼中作为对其不利的根据,但法律另有规定或者当事人均同意的除外。

6. 调解的结束

法院调解程序的结束包括两种情形:一是因当事人双方达成调解协议而结束;二是因未达成调解协议而结束。达成调解协议的,人民法院应对调解协议进行审查,没有违反法律的禁止性规定的,应对调解协议予以确认。应当制作调解书的,人民法院应依据调解协议的内容制作调解书,送交双方当事人签收;对于不需要制作调解书的调解协议,应当由书记员将调解协议记入笔录或附卷。

7. 法院调解的效力

调解书或调解协议生效后,即产生与生效判决同等的法律效力。具体表现在以下几个方面:第一,确认当事人之间的民事权利义务。法院调解生效后,当事人之间争议的实体民事权利义务得以确认,民事纠纷得以解决。当事人不得就同一争议再行起诉。第二,结束诉讼程序。法院调解是人民法院审结案件的方式之一。法院调解生效后,诉讼程序即告终结,人民法院不得对同一案件再行审理或另行作出裁判,当事人也不得提出上诉。第三,具有强制执行的效力。具有给付内容的法院调解还具有强制执行的效力。法院调解生效后,当事人应依照调解书所确认的义务自觉履行。一方当事人拒绝履行时,另一方当事人有权向人民法院申请强制执行。

(三)劳动争议第一审程序中的法官调解

劳动争议纠纷具有专业性、人身性及社会性,不仅涉及经济利益,还涉及劳动者劳动权以及关涉其生存的经济报酬问题。由于劳动争议的复杂性,简单的适用法律规定往往不能取得良好的社会效果,故人民法院一直将调解作为处理劳动争议的重要方式。

最高人民法院在2009年下发《关于当前形势下做好劳动争议纠纷案件审判工作的指导意见》(以下简称《意见》)中就强调了调解在化解此类纠纷中的重要作用。《意见》第四条指出,“充分发挥诉讼调解的功能作用。在审理劳动争议纠纷案件的全过程中,要尽可能采取调解、和解方法,寻找各方利益平衡点,做到案结事了。同时还要注意调解程序的正当性、灵活性和可操作性,努力化解劳动关系的矛盾和隐患,使诉讼调解的职能作用得到更加有效的发挥,力争案件处理达到法律效果与社会效果的统一”。

在实践中,针对劳动争议案件的调解,作为法官,要掌握调解的技巧,主要有以下几方面内容。第一,要甄别案件、把握调解的方向。首先应当区分劳动者和用工者两大类不同的诉求纠纷,分析当事人的诉讼心态、诉讼原因和诉讼目的,根据案件类别确定大致的调解方向。第二,摸清案件情况,选择调解方法。通过法庭调查、询问、听证等方式了解纠纷的性质、起因和经过,并着重了解双方当事人的特点、品质和背景等,了解纠纷的症结所在,对症下药。第三,抓住调解时机,开展调解工作。要以事实为依据,以法律为准绳,全面分析案情、诠释法理法规和政策规定,并指出诉讼双方的是非责任,与双方当事人多进行面谈、做好调解笔录,及时掌握当事人的心理诉求变化。

在调解时,法官要把握多项原则。第一,平等沟通原则。要与当事人平等沟通，不可居高临下，要耐心倾听，不急于表态，更不能动辄训斥，不要强迫当事人调解。第二，换位引导原则。在纠纷双方都存在过错及非过错时，应巧妙地肯定当事人的非过错，消除当事人的戒备心理，增加其信任感。转换角度，站在当事人的角度分析其利弊，以此创造和谐的调解气氛，避免使当事人感觉法官正在逼迫自己让步。第三，留有余地原则。应当与当事人共同分析诉讼风险，使判决留有余地，这样不至于使矛盾僵化。第四，保护劳动者利益的原则。在不违反原则的情形下，应尽量使用自由裁量权保护劳动者的利益，尤其是针对弱势的劳动者，应想办法说服公司适当补偿。

在具体的案件调解中，还可以使用诸多调解技巧。例如，关照当事人的情绪，使其在心平气和的情况下参与调解，避免双方情绪激动。再如，可以适当表现法官的权威，但一定要展现法律赋予法官的权威，而非蛮横地对待。同时也应展现对当事人的同情心，尤其是对劳动者的同情心。此外，还要注意利用一切可以利用的因素，调动当事人的亲朋好友、领导、律师等出面参与调解。最后还应注意案例宣传与正面引导，以高质量的案例作为当事人的参考，从而保障案件得以迅速、高效调解。

第二节　第二审及再审中劳动争议的调解

一、第二审程序概述

第二审又称上诉审，是指当事人不服地方各级法院尚未确定的裁判，在法定期间内向上一级法院声明不服，要求撤销或变更原裁判，上一级法院据此对案件进行审判所适用的程序。根据《民事诉讼法》第十四章的规定，第二审程序既是针对判决的上诉审程序，也是针对裁定的上诉审程序。

（一）上诉的提起和受理

根据《民事诉讼法》的规定，当事人行使上诉权发动第二审程序必须具备一定的条件，包括：(1)上诉人与被上诉人须适格，第一审程序中受不利裁判的原告或被告，有权提起上诉。(2)上诉人须具有上诉利益。上诉利益，是指当事人对于第一审法院的裁判结果不服，有利用上诉审程序除去其不利结果，予以进一步救济的必要性。当事人提起上诉，应当具有上诉利益。(3)裁判具有可上诉性。是指上诉的客体必须是法律规定可以提起上诉的判决、裁定。(4)须在法定期间内。(5)须向第一审法院的直接上一级法院提起。(6)上诉须采取书面形式,即递交上诉状。

第二审法院接到一审法院报送的上诉状、上诉答辩状以及全部案卷材料后,在进入本案实体审理程序之前,应首先审查上诉人的上诉是否具备法定条件并做相应的处理。当事人于上诉期间内提起合法的上诉时,即可阻断原一审裁判的确定,整个诉讼案件即全部脱离原第一审法院,而移交第二审法院。

(二)上诉案件的审理方式和裁判类型

根据《民事诉讼法》第四十条第一款和第一百六十九条的规定,对于上诉案件,第二审法院应当组成合议庭开庭审理,而且合议庭应当由审判员组成,不能吸收人民陪审员参加。但是,经过阅卷、调查和询问当事人,对没有提出新的事实、证据或者理由,合议庭认为不需要开庭审理的,可以不开庭审理。

根据《民事诉讼法》第一百七十条和相关司法解释的规定,对于当事人不服第一审法院的判决而提起的上诉案件,第二审法院审理后,根据不同情形,可以采取以下裁判方式:(1)原判决、裁定认定事实清楚,适用法律正确的,以判决、裁定方式驳回上诉,维持原判决、裁定;(2)原判决、裁定认定事实错误或者适用法律错误的,以判决、裁定方式依法改判、撤销或者变更;(3)原判决认定基本事实不清的,裁定撤销原判决,发回原审人民法院重审,或者查清事实后改判;(4)原判决遗漏当事人或者违法缺席判决等严重违反法定程序的,裁定撤销原判决,发回原审人民法院重审;(5)认为依法不应由人民法院受理的,可以由第二审人民法院直接裁定撤销原判决,驳回起诉;(6)认为第一审人民法院受理案件违反专属管辖规定的,应当裁定撤销原裁判并移送有管辖权的人民法院。

(三)审结期限与宣判

人民法院审理对判决的上诉案件,应当在第二审立案之日起 3 个月内审结;有特殊情况需要延长的,经本院院长批准,可以延长 3 个月。人民法院审理对裁定的上诉案件,应当在第二审立案之日起 30 日内作出终审裁定,有特殊情况需要延长审限的,由本院院长批准。第二审法院宣告判决可以自行宣判,也可以委托原审法院或者当事人所在地法院代行宣判。

二、再审程序概述

再审程序是为了纠正已经生效裁判的错误而对案件再次进行审理的程序。再审程序并不是每一个民事诉讼案件必经的程序,而只是对于已经发生法律效力并且符合再审条件的判决。

(一)民事再审事由

民事再审事由,是指《民事诉讼法》规定的启动民事再审审理程序的法定理由或根据。现行法对于民事再审事由的规定,主要有以下几类:一是人民法院依职权对生效裁判发动再审,可以以“发现确有错误”为再审事由;二是当事人对于生效调解书的申请再审,要以调解违反自愿原则或者调解协议的内容违反法律为再审事由;三是人民检察院对于生效调解书的抗诉,要以“调解书损害国家利益、社会公共利益”为再审事由;四是对于小额诉讼判决的申请再审,当事人可以以原审法院“不应按小额诉讼案件审理”为再审事由;五是当事人申请再审以及检察院抗诉的13种法定再审事由,规定于《民事诉讼法》第二百条:(1)有新的证据,足以推翻原判决、裁定的;(2)原判决、裁定认定的基本事实缺乏证据证明的;(3)原判决、裁定认定事实的主要证据是伪造的;(4)原判决、裁定认定事实的主要证据未经质证的;(5)对审理案件需要的主要证据,当事人因客观原因不能自行收集,书面申请人民法院调查收集,人民法院未调查收集的;(6)原判决、裁定适用法律确有错误的;(7)审判组织的组成不合法或者依法应当回避的审判人员没有回避的;(8)无诉讼行为能力人未经法定代理人代为诉讼或者应当参加诉讼的当事人,因不能归责于本人或者其诉讼代理人的事由,未参加诉讼的;(9)违反法律规定,剥夺当事人辩论权利的;(10)未经传票传唤,缺席判决的;(11)原判决、裁定遗漏或者超出诉讼请求的;(12)据以作出原判决、裁定的法律文书被撤销或者变更的;(13)审判人员在审理该案件时有贪污受贿,徇私舞弊,枉法裁判行为。上述民事再审的13种法定事由可以分为三类:裁判主体不合法、裁判依据不合法、违反法定程序。

(二)再审发动的方式

按照《民事诉讼法》的规定,再审程序有三种发动方式:当事人申请再审、法院依职权决定再审、检察院发动再审。当事人申请再审,也称再审之诉,是指当事人对已经发生法律效力的判决、裁定和调解书,认为有错误,向法院提出变更或者撤销原判决、裁定的请求,并提请法院对案件进行重新审理的诉讼行为。检察院发动再审,是指人民检察院对人民法院已经生效的判决、裁定发现有发动再审的法定事由,或者对于生效的调解书,发现其损害了国家利益、社会公共利益时,提请人民法院对案件重新进行审理的诉讼活动。根据《民事诉讼法》第二百零八条的规定,人民检察院发动再审有两种方式:一是再审检察建议,二是抗诉。再审检察建议是指人民检察院对一些民事申诉案件,不采取抗诉方式启动再审程序,而是向人民法院提出检察建议,由人民法院自行启动再审程序进行重新审理。抗诉是指人民检察院对人民法院作出的生效判决、裁定,认为确有错误,或者发现调解书损害国家利益、社会公共利益时,依法向人民法院提出重新审理要求的诉讼活动。抗诉是对生效法律文书既判力的挑战和颠覆。

(三)再审审查程序

再审审查程序,是指人民法院根据当事人、案外人的再审申请,对已经发生法律效力的裁判进行审查,以确定再审申请是否具备法律规定的再审事由,并决定提起再审或者予以驳回的程序。申请再审人提出的再审申请符合申请再审条件的,人民法院应当自收到符合条件的再审申请书等材料之日起 5 日内向再审申请人发送受理通知书,并向被申请人及原审其他当事人发送应诉通知书、再审申请书副本等材料。再审申请不符合申请再审条件的,应当及时告知申请再审人。人民法院受理申请再审案件后,应当组成合议庭进行审查。人民法院审查申请再审案件,应当围绕申请再审事由是否成立进行,申请再审人未主张的事由不予审查。经过审查后,如果认为申请再审人主张的再审事由成立,且符合法定的申请再审条件的,应当裁定再审;如果当事人主张的再审事由不成立,或者当事人申请再审超过法定申请再审期限、超出法定再审事由范围等不符合民事诉讼法和本解释规定的申请再审条件的,人民法院应当裁定驳回再审申请;如果申请再审人在审查过程中撤回再审申请的,是否准许,由人民法院裁定;如果申请再审人经传票传唤,无正当理由拒不接受询问,可以裁定按撤回再审申请处理。人民法院应当自受理再审申请之日起 3 个月内审查完毕,但鉴定期间等不计入审查期限。有特殊情况需要延长的,报经本院院长批准。

(四)再审审理程序

各级人民法院、专门法院对本院或者上级人民法院对下级人民法院作出的终审裁判,经复查认为符合再审立案条件的,应当决定或裁定再审,并应当在作出提审、再审裁定(决定)的次日立案。裁定再审的案件,应当在立案后裁定中止原判决、裁定、调解书的执行。根据《民事诉讼法》第二百零四条的规定,最高人民法院、高级人民法院裁定再审的案件,由本院再审或者交其他人民法院再审,也可以交原审人民法院再审。再审并无单独的审理程序,而是适用一审或二审程序,具体可参照本书对于一审、二审程序的介绍。

三、劳动争议第二审程序和再审程序中调解的适用

(一)第二审中的法院调解

根据《民事诉讼法》第九条、第九十三条、第一百七十二条以及相关司法解释的规定,对于上诉案件,第二审法院也可在当事人双方自愿的基础上进行调解。当事人双方达成调解协议的,第二审法院应当制作调解书,由审判人员、书记员署名,加盖人民法院印章。调解书送达后,原审法院的判决即视为撤销。但是,调解书中不应有撤销原判之类的表述,因为,调解书的内容是双方当事人对实体权利义务及责任平等协商、相互妥协的结果,调解协议的达成和调解书的作出并不表明一审判决就是错误或违法的,而"撤销判决"须以一审判决错误或违法为前提。

需注意的问题是:(1)《最高人民法院关于人民法院民事调解工作若干问题的规定》(以下简称《人民法院调解规定》)第九条规定:"调解协议内容超出诉讼请求的,人民法院可以准许。"据此可以认为,二审中达成的调解协议的内容,可以超出上诉人上诉请求的范围,也可超出原一审中原告的诉讼请求的范围。这与禁止不利益变更原则及禁止利益变更原则并不冲突,因为在此情形下,实际上意味着一方当事人变更了其上诉请求(或原审中的诉讼请求)并得到了对方当事人的同意,是尊重当事人处分权和程序选择权的结果。(2)根据《民事诉讼法解释》第三百三十九条和《人民法院调解规定》第四条的规定,当事人在第二审程序中达成和解协议的,人民法院可以根据当事人的请求,对双方达成的和解协议进行审查并制作调解书送达当事人。之所以规定在当事人自行达成和解协议的情况下可以通过制作调解书的方

式结案，主要是因为现行《民事诉讼法》没有将当事人和解作为一种独立的结案方式，和解协议不能产生强制性法律效力；以制作调解书的方式结案之规定虽然不符合诉讼法理，但亦不失为一种权宜之计。

（二）再审中的法院调解

相比第二审案件对调解进行的制度化规定，再审程序对调解的规定相对较少。根据《民事诉讼法》的规定，人民法院按照审判监督程序再审的案件，发生法律效力的判决、裁定是由第一审法院作出的，按照第一审程序审理，所作的判决、裁定，当事人可以上诉；发生法律效力的判决、裁定是由第二审法院作出的，按照第二审程序审理，所作的判决、裁定，是发生法律效力的判决、裁定；上级人民法院按照审判监督程序提审的，按照第二审程序审理，所作的判决、裁定是发生法律效力的判决、裁定。由于再审审理程序实质为一审程序，故再审程序中的调解一般与一审、二审中的调解相同。

我国再审调解的运用并没有如一审、二审那样普遍。第一，我国只有在再审审理阶段方有适用调解的可能。我国再审程序分再审审查和再审审理两个阶段，但是仅在再审审理阶段有调解的可能，在再审审查阶段，人民法院并不会对所涉及的案件进行调解，也未规定进行调解后会产生何种法律效力。第二，即使进入再审审理阶段，很多当事人认为一旦通过再审审查阶段，开启了再审审理，会以案件确有错误为由拒绝，不愿接受调解，导致调解工作无法进行。第三，再审案件与上访的联系更多，同样对办案法官的调解技能要求很高。双方当事人习惯于通过向办案法官施加压力来获得有利于自己的结果，渴望胜诉，而对于调解的渴望并不是很高。而且，再审的案件一般已经经过了多次调解，很多当事人已经对调解不抱希望，从而拒绝在调解上耗费时间。

（三）第二审与再审中的劳动争议调解

第二审与再审程序中，调解均为非必要的程序。我国已经设定了劳动争议仲裁前置，案件在诉前及一审中一般经历过调解，二审与再审成功调解结案的概率并不大。劳动争议包括但不限于劳动合同订立纠纷、劳动合同履行纠纷、劳动合同变更纠纷、劳动合同解除纠纷、劳动合同经济补偿纠纷、劳动合同赔偿纠纷等。适用调解解决以上纠纷具有高效性，且能达到比较良好的社会效果。但是第二审、再审程序本身具有复杂性，已经与单纯的第一审程序有所区别，当事人在第二审、再审程序中已经不像一审程序中那样对纠纷的迅速解决有所期待，更多的是对裁判的公正以及胜诉的渴望。故在第二审、再审程序中，进行劳动争议的调解，应当做到以下几点：第一，寻找症结，对症下药。经历了一审甚至二审的案件，双方矛盾焦点已经十分明显，但仍会在第二审甚至再审程序中产生新的焦点，据此应围绕焦点，对症下药，为逐步解决此问题做好准备。第二，把握当事人的心理状态，促成当事人达成合意。当事人在再审阶段最主要的心理特征为“韧性有余，冲劲不足”。当事人诉讼的心理承受力增强。通过原审诉讼，双方当事人已对于案件事实、对方观点以及法院对案件的认知都有了较全面的了解，并一定程度上把握了诉讼规律，基本上熟悉了诉讼，消除了“畏诉”心理。而且，再审当事人经历了一审、二审的漫长诉讼后，投入了大量的精力和财力，诉讼成本很高，等到再审时，过长的诉讼战线往往已经将其拖得筋疲力尽。此时，当事人心理承受力虽然会有一定程度的增强，但这种心理承受能力其实已经接近极限，如果此时承办法官能及时把握住当事人的心理变化，进行积极地释明和有效地引导，便可使双方达成可行的调解方案，达到案结事了的效果。尤其是劳动争议案件，可能涉及劳动者本身的生存利益，此时如何把握其心理状态就尤为重要。第三，法官在二审及再审过程中，要始终谨言慎行，遵守法官职业道德，保持言行中立。一审或二审已经有了裁判，胜诉、败诉方已经十分明显。法官在民事再审立案审查过程中，作为居中裁判者，如果言行中不能保持中立，在当事人心中必定会造成法官偏袒某方的印象，这往往会引起另一方的不满和对抗，不仅不利于调解工作的开展和案件的最后处理，还将严重削弱人民法院的司法公信力。所以，法官一定要做到不偏不倚，公正调解。

第三节　用人单位申请撤销劳动争议终局裁决诉讼中的调解

一、劳动争议终局裁决制度和申请撤销仲裁裁决制度

我国经济飞速发展的同时，劳资矛盾也愈加激烈，劳动争议案件更是迅速增长，与主要发达国家的劳动争议分类处理机制不同，我国未将劳动争议按照性质进行细分，而是统一适用“一调一裁两审”模式。劳动争议发生后，

当事人可以选择协商或调解,不愿协商、调解或协商、调解不成的,可以向劳动争议仲裁委员会申请仲裁。对仲裁裁决不服的,才可以向法院提起诉讼。其中,劳动争议仲裁是诉讼的前置程序,未经过仲裁的,不得向法院提起诉讼。为尽快处理迅速增长的劳动争议案件,提高劳动争议处理效率,借鉴了商事仲裁的基本理念,创设了劳动争议单方的"一裁终局"制度。因此,我国现行的劳动争议处理机制的着重点并非单纯的解决纠纷,而是更加注重社会公平与实质正义的实现,更加侧重于劳动者这一特定的弱势群体的权益保护,在尊重当事人双方意思自治的同时强调政府的适度干预,将行政化的劳动争议仲裁作为诉讼的前置程序,增设单方"一裁终局"制度,贯彻及时高效解决劳动争议的理念。我国对劳动争议中"一裁终局"制的规定主要集中在《劳动争议调解仲裁法》第四十七条至第四十九条,主要内容为以下几点:第一,受案范围。一裁终局案件包括追索劳动报酬、工伤医疗费、经济补偿或者赔偿金,不超过当地月最低工资标准 12 个月金额的争议,因执行国家的劳动标准在工作时间、休息休假、社会保险等方面发生的争议。第二,劳动者独有的救济权利。劳动者对仲裁裁决不服的,可以自收到仲裁裁决书之日起 15 日内向人民法院提起诉讼。第三,用人单位享有撤销权。用人单位可以自收到仲裁裁决书之日起 30 日内向劳动争议仲裁委员会所在地的中级人民法院申请撤销裁决。主要事由包括适用法律、法规确有错误的、劳动争议仲裁委员会无管辖权的;违反法定程序的;裁决所根据的证据是伪造的;对方当事人隐瞒了足以影响公正裁决的证据的;仲裁员在仲裁该案时有索贿受贿、徇私舞弊、枉法裁决行为的。人民法院经组成合议庭审查核实裁决有前款规定情形之一的,应当裁定撤销。仲裁裁决被人民法院裁定撤销的,当事人可以自收到裁定书之日起 15 日内就该劳动争议事项向人民法院提起诉讼。劳动争议仲裁裁决被撤销后,双方当事人均可以对法院撤销终局裁决的案件提起诉讼,不再区别对待。

对于用人单位申请撤销仲裁所涉及的程序问题,有以下几方面规定:第一,劳动争议仲裁委终局裁决后,劳动者申请法院强制执行,用人单位向劳动争议仲裁委所在地中级人民法院申请撤销,人民法院应当裁定中止执行。第二,撤销仲裁申请得到支持的,人民法院应裁定终结执行;撤销仲裁申请被驳回的,人民法院应裁定恢复执行。第三,撤销仲裁申请被驳回,用人单位在执行程序中以相同理由提出不予执行抗辩的,人民法院不予支持。第四,撤销仲裁申请被驳回,用人单位在执行程序中以新理由提出不予执行抗辩的，人民法院需要审查不予执行抗辩是否合理，如果合理，应裁定不予执行仲裁裁决。

据此，我国只对部分劳动争议案件实行一裁终局，而对于法律规定之外的劳动争议案件仍然是非终局性仲裁裁决，我国的“一裁终局”制度只针对用人单位而言，其适用主体受限，若劳动者一方不服仲裁裁决的，仍然可以向法院提起诉讼。劳动争议“一裁终局”制度的特征可以概括为受案范围的有限性、适用对象的单方性。

二、用人单位申请撤销劳动争议终局裁决诉讼中调解的适用

依据现有法律规定，用人单位对申请撤销劳动争议终局裁决并非单独的诉的形式，不能简单适用民事诉讼第一审或第二审程序，而是属于民事诉讼的特殊程序。我国法律对特殊程序是否可以适用调解结案并未作出明确规定，但积极应用调解处理撤销终局裁决有着重要的意义。第一，申请撤销案件适用调解规定，与民事审判中解决劳动争议的法律原则相一致。人民法院历来非常注重以调解的方式处理民事纠纷。近年来，最高人民法院更是强调民事司法要坚持调解优先、调判结合的原则，强调把调解贯穿于司法的全过程。2009 年 7 月又制定了《关于当前形势下做好劳动争议纠纷案件审判工作的指导意见》，针对新形势下的劳动争议案件的审理，进一步强调充分发挥诉讼调解的功能作用，在审理劳动争议纠纷案件的全过程中，要尽可能采取调解、和解方法，寻求各方利益平衡点，做到案结事了。虽然申请撤销仲裁裁决案件是人民法院对仲裁裁决的合法性进行审查的案件，但人民法院对申请撤销仲裁裁决的审查核实也是解决劳动争议纠纷的一个方面，最终目的还是应归结到劳动争议的解决上来。所以，调解处理申请撤诉案件符合民事审判工作的指导思想。第二，适用调解符合《劳动争议调解仲裁法》的立法原则。《劳动争议调解仲裁法》第一条明文规定，该法的立法目的是公正及时解决劳动争议，保护当事人合法权益，促进劳动关系和谐稳定。调解既可以避免仲裁裁决被撤销后劳动争议再次进入诉讼而使纠纷的解决拖延时日，也可以避免强制执行裁决所需付出的司法成本，有利于及时解决劳动争议，保护当事人的合法权益。调解有利于促进劳动关系的和谐稳定。

据此，在申请撤销劳动争议仲裁裁决的调解时，应当注意以下程序问题。第一，中级人民法院受理申请撤诉案件后，就有可能同时存在一件劳动

者不服终局裁决的诉讼案件，也有可能存在一个非终局的仲裁裁决或一件当事人不服该裁决的诉讼案件。在此情况下，对申请撤诉案件进行调解处理时，如何确定调解处理的范围是调解处理申请撤诉案件可能遇到的特殊问题。为了便于案结事了，对于非终局事项，人民法院也可以一并作出调解。第二，对于申请撤销仲裁裁决所达成的调解协议可能存在与其他裁决冲突的问题。例如，调解协议与终局裁决的效力冲突、调解协议与未提起诉讼的非终局裁决的效力冲突、申请撤诉案件与劳动者不服终局裁决诉讼案件并存时的程序冲突、申请撤诉案件与当事人不服非终局裁决诉讼案件并存时的程序冲突。对此，我国在法律没有明确规定的前提下，可以以调解协议效力为主，构建特有的协调机制，来避免二者冲突。

第四节　对劳动争议执行依据的执行和解

劳动争议执行依据的执行和解，是指在以解决劳动争议案件的有关机关的确定给付结论（仲裁裁决书、仲裁调解书、民事判决书、民事调解书、支付令、调解协议确认裁定书）为执行依据的强制执行过程中，作为执行当事人的劳动者与用人单位之间自愿作出相互谅解和让步，就如何履行生效法律文书的有关内容达成执行和解协议，从而结束执行程序的一种活动。劳动争议案件的执行往往牵涉企业营商环境、劳动者权益保护等现实因素，因此执行难度较大，执行和解因其灵活性为妥善解决此类案件提供了可行途径。

一、对劳动争议执行依据的执行

劳动争议中广泛运用诉讼外纠纷解决机制来处理纠纷，作为纠纷解决制度，如果没有强制实现其内容的制度的话，明显会损及实效性。[1] 同样，作为终局手段的民事诉讼也需要能够实现执行依据的制度，否则就会危及司法权威。为了保障生效法律文书所确认的民事权利最终能够得到实现，国家通过民事执行制度维护债权人的利益。劳动者通过被执行人对劳动争议执行依据的完全履行实现权利救济。

---

〔1〕 参见［日］小岛武司、伊藤真编：《诉讼外纠纷解决法》，丁婕译，中国政法大学出版社2005年版，第160页。

(一)劳动争议执行依据概述

执行依据,是指债权人据以申请执行和执行机关据以采取执行措施的生效法律文书。[1] 据此,劳动争议执行依据是指执行机关据以执行的由有关机构依法出具的,解决用人单位和劳动者之间劳动权利义务纠纷的,载明债权人享有一定债权并可据以请求执行的法律文书。

劳动争议执行依据与其他执行依据相比,具有以下特点:

第一,法律文书内容的特定性。劳动争议执行依据的法律文书是有关机构出具的解决用人单位和劳动者之间劳动争议法律关系的生效法律文书。根据《劳动法》第二条和《劳动争议调解仲裁法》第二条的规定,劳动争议包括用人单位与劳动者之间,因确认劳动关系发生的争议;因订立、履行、变更、解除和终止劳动合同发生的争议;因除名、辞退和辞职、离职发生的争议;因工作时间、休息休假、社会保险、福利、培训以及劳动保护发生的争议;因劳动报酬、工伤医疗费、经济补偿或者赔偿金等发生的争议以及法律、法规规定的其他劳动争议。除此以外的法律关系所产生的纠纷,如个体工匠与帮工、学徒之间的纠纷不能称为劳动争议。[2] 这种法律关系的特定性限定了法律文书中记载的给付内容。

第二,法律文书制作者的特殊性。根据《劳动法》第七十九条、《劳动合同法》第七十七条、《劳动争议调解仲裁法》第五条的规定,只有人民法院和劳动争议仲裁委员会制作的法律文书才能成为劳动争议执行依据,其他组织如企业劳动争议调解委员会、基层人民调解组织等,虽然具有劳动争议调解的职能,但是其制作的法律文书不能直接成为劳动争议执行依据。

劳动争议执行依据具有其他执行依据的法律特征:(1)它是已经生效(确定)的法律文书。(2)它是具有给付内容的、法律规定属于法院强制执行的法律文书。[3] 尚未生效的、不具备给付内容的或不属于法院强制执行的文书,均不能成为执行依据。比如,法律文书仅就劳动者与用人单位之间是否存在劳动关系作出了判决或者裁决,但并没有给付的内容,则此法律文书

[1] 参见肖建国主编:《民事执行法》,中国人民大学出版社 2014 年版,第 113 页。

[2] 参见方乐华、吴晓宇编:《劳动法与社会保障法:案例与图表》,法律出版社 2013 年版,第 257 页。

[3] 参见江伟、肖建国主编:《民事诉讼法》,中国人民大学出版社 2018 年版,第 442 页。

不能成为劳动争议执行依据。再如，经由企业劳动争议调解委员会调解而达成的调解协议，虽然具有给付的内容，但并非法律规定的属于法院强制执行的法律文书，因此也不能成为劳动争议执行依据。

劳动争议执行依据也应当具备权利义务主体明确、给付内容明确两项条件。[1] 无论是《民事诉讼法解释》第四百六十三条，还是《人民法院办理执行案件规范》第三十三条，均规定作为执行依据的法律文书应符合明确性的要求，如果法律文书不具备明确性的条件，根据《人民法院办理执行案件规范》第三十四条的规定，法院应当对当事人予以释明。当事人经释明后，仍然坚持提出申请的，法院对于执行申请裁定不予受理。例如，在劳动争议案件中，劳动争议仲裁委员会仅裁决用人单位支付劳动者相应的劳动报酬，却没有明确劳动报酬的数额，因此，如果劳动者向法院申请强制执行，经法院释明给付内容不明确后，劳动者仍然申请强制执行的，法院应当裁定不予受理其强制执行申请。

（二）劳动争议执行依据的种类

根据法律文书制作者的不同，劳动争议执行依据可以分为两种类型：一是由人民法院制作的法律文书，包括民事判决书、裁定书、调解书、支付令；二是劳动争议仲裁委员会制作的裁决书、调解书。

1. 人民法院制作的法律文书

这类法律文书包括：

（1）生效的民事判决书。可以作为执行依据的是人民法院作出的有关劳动争议纠纷的生效判决。

（2）裁定书。可以作为执行依据的裁定书包括财产保全的裁定、先予执行的裁定、依照调解协议的司法确认程序制作的裁定。其中，财产保全的裁定，根据《最高人民法院关于审理劳动争议案件适用法律若干问题的解释（二）》第十四条的规定，在劳动争议案件的诉讼过程中，劳动者向人民法院申请采取财产保全措施，法院审查认为申请人经济确有困难，或有证据证明用人单位存在欠薪逃匿可能的，应当减轻或者免除劳动者提供担保的义务，及时采取保全措施。但根据《最高人民法院关于人民法院办理财产保全案件若干问题的规定》第九条的规定，劳动报酬、工伤赔偿的当事人在申请保

〔1〕 参见江伟、肖建国主编：《民事诉讼法》，中国人民大学出版社 2018 年版，第 442 页。

全时,可以不提供担保。

先予执行的裁定,根据《民事诉讼法》第一百零六条的规定,人民法院可以依当事人之申请,就追索赡养费、抚养费、抚育费、抚恤金、医疗费和劳动报酬的案件裁定先予执行。

此外,作为劳动争议执行依据的裁定书还应当包括基于特别程序作出的裁定。根据《劳动争议调解仲裁法》第十条的规定,企业劳动争议调解委员会、基层人民调解组织、在乡镇或街道设立的具有劳动争议调解职能的组织均可以就劳动争议案件进行调解。此类组织从本质上说,属于人民调解组织,经其调解而达成的协议为调解协议,根据《民事诉讼法》第一百九十四条、第一百九十五条和《最高人民法院关于审理劳动争议案件适用法律若干问题的解释(四)》第四条的规定,劳动争议案件的双方当事人可以就调解协议申请人民法院司法确认,人民法院审查后,调解协议符合法律规定的,裁定协议有效。因此,确认劳动争议调解协议的裁定,亦属于执行依据。

(3)调解书。劳动争议案件经由法院调解达成调解协议后,人民法院应当制作调解书,调解书经双方当事人签收后,即具有法律效力,可以作为劳动争议执行依据。

(4)支付令。根据《劳动合同法》第三十条的规定,用人单位拖欠劳动者工资或者未足额支付劳动报酬的,劳动者可以向法院申请支付令。另外,根据《劳动争议调解仲裁法》第十六条的规定,因支付拖欠劳动报酬、工伤医疗费、经济补偿或者赔偿金事项达成调解协议,用人单位在协议约定期限内不履行的,劳动者可以持调解协议书依法向人民法院申请支付令。前述支付令,用人单位在15日内未提出异议的,支付令发生法律效力,成为劳动争议执行依据。

2. 劳动争议仲裁委员会制作的法律文书

这类法律文书包括:

(1)劳动争议仲裁裁决书。根据《劳动争议调解仲裁法》的规定,可将劳动争议仲裁裁决分为终局裁决与非终局裁决。如劳动争议仲裁委员会就追索劳动报酬、工伤医疗费、经济补偿或者赔偿金,不超过当地月最低工资标准12个月金额的争议;因执行国家的劳动标准在工作时间、休息休假、社会保险等方面发生的争议作出裁决,不存在该法第四十九条的情形时,成为执行依据。非终局裁决,当事人在收到裁决书后15日内未向法院起诉的,裁决书发生法律效力，成为执行依据。

(2)劳动争议先予执行的裁决书。根据《劳动争议调解仲裁法》第四十四条的规定，仲裁庭对追索劳动报酬、工伤医疗费、经济补偿或者赔偿金的案件，根据当事人的申请，可以裁决先予执行，由仲裁庭移送人民法院执行。劳动者申请先予执行的，可以不提供担保。

(3)调解书。根据《劳动争议调解仲裁法》第四十二条的规定，仲裁庭应当就劳动争议案件先行调解，如果用人单位与劳动者达成调解协议，应当制作调解书，调解书经双方当事人签收后，发生法律效力，成为执行依据。

(三)劳动争议执行依据的执行程序

1. 执行的开始

根据《民事诉讼法》第二百三十六条第一款的规定，执行程序的开始分为两种形式，即申请执行与移送执行。

当事人申请执行的，应当符合四个条件，即要有给付内容明确的执行依据；债务人逾期不履行或拒绝履行法律文书确定的义务；在法定的申请执行时效内提出；应当向有管辖权的法院申请。[1] 根据《民事诉讼法》第二百三十九条和《民法典》第一百八十八条、第一百八十九条的规定，申请执行的期限即诉讼时效期间，为 3 年，自法律文书规定的履行期间最后一日起算，如果法律文书规定分期履行的，从规定的每次履行期间最后一日起算，没有规定履行期间的，从法律文书生效之日起算。移送执行的，就劳动争议案件而言，其财产保全、先予执行的裁定，可在审判部门移送立案部门立案后，交由执行机构执行。除了《民事诉讼法》中规定的申请执行和移送执行外，根据《劳动争议调解仲裁法》第四十四条的规定，对于先予执行的劳动争议仲裁裁决书，可以由劳动争议仲裁委员会移送法院执行。另外，在有多个劳动者的劳动争议案件裁决后，部分劳动者不服裁决起诉的，仲裁裁决对提出起诉的劳动者不发生法律效力；对未提出起诉的部分劳动者，发生法律效力，如其申请执行的，人民法院应当受理。

2. 执行调查

执行调查包括财产调查和执行依据核实。(1)财产调查。根据《民事诉

---

[1] 参见江伟、肖建国主编：《民事诉讼法》，中国人民大学出版社 2018 年版，第 474 页。

讼法》《民事诉讼法解释》等法律和司法解释，被执行人财产的调查有申请执行人提供线索；被执行人报告；法院依职权调查等方式。(2)执行依据核实。执行法院必须核实执行依据，必要时可以向制作法律文书的机构调取卷宗材料。[1]

3. 暂缓执行

暂缓执行，是指在执行程序启动后，因当事人合意约定或者其他法定事由的出现，执行法院决定暂时停止执行行为的制度。[2] 在劳动争议案件的执行中，被执行人向法院提供担保，并经申请执行人同意的，法院可以决定暂缓执行及暂缓执行的期限。

4. 中止执行

中止执行，是指法院依法执行案件，由于出现某种特殊情况需要暂时停止执行程序，待特殊情况消失后，再恢复执行程序，继续执行。[3] 根据《最高人民法院关于审理劳动争议案件适用法律若干问题的解释(三)》第十八条的规定，劳动人事争议仲裁委员会作出终局裁决，劳动者向人民法院申请执行，用人单位向劳动人事争议仲裁委员会所在地的中级人民法院申请撤销的，人民法院应当裁定中止执行。

5. 不予执行

不予执行，是指法院对仲裁裁决、劳动争议仲裁裁决、公证债权文书的申请执行书或承认外国的判决、裁定予以审查或执行中，出现法定原因，裁定停止执行并结束执行程序的行为。[4]

根据《民事诉讼法》第二百三十七条，不予执行劳动争议执行依据的事由包括四类：裁决的事项不属于劳动争议仲裁范围，或者劳动争议仲裁机构无权仲裁的；适用法律确有错误的；仲裁员仲裁该案时，有徇私舞弊、枉法裁决行为的；人民法院认定执行该劳动争议仲裁裁决违背社会公共利益的。

6. 执行终结

执行终结，是指在执行过程中，由于出现了某种特殊情况，使执行程序

---

〔1〕 肖建国主编：《民事执行法》，中国人民大学出版社 2014 年版，第 144 页。

〔2〕 肖建国主编：《民事执行法》，中国人民大学出版社 2014 年版，第 147 页。

〔3〕 肖建国主编：《民事执行法》，中国人民大学出版社 2014 年版，第 149 页。

〔4〕 肖建国主编：《民事执行法》，中国人民大学出版社 2014 年版，第 452 页。

不可能继续进行或没有必要继续进行，从而结束执行程序的制度。根据《最高人民法院关于人民法院执行工作若干问题的规定（试行）》（下文简称《执行规定》）第一百零五条的规定，在执行中，被执行人被人民法院裁定宣告破产的，执行法院应当依照《民事诉讼法》第二百五十七条第六项的规定，裁定终结执行。此时，劳动争议执行依据的执行即终结。[1]

二、劳动争议执行依据的执行和解

由于劳动争议案件的自动履行率较低，因此在强制执行中债权无法及时实现的情况下，债权人出于降低成本或降低风险的考虑，存在通过放弃部分债务等让步来谋求债权有效实现的动力，由此出现了劳动争议执行依据的执行和解。在执行和解中当事人达成合意、行使处分权并对强制执行产生一定的影响，这体现了公法私法化和执行程序契约化的趋势。[2]

（一）执行和解的概念

执行和解，是指在执行过程中，双方当事人自愿作出相互谅解和让步，就如何履行生效法律文书的有关内容达成协议，即执行和解协议，从而结束执行程序的一种活动。[3]

执行和解制度最初见于1982年《民事诉讼法（试行）》第一百八十一条规定，在执行中，双方当事人自行和解达成协议的，执行员应当将协议内容记入笔录，由双方当事人签名或者盖章。1991年正式颁布的《民事诉讼法》中新增了一款："一方当事人不履行和解协议的，人民法院可以根据对方当事人的申请，恢复对原生效法律文书的执行"，在立法上增加了执行和解的救济途径，明确了执行和解协议与原执行依据的效力关系。2012年修改后的《民事诉讼法》进一步细化了执行和解制度，赋予当事人因受欺诈、胁迫与被执行人达成和解协议时申请恢复执行的权利，完善了对于执行和解中执行债权人的保障。此外，最高人民法院也出台了多个司法解释与文件规范执行和解制度，对于执行和解后执行措施的变更、执行结案的方式等问题作了相应规定。

---

〔1〕 肖建国主编：《民事执行法》，中国人民大学出版社2014年版，第154页。

〔2〕 肖建国主编：《民事执行法》，中国人民大学出版社2014年版，第175页。

〔3〕 江伟、肖建国主编：《民事诉讼法》（第8版），中国人民大学出版社2018年版，第446页。

目前实务中，执行和解所依据的法律法规主要有《民事诉讼法》第二百三十条，《民事诉讼法解释》第四百六十六条至第四百六十八条，《执行规定》第八十六条、第八十七条、第一百零八条以及《最高人民法院关于执行和解若干问题的规定》（下文简称《执行和解规定》）等。

劳动关系兼具人身性与财产性的特殊属性，这使劳动争议有其独特特征。劳动争议不仅是发生在企业的劳资双方之间，而且关系着整个社会的公共利益，大规模的劳资争议会导致社会的瘫痪，如果不能及时妥善解决，可能会造成大规模的社会冲突。同时，劳动争议也具有频繁多发，涉及人数众多，原因复杂，影响面大，后果严重等特点，[1]对劳动争议的处理更加注重实效性，对于劳动争议执行依据的执行程序提出了更高的要求，从这一层面来说执行和解为执行提供了一种灵活变通的手段。

首先，执行和解为及时、彻底解决纠纷提供了途径。执行和解的特征之一在于双方的合意达成，当事人通过行使处分权对执行程序中的债权重新做出安排，这种行为是出于当事人自己意思的自主表达，包含了当事人的审慎思考与利益权衡，意味着当事人更容易接受并自觉履行执行方案，有助于案结事了。[2] 此外，劳动者与用人单位的友好协商也能够帮助双方重建或和平结束雇佣关系，使劳动争议不致对企业的正常生产经营秩序产生过多的冲击，从而构建和谐的社会秩序。

其次，执行和解可使部分客观上难以执行的案件出现转机，有助于实现劳动者与用人单位的双赢。通过赋予当事人程序选择权，允许其与企业根据实际情况选择兼顾双方利益的执行方案，如在强制执行可能影响企业的正常经营的情况下双方达成执行和解协议，以被执行人定期如实汇报财产为条件分批分期延长债务的履行期限，减轻企业的资金压力，在履行债务与企业的正常维持之间达成平衡，使企业改善经济状况并完全履行债务成为可能。

最后，执行和解能够减轻法院压力，节约司法资源。当前法院执行案件的处理压力较大，劳动争议案件往往原因复杂，涉及面广，通过执行和解能够实

---

〔1〕 参见范愉：《非诉讼纠纷解决机制研究》，中国人民大学出版社 2000 年版，第 202～203 页。

〔2〕 参见赵旭东：《通过合意的纠纷解决——合意性纠纷解决机制研究》，法律出版社 2017 年版，第 85 页。

现部分执行案件的分流,减少需要强制执行的案件数量,优化司法资源配置。

(二)执行和解的性质及效力

理论上对于执行和解的性质存在以下四种观点:(1)私法行为说(纯法律行为说),认为诉讼上的和解纯粹是私法上的行为,属于私法上的和解契约;(2)诉讼行为说(纯诉讼行为说),按照诉讼法规范来评价和解行为,认为诉讼和解是双方当事人通过互让而使诉讼终结的合意;(3)两行为并存说,主张诉讼上的和解是私法上的和解契约与终结诉讼合意的诉讼行为两者并存;(4)一行为两性质说(二行为合体说、竞合说、两面说),认为诉讼和解是具有双重属性的特殊行为,是同一行为同时具有两种行为的性质。[1] 相应地,根据不同的观点,也会对执行和解协议的效力产生不同的认识。

目前,实务观点采私法行为说,认为执行和解本身并不直接产生执行程序上的效力。[2] 执行和解协议为民法上的和解契约,对当事人产生合同上的约束力,受民事法律规范调整。因此除非法定事由,当事人达成执行和解并不当然、自动地终止执行程序。申请执行人应在达成执行和解协议后,主动申请中止执行或终结执行。[3]

在实务中,劳动者与用人单位达成执行和解协议后,若执行和解协议合法有效且履行完毕,则法院作执行结案处理,若被执行人不履行或不完全履行和解协议,法院可以根据当事人的申请,恢复原生效文书的执行,但和解协议已履行的部分应当扣除。

(三)劳动争议执行和解协议的成立生效

1. 执行和解协议的成立主体

劳动争议执行和解协议所涉及的双方主体一般为劳动者与用人单位。根据规定,和解协议的成立要求当事人双方自行达成,这是建立在对于执行和解协议的性质、审判与执行的关系等基本问题的判断之上。一般认为,执

〔1〕 参见韩波:《执行和解争议的法理分析》,载《法学》2002 年第 9 期。

〔2〕 参见江必新、刘贵祥主编:《最高人民法院执行最新司法解释统一理解与适用》,中国法制出版社 2016 年版,第 17 页。

〔3〕 参见沈德咏主编:《民事诉讼法司法解释理论与适用》(下),人民法院出版社 2015 年版,第 1246 ~ 1248 页。

行法院不应过多参与当事人和解协议的达成，因为如果执行机构主持当事人达成和解协议会使和解协议具有公法性质，有改变法院生效裁判的可能，从而对审执分离的司法体制产生影响。[1]

在实务中，由于劳动纠纷的频繁性、群体性等特点，基于促进结案的考虑，执行人员存在介入双方协商过程、促成当事人达成和解协议的倾向，执行人员积极主动召集双方当事人进行调解的情形并不少见，但是如果当事人双方未受强制而对所促成协议都表示同意的，仍应当视为自行达成。应当承认，在实践中有时积极促成和解与强制双方当事人达成和解的界限并不明晰。对强制达成的执行和解协议，当事人可以依《民事诉讼法》第二百三十条向法院主张恢复原执行依据的执行。

2. 执行和解协议的成立时间

从时间上，可以将双方当事人就执行事项所形成合意的时间分为诉讼之前、诉讼中执行依据成立之前、取得诉讼依据之后执行开始之前与执行开始之后。根据《民事诉讼法》第二百三十条的规定，执行和解协议是在双方当事人在执行过程中所达成的协议，这意味着执行开始前三个时间段中双方当事人就执行事项所形成的合意不构成执行和解协议。[2] 在实务中存在用人单位在劳动者取得仲裁书后，与劳动者协商并达成有关执行事项协议的现象，此种协议不属于执行和解协议，无法产生相应的法律效果。

3. 执行和解协议的形式与内容

执行和解协议的生效要求双方就执行和解形成合意，并将协议内容记入笔录，由双方当事人签名或者盖章，也即形式上应采取书面形式。《执行规定》第八十六条对此作了进一步明确，有书面协议的，执行人员应将和解协议副本附卷。无书面协议的，执行人员应将和解协议的内容记入笔录，并由双方当事人签名或盖章。

出于对当事人私权利的尊重，立法上并未对执行和解协议的内容进行严格限制，《执行规定》仅规定执行和解协议的内容为“变更生效法律文书确定的履行义务主体、标的物及其数额、履行期限和履行方式”，这使执行和解在处理劳动争议纠纷时具有相当灵活的性质。

通常认为，执行和解协议的内容一般包括：(1)变更履行的主体，由第三

---

〔1〕 参见江必新主编：《执行规范理解与适用》，中国法制出版社 2015 年版，第 173、176 页。

〔2〕 参见张卫平：《执行和解制度的再认识》，载《法学论坛》2016 年第 4 期。

人代为承担被执行人的债务。(2)标的额及其数额的变更,即债权人放弃部分债权或协议变更执行标的物。(3)履行期限的延长,如延长全部债务的履行期限或分期分批延长债务的履行期限。(4)履行方式的变更,如约定以物抵债或以劳务抵债等方式履行义务。[1] 劳动者可以和用人单位就各项内容进行具体协商,但值得注意的是,《执行和解规定》明确人民法院不得依据和解协议出具以物抵债裁定。

---

〔1〕 参见江伟、肖建国主编:《民事诉讼法》,中国人民大学出版社2018年版,第447~448页。

第三编

典型劳动争议的调解实务

第十一章

确认劳动关系争议的调解实务[1]

第一节　确认劳动关系争议的调解请求及法律规范

一、确认请求

所谓劳动关系，是指用人单位与劳动者之间就运用劳动力实现社会劳动过程中形成的一种社会关系。通常认为，劳动关系具有以下特点：(1)主体具有特定性，即一方是作为劳动者的自然人，另一方是非自然人的用人单位，包括企业、个体经济组织和一定范围的国家机关、事业单位、社会团体；(2)形成和实现具有过程性，即劳动关系是在社会劳动过程中形成和实现的，只有将劳动者的劳动力与用人单位的生产资料相结合，在实现社会劳动过程中形成和实现劳动关系；(3)劳动关系兼有人身关系和财产关系的双重性质。由于劳动力与劳动者不可分离，故劳动者向单位提供劳动力时，其人身必然在一定程度上受用人单位所支配；而用人单位在使用劳动力后，应当给予相应的劳动报酬。前者体现了人身属性的社会关系，后者体现了财产属性的社会关系。

---

〔1〕 调解是一种自决型的纠纷解决方式，当事人可以直接决定争议解决方案，因而其程序的严格、规范程度不及仲裁和诉讼。而劳动关系是否存在争议具有根本性，一般又很难通过调解的方式予以解决。从这个意义上来说，探讨确认劳动关系争议调解中的请求、要件事实、争点及其证据等似乎没有必要，但如果调解人员能够从仲裁或者诉讼的角度来审视案件，从而对是否存在劳动关系作出准确的判断，对于提出合理的调解方案以及说服当事人接受调解方案则不无益处。因此，本章的探讨还是有价值的。

作为创造社会财富、为社会发展创造物质基础的一种社会关系，规范、有序、和谐的劳动关系对于人类社会的重要性是不言而喻的。然而，实践中由于种种原因，劳动争议又是客观存在的。而劳动关系的确定，在所有劳动争议的解决中又具有基础性和先决性。劳动者为了后续纠纷的解决，往往会先行提出确认劳动关系的请求，具体表现为要求确认自某年某月某日起自己与用人单位之间存在劳动合同关系，或者确认自某年某月某日起自己与用人单位之间存在事实劳动关系，或者确认自某年某月某日起自己与用人单位之间存在无固定期限劳动合同关系等。

二、法律规范

对当事人提出的确认劳动关系的请求，应当依法予以处理。目前在我国，与劳动关系确认相关的法律规定主要有：

法律法规	具体规定
《劳动法》	第二条　在中华人民共和国境内的企业、个体经济组织（以下统称用人单位）和与之形成劳动关系的劳动者，适用本法。国家机关、事业组织、社会团体和与之建立劳动合同关系的劳动者，依照本法执行。
	第十六条　劳动合同是劳动者与用人单位确立劳动关系、明确双方权利和义务的协议。建立劳动关系应当订立劳动合同。
	第十七条　订立和变更劳动合同，应当遵循平等自愿、协商一致的原则，不得违反法律、行政法规的规定。劳动合同依法订立即具有法律约束力，当事人必须履行劳动合同规定的义务。
	第十八条　下列劳动合同无效：（一）违反法律、行政法规的劳动合同；（二）采取欺诈、威胁等手段订立的劳动合同。无效的劳动合同，从订立的时候起，就没有法律约束力。确认劳动合同部分无效的，如果不影响其余部分的效力，其余部分仍然有效。劳动合同的无效，由劳动争议仲裁委员会或者人民法院确认。
	第十九条　劳动合同应当以书面形式订立，并具备以下条款：（一）劳动合同期限；（二）工作内容；（三）劳动保护和劳动条件；（四）劳动报酬；（五）劳动纪律；（六）劳动合同终止的条件；（七）违反劳动合同的责任。劳动合同除前款规定的必备条款外，当事人可以协商约定其他内容。

续表

法律法规	具体规定
《劳动和社会保障部关于确立劳动关系有关事项的通知》	一、用人单位招用劳动者未订立书面劳动合同，但同时具备下列情形的，劳动关系成立。 （一）用人单位和劳动者符合法律、法规规定的主体资格； （二）用人单位依法制定的各项劳动规章制度适用于劳动者，劳动者受用人单位的劳动管理，从事用人单位安排的有报酬的劳动； （三）劳动者提供的劳动是用人单位业务的组成部分。
	二、用人单位未与劳动者签订劳动合同，认定双方存在劳动关系时可参照下列凭证： （一）工资支付凭证或记录（职工工资发放花名册）、缴纳各项社会保险费的记录； （二）用人单位向劳动者发放的“工作证”、“服务证”等能够证明身份的证件； （三）劳动者填写的用人单位招工招聘“登记表”、“报名表”等招用记录； （四）考勤记录； （五）其他劳动者的证言等。 其中，（一）、（三）、（四）项的有关凭证由用人单位负举证责任。
《劳动合同法》	第二条　适用范围 中华人民共和国境内的企业、个体经济组织、民办非企业单位等组织（以下称用人单位）与劳动者建立劳动关系，订立、履行、变更、解除或者终止劳动合同，适用本法。国家机关、事业单位、社会团体和与其建立劳动关系的劳动者，订立、履行、变更、解除或者终止劳动合同，依照本法执行。
	第三条第一款　基本原则 订立劳动合同，应当遵循合法、公平、平等自愿、协商一致、诚实信用的原则。
	第七条　劳动关系的建立 用人单位自用工之日起即与劳动者建立劳动关系。用人单位应当建立职工名册备查。

续表

法律法规	具体规定
《劳动合同法》	第八条　用人单位的告知义务和劳动者的说明义务 用人单位招用劳动者时，应当如实告知劳动者工作内容、工作条件、工作地点、职业危害、安全生产状况、劳动报酬，以及劳动者要求了解的其他情况；用人单位有权了解劳动者与劳动合同直接相关的基本情况，劳动者应当如实说明。
	第十条　订立书面劳动合同 建立劳动关系，应当订立书面劳动合同。已建立劳动关系，未同时订立书面劳动合同的，应当自用工之日起一个月内订立书面劳动合同。用人单位与劳动者在用工前订立劳动合同的，劳动关系自用工之日起建立。
	第十一条　未订立书面劳动合同时劳动报酬不明确的解决 用人单位未在用工的同时订立书面劳动合同，与劳动者约定的劳动报酬不明确的，新招用的劳动者的劳动报酬按照集体合同规定的标准执行；没有集体合同或者集体合同未规定的，实行同工同酬。
	第十六条　劳动合同的生效 劳动合同由用人单位与劳动者协商一致，并经用人单位与劳动者在劳动合同文本上签字或者盖章生效。劳动合同文本由用人单位和劳动者各执一份。
	第十七条　劳动合同的内容 劳动合同应当具备以下条款：(一)用人单位的名称、住所和法定代表人或者主要负责人；(二)劳动者的姓名、住址和居民身份证或者其他有效身份证件号码；(三)劳动合同期限；(四)工作内容和工作地点；(五)工作时间和休息休假；(六)劳动报酬；(七)社会保险；(八)劳动保护、劳动条件和职业危害防护；(九)法律、法规规定应当纳入劳动合同的其他事项。劳动合同除前款规定的必备条款外，用人单位与劳动者可以约定试用期、培训、保守秘密、补充保险和福利待遇等其他事项。
	第二十六条　劳动合同的无效 下列劳动合同无效或者部分无效：(一)以欺诈、胁迫的手段或者乘人之危，使对方在违背真实意思的情况下订立或者变更劳动合同的；(二)用人单位免除自己的法定责任、排除劳动者权利的；(三)违反法律、行政法规强制性规定的。对劳动合同的无效或者部分无效有争议的，由劳动争议仲裁机构或者人民法院确认。
	第二十七条　劳动合同部分无效 劳动合同部分无效，不影响其他部分效力的，其他部分仍然有效。

续表

法律法规	具体规定
《劳动合同法实施条例》	第四条　劳动合同法规定的用人单位设立的分支机构，依法取得营业执照或者登记证书的，可以作为用人单位与劳动者订立劳动合同；未依法取得营业执照或者登记证书的，受用人单位委托可以与劳动者订立劳动合同。
	第五条　自用工之日起一个月内，经用人单位书面通知后，劳动者不与用人单位订立书面劳动合同的，用人单位应当书面通知劳动者终止劳动关系，无需向劳动者支付经济补偿，但是应当依法向劳动者支付其实际工作时间的劳动报酬。
	第六条　用人单位自用工之日起超过一个月不满一年未与劳动者订立书面劳动合同的，应当依照劳动合同法第八十二条的规定向劳动者每月支付两倍的工资，并与劳动者补订书面劳动合同；劳动者不与用人单位订立书面劳动合同的，用人单位应当书面通知劳动者终止劳动关系，并依照劳动合同法第四十七条的规定支付经济补偿。 前款规定的用人单位向劳动者每月支付两倍工资的起算时间为用工之日起满一个月的次日，截止时间为补订书面劳动合同的前一日。
	第七条　用人单位自用工之日起满一年未与劳动者订立书面劳动合同的，自用工之日起满一个月的次日至满一年的前一日应当依照劳动合同法第八十二条的规定向劳动者每月支付两倍的工资，并视为自用工之日起满一年的当日已经与劳动者订立无固定期限劳动合同，应当立即与劳动者补订书面劳动合同。
	第八条　劳动合同法第七条规定的职工名册，应当包括劳动者姓名、性别、公民身份号码、户籍地址及现住址、联系方式、用工形式、用工起始时间、劳动合同期限等内容。
	第九条　劳动合同法第十四条第二款规定的连续工作满10年的起始时间，应当自用人单位用工之日起计算，包括劳动合同法施行前的工作年限。
	第十一条　除劳动者与用人单位协商一致的情形外，劳动者依照劳动合同法第十四条第二款的规定，提出订立无固定期限劳动合同的，用人单位应当与其订立无固定期限劳动合同。对劳动合同的内容，双方应当按照合法、公平、平等自愿、协商一致、诚实信用的原则协商确定；对协商不一致的内容，依照劳动合同法第十八条的规定执行。
	第十七条　劳动合同期满，但是用人单位与劳动者依照劳动合同法第二十二条的规定约定的服务期尚未到期的，劳动合同应当续延至服务期满；双方另有约定的，从其约定。

第二节 有关要件事实主张及常见争点

一、劳动关系成立的要件

作为法学概念的要件是指能够产生一定法律效果的前提条件。从劳动关系的特征以及相关法律规定来看，其成立应当同时满足以下要件：

(1)劳动者和用人单位符合法律规定的主体资格。虽然《劳动法》《劳动合同法》都对劳动关系的主体进行了规定，但实践中由于种种原因，有些用人单位并没有依法向国家有权机关履行登记、备案手续，最终导致不具有劳动关系的主体资格；还有些用工主体并非法律规定的用人单位，因此也不能作为劳动关系的主体。一般意义上来说，劳动关系中的用人单位应当是依法登记、备案的中华人民共和国境内的企业、个体经济组织、民办非企业单位、国家机关、事业单位和社会团体。劳动关系中的劳动者也存在主体资格的问题。通常认为，劳动者应当具备劳动能力，并需要符合法律规定的年龄条件。

(2)劳动者受用人单位的劳动管理。劳动关系是以劳动力与劳动报酬相互为对价的一种法律关系，用人单位在支付劳动报酬的同时，获得对劳动力的使用权利。由于劳动力具有人身属性，因此用人单位对劳动力的使用必然涉及对劳动者的管理和指挥。《劳动法》和《劳动合同法》明确规定的劳动合同应具备条款中就包括劳动合同的期限、工作内容和工作地点、工作时间和休息休假、劳动报酬、劳动纪律等。实践中，劳动合同中一般都包含劳动者应当遵守用人单位规章制度的条款。

(3)劳动者提供的劳动是用人单位业务的组成部分。用人单位对劳动者的使用都是具有目的性的，即完成相应的业务。如果劳动者并非为完成用人单位的业务而劳动，就不能说两者之间存在劳动关系。

二、劳动关系的要件事实

要件事实是指能够被评价为要件的生活事实，将要件事实适用于法律规范即可得出相应的法律后果。根据民事诉讼法学的相关理论，民事纠纷案件中的要件事实通常可以分为权利产生的要件事实、权利受妨害的要件事实、权利受阻碍的要件事实和权利消灭的要件事实。从所涉的实体法规范来说，又可以分为基本规范中的要件事实和反对规范中的要件事实。

（一）基本规范中的要件事实

劳动者主张自己与用人单位之间存在劳动关系，通常会主张以下要件事实：

（1）劳动者与用人单位签订了劳动合同。书面的劳动合同是关于劳动关系最为直接、有力的证据，如果劳动者与用人单位签订有书面的劳动合同，即可以认定双方就建立劳动关系达成了合意。如果用人单位否认双方存在劳动关系，那么就应当提供相应的证据来证明劳动合同并没有实际履行等否认事实的存在。

（2）劳动者在用人单位工作。劳动者如果与用人单位签订了书面的劳动合同，并且按照劳动合同的约定在用人单位工作，应当认定双方存在劳动关系。劳动者与用人单位虽然没有签订书面的劳动合同（包括自始没有签订和应当续签而没有续签等），但实际在用人单位上班工作，为用人单位提供了劳动，即劳动者的劳动是用人单位业务的组成部分，则应当认定双方存在事实劳动关系。《劳动法》《劳动合同法》等法律法规都强调，用人单位应当与劳动者签订书面的劳动合同，但实践中普遍存在应签未签的情况。没有签订劳动合同，并不意味着双方不存在劳动关系，因为从本质上来说，书面的劳动合同只是认定劳动关系的一种证据，而不是劳动关系本身。

（3）劳动者是在用人单位的管理下从事工作的。劳动者关于在用人单位工作的事实主张，一般都含有其受用人单位管理的意思，即劳动者是遵从公司的安排、指挥进行工作，是受用人单位的相关规章制度约束的，而其工作也是为了完成用人单位的相关业务。

（4）劳动者在用人单位领取工资。支付劳动报酬是用人单位在劳动关系中的主要义务，获得劳动报酬则是劳动者的主要权利。如果用人单位按照一种固定的方式向劳动者支付劳动报酬，则双方就可能建立了劳动关系。

（二）反对规范中的要件事实

对于劳动者主张的上述基本规范中的要件事实，用人单位可能予以否认，如与劳动者签订劳动合同的并非本单位，或者向劳动者支付工资的是另外一家单位等。用人单位的此种主张是对劳动者所主张的基本规范中要件事实作相异或相反的陈述,在性质上属于否认,不属于抗辩。所谓抗辩,是对反对规范中要件事实的主张,即通过对权利受妨害、权利受阻碍或权利消灭要件事实的主张,来对抗对方当事人关于权利存在的主张。

实践中,为了对抗劳动者关于确认劳动关系的请求,用人单位通常会主张以下反对规范中的要件事实:

1. 所签订的劳动合同无效的事实

如果劳动者与用人单位签订了书面的劳动合同,在没有证据证明劳动合同无效的情况下,通常应认定双方建立了劳动关系。如果用人单位主张劳动合同无效,则有义务陈述导致劳动合同无效的具体事实,此谓当事人的主张责任。根据《劳动法》第十八条和《劳动合同法》第二十六条的规定,存在以下情形的,劳动合同无效:(1)以欺诈、胁迫的手段或者乘人之危,使对方在违背真实意思的情况下订立或者变更劳动合同的;(2)用人单位免除自己的法定责任、排除劳动者权利的;(3)违反法律、行政法规强制性规定的。根据法律适用的一般原理,特别法没有规定的,可以适用一般法。故《民法典》中关于合同无效的情形以及关于民事法律行为无效的情形,也有可能被用人单位所主张,成为劳动关系确认纠纷中的要件事实。作为权利受妨害的要件事实,用人单位在主张上述劳动合同无效的事实时,应当承担证明责任。

2. 劳动关系已经终止的事实

所谓劳动关系终止的事实,是指能够引起劳动关系消灭的客观情况。劳动关系确认争议的双方当事人可能对建立过劳动关系没有争议,双方争议的可能是现在该劳动关系是否还存在。如果用人单位认为曾经建立的劳动关系已经消灭,那对引起其消灭的要件事实负有主张责任。根据《劳动法》《劳动合同法》的规定,结合实践,劳动关系终止主要有以下情形:(1)劳动合同期限届满;(2)劳动关系双方约定的终止条件出现;(3)劳动关系主体消灭或丧失一定的资格;(4)劳动合同经双方协商解除;(5)劳动合同被一方依法解除。作为权利消灭的要件事实,用人单位在主张上述劳动关系终止的事实时,应当承担证明责任。

3. 劳动者的请求已过仲裁时效的事实

对于仲裁时效的性质,学界仍存在不同的观点。有人认为其仅仅是程序法(仲裁法)上的一个期间,不具有实体法上诉讼时效的性质;也有人认为其本质上就是诉讼时效,具有抗辩权的属性。依前种观点,仲裁时效是个程序要件,属于职权事项,如果认为过了仲裁时效,则应不予受理或者驳回申请;而依后种观点,仲裁时效是个权利保护要件,属于抗辩事项,仲裁机构不得依职权审查,如果当事人提出仲裁时效抗辩,而仲裁机构认为成立的,应当驳回申请人的仲裁请求而不是驳回仲裁申请。实践中,仲裁机构和法院的裁判,也都为这两种观点提供了佐证。对于是否超过仲裁时效,仲裁机构通常都主动进行审查,认为超过的,则不予受理仲裁申请;受理之后的,也会驳回仲裁申请,而不是驳回仲裁请求。当事人对驳回仲裁申请不服向法院起诉的,法院又予以受理,而不主动审查是否已过仲裁时效;在审理中,若认为被告提出的仲裁时效抗辩是成立的,则判决驳回原告的诉讼请求,而不是裁定驳回起诉。笔者虽然持前种观点,认为仲裁时效不具有实体抗辩的属性,因此就劳动关系确认争议来说,不存在仲裁时效实体抗辩的问题。退一步来说,即使认为超过仲裁时效系实体抗辩,赋予仲裁时效以诉讼时效的性质,但确认劳动关系的请求权系程序法上的请求权,也并不适用诉讼时效的规定。但由于实践中并未严格区分程序要件和权利保护要件,而用人单位也往往提出已过仲裁时效的抗辩,姑且将其作为权利受阻碍的要件事实来对待。如此,则用人单位应当对是否超过仲裁时效负证明责任。

三、常见争点

在一个法律纠纷中,当事人存在争议的事项可能是证据、事实、权利义务或法律适用等,而这些争议的存在,直接影响着纠纷的激烈程度和解决方案,此为广义上的争点。狭义上的争点一般是指当事人在事实上的主张不一致。就劳动关系确认纠纷来说,实践中劳动者和用人单位的争点主要有以下几种:

(一)劳动者是否达到法定年龄

自然人的年龄和行为能力密切相关,如果不具有相应的行为能力,则所为的行为可能就不具有法律效力。实践中发生劳动争议时,用人单位有可能以劳动者未达到法定年龄,从而主张劳动合同无效,进而否认双方存在劳动关系。

(二)双方是否存在建立劳动关系的合意

合意是合同成立并有效的基础。劳动关系虽然不以签订书面的劳动合同为条件，但合意是必要条件。实践中，发生劳动争议时，用人单位往往主张劳动者并非本单位雇佣，来否定双方存在劳动关系。

（三）双方之间是否是其他法律关系

实践中，与劳动有关的法律关系并非只有劳动关系，还有劳务关系、合作关系等。发生劳动争议的双方往往对双方之间是存在劳动关系还是其他法律关系，认识不一，故而不能协商一致地解决争议。

（四）劳动者是否受雇于本单位

实践中存在劳动派遣、委派、承包经营等情况，其中发生劳动争议时，劳动者与哪家单位发生劳动关系，是否存在劳动关系等，往往没有劳动合同等直接证据，各方主张不一。

（五）劳动者是否受用人单位的管理

劳动关系一个重要的特征是劳动者受用人单位的管理，服从单位的安排和指挥进行劳动。如果一个人并不受用人单位的管理，就很难说两者之间存在劳动关系。在劳动关系确认的争议中，用人单位往往主张劳动者并不受本单位的管理，因而双方不存在劳动关系。

（六）劳动者的劳动报酬是否由本单位支付

劳动关系中劳动者付出劳动，用人单位支付劳动报酬。如果用人单位支付的报酬与劳动者的劳动之间形成对价，则双方存在劳动关系，反之则不存在劳动关系。实践中，往往存在支付劳动报酬的单位与实际用工单位并非同一家单位，在没有签订劳动合同的情况下，用工单位就会以劳动报酬并非本单位支付主张双方不存在劳动关系。

上述关于主要争点的列举只是一种类型化，仍然具有抽象性。而在实际的争议案件中，当事人的争点会是更加具体、更加多样的。

第三节　确认劳动关系争议调解的注意事项

一、确认劳动关系争议调解的难点

劳动关系的确认对于解决其他劳动争议具有先决性。通常情况下，劳动者与用人单位不会单纯为了确认劳动关系而发生纠纷，要求予以调解或者仲裁。之所以会就劳动关系进行确认，目的是进一步解决未签劳动合同二倍工资、经济补偿金、违法解除劳动合同赔偿金、加班工资等争议。发生上述争议时，通常情况下双方并没有签订劳动合同，也没有其他能够直接表明劳动关系的资料。这时候，劳动关系的确认存在先天的困难，主要的难点如下：

（一）争议双方的意思表示认定难

确认劳动关系争议中由于没有签订劳动合同；或者由于劳动者法律意识淡薄，没有保留劳动合同，也没有保留相关证据；或者是用人单位出于种种考虑来有意规避法律规定，采用其他合同的名义来掩盖真实的劳动关系等，这种不规范用工给事后对当事人是否存在合意、达成了何种合意的认定带来了困难。

（二）双方是存在劳动关系还是其他法律关系鉴别难

涉及劳动的法律关系多种多样，如雇佣关系、委托关系、承揽关系、合作关系甚至合伙关系等。这些关系中，不仅有当事人劳动的付出，也存在经济利益的交换，因此在外观上很相似，再加上双方当事人也没有签署书面合同将合意明确记载，给实际法律关系的认定带来了困难。

（三）劳动者与用人单位之间是否存在从属关系判断难

从属性是劳动关系区别于一般民事关系的关键特征，也是判断劳动关系的核心要素。如前文所述，劳动者受用人单位管理，劳动者的劳动是用人单位业务的组成部分，都体现了这种从属性。但由于实际用工方式的多样性特别是非典型用工的存在，具体案件中的从属性特征可能并不明显，这给判断带来了困难。

二、确认劳动关系争议调解的重点

在确认劳动关系争议调解中，对双方是否存在劳动关系，应着重从以下几个方面进行判断。

（一）双方是不是适格的主体

对于劳动者这一方来说，应当查明其年龄以及精神状况，以判断其是否具有相应的民事行为能力。对于年龄，主要依据身份证件来判断；对于精神状况，一般依据生活经验来判断，存在疑问时，特别是当事人对此有争议时，应当通过鉴定等方式来确定。对于用人单位一方，主要判断其是否属于法律所规定的企业、个体经济组织、民办非企业单位、国家机关、事业单位、社会团体。判断主要依据法人证书、登记证书和营业执照等公文书证。

（二）双方是否达成了建立劳动关系的合意

虽然立法对劳动关系的建立要求签订书面的劳动合同，但这只是从规范用工的角度进行的规定。是否建立劳动关系并不以是否签订书面的劳动合同为准，而是看双方是否达成了建立劳动关系的合意。虽然没有签订劳动合同，但有充分的证据证明双方达成了合意，就应确定劳动关系的建立。实践中，主张劳动关系存在的一方通常会提供双方签订的合同、电话录音、短信、微信以及电子邮件等来证明自己的主张。依据合同来审查判断时，不应局限于合同的名称，而是要从其具体内容即约定的权利义务，并结合其他证据和实际履行情况来综合判断；在没有书面合同的情况下，要特别结合实际履行情况来加以判断。

（三）着重审查双方实际履行情况

根据法律规定和司法实践，对于劳动者与用人单位没有订立劳动合同的，只要双方事实上行使了劳动权利、履行了劳动义务，也应当认定双方存在劳动关系，即存在事实劳动关系。

在对事实劳动关系进行判断时，应通过比对劳动关系特征的方式进行：一要看双方是否存在一方提供劳动、另一方支付报酬的对价关系；二要看劳动者是否受用人单位的管理，从事的工作是否由用人单位安排，是否需遵守用人单位的规章制度，接受用人单位的监督、考勤、考核和惩戒等；三要看劳动者的工作是不是用人单位的业务组成部分，即通常所说是否为用人单位利益而提供劳动，是否需要承担经营中的风险。根据《劳动和社会保障部关于确立劳动关系有关事项的通知》的规定，认定的凭证主要有工资支付凭证或记录（职工工资发放花名册）、缴纳各项社会保险费的记录，用人单位向劳动者发放的工作证、服务证等能够证明身份的证件，劳动者填写的用人单位招工招聘登记表、报名表等招用记录，考勤记录，其他劳动者的证言等。实践中，工作服、考勤卡、单位提供的工作设备以及通信信息等，也都是可资判断的证据。

第十二章 劳动合同订立、履行争议的调解实务

劳动合同是劳动者与用人单位确立劳动关系、明确双方权利和义务的协议。劳动合同的订立是劳动合同制度的核心,关系到劳动合同的内容和质量,是劳动合同履行的前提。劳动合同在依法订立后必须履行,这既是劳动法规定合同当事人双方应当承担的义务,也是劳动合同对合同当事人具有法律约束力的体现。在劳动合同的订立和履行过程中,劳资双方可能就是否订立无固定期限劳动合同、试用期、二倍工资差额、劳动报酬、基本生活费、带薪休假工资报酬等问题产生争议,当事人可以向有关调解组织申请调处上述纠纷,从而实现劳动关系的和谐稳定。本章将对劳动合同订立、履行争议的调解请求与实体规范、有关要件事实主张与常见争点、调解方法与注意事项进行梳理,以期实现劳动合同订立、履行争议调解理论与实务上的统一。

第一节 劳动合同订立、履行争议的调解请求及实体规范

面对劳动合同当事人双方针对劳动合同订立、履行争议提出的调解请求,我国《劳动法》《劳动合同法》《劳动合同法实施条例》等法律法规专门作出了规定,一旦劳动者和用人单位就劳动合同的订立或劳动合同的履行产生争议,均应当以此为依据寻求救济。

一、劳动合同订立、履行争议调解案件的界定

（一）劳动合同订立、履行争议调解案件的概念

劳动合同订立、履行争议调解案件，是指劳动关系的当事人之间因签订劳动合同，或因执行劳动法律、法规和履行劳动合同发生纠纷，当事人不愿协商、协商不成或者达成和解协议后不履行的，向调解组织申请，由调解组织通过说服、疏导等方法，促使当事人在平等基础上自愿达成调解协议，从而解决争议以保护当事人合法权益的案件。

建立劳动关系应当订立劳动合同，然而，实践中，有的劳动合同先于劳动关系订立，有的劳动合同后于劳动关系订立，有的同时订立。根据《劳动合同法》第十条的规定，若已建立劳动关系，未同时订立书面劳动合同的，应当自用工之日起 1 个月内订立书面劳动合同；而用人单位与劳动者在用工前订立劳动合同的，劳动关系自用工之日起建立。

（二）劳动合同订立、履行争议调解案件的范围

《劳动合同法》第十七条明确规定了劳动合同的必备条款和约定条款，以规范和明确劳动合同的内容。具体而言，劳动合同应当具备的条款有：(1)用人单位的名称、住所和法定代表人或者主要负责人；(2)劳动者的姓名、住址和居民身份证或者其他有效身份证件号码；(3)劳动合同期限；(4)工作内容和工作地点；(5)工作时间和休息休假；(6)劳动报酬；(7)社会保险；(8)劳动保护、劳动条件和职业危害防护；(9)法律、法规规定应当纳入劳动合同的其他事项。与《劳动法》第十九条的规定不同，本条在《劳动法》的基础上，删去了劳动纪律、劳动合同终止条件、违反劳动合同的责任等内容，增加了工作时间、工作地点及职业病危害防护等内容。如果劳动合同缺乏必备条款，不影响劳动合同的履行，但劳动行政部门应依法责令用人单位改正，给劳动者造成损害的，用人单位应当承担赔偿责任。如果有关必备条款没有约定或者约定不明确的，引发争议的，用人单位与劳动者可以重新协商；协商不成的，适用集体合同规定；没有集体合同或者集体合同未规定劳动报酬的，实行同工同酬；没有集体合同或者集体合同未规定劳动条件等标准的，适用国家有关规定。

此外，法律对劳动合同可以约定的事项进行了特别提示，规定劳动合同

除必备条款外,用人单位与劳动者可以根据意愿选择是否在合同中约定试用期、培训、保守秘密、补充保险和福利待遇等其他事项,但劳动合同缺乏以上条款并不影响其履行。

凡就以上有关劳动合同事项的约定或在履行过程中产生争议并向有关调解组织申请调解解决的,均属于劳动合同订立、履行调解案件的范畴。

二、常见的调解请求及实体规范

(一)劳动合同订立争议

实务中,劳动合同订立争议案件常见的调解请求主要集中在劳动合同的形式、期限、内容和效力等方面,如订立无固定期限劳动合同、二倍工资差额等。

1. 订立无固定期限劳动合同的调解请求

我国自建立劳动合同制度以来,绝大部分劳动合同是固定期限的,导致“劳动关系长期化、劳动合同短期化”格局的出现,实际上与国际上通行的做法并不相符,在大多数发达国家与地区,无固定期限劳动合同是劳动合同中的常态。[1] 为实现劳动关系的稳定及保障劳动者的就业权利,《劳动合同法》扩大了无固定期限劳动合同的适用范围,变自愿续签为强制续签。针对无固定期限劳动合同订立的调解请求主要是,用人单位与劳动者连续签订两次固定期限劳动合同后,劳动者要求不以双方达成续签劳动合同的合意为前提而续签无固定期限劳动合同。

与无固定期限劳动合同订立相关的实体规范主要有:

(1)《劳动合同法》第十四条:“无固定期限劳动合同,是指用人单位与劳动者约定无确定终止时间的劳动合同。

用人单位与劳动者协商一致,可以订立无固定期限劳动合同。有下列情形之一,劳动者提出或者同意续订、订立劳动合同的,除劳动者提出订立固定期限劳动合同外,应当订立无固定期限劳动合同:

(一)劳动者在该用人单位连续工作满十年的;

(二)用人单位初次实行劳动合同制度或者国有企业改制重新订立劳动

[1] 参见谭玲主编:《劳动争议审判前沿问题研究》,中国民主法制出版社 2013 年版,第 99 页。

合同时，劳动者在该用人单位连续工作满十年且距法定退休年龄不足十年的；

（三）连续订立二次固定期限劳动合同，且劳动者没有本法第三十九条和第四十条第一项、第二项规定的情形，续订劳动合同的。

用人单位自用工之日起满一年不与劳动者订立书面劳动合同的，视为用人单位与劳动者已订立无固定期限劳动合同。"

（2）《劳动合同法实施条例》第七条："用人单位自用工之日起满一年未与劳动者订立书面劳动合同的，自用工之日起满一个月的次日至满一年的前一日应当依照劳动合同法第八十二条的规定向劳动者每月支付两倍的工资，并视为自用工之日起满一年的当日已经与劳动者订立无固定期限劳动合同，应当立即与劳动者补订书面劳动合同。"

（3）《劳动合同法实施条例》第九条："劳动合同法第十四条第二款规定的连续工作满 10 年的起始时间，应当自用人单位用工之日起计算，包括劳动合同法施行前的工作年限。"

（4）《劳动合同法实施条例》第十一条："除劳动者与用人单位协商一致的情形外，劳动者依照劳动合同法第十四条第二款的规定，提出订立无固定期限劳动合同的，用人单位应当与其订立无固定期限劳动合同。对劳动合同的内容，双方应当按照合法、公平、平等自愿、协商一致、诚实信用的原则协商确定；对协商不一致的内容，依照劳动合同法第十八条的规定执行。"

2. 追索二倍工资差额的调解请求

《劳动合同法》规定，用人单位不按规定时间与劳动者订立书面劳动合同的，应当向劳动者每月支付二倍的工资。这一规定是通过强化用人单位不依法订立书面劳动合同的责任形式，意在解决我国因劳动合同签订率较低而导致劳动者合法权益极易受侵害的现实问题。实践中，劳动者追索未订立劳动合同的二倍工资与追索加班费、用人单位解除劳动合同的经济补偿金或赔偿金一起已成为劳动合同纠纷的三种主要类型。

针对劳动者追索未订立劳动合同的二倍工资的调解请求的实体法规范主要有：

（1）《劳动合同法》第八十二条："用人单位自用工之日起超过一个月不满一年未与劳动者订立书面劳动合同的，应当向劳动者每月支付二倍的工资。

用人单位违反本法规定不与劳动者订立无固定期限劳动合同的，自应当订立无固定期限劳动合同之日起向劳动者每月支付二倍的工资。”

(2)《劳动合同法实施条例》第六条：“用人单位自用工之日起超过一个月不满一年未与劳动者订立书面劳动合同的，应当依照劳动合同法第八十二条的规定向劳动者每月支付两倍的工资，并与劳动者补订书面劳动合同；劳动者不与用人单位订立书面劳动合同的，用人单位应当书面通知劳动者终止劳动关系，并依照劳动合同法第四十七条的规定支付经济补偿。

前款规定的用人单位向劳动者每月支付两倍工资的起算时间为用工之日起满一个月的次日，截止时间为补订书面劳动合同的前一日。”

(3)《劳动合同法实施条例》第七条：“用人单位自用工之日起满一年未与劳动者订立书面劳动合同的，自用工之日起满一个月的次日至满一年的前一日应当依照劳动合同法第八十二条的规定向劳动者每月支付两倍的工资，并视为自用工之日起满一年的当日已经与劳动者订立无固定期限劳动合同，应当立即与劳动者补订书面劳动合同。”

(二)劳动合同履行争议

劳动合同的履行是劳动者和用人单位依照劳动合同的规定，双方各自履行合同规定的义务和享受劳动合同规定的权利，主要体现为两个方面：劳动者付出劳动，完成工作任务，并遵守用人单位的规章制度；用人单位提供劳动条件、劳动保护、支付劳动报酬等。常见的劳动合同履行调解请求包括索取劳动报酬、索取基本生活费争议、带薪休假工资报酬争议、婚(丧)假争议、探亲假争议等。其中，关于索取劳动报酬和工时休假的争议问题，本书第十四章将做详细分析，在此不再赘述，以下将对其他劳动合同履行争议予以列举。

1. 劳动者追索超过法定试用期期间赔偿金的调解请求

劳动合同试用期，是劳动关系当事人双方建立劳动关系时，依照法律规定，在平等自愿、协商一致的基础上订立劳动合同的同时，在劳动合同期限内特别约定的一个供当事人双方互相考察的、合同解除条件没有严格限制的期间。[1] 针对劳动合同试用期的调解请求，主要是双方约定的试用期的

---

〔1〕 参见谭玲主编：《劳动争议审判前沿问题研究》，中国民主法制出版社2013年版，第92页。

效力及履行的问题。例如,劳动合同双方约定的试用期是否符合法律规定?若双方约定的试用期违反法律规定,但在已经履行的情况下如何计算赔偿金?

对于合同试用期约定的效力认定争议主要集中在以下几个问题:双方约定的试用期限是否超出法定期限,超出劳动合同期限对应试用期最长期限的试用期约定无效;反复约定试用期无效;是否签订书面劳动合同,无劳动合同仅约定使用期的,试用期不成立;约定的试用期工资是否低于法定标准,低于法定标准的试用期工资约定无效;等等。

针对劳动合同试用期争议的实体法规范主要有:

(1)《劳动合同法》第十九条:“劳动合同期限三个月以上不满一年的,试用期不得超过一个月;劳动合同期限一年以上不满三年的,试用期不得超过二个月;三年以上固定期限和无固定期限的劳动合同,试用期不得超过六个月。

同一用人单位与同一劳动者只能约定一次试用期。

以完成一定工作任务为期限的劳动合同或者劳动合同期限不满三个月的,不得约定试用期。

试用期包含在劳动合同期限内。劳动合同仅约定试用期的,试用期不成立,该期限为劳动合同期限。”

(2)《劳动合同法》第二十条:“劳动者在试用期的工资不得低于本单位相同岗位最低档工资或者劳动合同约定工资的百分之八十,并不得低于用人单位所在地的最低工资标准。”

(3)《劳动合同法》第二十一条:“在试用期中,除劳动者有本法第三十九条和第四十条第一项、第二项规定的情形外,用人单位不得解除劳动合同。用人单位在试用期解除劳动合同的,应当向劳动者说明理由。”

(4)《劳动合同法》第八十三条:“用人单位违反本法规定与劳动者约定试用期的,由劳动行政部门责令改正;违法约定的试用期已经履行的,由用人单位以劳动者试用期满月工资为标准,按已经履行的超过法定试用期的期间向劳动者支付赔偿金。”

(5)《劳动合同法实施条例》第十五条:“劳动者在试用期的工资不得低于本单位相同岗位最低档工资的80%或者不得低于劳动合同约定工资的80%,并不得低于用人单位所在地的最低工资标准。”

2. 因劳动者欺诈导致合同无效,劳动者索要工资报酬等的调解请求

劳动合同成立之后,只要主体合格、内容与形式合法、遵循法定程序订立,就具有法律效力。当劳动合同当事人一方采取欺诈手段使另一方当事人上当受骗而订立的合同,违背了劳动合同订立的原则,侵害了对方当事人的权益,因而构成无效合同。但即使因劳动者的过错导致劳动合同无效,例如,劳动者持伪造学历、资格证书等签订劳动合同,但劳动者在履行劳动合同过程中依法应享受的基本权利,如获取工资报酬、获得工伤赔偿、经济补偿等都应得到法律的保护。

实体法规范主要有:

(1)《劳动合同法》第二十六条:"下列劳动合同无效或者部分无效:

(一)以欺诈、胁迫的手段或者乘人之危,使对方在违背真实意思的情况下订立或者变更劳动合同的;

(二)用人单位免除自己的法定责任、排除劳动者权利的;

(三)违反法律、行政法规强制性规定的。

对劳动合同的无效或者部分无效有争议的,由劳动争议仲裁机构或者人民法院确认。"

(2)《劳动合同法》第二十七条:"劳动合同部分无效,不影响其他部分效力的,其他部分仍然有效。"

(3)《劳动合同法》第二十八条:"劳动合同被确认无效,劳动者已付出劳动的,用人单位应当向劳动者支付劳动报酬。劳动报酬的数额,参照本单位相同或者相近岗位劳动者的劳动报酬确定。"

第二节 有关要件事实主张及常见争点

要件事实是产生法律效果所必要的实体法要件对应的该当具体事实,即用于判断权利的产生、变更和消灭之法律效果的直接必要事实。[1] 本书上一节对劳动合同订立、履行争议调解请求进行了梳理,而若想推动调解的顺利进行,则先找到准确的实体法规范,并且确定该规定的各个法律要件或要件事实。在确定某个法律条文的要件是否得到满足之前,需要将该法条里包含的不同前提要件抽象出来,而通过仔细阅读法条文本,法条当中描述

〔1〕 参见段文波:《规范出发型民事判决构造论》,法律出版社2012年版,第71页。

某种情况或者交代某个事件的部分就可以被确定为前提,法律后果则是以指令的形式被规定。[1] 因此,本节将针对劳动合同订立、履行争议调解请求,从相应的实体法规范中将要件事实和常见事实争点抽象出来。

一、订立无固定期限劳动合同

《劳动合同法》第十四条规定了订立无固定期限劳动合同的情形:第一,协商订立,用人单位与劳动者协商一致,可以订立无固定期限劳动合同;第二,强制订立,在法律规定的情形出现时,劳动者提出或者同意续订、订立劳动合同的,除劳动者提出订立固定期限劳动合同外,应当订立无固定期限劳动合同;第三,推定订立,在无书面劳动合同但存在事实劳动关系的情况下,视为无固定期限的劳动合同关系。由于实践中争议较大的是第二种情形,下文将主要针对强制订立予以讨论,法律规定的强制订立主要分为以下三种。

其一,劳动者在该用人单位连续工作满 10 年的。

在该种情形中,要件事实如下:(1)劳动者提出或者同意续订、订立劳动合同;(2)劳动者提出续订、签订劳动合同,但并非明确为固定期限劳动合同;(3)劳动者在该用人单位连续工作满 10 年。

常见事实争点主要集中在用人单位连续工作满 10 年可以订立无固定期限合同中"连续""该用人单位""满 10 年"的认定。首先,劳动者工作必须是连续的,中间不得有间断;其次,劳动者在同一用人单位中连续工作;最后,劳动者的连续工作年限须满 10 年,但这一时间期限与签订劳动合同的次数和劳动合同的期限无关,这 10 年中从前到后劳动者可以签订多个劳动合同,每个劳动合同的期限都可以不同。

其二,用人单位初次实行劳动合同制度或者国有企业改制重新订立劳动合同时,劳动者在该用人单位连续工作满 10 年且距法定退休年龄不足 10 年的。

在该种情形中,要件事实如下:(1)劳动者提出或者同意续订、订立劳动合同;(2)劳动者没有明确提出要求订立固定期限劳动合同;(3)用人单位初次实行劳动合同制度或者国有企业改制重新订立劳动合同时,劳动者在该

---

[1] 参见国家法官学院、德国国际合作机构:《法律适用方法:劳动合同法案例分析方法》(第 2 版),中国法制出版社 2015 年版,第 19 页。

用人单位连续工作满10年且距法定退休年龄不足10年。在此种情形的实践中,常见事实争点与上述第一种情形类似。

其三,连续订立两次固定期限劳动合同,且劳动者没有《劳动法》第三十九条和第四十条第一项、第二项规定的情形,续订劳动合同的。

在该种情形中,要件事实如下:(1)劳动者提出或者同意续订已有的劳动合同;(2)劳动者提出续订劳动合同,但并非明确为固定期限劳动合同;(3)两个连续订立的固定期限劳动合同;(4)无特殊情形,即无《劳动法》第三十九条和第四十条第一项、第二项规定的用人单位可以解除劳动合同的情形。

常见的事实争点是用人单位与劳动者签订两次固定期限劳动合同后,劳动者要求续签无固定期限劳动合同是否需要以双方达成续签劳动合同的合意为条件。对此,我们认为,作为强制订立无固定期限劳动合同的情形之一,劳动者提出的调解请求符合以上要件事实,用人单位应当与其签订无固定期限劳动合同,无须再以双方达成续签劳动合同的合意为前提条件。

二、未签订书面劳动合同追索二倍工资差额

根据《劳动合同法》第八十二条的规定,用人单位未按规定与劳动者订立书面劳动合同,劳动者有权追索每月二倍的工资,这一法律责任分为两种情形:

其一,用人单位自用工之日起超过1个月不满1年不与劳动者订立书面劳动合同的。

在该种情形中,要件事实如下:(1)通过合同建立劳动关系;(2)未订立书面合同。

其二,用人单位违反本法规定不与劳动者订立无固定期限劳动合同的。在该种情形中,要件事实如下:(1)通过合同建立劳动关系;(2)未订立无固定期限劳动合同。

常见的事实争点有:(1)因客观原因无法订立书面劳动合同时用人单位是否仍需支付二倍工资的问题;(2)用人单位向劳动者每月支付二倍工资的起算点问题;(3)未签订劳动合同工支付二倍工资差额的标准问题。

关于第一个常见争点,由于客观原因无法订立书面劳动合同的,用人单位无须支付二倍工资,例如,不可抗力、劳动者不具有意思能力、劳动者因工

伤、生育、患病等原因不能正常工作等。但劳动者能订立而不愿订立的，根据《劳动合同法实施条例》第五条的规定，自用工之日起一个月内，经用人单位书面通知后，劳动者不与用人单位订立书面合同的，用人单位应当书面通知劳动者终止劳动关系，故用人单位不能以劳动者拖延订立书面劳动合同作为二倍工资责任的免责事由。

关于起算点争议，根据《劳动合同法》第八十二条的规定分为三种情况：一是当用人单位自用工之日起超过1个月不满1年未与劳动者订立书面劳动合同时，应当自用工之日起满1个月的次日，截止时间为补订立书面劳动合同的前1日；二是当用人单位自用工之日起满1年未与劳动者订立书面劳动合同时，起算点应当是自用工之日起满1个月的次日，截止时间为满1年的前一日，最长不超过11个月；三是当用人单位违反规定不与劳动者订立无固定期限劳动合同时，向劳动者每月支付二倍工资的起算点，应当为订立无固定期限劳动合同之日。[1]

关于计算基数的争议，二倍工资差额的标准应当以正常工作时间工资为基数，还是以应得工资即正常工作时间工资与加班工资之和为基数？对此，司法实践中并未统一：一种观点认为，应当以劳动者当月应得工资收入而非正常工资时间工资作为计算基数，理由是立法规定的二倍工资差额的性质为法律责任而非劳动报酬；[2]另一种观点则认为，基数应以双方对正常工作时间月工资的约定为优先，没有约定或约定不明的，按照《劳动合同法》第十八条的规定，确定正常工作时间的月工资为计算基数，如按上述规定仍无法确定的，则可按劳动者实际获得的月收入扣除加班工资、非常规性奖金、福利性和风险性等项目后的正常工作时间月工资确定。[3]

三、劳动者追索超过法定试用期期间的赔偿金

我国劳动法律法规对于试用期的规定主要包括：(1)限定能够约定试用

---

〔1〕参见王林清、杨心忠：《劳动合同纠纷裁判精要与规则适用》，北京大学出版社2014年版，第71页。

〔2〕参见谭玲主编：《劳动争议审判前沿问题研究》，中国民主法制出版社2013年版，第108页。

〔3〕参见王林清、杨心忠：《劳动合同纠纷裁判精要与规则适用》，北京大学出版社2014年版，第78页。

期的固定期限劳动合同的最短期限为3个月以上的劳动合同;(2)试用期不得超过法定的最长期限6个月,具体而言,劳动合同期限1年以上3年以下的,试用期不得超过2个月;3年以上固定期限和无固定期限的劳动合同试用期不得超过6个月;(3)同一用人单位与同一劳动者只能约定一次试用期。只有符合以上规定试用期的约定才具有法定效力,而对于违法约定的试用期已经履行的,由用人单位以劳动者试用期满月工资为标准,按已经履行的超过法定试用期的期间向劳动者支付赔偿金。

对此,《劳动合同法》第八十三条规定的法律要件如下:(1)用人单位与劳动者在劳动合同中约定了一个试用期;(2)劳动合同双方违反法律规定约定试用期;(3)试用期的约定已经履行。

常见的事实争点是劳动合同双方约定的试用期超过法定试用期期间时,赔偿金的认定。对于超长试用期,只能认定超过法定期限部分无效,并以试用期满月工资为标准支付赔偿金。

四、因劳动者欺诈导致合同无效、劳动者索要工资报酬等

根据《劳动合同法》第二十六条第一款第一项的规定,订立劳动合同因采取欺诈、胁迫或者乘人之危等手段而无效。欺诈是指当事人一方故意制造假象或隐瞒事实真相,欺骗对方,诱使对方形成错误认识而与之订立劳动合同。欺诈的种类很多,包括:(1)在没有履行能力的情况下签订合同;(2)行为人负有义务向他方如实告知某种真实情况而故意不告知的。[1] 而在因劳动者的过错致使合同无效、劳动者已付出劳动的情况下,法律给予了其依法获得工资报酬、工伤赔偿和经济补偿等的权利。

对此,《劳动合同法》第二十八条规定的法律要件如下:(1)用人单位与劳动者已签订劳动合同;(2)该劳动合同被确认无效;(3)劳动者已付出劳动。

常见的事实争点是因劳动者持虚假文凭、资格证书应聘是否导致与用人单位所签订的劳动合同无效?如果无效,劳动者能否索要工资报酬?例如,根据《劳动法》的规定,从事特种作业的劳动者必须经过专门培训并取得特种作业资格,而应聘的劳动者没有这种资格,提供了假的资格证书。对

---

〔1〕 参见信春鹰、阚珂主编:《中华人民共和国劳动合同法释义》(第2版),法律出版社2013年版,第200页。

此,应当结合案件具体分析,劳动者提供的虚假文凭、资格证书是否使得用人单位作出了错误的意思表示,如果不具有明显的关联,则可以考虑认定劳动合同有效;如果用人单位基于劳动者假的资格证书而与其签订了劳动合同,则应认定该合同无效,并就劳动者已经付出的劳动支付与本单位相同或者相近岗位劳动者的劳动报酬。

第三节 劳动合同订立、履行争议调解方法与注意事项

劳动合同的订立和履行关乎劳动者的切身利益,影响着劳动关系和社会的和谐稳定,纠纷一旦发生,当事人向调解机构申请调解,就需要调解人员具备扎实的劳动合同法律素养并根据此类纠纷的特点和情况,摸清双方当事人的“底线”,采用相应的方式和适宜的方法灵活调解,不宜固守一种方法和模式。

一、劳动合同订立、履行争议调解中应当注意的问题

在调处劳动合同、订立履行争议过程中,调解人员应当特别注意以下三个方面的问题。

(一)调解人员应当将劳动合同法律规定与当事人的调解请求相结合

劳动合同订立、履行争议纠纷与其他民间纠纷有所不同,涉及的法律法规众多,政策性较强。调解人员必须系统学习相关劳动法律知识,具备过硬的法律基础和专业素质,才能游刃有余地调解劳动争议纠纷,有效维护双方当事人特别是处于弱势地位的劳动者的合法权益。[1] 调解开始后,调解人员应当根据当事人的调解请求,逐项向双方当事人宣传解释纠纷涉及的法律依据。此时注意采取“先抑后扬”的方法,先肯定当事人的调解请求,然后对其要求中不合法、不合理的部分再运用法律规范进行否定。分析法律上的利害关系不能进行简单的照本宣科,而应当在充分说理的前提下,结合案件认真全面地向当事人双方讲解有关法律和政策的规定,把法律条文与当

---

〔1〕 参见上海市司法局基层工作处、上海市人民调解协会编:《上海市人民调解案例汇编》(2017),2017年12月,第225页。

事人的调解请求结合起来，将法律后果与当事人的生活联系起来，从而促使当事人对可能的处理结果进行利弊分析。

（二）要善于摸清双方当事人的“底线”

调解人员在处理劳动合同订立和履行纠纷时，应当就当事人双方的基本情况进行充分了解，有针对性地收集相关信息，包括企业的性质、所属的行业、规模、代表人员和劳动者的性格特点等，并对调解中可能出现的“加码”取舍及时作出评估，摸清双方的调解思路和真正“底线”，对其中合理的部分予以采纳，寻找调解的最佳切入点。调解人员先应摸清占主导地位的、更有理据的一方当事人的底线，并将此抬高一点作为调解的切入点，在向劳动合同订立、履行纠纷的当事人分析利害关系时，特别要明确告知非占主导地位的一方其调解只能在更高的价位上进行，对方因不占理据或缺少主导性而对调解人员提出的方案更容易接受。

（三）采取灵活多变的调解方法和策略

调解人员在调解劳动合同订立和履行纠纷时，应当根据该类纠纷的特点，以及当事人的不同态度和要求，采取灵活的策略和方法组织调解。当调解请求或当事人人数较多时，调解人员可以将众多调解请求切分为难易不等的几部分，采取先易后难、各个击破的方法，有效突破调解遇到的瓶颈和困难，最终引导劳动者与用人单位达成共识，取得事半功倍的效果。在当事人的调解请求发生变化时，调解人员应当分析和挖掘其请求和立场背后的利益，从而制定符合当事人根本利益的调解策略和方案，保证对双方的利益都进行充分的考虑，促使纠纷当事人基于利益达成调解。

二、劳动合同订立、履行争议的调解方法

一般情况下，调解人员在进行调解时应当通过调查研究弄清事实真相，在分清是非曲直的基础上，通过说服、疏导的方式，消除双方之间的隔阂，在当事人平等协商、互谅互让的基础上提出纠纷解决方案，帮助当事人自愿达成调解协议。调解组织和调解人员对劳动合同订立、履行争议进行调解时，还应结合此类纠纷的特点，有针对性地运用一定的方法和技巧，以实现劳动合同订立、履行争议的迅速化解，起到事半功倍的效果。

(一)根本利益法

在美国的调解实践中,双方当事人被认为是一种伙伴关系,调解是让他们把过去的事情纠正过来,朝着未来的好的方向发展,调解的目的不仅是要去解决双方的争执,同时也要满足他们本身的利益,而找到双方当事人的利益所在,其实就是把过去一些行为上的错误转向到将来的一些利益。[1] 劳动合同的签订和履行一方面关系到企业的正常经营和经济利益,另一方面也关系到劳动者生存的切身利益,在调解相关纠纷时,调解人员应当从当事人的切身利益出发,发现双方当事人之间可能存在的共同的或互补的利益,从而寻求当事人心理能够接纳的平衡点,这样才能有助于矛盾的钝化、调解协议的达成。调解人员要挖掘当事人的调解请求背后的利益所在,就需要追问当事人主张的原因,对此,美国调解专家总结出几条有效的方法:"提出开放性的问题,运用沉默使当事人主动诉说,表达同理心,解释并明确信息,营造积极的氛围从而赢得信任,总结及引出反馈。"[2]

由于劳动合同订立、履行争议的纠纷当事人求助于调解组织是为了维护自己的权益,调解人员应当紧紧围绕双方的利益需求进行论述,如劳动者一方往往对解决纠纷的时间和成本比较敏感,希望问题尽快处理,而用人单位占据主动地位,则不愿轻易满足劳动者的诉求,更多倾向于用尽法律程序,但是企业担心示范效应会给企业今后管理带来不利影响,也偏向于柔和处理。具体来说,调解人员在进行利益分析时,首先要尽可能了解事实的来龙去脉,力争在事实方面达成共识,减少分歧;其次要结合法律规定,告知和提示当事人对案件可能的处理结果,特别要向当事人对事实、法律可能存在的错误理解做好释法说理工作,降低或避免过高的调解请求;最后要根据双方的情况,引导当事人选择可行的调解方案。

(二)换位思考法

在调解解决劳动合同订立、履行争议时,调解人员劝导劳动者和用人单位都能设身处地地站在对方的立场上体验和思考问题,体察对方的感受和

〔1〕 参见程波:《美国调解技巧的社会心理学解读》,湘潭大学出版社 2016 年版,第 114 ~ 115 页。

〔2〕 参见程波:《美国调解技巧的社会心理学解读》,湘潭大学出版社 2016 年版,第 117 页。

态度，形成与对方在情感上的交流，从而理解对方并改变自己的观点、态度和做法，使问题得到圆满的解决。[1] 换位思考法是调解劳动合同纠纷常用的方法，一方面要求调解人员要站在纠纷劳动者和用人单位双方的角度和立场，从双方的利益出发理解他们的感受及想法，从而消除当事人对调解人员的抵触心理，取得当事人的信任；另一方面要求劳动者和用人单位之间换位思考，即调解人员引导、启发劳动者和用人单位相互站在对方的立场上考虑问题，让双方明白问题解决得越快，对彼此的利益保障越大，只有宽容一点，退让一步，才能实现利益最大化。通过实事求是地为其分析利害关系，才能取得各方当事人的信任，可以使当事人在实现利益的同时改变原来彼此冲突的立场，从而成功调解。

（三）重建信任法

劳动合同的订立、履行争议发生在劳动者和用人单位之间，双方曾经是互相信任和熟悉的，若想纠纷成功调解必须首先消除当事人双方之间的不信任感，那么，如何消除劳动合同双方当事人之间的不信任感？最有效的方法是，找出当事人对对方不信任的原因，调解人员发现其中有对对方当事人误解的地方，应向该方当事人进行具体的说明，消除误会。正如有着多年调解经验的日本法官草野芳郎说道："对对方当事人不信任就像一堵墙，按照我说的做，会将这堵墙先凿开一个洞，然后你就会看到，整面墙会慢慢瓦解，这说明不信任感被消除，信任感就自然地得到恢复。"[2] 对劳动合同签订和履行的疑难敏感案件，在调解工作中不仅要做到依法依规，公正、公平地以相关法律为基础，明法析理，还需要掌握当事人心理，根据个案情况在当事人双方间进行斡旋，重新建立起双方之间的信任，巧妙运用情理法的"组合拳"，以情动人，以理服人，以法慑人。

[1] 参见盛永彬、刘树桥主编：《人民调解实务》（第 2 版），中国政法大学出版社 2012 年版，第 114 页。

[2] 参见［日］草野芳郎：《调解技术论》，韩宁、姜雪莲译，中国法制出版社 2016 年版，第 78 页。

第十三章 劳动合同解除和终止争议

第一节 劳动合同解除和终止争议的调解请求及实体规范

一、劳动合同的解除和终止

(一)劳动合同的解除

劳动合同的解除可分三种情况:双方协商一致解除;劳动者单方提出解除;用人单位单方提出解除。

1. 双方协商一致解除

根据《劳动合同法》第三十六条的规定,用人单位和劳动者不需要任何条件就可以协商解除任何类型的劳动合同。

(1)劳动者先提出解除劳动合同,劳动者无经济补偿。若劳动者主动提出辞职,要求提前解除劳动合同的,则用人单位依法不用支付经济补偿金,劳动者也无权享有经济补偿。

(2)用人单位先提出解除劳动合同,劳动者有经济补偿。若用人单位提出解除劳动合同的,则用人单位应当依照法律的规定向劳动者支付经济补偿金。用人单位拒不支付的,劳动者可以申请调解、劳动争议仲裁等方式来追讨。

2. 劳动者单方提出解除

根据《劳动合同法》第三十七条、第三十八条的规定,劳动者可以向用人单位提出解除劳动合同。

(1)劳动者提前30日书面通知解除劳动合同,劳动者无经济补偿。若劳动者依照法律规定提前30日书面通知用人单位,要求解除双方之间的劳动合同的,则劳动者依法不能享有经济补偿金。

(2)试用期内提前3日通知解除劳动合同,劳动者无经济补偿。若劳动者仍处于试用期内,只需要提前3天通知用人单位后,即可解除双方之间的劳动合同,但劳动者依法不能享有经济补偿金。

(3)用人单位存在特定违法行为,劳动者可随时通知解除,享有经济补偿。用人单位出现下列违法情形之一的,劳动者可随时通知解除劳动合同,则劳动者应当享有经济补偿:未提供约定的劳动保护或劳动条件;未及时足额支付劳动报酬;未依法缴纳社会保险费;规章制度违反法律、法规的规定,损害劳动者权益的;用人单位在订立或变更劳动合同时存在欺诈、胁迫、乘人之危情形,致使劳动合同无效的。

(4)用人单位存在重大违法行为,劳动者无须通知解除,享有经济补偿。用人单位出现下列重大违法情形之一的,劳动者无须通知可立即解除劳动合同,并应当享有经济补偿:以暴力、威胁或者非法限制人身自由的手段强迫劳动者劳动的;违章指挥、强令冒险作业危及劳动者人身安全的。

3. 用人单位单方提出解除

(1)劳动者存在过失,用人单位可以解除劳动合同,无须支付经济补偿金。劳动者有以下情形之一的,用人单位可即时通知解除劳动合同,劳动者无权请求经济补偿:试用期内不符合录用条件的;严重违反企业规章制度的;严重失职,营私舞弊,给企业造成重大损害的;在外兼职,对完成本职工作任务造成严重影响,或经企业提出后拒不改正的;在订立或变更劳动合同时存在欺诈、胁迫、乘人之危情形,致使劳动合同无效的;被依法追究刑事责任的。

(2)劳动者无过失,用人单位解除合同,须支付经济补偿金。有以下情形之一的,用人单位应当提前30日书面通知解除或者额外支付一个月工资后解除,劳动者享有经济补偿:劳动者患病或者非因工负伤,医疗期满不能从事原工作,也不能从事另行安排的工作;劳动者不能胜任工作,经培训或调岗后仍不能胜任的;因情势变更导致劳动合同无法履行,且双方无法就变更劳动合同内容达成协议的。若劳资双方在履行劳动合同的过程中出现上述情形之一的,无论用人单位选择的是提前30日书面通知解除,还是采取当场通知加给付一个月工资后解除,用人单位都应当依法向劳动者支付经济补偿金。

(3)用人单位因经济性裁员,解除合同,需支付经济补偿金。用人单位出现下述情形之一,采取经济性裁员的,则劳动者应当享有经济补偿:企业破产重整;生产经营发生严重困难的;企业转产、重大技术革新或者经营方式调整,经变更劳动合同后仍需裁员;客观情况发生重大变化,导致劳动合同无法履行。若用人单位在劳动合同履行过程中出现了上述情形之一,从而依法进行经济性裁员的,则被裁减的劳动者依法应当享有经济补偿金。

(二)劳动合同的终止

1. 劳动合同到期后,用人单位不同意续订

在劳资双方劳动合同到期后,若用人单位不愿意续订劳动合同的,则用人单位应当依法向劳动者支付经济补偿金。

2. 劳动者不同意用人单位以降低劳动条件来续订劳动合同

在劳资双方劳动合同到期后,若用人单位提出的续订条件(如薪酬、休息时间)比原劳动合同约定的条件要低,劳动者拒绝以此低条件来续订劳动合同的,则用人单位依法应当向劳动者支付经济补偿金。

3. 劳动者不同意用人单位维持或者提高劳动条件续订劳动合同

在劳资双方劳动合同到期后,若用人单位提出的续订条件比原劳动合同约定的条件要高或者与原条件相同,劳动者仍然拒绝续订劳动合同的,则用人单位不必支付经济补偿金。

4. 用人单位被依法宣告破产

若劳资双方的劳动合同在履行过程中,用人单位被依法宣告破产的,则双方所签订的劳动合同依法终止,且用人单位应当向劳动者支付经济补偿金。

5. 用人单位被吊销营业执照、责令关闭、撤销或者用人单位决定提前解散

若劳资双方的劳动合同在履行过程中,用人单位出现被吊销营业执照、被责令关闭、被撤销或者单位自行决定提前解散的,则双方所签订的劳动合同依法终止,且用人单位应当向劳动者支付经济补偿金。

6. 劳动者已经开始享受基本养老保险待遇

若劳动者已经开始享受基本养老保险待遇,也就是劳动者已经退休且领取养老金,则劳动者与用人单位所签订的劳动合同依法终止,且用人单位也不用支付经济补偿金。

7. 劳动者死亡,或被法院宣告死亡或失踪

若劳动者在劳动合同履行过程中出现死亡,或被法院宣告死亡或失踪(均与单位无关的),则劳动者与用人单位所签订的劳动合同依法终止,且用人单位也不用支付经济补偿金。

二、不得解除或需逾期终止的情形

劳动者有下列情形之一的,用人单位不得辞退劳动者或者裁员而解除劳动合同,也不得提前终止劳动合同,而是应当续延至相应的情形消失时终止:(1)从事接触职业病危害作业的劳动者未进行离岗前职业健康检查,或者疑似职业病病人在诊断或者医学观察期间;(2)患职业病或者因工负伤并被确认丧失或者部分丧失劳动能力的;(3)患病或者负伤,在规定的医疗期内的;(4)女职工在孕期、产期、哺乳期内的;(5)在单位连续工作满15年,且距法定退休年龄不足5年;(6)法律、行政法规规定的其他情形。

三、劳动合同解除和终止争议的调解

我国的调解主要包括司法调解、行政调解和人民调解。依照《人民调解法》的规定,人民调解是指人民调解委员会通过说服、疏导等方法,促使当事人在平等协商基础上自愿达成调解协议,解决民间纠纷的活动。行政调解是在国家行政机关的主持下,以当事人双方自愿为基础,由行政机关主持,以国家法律、法规及政策为依据,以自愿为原则,通过对争议双方的说服与劝导,促使双方当事人互让互谅、平等协商、达成协议,解决纠纷的一种调解制度。从一般意义上理解,司法调解、法院调解和诉讼调解的含义是相通、相同的,均是指法院在处理纠纷(大多为民事纠纷,亦有少量的行政纠纷和轻微刑事案件,在法院主持下以和解方式解决的)时,主持使双方当事人达成调解协议,从而解决纠纷。[1]

劳动争议调解程序是指劳动争议的一方当事人就已经发生的劳动争议向调解组织申请调解的程序。根据《劳动争议调解仲裁法》的规定,劳动争议的当事人可以到有关调解组织申请调解。但是否通过调解程序来解决劳

[1] 参见洪冬英:《论多元化纠纷解决体系中法院调解的定位》,载《苏州大学学报》(哲学社会科学版)2013年第1期。

动合同解除和终止的争议,完全由争议的当事人自愿选择,而且即使达成了调解协议也不具有强制执行力,如果当事人中的任何一方反悔,都可以向仲裁机构申请劳动争议仲裁。

第二节 有关要件事实主张及常见争点

一、劳动关系认定之争议

在劳动争议中,经常发生双方是否存在劳动关系的争议。根据《劳动合同法》第七条的规定,用人单位自用工之日起即与劳动者建立劳动关系,用人单位应当建立职工名册备查。《劳动和社会保障部关于确立劳动关系有关事项的通知》[1]认为:"用人单位招用劳动者未订立书面劳动合同,但同时具备下列情形的,劳动关系成立:(一)用人单位和劳动者符合法律、法规规定的主体资格;(二)用人单位依法制定的各项劳动规章制度适用于劳动者,劳动者受用人单位的劳动管理,从事用人单位安排的有报酬的劳动;(三)劳动者提供的劳动是用人单位业务的组成部分。"

二、劳动者解除劳动合同之争议

根据《劳动合同法》第三十八条的规定,用人单位有下列情形之一的,劳动者可以解除劳动合同:(1)未按照劳动合同约定提供劳动保护或者劳动条件的;(2)未及时足额支付劳动报酬的;(3)未依法为劳动者缴纳社会保险费的;(4)用人单位的规章制度违反法律、法规的规定,损害劳动者权益的;(5)因本法第二十六条第一款规定的情形致使劳动合同无效的;(6)法律、行政法规规定劳动者可以解除劳动合同的其他情形。

除此之外,如果用人单位以暴力、威胁或者非法限制人身自由的手段强迫劳动者劳动的,或者用人单位违章指挥、强令冒险作业危及劳动者人身安全的,劳动者可以立即解除劳动合同,无须事先告知用人单位。

劳动者基于此提出解除劳动合同的主张和事实,劳动合同解除。其中,特别需要注意的是,劳动者辞职未提前30日通知用人单位的法律风险。

---

〔1〕 劳社部发〔2005〕12号。

根据《劳动合同法》的规定，劳动者提前30日以书面形式通知用人单位的，可以解除劳动合同（试用期内提前3日通知用人单位）。劳动者违反本法规定解除劳动合同，给用人单位造成损失，应当承担赔偿责任。提前30日以书面形式通知用人单位是劳动者行使辞职权所应遵循的程序，劳动者未遵循该程序，用人单位可主张因此而遭受的损失，如不能及时招聘到其他劳动者给用人单位所造成的损失等。

对于如何确定赔偿标准，《违反〈劳动法〉有关劳动合同规定的赔偿办法》[1]作了规定，劳动者违反规定或劳动合同的约定解除劳动合同，对用人单位造成损失的，劳动者应赔偿用人单位下列损失：(1)用人单位招收录用其所支付的费用；(2)用人单位为其支付的培训费用，双方另有约定的按约定办理；(3)对生产、经营和工作造成的直接经济损失；(4)劳动合同约定的其他赔偿费用。

三、用人单位解除劳动合同之争议

根据《劳动合同法》的规定，用人单位单方解除劳动合同分为“过失性解除”、“非过失性解除”和“经济性裁员”。

（一）过失性解除劳动合同

过失性解除劳动合同的前提是劳动者存在过失，因此用人单位不需要支付经济补偿金，而且用人单位可以随时通知劳动者解除合同。适用过失性解除劳动合同的情形有六种。具体情形包括：

1. 劳动者在试用期被证明不符合录用条件的

试用期内，用人单位无权随意解除与劳动者的劳动合同。用人单位单方解除劳动合同的前提必须是劳动者在试用期间被证明不符合录用条件。实务操作中，用人单位需注意以下四点：

(1)约定的试用期限必须在《劳动合同法》规定的范围内。劳动合同期限3个月以上不满1年的，试用期不得超过1个月；劳动合同期限1年以上3年以下的，试用期不得超过2个月；3年以上固定期限和无固定期限的试用期不得超过6个月。否则，无法以试用期内不符合录用条件为由解除劳动合同。

---

〔1〕 劳部发〔1995〕223号。

(2)必须是劳动者不符合录用条件。如果用人单位没有事先设定录用条件,则无权以此为由解除劳动合同。因此,用人单位在招聘劳动者时,应以书面形式公布录用条件;在试用期间和劳动者签订书面录用条件文件,对劳动者的工作岗位、工作内容、工作要求作具体描述,并在其中罗列不符合录用条件的事项。

(3)用人单位须举证证明劳动者不符合录用条件。证明劳动者不符合录用条件,需以考核结果为据。因此,用人单位需加强试用期考核制度建设,建立和完善考核的内容、程序、方式。

(4)必须在试用期内作出与劳动者解除劳动合同的决定并送达给劳动者。超出试用期再以该理由提出解除劳动合同法律上不会得到支持。实践中若试用期后未办理劳动者的转正手续,也不能认为还处在试用期,用人单位也不能以此为由解除劳动合同。

2. 劳动者严重违反用人单位规章制度的

实践中,用人单位利用这一条规定达到解除劳动合同的目的,用人单位事先须做好以下三项工作:

(1)必须有合法有效的规章制度。首先,内容要合法。虽然用人单位有权根据自身实际情况制定规章制度,但制定出来的规章制度内容必须符合法律规定,并不得与劳动合同或集体合同的规定相悖。其次,程序要合法。制定必须经过民主程序。《劳动合同法》第四条第二款规定,用人单位在制定、修改或者涉及劳动报酬、工作时间、休息休假、劳动安全卫生、保险福利、职工培训、劳动纪律以及劳动定额管理等直接涉及劳动者切身利益的规章制度或重大事项时,必须先经过职工代表大会或者全体职工讨论,提出方案和意见,最后与工会或职工代表平等协商确定。用人单位应当保存履行上述相关程序的证据,如会议记录、张贴公告的记录等。最后,规章制度制定后,还须经过公示程序。《劳动合同法》第四条第四款规定,用人单位应当将直接涉及劳动者切身利益的规章制度或重大事项决定公示,或者告知劳动者。实践中可采取电子邮件通知、员工手册发放、规章制度培训等形式进行公示或告知。

(2)规章制度必须对严重违反规章制度的标准作出界定。规章制度应当对“严重违反规章制度”的情形进行量化,明确规定哪些情形属于严重违反规章制度且可以解除劳动合同的行为,以便解除劳动合同时有充分依据。

(3)必须做好日常管理取证工作。用人单位须增强证据意识,对于员工的违规违纪行为及时处理并做好证据调查收集，如及时下达《职工违纪通知书》《违纪公告》等书面文件进行教育警告等。

3. 劳动者严重失职、营私舞弊，对用人单位造成重大损害的

“重大损害”的标准，根据原劳动部《关于贯彻执行〈中华人民共和国劳动法〉若干问题的意见》（下文简称《意见》）第八十七条规定，主要由用人单位根据本单位的实际情况（公司规模、资产净值、效益状况）通过公司内部规章来规定。

4. 劳动者同时与其他用人单位建立劳动关系，对完成本单位的工作任务造成严重影响，或者经用人单位提出，拒不改正的

对于劳动者建立双重劳动关系的，用人单位可采取限期要求劳动者改正的做法，比如，要求劳动者3日内提交其他用人单位出具的已经解除劳动关系的书面证明，劳动者拒不提交的，用人单位可解除劳动合同。同时，用人单位可以事先建立起兼职申报制度，并明确规定未经用人单位批准的兼职行为均属于用人单位禁止的兼职，一经发现可以解除劳动合同。

5. 劳动者以欺诈、胁迫的手段或者乘人之危，使用人单位在违背真实意思的情况下订立或变更劳动合同的

用人单位有必要对所有员工建立严格的人事档案制度，将劳动者的简历、求职信中的陈述等作为档案备查，一旦发现有虚假或不实陈述的，可以主张劳动者在应聘时存在欺诈行为。

6. 劳动者被依法追究刑事责任的

（1）根据原劳动部《意见》[1]第二十九条的规定，“被依法追究刑事责任”具体是指：被人民检察院免于起诉；被人民法院判处刑罚（包括主刑和附加刑）；被人民法院依据《刑法》第三十二条免于刑事处分这三种情况。被判处缓刑的、监外执行的，用人单位可以解除劳动合同。

（2）劳动者涉嫌违法犯罪被有关机关拘留或逮捕的，根据原劳动部《意见》第二十八条的规定，用人单位在劳动者被限制人身自由期间，可与其暂时停止劳动合同的履行，暂停履行劳动合同期间，用人单位不承担劳动合同规定的相应义务。

---

〔1〕 劳部发〔1995〕309号。

(二)非过失性解除劳动合同

非过失性解除劳动合同,即劳动者本身没有主观过失,但由于其客观原因或外部环境变化,用人单位在提前30日以书面形式通知劳动者本人或者额外支付劳动者一个月工资,可单方解除劳动合同,但需支付经济补偿金。具体包括以下三种情形:

1. 劳动者患病或者非因工负伤,在规定的医疗期满后不能从事原工作,也不能从事由用人单位另行安排的工作

适用这一规定需同时具备两个条件:(1)医疗期满。医疗期指劳动者因患病或非因工负伤停止工作治病休息,用人单位不得解除劳动合同的时限。医疗期的长短根据劳动者实际参加工作年限和在本单位工作年限,给予3~24个月的医疗期。(2)劳动者不能从事原工作也不能从事用人单位另行安排的工作。

2. 劳动者不能胜任工作,经过培训或调整工作岗位,仍不能胜任工作

适用这一规定需同时具备三个条件:(1)用人单位需举证劳动者不能胜任工作。这就要求用人单位首先要明确劳动者的工作内容和工作量。因此,用人单位最好在劳动合同中或签署岗位聘用协议等文件中约定清楚。(2)经过培训或调岗。用人单位举证劳动者不能胜任工作后,仍不能马上解除合同,必须先对劳动者经过培训或调岗。为防止举证不能,需保留相关证据,如调岗的书面协议、劳动者培训签到的文件、培训的材料等。(3)经过培训或调整工作岗位,仍不能胜任工作。

3. 劳动合同订立时所依据的客观情况发生重大变化,致使劳动合同无法履行,经用人单位与劳动者协商,未能就变更劳动合同内容达成协议

因客观情况发生重大变化,致使原劳动无法履行,用人单位不能立即解除劳动合同,还需走一个协商变更劳动合同的程序,无法达成一致的,才可以解除。

(三)经济性裁员

经济性裁员,是指用人单位濒临破产进行法定整顿期间或生产经营状况发生严重困难,为改善生产经营状况而辞退成批人员。经济性裁员主要是经济性原因,而不是劳动者个人原因,故用人单位需支付经济补偿金给被裁退的劳动者。这些经济性原因大致可以分为三类:(1)用人单位因为经营

发生严重困难或者依照企业破产法规定进行重整的;(2)用人单位为了寻求生存和更大发展,进行转产、重大技术革新或者经营方式调整的;(3)其他因劳动合同订立时所依据的客观经济情况发生重大变化,致使劳动合同无法履行的。

四、劳动合同终止之争议

(一)用人单位与劳动者能否约定劳动合同终止情形

根据《劳动合同法实施条例》第十三条的规定,用人单位与劳动者不得在劳动合同法第四十四条规定的劳动合同终止情形之外约定其他的劳动合同终止条件。因此,用人单位在法律规定之外自行约定劳动合同的终止条件,违反了法律的相关规定,该约定无效,用人单位不得以此为由与劳动者终止劳动合同。

(二)劳动合同期满的认定

关于如何认定劳动合同期满的具体时间,根据原劳动部《关于劳动合同期限问题给浙江省劳动厅的复函》对于劳动合同终止的截止日期的计算,应以劳动合同期限终止日期最后一天的24时为准。如果有工作任务超过最后一天24时的,应以完成工作任务的时间作为合同终止的时间。

劳动合同期满,并不必然导致劳动关系终止,有《劳动合同法》第四十二条规定情形之一的,劳动合同应当续延至相应的情形消失时终止。但是,《劳动合同法》第四十二条第一项规定的丧失或者部分丧失劳动能力劳动者的劳动合同的终止,按照国家有关工伤保险的规定执行。

劳动合同期满,但是用人单位与劳动者依照《劳动合同法》第二十二条的规定约定的服务期尚未到期的,劳动合同应当续延至服务期满;双方另有约定的,从其约定。

(三)依法享受基本养老保险待遇的认定

《社会保险法》第十六条规定,"参加基本养老保险的个人,达到法定退休年龄时累计缴费满十五年的,按月领取基本养老金"。用人单位为劳动者依法缴纳社会保险,当劳动者符合上述规定条件,按月领取基本养老保险时劳动合同终止。需要注意的是,劳动者未达到法定退休年龄但经与用人单位协商退出工作岗位，其享受的内退待遇不属于享受基本养老保险待遇，劳动合同关系仍然存续。

对于劳动者达到法定退休年龄但不能享受基本养老保险待遇的情况下用人单位是否能够终止劳动合同。《劳动合同法实施条例》第二十一条规定："劳动者达到法定退休年龄的，劳动合同终止。"因此按照该条例规定，劳动者只要达到法定退休年龄的，即使其未享受国家基本养老保险待遇，用人单位也可以终止劳动合同。

（四）劳动者死亡或者被宣告死亡、失踪的认定

关于被人民法院宣告死亡或者宣告失踪的情形，《民法典》第四十条规定："自然人下落不明满二年的，利害关系人可以向人民法院申请宣告该自然人为失踪人。"第四十六条第一款规定："自然人有下列情形之一的，利害关系人可以向人民法院申请宣告该自然人死亡：（一）下落不明满四年；（二）因意外事件，下落不明满二年。"《民事诉讼法》第一百八十五条规定："人民法院受理宣告失踪、宣告死亡案件后，应当发出寻找下落不明人的公告。宣告失踪的公告期间为三个月，宣告死亡的公告期间为一年。因意外事故下落不明，经有关机关证明该公民不可能生存的，宣告死亡的公告期间为三个月。公告期间届满，人民法院应当根据被宣告失踪、宣告死亡的事实是否得到确认，作出宣告失踪、宣告死亡的判决或者驳回申请的判决。"

（五）用人单位被依法宣告破产的认定

需要注意的是，当用人单位破产时，与劳动者之间的劳动合同终止时点应为法院作出裁定宣告破产之日，而非用人单位注销之日。

（六）用人单位被吊销营业执照、责令关闭、撤销或者用人单位决定提前解散

需要注意的是，用人单位被吊销营业执照、责令关闭、撤销或者用人单位决定提前解散的，应当在上述事由出现之日起 15 日内成立清算组，开始清算，即进入清算程序。但其法人资格仍然存续，只不过其权利能力受到限制，除了为实现清算目的而暂时经营的业务外，不得经营其他常规业务。因此，是否可以终止与劳动者的劳动合同，还应区分劳动者的岗位性质而定。如岗位与清算业务无关，则属于可终止范围；反之，如岗位与清算业务相关，

则不能当然终止,用人单位应当在开展清算业务必需的范围内保留上述岗位,并与劳动者协商变更原先订立的劳动合同的内容。

五、经济补偿金和赔偿金之争议

(一)经济补偿金与赔偿金不能同时适用

赔偿金适用于用人单位违法解除劳动合同的情形,经济补偿金适用于用人单位依法解除或终止劳动合同的情形,二者不能同时适用。《劳动合同法实施条例》第二十五条对二者关系予以补充,明确规定用人单位违反劳动合同法的规定解除或者终止劳动合同,依照《劳动合同法》第八十七条的规定支付了赔偿金,不再支付经济补偿。赔偿金的计算年限自用工之日起计算。

(二)用人单位解除或终止劳动合同无须支付经济补偿的情形

对于劳动者解除劳动合同,用人单位应当支付经济补偿金的情形,以及用人单位解除或终止劳动合同应当向劳动者支付经济补偿金的情形,上面已经进行了讨论。下面,主要讨论一下在什么情况下,用人单位解除或终止劳动合同无须支付经济补偿。

首先,协商解除的情形。劳动者提出,双方协商一致解除劳动合同的,则用人单位无须向劳动者支付经济补偿。

其次,过失性辞退的情形。劳动者有下列情形之一的,用人单位可以解除劳动合同,且无须向劳动者支付经济补偿:(1)在试用期间被证明不符合录用条件的;(2)严重违反用人单位的规章制度的;(3)严重失职、营私舞弊,给用人单位造成重大损害的;(4)劳动者同时与其他用人单位建立劳动关系,对完成本单位的工作任务造成严重影响,或者经用人单位提出,拒不改正的;(5)因本法第二十六条第一款第一项规定的情形致使劳动合同无效的;(6)被依法追究刑事责任的。

最后,特殊情况下的劳动合同终止的情形,用人单位无须向劳动者支付经济补偿:(1)劳动者开始依法享受基本养老保险待遇的;(2)劳动者死亡,或者被人民法院宣告死亡或者宣告失踪的;(3)以完成一定工作任务为期限的劳动合同期限届满终止的;(4)固定期限劳动合同到期,用人单位维持或者提高劳动合同约定条件续订劳动合同,劳动者不同意续订而终止劳动合同的;(5)自用工之日起一个月内,经用人单位书面通知后,劳动者不与用人单位订立书面劳动合同的,用人单位应当书面通知劳动者终止劳动关系。

(三)用人单位应当支付赔偿金的情形

用人单位违反《劳动合同法》第三十六条、第三十九条至第四十五条等规定的,应当向劳动者支付赔偿金,具体情形包括不符合法定条件用人单位单方解除的,解除时没有履行法定义务的,不符合法定条件用人单位终止的等。

(四)经济补偿金的计算

根据《劳动合同法》第四十七条的规定,经济补偿按劳动者在本单位工作的年限,每满一年支付一个月工资的标准向劳动者支付。六个月以上不满一年的,按一年计算;不满六个月的,向劳动者支付半个月工资的经济补偿。劳动者月工资高于用人单位所在直辖市、设区的市级人民政府公布的本地区上年度职工月平均工资三倍的,向其支付经济补偿的标准按职工月平均工资三倍的数额支付,向其支付经济补偿的年限最高不超过十二年。

《意见》第五十三条规定,“劳动法中的‘工资’是指用人单位依据国家有关规定或劳动合同的约定,以货币形式直接支付给本单位劳动者的劳动报酬,一般包括计时工资、计件工资、奖金、津贴和补贴、延长工作时间的工资报酬以及特殊情况下支付的工资等。”

月工资的计算基数是指劳动者在劳动合同解除或者终止前12个月的平均工资。经济补偿的月工资按照劳动者应得工资计算,包括计时工资或者计件工资以及奖金、津贴和补贴等货币性收入。劳动者在劳动合同解除或者终止前12个月的平均工资低于当地最低工资标准的,按照当地最低工资标准计算。劳动者工作不满12个月的,按照实际工作的月数计算平均工资。

(五)用人单位与劳动者就经济补偿金、经济赔偿金等达成和解协议的法律效力之争议

用人单位与劳动者就经济补偿金、经济赔偿金等达成和解协议后,劳动者再以数额过低要求用人单位补足差额,实务中一般不予支持,但是劳动者

有证据证明该协议存在欺诈、胁迫、乘人之危等情形，违背劳动者真实意思表示或者显失公平的除外。

六、劳动者离职后之争议

(一)关于违法解除或者终止劳动合同，劳动者要求继续履行劳动合同之争议

用人单位违法解除或者终止劳动合同后，劳动者要求继续履行劳动合同的，一般应予以支持。劳动者原岗位已被他人替代的，用人单位仅以此为由进行抗辩，一般不认定为“确实无法继续履行劳动合同”的情形。

“确实无法继续履行劳动合同”的情形包括：(1)用人单位被依法宣告破产、吊销营业执照、责令关闭、撤销，或者用人单位决定提前解散的；(2)劳动者在仲裁或者诉讼过程中达到法定退休年龄的；(3)劳动合同在仲裁或者诉讼过程中到期终止且不存在劳动合同法第十四条规定应当订立无固定期限劳动合同情形的；(4)劳动者原岗位对用人单位的正常业务开展具有较强的不可替代性和唯一性(如总经理、财务负责人等)，且劳动者原岗位已被他人替代，双方不能就新岗位达成一致意见的；(5)劳动者已入职新用人单位的；(6)仲裁或者诉讼过程中，用人单位有证据证明向劳动者提供合理工作岗位，但劳动者拒绝的。

(二)劳动者拒不办理工作交接给用人单位造成损失的，应当进行赔偿

劳动者在履行劳动合同过程中，应当遵循劳动法所确立的诚实信用的基本原则。在劳动合同解除或终止后，劳动者虽然已无须履行劳动合同义务，但仍然应当遵循诚实信用的原则办理工作交接。

工作交接主要包括以下内容：(1)向用人单位返还用人单位向劳动者派发的工作用品，如工作电脑。(2)向用人单位返还因工作所掌握、占有的各种文件资料，不仅包括纸质版文件资料，还包括电子数据。(3)按照用人单位要求办理其他工作交接事项。如与接手工作的劳动者沟通工作交接事项。

(三)劳动者拒不办理工作交接的，用人单位可以不支付经济补偿金

《劳动合同法》第五十条规定，劳动者应当按照双方约定，办理工作交

接。用人单位依照本法有关规定应当向劳动者支付经济补偿的,在办结工作交接时支付。因此,如果劳动合同解除或终止符合法定需要支付经济补偿金的情形,用人单位有权要求劳动者先办理工作交接。若劳动者拒不办理工作交接的,用人单位有权拒付经济补偿金。

第三节 劳动合同解除和终止争议调解的注意事项

一、劳动争议的范围

劳动争议的范围在不同的国家有不同的规定,我国《劳动争议调解仲裁法》第二条对劳动争议受案范围已经明确,构成了当前引发劳动争议的主要情形,也是劳动者普遍关心的问题,把它们纳入受案范围,使劳动者维护自身的权益拥有法律的依据。如“确认劳动关系发生的争议”,对派遣用工、学生兼职、个人代理、岗位外包、特殊劳动关系等都可能纳入其中。此外,《劳动争议调解仲裁法》第五十二条规定:“事业单位实行聘用制的工作人员与本单位发生劳动争议的,依照本法执行;法律、行政法规或者国务院另有规定的,依照其规定。”这一规定解决了事业单位实行聘用制工作人员面临劳动争议解决路径的问题,使事业单位的聘用制工作人员劳动争议有了纠纷解决的依据。

根据《劳动争议调解仲裁法》的规定可以得出,下列纠纷不属于劳动争议:(1)请求社会保险经办机构发放社会保险金的纠纷;(2)因住房制度改革产生的公有住房转让纠纷;(3)对伤残等级鉴定意见或者对职业病诊断鉴定意见的异议纠纷;(4)家庭或者个人与家政服务人员之间的纠纷;(5)个体工匠与帮工、学徒之间的纠纷;(6)农村承包经营户与受雇人之间的纠纷。

二、告知劳动者

用人单位单方面解除劳动合同的,必须告知劳动者,否则解除劳动合同的决定不生效。如劳动者拒不签收告知书,可以劳动合同中劳动者确认填写的家庭住址为邮寄送达地址。一旦发生劳动者拒不签收的情况,即按照上述劳动者家庭地址邮递相关文件,并保留邮递凭证作为证据。

三、用人单位内部的程序

用人单位在用工管理中,针对劳动者违规违纪、工作失误并造成重大损害等情况，必须收集相关证据证明和确认客观事实，且必须以书面形式通知劳动者本人，让其确认或提出异议。在解除与劳动者的劳动合同之前必须收集充分的证据，以证明劳动者存在严重违反规章制度等情形。

四、调解协议的非强制性

劳动争议申请调解，完全由当事人自愿选择，且调解协议也不具有强制执行力，如果一方反悔，同样可以向仲裁机构申请仲裁。因此，如果调解的过程中，当事人未能达成和解协议，或者即使达成和解协议，但其中一方不按照调解协议执行，其他当事人可以通过向仲裁机构申请仲裁。

需要注意的是，申请劳动争议仲裁是有仲裁时效的限制的。关于仲裁时效起算点，《劳动争议调解仲裁法》第二十七条规定："劳动争议申请仲裁的时效期间为一年。仲裁时效期间从当事人知道或者应当知道其权利被侵害之日起计算。前款规定的仲裁时效，因当事人一方向对方当事人主张权利，或者向有关部门请求权利救济，或者对方当事人同意履行义务而中断。从中断时起，仲裁时效期间重新计算。因不可抗力或者有其他正当理由，当事人不能在本条第一款规定的仲裁时效期间申请仲裁的，仲裁时效中止。从中止时效的原因消除之日起，仲裁时效期间继续计算。劳动关系存续期间因拖欠劳动报酬发生争议的，劳动者申请仲裁不受本条第一款规定的仲裁时效期间的限制；但是，劳动关系终止的，应当自劳动关系终止之日起一年内提出。"据此可知，劳动争议申请仲裁的时效期间为一年，这较为有利于保护劳动者权益。同时，允许劳动争议的时效中断与中止，而且劳动关系存续期间，拖欠工资的争议不受时效限制。这将为劳动者带来更多的操作空间，而涉及劳动报酬争议则可以延长至劳动关系终止后一年，这也是立法对于劳动者"生存权"的保护。需要注意的是，劳动者发现被侵权，还是应及早申请仲裁，有利于证据的收集，有利于对权利的全面维护。

五、调解员个人应当注意的事项

劳动争议调解员个人在介入劳动争议双方的纠纷时，应当尽量保持合法合规、客观中立和公平公正，不偏不倚。

第一，调解员调解劳动争议应当遵循合法性原则、自愿原则以及不得损害第三方的利益。调解必须符合法律规定，这是进行劳动争议调解甚至是调解过程中的应有之义，一旦脱离了合法基础，调解所得结果无效，调解本身也就丧失应有之义。此外，调解是双方自愿达成一致意见，任何人及单位不得强迫、压制一方进行调解，主要体现在程序上的自愿以及调解协议必须是当事人的真实意思表示。而且，调解不得损害第三方利益原则，即不得损害国家利益、社会公共利益或其他第三人的利益，并且不得违反善良风俗和社会公德。

第二，调解员应当避免先入为主的观念。在调解时不能偏听偏信，需公平公正，不能偏向任何一方，需倾听双方的陈述，不能自以为是，要给当事人踏实可靠的形象，以理服人。

第三，调解员要控制自己的情绪。调解劳动争议，始终要面对双方当事人的情绪化问题，控制自己的情绪显得尤为重要。调解员要及时了解当事人情绪变化的原因，当事人委屈情绪产生的因素，有利于调解工作的进展。不仅如此，当事人的性格倾向也是影响调解进度的重要因素，因为这是人性的弱点所在。这些人性的弱点引发的情绪化问题，是要提前预见的。而且，有的当事人为了达到目的，会伪装很痛苦的样子，调解员要能识别这种装出来的痛苦情绪。

第十四章 劳动报酬与工时休假争议的调解实务

第一节 劳动报酬与工时休假争议的调解请求及实体规范

一、劳动报酬争议的调解请求及实体规范

“劳动报酬”与“工资”在我国立法中并用,有时候也用来互相解释,如《关于贯彻执行〈中华人民共和国劳动法〉若干问题的意见》第五十三条就将工资定义为“用人单位依据国家有关规定或劳动合同约定,以货币的形式直接支付给本单位劳动者的劳动报酬”,也有学者认为并不是所有的劳动报酬都是工资,只有伴随劳动参与所获得的劳动报酬才是工资。[1] 但正如国际劳工组织《保护工资公约》中第一条提到的,本公约中的工资系指不论名称或计算方式如何,由一位雇主对另一位受雇者,为其已完成的工作或将要完成的工作或已提供或将要提供的服务,可以货币结算并由共同协议或国家法律或条例予以确定而凭书面或口头雇佣合同支付的报酬或收入。工资与劳动报酬在绝大多数情况下的含义都是一致的,其在使用方面可能存在一定的约定俗成,考虑到本篇章内容主要关注实务,笔者在此就不作过多区分。

有关劳动报酬的纠纷是劳动争议中主要的纠纷之一,每年受理的有关劳动报酬的争议占到所有劳动案件的三成以上,2011 年拒不支付劳动报酬

---

〔1〕 参见刘军胜:《中国工资支付保障立法研究》,法律出版社 2014 年版,第 46 ~47 页。

的入刑,也体现出国家对于劳动者获得足额报酬的重视。由于目前关于劳动报酬的专门立法法律位阶低,以部门规章、地方性法规为主;应急性强,区域性、行业性明显;不少立法时间久远,带有计划经济时代的色彩。因此需要对劳动报酬争议的调解请求及实体规范进行一定的梳理总结。

(一)一般劳动报酬支付的调解请求及实体规范

劳动报酬不仅属于劳动者的财产权益,因其具有保障劳动者生活的功能,也具有生存保障权益。[1] 我国《劳动合同法》第三十条正面原则性规定用人单位应当按照劳动合同约定和国家规定,向劳动者及时足额支付劳动报酬。第八十五条也从反面规定用人单位未按照劳动合同的约定或者国家规定及时足额支付劳动者劳动报酬的,将受到责令限期支付劳动报酬、加班费或者经济补偿、加付赔偿金等惩罚。关于一般劳动报酬支付的调解请求及实体规范细分如下:

首先,关于支付劳动报酬标准依据的问题。根据《劳动合同法》第十八条之规定,劳动合同对劳动报酬和劳动条件等标准约定不明确,引发争议的,用人单位与劳动者可以重新协商;协商不成的,适用集体合同规定;没有集体合同或者集体合同未规定劳动报酬的,实行同工同酬;没有集体合同或者集体合同未规定劳动条件等标准的,适用国家有关规定。这里规定了支付劳动报酬依据的一个基本顺序:劳动合同——再次协商——集体合同——同工同酬——国家有关规定。

其次,关于劳动报酬支付周期及形式的问题。工资应当按月支付,且每月至少支付一次。根据《劳动法》第五十条之规定,工资应当以货币形式支付给劳动者本人。不得克扣或者无故拖欠劳动者工资。实践中出现过以骨灰盒顶工资的案件,这不但明显违反了《劳动法》的有关规定,且有悖于公序良俗。[2] 另外,根据《工资支付暂行规定》第七条后半段,工资至少每月支付一次,实行周、日、小时工资制的可按周、日、小时支付工资。

最后,关于劳动报酬支付的时间问题。主要分四种情况:第一,按用人单位与劳动者约定的时间支付。根据《工资支付暂行规定》第七条前半段规定,工资必须在用人单位与劳动者约定的日期支付。如遇节假日或休息日,

---

〔1〕 参见林嘉:《劳动法的原理、体系与问题》,法律出版社 2016 年版,第 300 页。

〔2〕 参见周斌:《2004 年十大劳动争议案》,载《中国劳动保障》2005 年第 1 期。

则应提前在最近的工作日支付。第二,按照集体合同或劳动合同约定的时间支付。根据《建设领域农民工工资支付管理暂行办法》第六条的规定,企业应当根据劳动合同约定的农民工工资标准等内容,按照依法签订的集体合同或劳动合同约定的日期按月支付工资,并不得低于当地最低工资标准。具体支付方式可由企业结合建筑行业特点在内部工资支付办法中规定。第三,完成劳动任务后即支付。根据《工资支付暂行规定》第八条的规定,对完成一次性临时劳动或某项具体工作的劳动者,用人单位应按有关协议或合同规定在其完成劳动任务后即支付工资。第四,在解除劳动合同或终止劳动合同时一次性付清劳动者劳动报酬。根据《工资支付暂行规定》第九条的规定,劳动关系双方依法解除或终止劳动合同时,用人单位应在解除或终止劳动合同时一次付清劳动者工资。

(二)支付最低工资的调解请求及实体规范

最低工资是指劳动者在法定时间或依法签订的劳动合同约定的工作时间内提供了正常劳动的前提下,用人单位依法应支付的最低劳动报酬。最低工资是国家通过立法确定的法定标准,具有强制性;其是劳动者获得劳动报酬的最低限度,主要是为了解决低薪劳动者及其家庭成员的生存问题。[1] 考虑到我国幅员辽阔,各地区经济发展水平差异较大,《劳动法》第四十八条规定,国家实行最低工资保障制度。最低工资的具体标准由省、自治区、直辖市人民政府规定,报国务院备案。用人单位支付劳动者的工资不得低于当地最低工资标准。最低工资由各种劳动报酬构成,根据原劳动和社会保障部2004年施行的《最低工资规定》第十二条的规定,下列项目不得成为最低工资的组成部分:(1)延长工作施加工资;(2)中班、夜班、高温、低温、井下、有毒有害等特殊工作环境、条件下的津贴;(3)法律、法规和国家规定的劳动者福利待遇等。

(三)支付加班工资的调解请求及实体规范

首先,实行标准工时制度下的加班工资支付的问题。根据《国务院关于职工工作时间的规定》,我国的标准工作时为每日工作8小时,每周工作40

---

〔1〕 参见林嘉主编:《劳动法与社会保障法》(第3版),中国人民大学出版社2014年版,第210页。

小时。在实行标准工作时下,依据《劳动法》第四十四条规定,有下列情形之一的,用人单位应当按照下列标准支付高于劳动者正常工作时间工资的工资报酬:(1)安排劳动者延长工作时间的,支付不低于工资的50%的工资报酬;(2)休息日安排劳动者工作又不能安排补休的,支付不低于工资的200%的工资报酬;(3)法定休假日安排劳动者工作的,支付不低于工资的300%的工资报酬。

其次,计件工资下加班工资的支付问题。根据原劳动部1995年《工资支付暂行规定》第十三条第二款规定,实行计件工资加班工资支付满足的条件是:(1)劳动者完成计件定额任务;(2)用人单位安排劳动者延长工作时间。加班工资的计算基数为劳动者本人法定工作时间计件单价。计算标准为平时延长、休息日加班又不安排补休以及法定节假日加班分别按照不低于其本人法定工作时间计件单价的150%、200%、300%支付其工资。

再次,综合计时加班工资支付问题。根据《工资支付暂行规定》第十三条第三款的规定,经劳动行政部门批准实行综合计算工时工作制的,其综合计算工作时间超过法定标准工作时间的部分,应视为延长工作时间,并应按本规定支付劳动者延长工作时间的工资。换言之,在综合计算周期内,劳动者实际工作时间超过法定标准工作时间,视为延长工作时间,按照不低于本人小时工资标准50%支付工资,其中工作日正好是法定节假日的按照不低于本人日或小时工资标准的300%支付工资。

最后,关于不定时工作制下的相关问题。根据《关于贯彻执行〈中华人民共和国劳动法〉若干问题的意见》第六十七条的规定,经批准实行不定时工作制的职工,不受劳动法第四十一条规定的日延长工作时间标准和月延长工作时间标准的限制,但用人单位应采用弹性工作时间等适当的工作和休息方式,确保职工的休息休假权利和生产、工作任务的完成。关于实行不定时工作制劳动者在节假日工作请求支付加班费,各地的处理意见不一:北京、广东、山东、江苏等地不予支持;在上海、湖南、深圳等地则予以支持。笔者赞同后一种处理意见,因为考虑到一方面法定节假日对于劳动者的特殊意义,另一方面国家规定的法定节假日也不过11天,对用人单位的压力也不会很大。

（四）带薪假以及依法参加社会活动期间工资支付调解请求及实体规范

根据《劳动法》第五十一条的规定，劳动者在法定休假日和婚丧假期间以及依法参加社会活动期间，用人单位应当依法支付工资。[1] 相关法规或规章对此进一步细化：第一，根据国家统计局1990年发布的《关于工资总额组成的规定》第十条的规定，根据国家法律、法规和政策规定，因病、工伤、产假、计划生育假、婚丧假、事假、探亲假、定期休假、停工学习、执行国家或社会义务等原因按计时工资标准或计时工资标准的一定比例支付的工资。第二，根据《工资支付暂行规定》第十条的规定，劳动者在法定工作时间内依法参加社会活动期间，用人单位应视同其提供了正常劳动而支付工资。第十一条规定，劳动者依法享受年休假、探亲假、婚假、丧假期间，用人单位应按劳动合同规定的标准支付劳动者工资。第三，根据2008年施行的《职工带薪年休假条例》第二条的规定，职工在年休假期间享受与正常工作期间相同的工资收入。第五条第三款进一步规定，单位确因工作需要不能安排职工休年休假的，经职工本人同意，可以不安排职工休年休假。对职工应休未休的年休假天数，单位应当按照该职工日工资收入的300%支付年休假工资报酬。

（五）病伤假期间的工资支付调解请求及实体规范

根据《关于贯彻执行〈中华人民共和国劳动法〉若干问题的意见》第五十九条的规定，职工患病或非因工伤治疗期间，在规定的医疗期内由企业按有关规定支付其病假工资或疾病救济费，病假工资或疾病救济费可以低于当地最低工资标准支付，但不能低于最低工资标准的80%。如果属于工伤的话，根据《工伤保险条例》第三十三条之规定，职工因工作原因遭受事故伤害或者患职业病需要暂停工作接受工伤医疗的，在停工留薪期间内，原工资福利待遇不变，由所在单位按月支付。

（六）停工停产期间的工资支付调解请求及实体规范

根据《工资支付暂行规定》第十二条的规定，非因劳动者原因造成单位

---

[1] 关于法定节假日、婚丧假以及依法参加社会活动的界定，可以参照原劳动部《关于〈中华人民共和国劳动法〉若干条文的说明》第五十一条。

停工、停产在一个工资支付周期内的,用人单位应按劳动合同规定的标准支付劳动者工资。超过一个工资支付周期的,若劳动者提供了正常劳动,则支付给劳动者的劳动报酬不得低于当地的最低工资标准;若劳动者没有提供正常劳动,应按国家有关规定办理。

二、工时休假争议的调解请求及实体规范

最近某著名企业家称能做“996”是一种巨大的福气,将关于工作时间的话题再次推到风口浪尖。[1] 不过国家对于工作时间的规定属于劳动基准法的部分,具有强制性,相关企业应当严格依据执行。

无论对劳动者还是用人单位而言,工作时间都是劳动关系的核心问题,从用人单位的角度来看,工作时间意味着生产时间;对劳动者而言,工作时间是劳动者为了工资必须付出劳务的时间范围。为了劳动力再生和劳动者人格发展以及家庭生活,劳动者在工作一定时间后进行休息,也是必需的。[2] 工时休假争议最终不少都是以支付加班费或者相关劳动报酬为调解请求,因此在下面的梳理过程中与劳动报酬调解请求重复之处,笔者不再过多赘述。

(一)各种工作时间的认定调解请求及实体规范

每天工作 8 小时,每周 40 小时的标准工作时是现实生活中运用最广泛的一种工作时,对其认定比较简单明了,争议主要是集中在对其他特殊工作时的认定方面。

首先,关于缩短工作时的认定。顾名思义,缩短工作时就是在特殊情况下工作日的工作时间少于标准工作时间,其出发点是注重保护特殊岗位劳动者的足够休息时间以及人道主义。在《国家机关、事业单位贯彻〈国务院关于职工工作时间的规定〉的实施办法》第四条规定,在特殊条件下从事劳动和有特殊情况,需要在每周工作 40 小时的基础上再适当缩短工作时间的,应在保证完成生产和工作任务的前提下,根据《劳动法》第三十六条的规定,由企业根据实际情况决定。目前我国主要在以下几类劳动者中实行缩

---

〔1〕 参见马颖君:《马云谈 996:能做 996 是一种巨大的福气》,载搜狐网:https://www.sohu.com/a/307487736_115565,最后访问日期:2020 年 9 月 12 日。

〔2〕 参见黄越钦:《劳动法新论》,中国政法大学出版社 2003 年版,第 226、235 页。

短工作时:(1)从事矿山井下、高山、有毒有害、特别繁重体力劳动的劳动者;(2)从事夜班工作的劳动者;(3)在哺乳期工作的女职工。

其次,关于不定时工作时间的认定。不定时工作时是指由于工作性质或生产特点的限制,无法按照固定时间上下班,而采用的一种具有机动性特点的工作时。实行不定时工作时的企业应该履行审批手续,在原劳动部《关于企业实行不定时工作制和综合计算工作时工作制的审批办法》中对实行不定时工作时的一些职业进行了列举加兜底的规定。

再次,关于综合计算工作时的认定。认定综合工作时应该满足以下条件:(1)工作性质特殊,需连续作业或受季节及自然条件的限制无法实行标准工作时;(2)以周、月、季、年等为周期综合计算工作时;(3)虽不能实行标准工作时,但其平均日工作时间或平均周工作时间应与标准工作时基本相同。[1] 实行综合工作时与实行不定时工作时一样需要进行审批,审批的程序以及相关职业范围都规定在原劳动部《关于企业实行不定时工作制和综合计算工作时工作制的审批办法》中。

最后,关于计件工作时和非全日制工作时的认定。计件工作时是以劳动者完成一定数量的合格产品或一定的作业量来定劳动报酬的一种工作时,在劳动报酬部分,对计件工作时已有较多讨论,在此不过多重复;非全日制工作时在第十七章也有专门讨论。

(二)休息时间的认定调解请求及实体规范

在我国劳动者的休息时间主要包括:工作日内的间歇时间、两个工作日的休息时间、公休假日、法定节日。关于公休假日,根据《劳动法》第三十八条的规定,用人单位应当保证劳动者每周至少休息一日。目前我国实行的是5天工作制,公休日为2天。目前法定节日放假11天,具体情形主要是依据国务院《全国年节及纪念日放假办法》。

(三)关于年休假、探亲假的调解请求及实体规范

首先,关于年休假。根据国务院《职工带薪年休假条例》,带薪年休假的适用范围为:机关、团体、企业、事业单位、民办非企业单位、有雇工的个体工

---

〔1〕 参见林嘉主编:《劳动法与社会保障法》(第3版),中国人民大学出版社2014年版,第192页。

商户等单位的连续工作1年以上的职工。第四条也从反面规定了不享受年休假的范围。带薪年休假的天数与劳动者的工龄相关:职工累积工作已满1年不满10年的,年休假5天;已满10年不满20年的,年休假10天;已满20年的,年休假15天。

其次,关于探亲假。探亲假是指与父母或者配偶分居两地的职工,每年享有的与父母或配偶团聚的假期。职工探望配偶的,每年给予一方探亲假一次,假期为30天;未婚职工探望父母的,原则上每年给假一次,假期为20天。探亲假属于具有中国特色的假期制度,其始于1958年,现今学界对于探亲假存在存废之争。采废除说的学者认为,随着社会的发展,探亲假已经失去了存在的社会基础,在现实生活中也遭遇到名存实废的尴尬境地,况且年休假的制度功能也完全可以取代探亲假的制度功能。[1] 也有学者认为应当保留,不过应当根据社会情形的变化进行修改,因为探亲假具有其独特的制度功能,尤其是在“常回家看看”入法(《老年人权益保障法》第十八条第二款中规定,“与老年人分开居住的家庭成员,应当经常看望或者问候老年人”)的背景下,且年休假与探亲假的适用范围并不完全相同。[2]

第二节　有关要件事实主张及常见争点

一、关于劳动报酬的要件事实主张及常见争点

(一)加班费请求举证责任分配争议

案例:张某于2001年入职于A物业公司,2008年7月7日与其签订劳动合同,其第七条规定:“经批准加班的加班费以基本工资为基数,按照国家规定计算。”2011年双方签订无固定期限劳动合同。2013年7月25日,张某与A物业公司签订了解除劳动合同协议书。张某先仲裁,后起诉至法院。请求支付2001年8月1日至2013年4月1日的加班费504,650元以及赔偿金126,162元……

张某为证明其加班的事实,提交了2013年春节值班表、保安部加(值)

[1] 参见李炳安:《我国劳动工时和休息休假制度的价值选择与制度完善》,载《社会科学研究》2017年第5期。

[2] 参见许建宇:《职工探亲制度改革及立法完善》,载《中国劳动》2015年第1期。

班表、部分保安部值班记录、2012 年 8 月 27 日补偿统计表、录音、照片及盖有 A 物业公司保安部公章的多个文件。

A 物业公司不认可上述证据的真实性及证明目的。A 物业公司为证明张某不存在加班的事实，提交了 2011 年 5 月起的考勤簿及 2012 年 9 月起的工资表。工资表中显示张某工资由基本工资、岗位工资、绩效工资、工龄工资、通信费等构成，每月发放 200 元值班费。张某认可工资发放数额，亦认可 A 物业公司每月均向其发放 200 元值班费的事实，但主张 A 物业公司并未向其支付相应的加班费。[1]

劳动者请求支付加班费，主要存在两个要件事实：第一，存在加班事实；第二，用人单位没有支付加班费。按照最高人民法院关于适用《中华人民共和国民事诉讼法的解释》第 91 条，劳动者主张加班费的，应当就加班事实的存在承担举证证明责任。

本案中张某提供的部分值班记录证明了张某存在部分休息日及法定节假日加班的事实，完成了初步举证，此时主观的举证责任就转移到了 A 物业公司一方，但是 A 物业公司提交的工资表并没有显示其向张某支付过加班费，因此对于张某证据中显示的加班时间的合理部分应该予以认定。法院认为对于 2012 年 7 月 4 日之前加班费的诉讼请求，证据不足，不予支持。可能是考虑到一方面张某没有提供任何初步证据予以证明，另一方面用人单位支付劳动者工资的书面记录一般是保存两年备查。

（二）实行计件工资制度，加班费计算争议

案例：魏某于 2005 年 6 月 12 日进入 B 家具公司处工作，先后从事修色、封边、包装等工作。2007 年 12 月 20 日，双方签订了一份自当日起至 2010 年 12 月 20 日止的劳动合同，合同约定对魏某实行计件制工资制度。魏某最后工作至 2013 年 11 月 13 日，之后因照顾受伤丈夫江某某而未去公司上班。2014 年 1 月 20 日，魏某向劳动争议仲裁委员会申请仲裁，后魏某不服仲裁结果，遂诉至法院，请求判令 B 家具公司支付 2005 年 6 月 12 日至 2013 年 11 月 13 日延时加班费 10,000 元、休息日加班费 14,000 元、法定节假日加班费 10,000 元……[2]

---

[1] 参见北京市第二中级人民法院(2015)二中民终字第 02754 号民事判决书。

[2] 参见上海市第一中级人民法院(2016)沪 01 民终 2740 号民事判决书。

根据《工资支付暂行规定》第十三条第二款之规定，请求支付计件工资加班费必须满足以下三个要件事实：第一，存在实行计件工资的事实；第二，在数量上必须是超过计件定额后的工作量；第三，用人单位安排延长工作时间，即超过了标准工作时下的工作时间。加班费的计算公式为：加班费 = 加班完成的工作量（件数）× 劳动者法定工作时间计件单价 × 加班费计算系数（150%/200%/300%）

回到本案，根据魏某提供的劳动合同并结合家具制造业普遍实行计件的情况下，可以证明第一个要件事实清楚。第二个要件事实则存在争议，B家具公司未能就其主张的计件定额及分值提供有效的考量依据，亦没有提供有效证据证明其将定额标准与魏某作出过约定，而魏某一方主张加班工资，但对加班事实也未能提供任何明确的依据，由于需要满足第三个要件事实，超时并不意味着 B 家具公司必须支付加班工资，只有在魏某完成 8 小时内的定额后，超出部分 B 家具公司才应当按法定标准支付加班工资。本案的一个争议点则在于定额的确定，《劳动法》第三十七条只是原则性规定应该"合理确定"定额，各地区的"合理确定"处理意见不一，有些地区认为需要通过一定的民主管理程序进行确定，如上海，不过该规定还是过于原则；也有地区认为劳动定额应当使本单位 90% 以上的劳动者在法定工作时间内完成，广东省则规定的是 70%；还有地区认为应当按照：约定——行业规定——标准工时折算定额后再计算的顺序进行确定计件加班工资。[1]

本案最后考虑到举证责任分配、用人单位应当保留劳动者两年内的工资支付记录及相应的考勤记录予以备查的规定以及公平合理等原则，酌定予以支持 B 家具公司支付魏某 2012 年 11 月 13 日起至魏某离职日 2013 年 11 月 13 日止的加班工资 18,000 元。

（三）未签劳动合同双倍工资计算基数的争议

案例：刘某原系 C 投资公司物业副经理。双方曾签订了一份合同期限自 2012 年 9 月 1 日起至 2013 年 8 月 31 日止的劳动合同书。合同到期后刘

---

〔1〕参见《上海市企业工资支付办法》《江苏省工资支付条例》《广东省工资支付条例》《浙江省高级人民法院民一庭关于审理劳动争议纠纷案件若干疑难问题的解释》的相应规定。

某仍在C投资公司工作,但双方未续签书面劳动合同。刘某的月收入由基本工资(1500元)、岗位工资(400元)、交通补贴(200元)、通信补贴(400元)组成,扣除个人所得税、住房公积金、社保费、出勤扣款后为每月实得工资。2014年5月30日刘某向劳动争议仲裁委员会提出仲裁申请,请求:1.确认申请人(刘某)与被申请人(C投资公司)之间的劳动关系解除;2.裁决被申请人向申请人支付未签订书面劳动合同的双倍工资20,000元(2013年9月~2014年5月,月工资2500元)……[1]

根据《劳动合同法》第六十九条及第八十二条第一款之规定,劳动者主张用人单位支付因未签书面劳动合同的二倍工资应当满足以下两个要件事实:第一,双方之间存在劳动关系且用工形式不属于非全日制用工;第二,自用工之日起,一个月内没有签订书面劳动合同。在上述两个要件事实满足的情况下,那么二倍工资的计算基数则存在较大争议:

第一种处理意见以劳动者应得工资为基数,包含加班费、年终奖等全部工资性收入,如江苏、北京、江西;第二种处理意见则为以劳动者应得工资为基数,扣除部分工资项目,如广东、四川、上海,且扣除项目各地还不同;第三种处理意见以职工所在岗位相对应的标准工资为基数,如浙江;第四种处理意见以劳动者提供正常劳动所得实际工资为基数,但不得超过用人单位所在省市上年度职工月平均工资的3倍,如山东。[2] 由于各地的司法解释或会议纪要在该地区具有一定效力,所以双倍工资的计算基数在实务中还是应当参照相关规定。本案最终是以1900元为基数(基本工资+岗位工资)进行二倍工资计算。不过,笔者还是赞同第一种处理意见,因为二倍工资更多的是一种对用人单位没有签订书面劳动合同违法行为的惩罚,既然《劳动合同法》明确规定的是二倍工资,按照文义解释,那么就应当依据《国家统计局关于工资总额组成的规定》(下文简称《关于工资总额组成的规定》)中工资所构成的项目为依据作为计算基数。

(四)劳动者中途离职是否可以享受年终奖的争议

案例:张某于2012年5月入职上海某合资公司工作,2015年9月离职。

---

[1] 参见成都市中级人民法院(2015)成民终字第418号民事判决书。

[2] 参见各地民事审判工作会议纪要及相关高院司法解释;游本春、魏镇胜主编:《劳动争议案件常见疑难问题解析》,法律出版社2018年版,第96~98页。

2016年3月,他得知公司发放2015年年终奖后,认为自己应该拿到一半的奖金,理由是年终奖既然是对员工在一年中为公司工作的回报与奖励,如果员工按劳动合同和公司的规定完成了自己的任务,公司就不能歧视离职员工,应该贯彻同工同酬原则,付给离职员工相应数额的奖金。他的请求遭到了公司的拒绝,因为按照公司的规定,只有在发年终奖时仍然在册的员工才能享受年终奖,而张某已经离职,无权再拿年终奖;而且国家的法律法规对于发放年终奖的目的并没有明确规定,企业完全有权自主决定年终奖的发放范围和方式,张某不服,遂提起仲裁。[1]

实践中发放年终奖的情形主要有以下四种情况:第一,截留部分工资作为年终奖;第二,为激发员工努力工作,企业负责人在劳动者入职之初口头承诺年终奖;第三,为防止骨干人员跳槽,不少企业将年终奖推迟到次年年初发放;第四,作为激励手段,有些企业没有年终奖的发放标准,进行随意发放。[2] 在第一种情形下,由于所谓的年终奖实质属于劳动者的劳动报酬,员工中途离职用人单位也应当发放,不得予以扣除。那么其余情形下,年终奖的性质如何认定,则成为是否发放给中途离职员工的关键。有一种解释思路认为,根据《关于工资总额组成的规定》,奖金属于工资的组成部分,年终奖可以归为其第七条规定的其他奖金,因而年终奖属于劳动报酬。不过年终奖与其他工资类型相比,其私法性质更强,企业对是否发放年终奖以及发放的标准和范围具有自主权。

因此目前司法实践中对此的认定基本上是按照《劳动合同法》第十八条的规定进行,先看双方在劳动合同或集体合同中有没有约定;如果没有约定,再看用人单位的规章制度中有没有关于年终奖的特别规定,如将年终奖作为特别福利看待等;如果还没有规定的话,则可能会根据同工同酬的原则对中途离职的员工酌情认定一定比例的年终奖。本案的最后裁决结论是:公司有权制定年终奖分配方案,但由于该公司与劳动者签订的劳动合同以及公司的规章制度中都没有对年终奖的特别规定,故根据同工同酬的原则,支持张某获得相应的年终奖。[3]

---

〔1〕 参见王桦宇:《劳动合同法实务操作与案例精解》,中国法制出版社2017年版,第127页。

〔2〕 参见唐海洲主编:《最新劳动争议认定标准与疑点难点及案例精解》,中华工商联合出版社2017年版,第381~382页。

〔3〕 参见王桦宇:《劳动合同法实务操作与案例精解》,中国法制出版社2017年版,第127页。

二、关于工时休假争议的要件事实主张及常见争点

（一）值班是否属于加班的争议

案例：李某于2008年2月到D煤矿公司上班，工作岗位为财务部部长，负责公司的财务管理工作。2014年6月，D煤矿公司与李某的劳动合同终止。李某对劳动报酬、经济补偿的结算均无异议，但是提出D煤矿公司应支付2008年2月到2014年6月的加班费20,600元。理由是D煤矿公司规定星期六、星期日部门负责人6人（李某是其中之一）轮流到值班室坐岗，主要任务是负责接听电话、上传下达工作。李某称，自己正常工作时间以外到值班室坐岗理应算加班，公司应支付加班费；D煤矿公司则辩称，单位安排李某轮流到值班室负责接听电话，有值班制度和值班记录为证，应当是值班，公司已发放了值班费，但未安排李某加班，不可能再另行支付加班费。协商未果后，李某于2014年7月提出仲裁申请。[1]

认定构成加班一般认为需要满足以下三个要件事实：第一，存在劳动关系；第二，劳动者上班时间超过了本单位执行的工作时间；第三，用人单位没有安排相应的补休时间。值班从表面上看似乎满足以上三个要件，但在实践中认定加班一般还要看延长工作时间的实际工作内容，其处理意见为：首先看值班内容是否与本职工作有关，如果无关，则不构成加班；如果有关，则再看值班期间是否可以休息，如果可以休息则不构成加班，在不构成加班的情况下是可以主张一定的值班费。[2] 加班的主要目的在于完成本职工作，其工作强度大于值班；而值班的目的则在于安全、消防、节假日等的需要，主要工作内容为临时接听电话、防火、防盗或者处理一些突发性事件。因此认定构成加班的第二个要件事实应该进行一定的修正，修改为：劳动者上班时间超过了本单位执行的工作时间且延长工作时间是为了完成本职工作。

综上，本案李某的延长工作时间与本职工作无关，不应构成加班，D煤矿公司已经支付了相关值班补贴，其主张加班费的诉讼请求将不予支持。

---

〔1〕 该案例引自周建华：《值班与加班如何区分》，载《中国劳动保障报》2015年11月7日，第4版。

〔2〕 参见2009年《北京市高级人民法院、北京市劳动争议仲裁委员会关于劳动争议案件法律适用问题研讨会会议纪要》、2006年《上海市高级人民法院关于审理劳动争议案件若干问题的解答》。

（二）用人单位自行安排的“休假”能否抵销带薪年休假的争议

案例:2011年6月1日，班某与E律师事务所签订劳动合同，约定E律师事务所安排班某从事王律师个人助理工作，合同期限自2011年6月1日至2012年5月31日。2012年6月1日，班某与E律师事务所签订劳动合同，约定E律师事务所安排班某从事王律师个人助理工作，合同期限自2012年6月1日至2013年5月31日，班某的月基本薪资为3000元。E律师事务所没有安排年休假，但称安排班某于2012年6月24日至30日至泰国度假、2013年6月25日至29日至北戴河度假；班某认可去过泰国和北戴河，但称其去北戴河、泰国期间一直在工作。

后劳动合同解除，班某先仲裁，后起诉至法院请求E律师事务所支付班某2011年6月1日至2013年10月20日未休年休假工资8445.98元……[1]

休假的本质应该在于劳动者不必从事生产和工作可以自由支配利用自己的时间。正如法院在判决书中所指出的“劳动者应当拥有依其自由意愿，自主安排休假时间与方式的权利，用人单位安排集体外出旅游替代休假的，应当证明此方式属于双方约定的休假方式或符合单位合法有效的规章制度中的规定，或双方就此形成专门的合意。如若不具备上述条件，安排旅游不属于劳动者享受年休假的情况，而应属于用人单位在年休假之外另行提供的奖励或福利”。从法院的说理中也可以看出，并不是完全排除用人单位自行安排的休假抵销带薪年休假可能性，但是必须尊重劳动者的意见，在单位内部通过民主程序进行决定，用人单位对此事实承担证明责任。

回到本案，由于E律师事务所没有提供证据证明其组织的集体外出旅游（休假）抵销年休假是经过了班某的统一或单位内部合法有效的规章中有明确的约定，最后法院支持了班某关于年休假的诉请。

（三）劳动者不主动提出年休假申请是否视为默示放弃休假的争议

根据《企业职工带薪年休假实施办法》第五条之规定，用人单位应当根据生产、工作具体情况，并考虑劳动者的意愿主动安排年休假。所以不存在

---

[1] 参见北京市第三中级人民法院（2015）三中民终字第12243号民事判决书。

所谓的默示放弃。如果劳动者想要免除支付应休而未休年休假的额外劳动报酬,根据《企业职工带薪年休假实施办法》第十条必须满足以下两个要件:(1)用人单位已经安排劳动者休年休假;(2)劳动者因本人原因书面提出不休年休假。

第三节 劳动报酬与工时休假争议调解的注意事项

我们在法律方面除了需要移植国外的先进法律制度外,也要注重自身的“本土经验”。与诉讼相比,调解有着成本低、程序简洁,纠纷解决体现意思自治、不伤感情等天然优势,也被誉为“东方经验”。调解虽然在当前我国民事纠纷解决体系中依然发挥着重要的作用,但一些不足也进一步暴露出来,这就需要推动调解走向现代化。在劳动报酬与工时休假争议调解中应当注意以下事项:

第一,调解者应该掌握说话的艺术并学会换位思考。在调解工作中,调解者掌握说话的艺术同样相当重要,也就是要会做群众工作。在劳动报酬与工时休假争议调解中,会遇到形形色色的劳动者,由于文化素质等因素,他们提出自己的诉求,可能会没有任何证据进行佐证,在这种情况下,调解者要有同理心,考虑到劳动者的弱势地位,在不违背公正原则的前提下,引导劳动者收集相关证据。

第二,在劳动报酬争议中容易发生群体性纠纷,调解者不应单单关注个案,对于集体拖欠工资的情形,要注意与劳动保障监察等部门进行联系,协力解决问题。要同时做好对劳动者的安抚工作,避免可能出现一些极端维权现象。

第三,要注意劳动报酬争议的特殊性,在调解过程中发现确实存在转移财产、逃匿等方法逃避支付劳动者的劳动报酬或者有能力支付而不支付劳动者的劳动报酬等情形,涉嫌构成拒不支付劳动报酬罪的,应当积极引导劳动者向有关机关报案。

第四,调解不应当和稀泥,应当遵循基本事实清楚等原则。因此调解者要具备一定的专业性,具备一定的法律素养。尤其是在关于劳动报酬与工时休假的相关法律法规规定分散,历史年代久远的情形下,调解者要注意相关法律的准确适用。

第十五章 社会保险、福利待遇、劳动保护争议的调解实务

第一节 社会保险、福利待遇、劳动保护争议的调解请求及实体规范

《劳动争议调解仲裁法》第二条第四项将发生在劳动者和用人单位之间的关于社会保险、福利、劳动保护等方面的争议纳入劳动争议的范畴。第五条规定了"一调一裁两审判"的机制，由调解、劳动争议仲裁及人民法院两级审判相结合，充分发挥非司法方式的协调作用。[1] 根据司法实践，社会保险劳动争议的典型情形包括：劳动者与用人单位之间的不缴、少缴、迟缴社会保险费的争议；劳动者因为工伤、职业病，请求用人单位依法承担给予工伤保险待遇的争议；劳动关系解除或者终止后产生的支付福利待遇和办理劳动者的人事档案、社会保险关系等移转手续产生的争议。

一、社会保险的调解请求及实体规范

社会保险的争议主要集中于社会保险缴费争议和社会保险待遇争议。缴费争议包括是否应当缴纳社会保险费、社会保险缴费基数、社会保险参保险种、用人单位不办理社会保险转移手续等争议。待遇争议包括用人单位应当承担的社会保险待遇、未参保或缴费不足引起的社会保险待遇争议、用人单位拒绝支付社会保险待遇等争议。

---

〔1〕 参见王显勇：《社会保险基金法律制度研究》，中国政法大学出版社2012年版，第228页。

（一）基本养老保险的调解请求及实体规范

1.伤残津贴和基本养老保险待遇的调解请求及实体规范

《社会保险法》第四十条的规定，依法领取伤残津贴的工伤职工在退休时如未达到基本养老保险待遇条件的，继续享受工伤保险伤残津贴；如符合领取基本养老金条件的，就享受基本养老保险待遇并且停发伤残津贴。本条主要针对伤残等级为一级至四级和难以安排工作的五级、六级工伤职工而言。若该职工被鉴定为一级至四级伤残后，依据《工伤保险条例》第三十五条，由用人单位和职工个人以伤残津贴为基数缴纳基本医疗保险，而不再缴纳基本养老保险。若该职工被鉴定为五级、六级伤残，用人单位应当继续为其缴纳各项社会保险费，在职工达到退休年龄并办理退休手续后依法领取基本养老保险待遇，并停发伤残津贴。由于工伤职工以伤残津贴为基数缴纳基本养老保险费用，因此缴费的数额一般较少，养老保险待遇可能低于伤残津贴。为保障其退休后的生活水平，《社会保险法》规定"基本养老保险待遇低于伤残津贴的，从工伤保险基金中补足差额"。

2.参保个人因病或非因工致残、死亡待遇的调解请求及实体规范

从《社会保险法》第十七条"参加基本养老保险的个人，因病或者非因工死亡的，其遗属可以领取丧葬补助金和抚恤金；在未达到法定退休年龄时因病或者非因工致残完全丧失劳动能力的，可以领取病残津贴。所需资金从基本养老保险基金中支付"的规定可知，基本养老保险基金承担了参保人员因病或者非因工死亡的丧葬补助金和遗属抚恤金，以及在未达到法定退休年龄时因病或者非因工致残完全丧失劳动能力时病残津贴的支付责任。

丧葬补助金指职工死亡后安葬和处理后事的补助费用。抚恤金指在职工死亡后给予其家属的经济补偿和精神安慰，体现了对参保人员的人文关怀。遗属的范围一般包括死者的配偶、子女、依靠死者生前供养的父母，以及依靠死者生活的其他亲属。参保基本养老保险的个人，退休前和退休后因病或非因工死亡的，其个人账户的余额可以作为遗产由遗属继承，但对单位缴纳的基本养老保险费不能主张继承权。病残津贴是基本养老保险基金对未达到法定退休年龄时因病或者非因工致残、完全丧失劳动能力的参保人员的经济补偿。《工伤保险条例》第三十五条、第三十六条、第三十九条、第四十条仅对因工致残的伤残职工的伤残津贴和因工死亡职工的近亲属的

丧葬补助金作出了具体规定。在调解实务中，有关部门可以参照以上规定对因病或非因工致残职工的病残津贴和因病或非因工死亡遗属的丧葬补助金的标准作出判断。

（二）基本医疗保险的调解请求及实体规范

1. 灵活就业人员的基本医疗保险的调解请求及实体规范

《社会保险法》第十条、第二十三条规定，无雇工的个体工商户、未在用人单位参加基本养老保险、基本医疗保险的非全日制从业人员以及其他灵活就业人员可以参加基本养老保险、职工基本医疗保险，由个人缴纳基本养老保险费、基本医疗保险费。《劳动和社会保障部办公厅关于城镇灵活就业人员参加基本医疗保险的指导意见》将非全日制、临时性和弹性工作等灵活形式就业的人员纳入基本医疗保险制度的范围。已与用人单位建立明确劳动关系的灵活就业人员，要按照用人单位参加基本医疗保险的方法缴费参保。其他灵活就业人员，要以个人身份缴费参保。按照相关规定，灵活就业人员参加基本医疗保险的缴费率原则上按照当地的缴费率确定。从统筹基金起步的地区，可参照当地基本医疗保险建立统筹基金的缴费水平确定。缴费基数可参照当地上一年职工年平均工资核定。同时，可根据灵活就业人员的缴费水平和缴费时间，参照当地基本医疗保险的待遇水平，确定相应的医疗保险待遇，并明确医疗保险待遇与缴费年限和连续缴费相挂钩的办法。对首次参加医疗保险的灵活就业人员，可规定其参加基本医疗保险到开始享受相关医疗保险待遇的期限。

2. 基本医疗保险基金支付范围的调解请求及实体规范

《社会保险法》第三十条写明了不纳入基本医疗保险基金支付范围的医疗费用："（一）应当从工伤保险基金中支付的；（二）应当由第三人负担的；（三）应当由公共卫生负担的；（四）在境外就医的。医疗费用依法应当由第三人负担，第三人不支付或者无法确定第三人的，由基本医疗保险基金先行支付。基本医疗保险基金先行支付后，有权向第三人追偿。""第三人不支付"的情形，包括第三人有能力支付而拒不支付的，也包括第三人没有能力或暂时没有能力而不能支付或不能立即支付的。基本医疗保险基金先行支付后，医疗保险经办机构从受害职工处取得代位追偿权，有权向第三人就其应当支付的医疗费用进行追偿。

（三）工伤保险的调解请求及实体规范

1. 认定工伤的调解请求及实体规范

《社会保险法》第三十六条规定了职工由于工作原因受到事故伤害或者患职业病，且经工伤认定的，享受工伤保险待遇；其中，经劳动能力鉴定丧失劳动能力的，享受伤残待遇。结合《工伤保险条例》《工伤认定办法》《职业病分类和目录》等得以归纳出职工可以享受工伤保险待遇的条件：第一，工作原因。工伤认定的三要素有工作原因、工作时间、工作地点。人力资源社会保障部《关于执行〈工伤保险条例〉若干问题的意见（二）》中指出，职工在参加用人单位组织或者受用人单位指派参加其他单位组织的活动中受到事故伤害的，应当视为工作原因，但参加与工作无关的活动除外。职工由于工作原因驻外，有固定的住所、有明确的作息时间，工伤认定时按照在驻在地当地正常工作的情形处理。职工以上下班为目的、在合理时间内往返于工作单位和居住地之间的合理路线，视为上下班途中。第二，事故伤害。主要指职工在工作过程中发生的人身伤害和急性中毒等事故、从事与工作有关的预备性或者收尾性工作受到事故伤害、因履行工作职责受到暴力等意外伤害、非本人主要责任的交通事故或者城市轨道交通、客运轮渡、火车事故伤害，以及《工伤保险条例》第十五条规定的应当视同为工伤的情形等。第三，患职业病。职业病指企业、事业单位和个体经济组织等用人单位的劳动者在职业活动中，因接触粉尘、放射性物质和其他有毒、有害物质等因素而引起的疾病。

2. 工伤治疗期间待遇的调解请求及实体规范

《工伤保险条例》第三十三条规定，“职工因工作遭受事故伤害或者患职业病需要暂停工作接受工伤医疗的，在停工留薪期内，原工资福利待遇不变，由所在单位按月支付。停工留薪期一般不超过12个月。伤情严重或者情况特殊，经设区的市级劳动能力鉴定委员会确认，可以适当延长，但延长不得超过12个月。工伤职工评定伤残等级后，停发原待遇，按照本章的有关规定享受伤残待遇。工伤职工在停工留薪期满后仍需治疗的，继续享受工伤医疗待遇。生活不能自理的工伤职工在停工留薪期需要护理的，由所在单位负责”。停工留薪期指职工因工负伤或患职业病暂停工作接受治疗，并由所在单位按月支付原工资福利待遇的期限。停工留薪期的时间由已签订服务协议的治疗工伤的医疗机构提出意见，经劳动能力鉴定委员会确认并通知有关单位和职工。职工在停工留薪期内除享受工伤医疗待遇外，原工资福利待遇不变，由所在单位发给；生活不能自理需要护理的，由所在单位负责。这里所指的原待遇指职工在受伤或被确诊患职业病前，原用人单位发给职工的全部工资和福利待遇。工伤职工被评定伤残等级后，停发原待遇，按照《工伤保险条例》第三十五条至第三十七条（一级至十级工伤待遇）的规定享受伤残待遇。

3. 已购买商业医疗保险后申请工伤保险待遇的调解请求及实体规范

《工伤保险条例》第六十二条规定，依照本条例规定应当参加工伤保险而未参加工伤保险的用人单位职工发生工伤的，由该用人单位按照本条例规定的工伤保险待遇项目和标准支付费用。首先，因工伤保险本身的强制性，用人单位应当为职工购买工伤保险，未购买则按照工伤标准向劳动者支付相关赔偿金。其次，人身意外伤害险等医疗保险属于商业保险，与工伤保险的性质并不相同。职工在遭受工伤后，既可获得商业保险的赔偿，还可享受工伤保险待遇，用人单位不得以职工已获得人身伤害保险赔偿金为由拒绝。人身意外伤害险等商业保险主要针对的是伤者的医药费；工伤保险属于社会保险，针对的是包括医药费在内的相关权利保障和待遇。职工所受伤害经认定为工伤后，职工获得的达到理赔条件的人身意外保险赔偿不影响其享受工伤待遇的权利。该职工同时享有两种保险权利。[1]

4. 民事侵权责任和工伤保险责任竞合的调解请求及实体规范

依法应当参加工伤保险统筹的用人单位的劳动者，因工伤事故遭受人身损害，劳动者或者其近亲属向人民法院起诉请求用人单位承担民事赔偿责任的，告知其按《工伤保险条例》的规定处理。因用人单位以外的第三人侵权造成劳动者人身损害，赔偿权利人请求第三人承担民事责任的，人民法院应予支持。《社会保险法》第四十二条规定，“由于第三人的原因造成工伤，第三人不支付工伤医疗费用或者无法确定第三人的，由工伤保险基金先行支付。工伤保险基金先行支付后，有权向第三人追偿”。由于第三人行为导致职工受伤的情形同时违反了《民法典》和《社会保险法》的规定，受伤职工可以向侵权第三方请求民事侵权损害赔偿，也可以向工伤保险基金要求享受工伤保险待遇。

---

〔1〕 参见《社会保险法新解读》（第4版），中国法制出版社2016年版，第37页。

5. 工作中受到精神伤害而请求工伤赔偿的调解请求及实体规范

工作中受到的精神伤害不能要求工伤赔偿。按照我国现行法律规定，工伤指在工作过程中所受的肢体伤害，劳动者只有在工作过程中发生肢体上的伤害时才能要求工伤赔偿。而劳动者人格尊严和名誉等受到伤害的，不能认定为工伤。劳动者因身体上的伤害而遭受的精神伤害，也仅能就身体上的伤害请求工伤赔偿，而不能申请因身体伤害引起的精神伤害的工伤赔偿。在此情况下，劳动者只能通过其他途径要求侵权人承担损害赔偿责任。

（四）失业保险的调解请求及实体规范

1. 关于领取失业保险金期间死亡的待遇的调解请求及实体规范

《社会保险法》第四十九条指出，失业人员在领取失业保险金期间死亡的，参照当地对在职职工死亡的规定，向其遗属发给一次性丧葬补助金和抚恤金。所需资金从失业保险基金中支付。个人死亡同时符合领取基本养老保险丧葬补助金、工伤保险丧葬补助金和失业保险丧葬补助金条件的，其遗属只能选择领取其中的一项。同时，《社会保险法》第十七条有关参加基本养老保险的待遇、第三十八条有关工伤保险内容等也规定了丧葬补助金。在不同情形下，可能发生失业人员死亡同时符合领取基本养老保险丧葬补助金和失业保险丧葬补助金，或者同时符合领取工伤保险丧葬补助金和失业保险丧葬补助金，或同时符合领取基本养老保险丧葬补助金、工伤保险丧葬补助金、失业保险丧葬补助金三种情形。那么根据以上规定，可以通过比较数额的大小由遗属自由选择其中一项社会保险的丧葬补助金。

2. 领取失业保险待遇的调解请求及实体法规范

《社会保险法》第五十一条规定“失业人员在领取失业保险金期间有下列情形之一的，停止领取失业保险金，并同时停止享受其他失业保险待遇：（一）重新就业的；（二）应征服兵役的；（三）移居境外的；（四）享受基本养老保险待遇的；（五）无正当理由，拒不接受当地人民政府指定部门或者机构介绍的适当工作或者提供的培训的”。失业人员重新就业后，拥有了生活来源，应当停止其失业保险待遇。需要注意的是，“移居境外”指失业人员到境外定居，并不包括短期出境探亲、访友的情形。“享受基本养老保险待遇”指已办理退休手续的，由于其生活能够得到保障，因此也不再享受失业保险待遇。“无正当理由，拒不接受当地人民政府指定部门或者机构介绍的适当工作或者提供的培训的”指该失业人员在有机会重新就业的情形下放弃就业，不符合《社会保险法》第四十五条第三项所规定的领取失业保险金“有求职要求”这一条件。

3. 职工辞职后失业保险待遇的调解请求及实体法规范

《社会保险法》第四十五条规定，“失业人员需符合下列条件，才能从失业保险基金中领取失业保险金：（一）失业前用人单位和本人已经缴纳失业保险费满一年的；（二）非因本人意愿中断就业的；（三）已经进行失业登记，并有求职要求的”。职工自动辞职离开工作岗位并不符合“非因本人意愿中断就业”的要求，故其不能享受失业保险待遇。但有两个例外：一是用人单位以暴力、威胁或者非法限制人身自由的手段强迫劳动的；二是用人单位未按照劳动合同约定支付劳动报酬或者劳动条件的。以上两种情形下，职工若自动辞职，则可以享受失业保险待遇。

（五）生育保险的调解请求及实体规范

1. 生育保险待遇的调解请求及实体规范

用人单位已经缴纳生育保险费的，其职工享受生育保险待遇；职工未就业配偶按照国家规定享受生育医疗费用待遇。所需资金从生育保险基金中支付。其中，生育保险待遇包括生育医疗费用和生育津贴。根据《社会保险法》第五十五条的规定，“生育医疗费用包括下列各项：生育的医疗费用；计划生育的医疗费用；法律、法规规定的其他项目费用”。生育津贴指国家法律、法规规定对职业妇女因生育而离开工作岗位期间所给予的生活费用。

2. 生育津贴的调解请求及实体规范

《社会保险法》第五十六条规定：“职工有下列情形之一的，可以按照国家规定享受生育津贴：（一）女职工生育享受产假；（二）享受计划生育手术休假；（三）法律、法规规定的其他情形。”生育津贴按照职工所在用人单位上年度职工月平均工资计发。结合《劳动合同法》的规定，劳动合同期满，女职工在孕期、产期、哺乳期内的，用人单位不能任意解除与女职工的劳动关系，劳动合同应当延续至相应情形消失时为止。因此，女职工在此期间内可以报销生育医疗费用，领取生育津贴。

二、福利待遇的调解请求及实体规范

《劳动法》明确指出，国家发展社会福利事业、兴建公共福利设施，应当为劳动者休息、休养和疗养提供条件。用人单位应当创造条件,改善集体福利,提高劳动者的福利待遇。福利待遇指企业为了保留和激励劳动者,而采用的一种非现金形式的报酬。福利待遇纠纷,是指用工单位与劳动者因福利待遇问题而产生的纠纷,其属于劳动条件待遇纠纷,也是社会保险福利纠纷。实践中,劳动者与用人单位之间的福利待遇纠纷主要有以下几种:欠缴社会保险费;欠缴住房补贴;支付绩效奖金;支付与工作岗位相关的福利等。[1]

(一)绩效奖金支付的调解请求及实体规范

《劳动合同法》第六十二条中明确了用工单位对劳务派遣职工的义务,其应当支付加班费、绩效奖金,提供与工作岗位相关的福利待遇。绩效奖金指在一个周期或根据一项任务的完成,按照劳动者的劳动绩效计算、发放的奖金。由于绩效奖金也不能事先在劳务派遣协议中约定,法律明确规定用工单位应当为被派遣劳动者支付绩效奖金。[2]

(二)带薪年休假的调解请求及实体规范

《职工带薪年休假条例》明确了机关、团体、企业、事业单位、民办非企业单位、有雇工的个体工商户等单位的职工连续工作 1 年以上的,均有权享受带薪年休假。职工在年休假期间享受与正常工作期间相同的工资收入。其中,职工累计工作已满 1 年不满 10 年的,年休假 5 天;已满 10 年不满 20 年的,年休假 10 天;已满 20 年的,年休假 15 天。对职工应休未休年休假天数,单位应当按照该职工日工资收入的 300% 支付年休假工资报酬。

第二节　有关要件事实主张及常见争点

一、关于社会保险有关要件事实主张及常见争点

(一)有关未办理医疗保险的责任承担的主张及其认定

案例:程某系合肥市城镇居民。2009 年 9 月,程某去 A 印务公司工作。

---

〔1〕 参见梁栋杰:《“民生”官司》,中国政法大学出版社 2013 年版,第 308 页。

〔2〕 载北大法宝:http://www.pkulaw.cn/CLink_form.aspx? Gid = 199310&Tiao = 62&km = siy&subkm = 0&db = siy,最后访问日期:2020 年 9 月 2 日。

由于A印务公司于2010年11月参照本单位农民工标准为程某办理了农民工类保险,导致双方解除劳动关系后程某无法按照本市城镇居民标准续交包括医疗保险费在内的社会保险费用。2011年11月16日至12月1日,程某因患病住院治疗,支付医疗费19,993.99元,其中医保外医疗费用634.11元。由于程某离职后至2011年11月无法办理城镇职工医疗保险的转移和续接手续,因而丧失了享受当期职工医保待遇的权利,由其自行承担了全部医疗费。[1]

劳动者依法享有社会保险权,用人单位应当履行自己的法定义务,为劳动者办理相应的社会保险。因用人单位未按法律、行政法规的规定迟交、少交和不交社会保险费用而导致劳动者未能享受相关的社会保险待遇的,用人单位应当承担相应的法律责任。本案中,程某系本市城镇居民,但A印务公司仅为其办理了农民工类保险,导致程某住院期间未能享受医疗保险待遇,由此产生的应由医保统筹基金支付的医疗费用应由A印务公司承担。

(二)已购买商业保险后请求职工医疗保险的主张及其认定

案例:2011年11月,B公司与C公司签订委托招聘合同,约定:C公司为B公司名下6艘船舶招聘远洋船员,以C公司名义与应聘船员签订聘用合同,合同的权利义务由B公司享有和承担;C公司在与应聘船员签订聘用合同时应当口头向其披露委托方,经应聘船员无异议后方可签订聘用合同。

2012年7月8日,安东某与C公司签订聘用合同,合同约定:C公司招聘安东某为远洋大管轮职务船员,聘用期限为两年半,自安东某出境日9月1日起至安东某所在船只抵境日或合同到期日止;C公司负责为安东某投保人身意外险,如在聘用期内发生因工伤亡,按有关意外保险条款执行。2012年8月22日,B公司作为投保人,为包括安东某在内的48名船员向中国人保财产保险股份有限公司投保团体意外伤害保险,保障项目为额外身故、残疾、烧伤给付,每人保险金额为60万元,保险时间为2012年8月23日至2013年8月22日。B公司于投保当日缴纳了保费。

2013年8月5日,安东某等14名船员被派遣所在的"中洋26"轮在某遇险侧翻。2014年1月16日,安东某被县人民法院宣告死亡。中国人保财产

---

〔1〕参见合肥市中级人民法院劳动者权益保护十大典型案件(2014)之七:程某诉A印务公司医保待遇纠纷案。

保险股份有限公司向原告安民某和兰某实际支付了安东某身故赔偿金60万元。2014年12月10日，人民法院判决确认C公司与安东某签订聘用合同的行为属于隐名代理，C公司与安东某签订的聘用合同直接约束B公司和安东某，B公司与安东某存在劳动关系。2015年3月16日，人力资源和社会保障局认定安东某于2013年8月5日因工外出在某海域遇险死亡属于工伤。现安民某和兰某作为安东某的法定继承人请求判令B公司支付丧葬补助金、供养亲属抚恤金、一次性工亡补助金等工伤保险待遇。[1]

本案焦点为安民某和兰某获得B公司为其子安东某购买的商业保险的保险赔付后，能否再向B公司主张安东某的工伤保险待遇。为安东某缴纳工伤保险是B公司的法定义务，因此其为职工购买商业性人身意外伤害保险，并不免除其为职工购买工伤保险的法定义务。

《工伤保险条例》第六十二条第二款规定："应当参加工伤保险而未参加工伤保险的用人单位职工发生工伤的，由该用人单位按照规定的工伤保险待遇项目和标准支付费用。"工伤保险具有法定强制性，商业保险则具有一定的自愿性和补充性，视企业的具体情况而定。人身意外伤害保险实质上是用人公司为安东某提供的一种福利待遇，在获得赔付后仍然有权向用人单位主张工伤保险待遇。在调解实务中，需要特别注意的是，商业保险不能替代工伤保险、基本医疗保险等，若用人单位同时为劳动者办理了商业保险和工伤保险，那么劳动者有权同时享有两项保险待遇的赔付。

（三）请求撤销显失公平的调解协议的主张及其认定

案例：唐某、幸某、郭某、幸享某、陈某、黎某、彭某等均系某县农民，长期在该县D煤矿从事井下采煤工作，双方形成事实劳动关系。2009年4月24日，D煤矿组织职工进行身体检查，上述几人均被诊断患有煤工尘肺病，后被认定为工伤，且构成四级到六级不等的伤残，其中唐某和幸某为四级。2010年，上述工伤人员向D煤矿提出请求伤残待遇解决的书面申请。同年7月，在某人民调解委员会主持下，上述除彭某外的工伤人员分别与D煤矿达成《职业病待遇一次性补偿调解协议书》，根据协议书，唐某等人分别得到D煤矿支付的赔偿金。每个人的赔偿数额不尽相同，最高的获得7万余元，最低的只有4万余元，其中唐某得到5.06万元（赔偿数额根据调解时确定

---

〔1〕 参见《最高人民法院公报》2017年第12期。

的“职业病工伤待遇一次性补偿金额 = 各项工伤保险待遇总额 ÷ 总接尘年限 × 本矿接尘年限 + 适当家庭困难补助”得出)。

争议发生后,有关单位多次组织调解均未成功,为打破调解僵局,D 煤矿采取了各个击破的调解方法。首选工伤矿工中年龄最小、伤残等级最高的幸某作为突破对象,与幸某签订“阴阳调解协议”。在《职业病待遇一次性补偿调解协议书》上只载明赔偿 7.08 万元,D 煤矿私下再给予幸某 7200 元的职业病困难补助,其余 6 万元的工伤待遇赔偿由 D 煤矿出具欠条,并要求幸某不能对外透露在调解协议之外还约定了 6 万元的工伤待遇赔偿。在与其他伤残等级低的人调解过程中,D 煤矿以幸某调解协议为样本,虚构幸某四级伤残仅获得赔偿 7 万多元的事实,误导其他人与 D 煤矿订立一次性赔偿调解协议。并且,在历次调解中,D 煤矿法律顾问周某均以人民调解员的身份参加了调解。

工伤人员中仅彭某(六级伤残)未与 D 煤矿签订一次性赔偿调解协议。其向人民法院提起诉讼后得到生效判决,判令 D 煤矿支付彭某各项工伤待遇共计 156,977 元。2010 年 8 月,唐某等人得知彭某案的判决结果后,认为 D 煤矿欺骗了自己。在向某县劳动争议仲裁委员会申请仲裁未果后,诉至县人民法院请求撤销调解协议,并要求 D 煤矿给付各项工伤待遇、未签订合同的赔偿、鉴定费、车费等。[1]

本案焦点在于唐某等人经某人民调解委员会调解与 D 煤矿达成的《职业病待遇一次性补偿调解协议书》是否合法有效,可以予以撤销。首先,《最高人民法院关于人民法院民事调解工作若干问题的规定》第十条规定了人民法院不予确认的调解协议的四种情形:(1)侵害国家利益、社会公共利益的;(2)侵害案外人利益的;(3)违背当事人真实意思的;(4)违反法律、行政法规禁止性规定的。经核实案情后发现,D 煤矿确实采用了“各个击破、签订阴阳调解协议”的方法,欺骗了唐某等多位明显缺乏经验的工伤职工。其次,D 煤矿法律顾问周某以人民调解员的身份参加调解,与幸某签订“阴阳调解协议”,欺骗唐某等人与 D 煤矿订立调解协议等做法明显违反了诚实信用原则,违背了当事人的真实意思,导致处理结果显失公平。因此,唐某等人有权请求人民法院撤销该调解协议。

---

〔1〕 载北大法宝 http://www.pkulaw.cn/case/pfnl_a25051f3312b07f35efc1d32910ea78db154f68aad119c58bdfb.html? match = Exact,最后访问日期:2020 年 9 月 2 日。

（四）有关女职工产假期间生育津贴和工资待遇的主张及其认定

案例：刘某于2008年9月6日入职E公司任销售员，其月工资构成为基本工资1800元加考核奖金，并由E公司为刘某缴纳生育保险费。2014年度，刘某的月平均工资为8108元。2015年2月16日至2015年6月30日，刘某休产假。经社会保险经办机构核定，刘某的生育津贴金额为19,533.80元。公司领取了上述生育津贴，但只向刘某支付金额13,413.8元。在刘某产假期间，公司按照基本工资1800元的标准发放了工资。刘某请求E公司支付生育津贴差额。[1]

法律、法规等对处于孕期、产期、哺乳期的女职工给予了特殊保护，保障了女性劳动者在特殊时期的合法权益。《社会保险法》第五十四条提到“用人单位已经缴纳生育保险费的，其职工享受生育保险待遇。生育保险待遇包括生育医疗费用和生育津贴。”根据《女职工劳动保护特别规定》第五条、第八条的内容，用人单位不得因女职工怀孕、生育、哺乳降低其工资、予以辞退、与其解除劳动或者聘用合同。参加生育保险的女职工产假期间的生育津贴按照用人单位上年度职工月平均工资的标准由生育保险基金支付。本案中，公司为刘某缴纳了生育保险，但并未按社会保险经办机构核定的生育津贴的数额支付。虽然公司在刘某产假期间按基本工资1800元的标准发放了工资，但未补足相应的工资差额，故公司应将上述生育津贴的差额支付给刘某，并补足相应的工资差额。

（五）停工留薪期内的待遇主张及其认定

案例：某单位一退休人员，原在部队受伤评定为二等甲级伤残，并持有革命伤残军人证。转业到该单位工作后退休，其养老金根据国家政策按本人工资的100%计发。现该退休人员的工伤复发，单位仍按工伤对待。但其配偶要求该单位支付一次性伤残补助金，并享受工伤医疗待遇。[2]

该退休人员配偶的要求该单位支付一次性伤残补助金和享受工伤医疗

---

〔1〕 载北大法宝 http://www.pkulaw.cn/case/pfnl_a25051f3312b07f3bf9f7e2c9c257b7a6e5e5f36bf8dc7fcbdfb.html? match = Exact，最后访问日期：2020年9月2日。

〔2〕 参见岳宗福编著：《五险一金制度·案例·答疑》，中国法制出版社2008年版，第188～189页。

待遇。第一,根据《工伤保险条例》第十五条的规定,职工原在军队服役,因战、因公负伤致残,已取得革命伤残军人证,到用人单位后旧伤复发的,视同工伤,并且享受除一次性伤残补助金以外的工伤保险待遇。因此,该退休人员无权请求单位支付一次性伤残补助金。第二,根据《工伤保险条例》第三十条、第三十二条、第三十三条、第三十五条的规定,该人员可以享受工伤医疗待遇。但由于其已退休,并按月领取本人工资100%的养老金,显然不能像在职职工一样享受停工留薪期间的工资福利待遇。综上,该退休人员应当享受除停工留薪期间的工资福利待遇以外的其他工伤医疗待遇。

二、关于福利待遇有关要件事实主张及常见争点

(一)加班工资的支付主张及其认定

案例:刘某自2006年2月起至F时装公司从事裁剪工作。2008年4月20日,该公司行政方与工会签订集体合同书,规定公司执行平均每周工作时间不超过40小时的工时制度,并保证职工每周至少休息一日,无论实行何种工作制,其平均日工作时间和平均周工作时间应与法定标准工作时间相同。2009年4月23日至2013年4月23日,市人社部门应该时装公司申请许可其实行特殊工时工作制,其中综合计算工时制计算周期均为年。2010年度、2011年度刘某加班累计时长分别为1167.5小时、1106.5小时;2012年1月至6月加班累计459.5小时。2011年6月至2012年5月,刘某上班天数共计306天,平均每周工作近6天。2012年9月,刘某以公司超时加班,未足额支付加班工资为由向公司提出解除劳动合同。后双方于2012年9月10日解除劳动关系,刘某请求该时装公司支付加班工资。[1]

企业因生产特点无法实行劳动法规定的标准工时制的,可以实行特殊工时制。本案中,尽管该时装公司申请通过了特殊工时工作制的实行,但应当采用集中工作、集中休息、轮休调休、弹性工作时间等适当方式,确保职工的休息休假权利。但从刘某的实际工作情况看,其在法定标准工作时间内均在上班,岗位的淡旺季之分仅体现在平时和周末加班时数的长短,公司在生产淡季中未安排刘某轮休、调休,使其一直处于超时加班状态,因此刘某

〔1〕参见江苏省高级人民法院公布劳动争议十大典型案例(2014)之一:刘某与F时装公司劳动争议纠纷上诉案。

的岗位作息制度已与标准工时制无异,用人单位仍应按照标准工时制向劳动者支付双休日加班工资。

(二)改变劳动者福利待遇迫使其离职的赔偿主张及其认定

案例:阿波是G饮料公司的一名检验员。初进公司时,公司为其提供了一间生活设施齐全的“豪华单间”。尽管月收入只有2300元左右,阿波仍旧快乐地工作了五六年。某一天,阿波突然收到了公司的通知,内容为“因阿波不执行公司领导安排的本职工作,每月的岗位系数为0元,要求搬出公司宿舍。如不执行,则每天收取50元住宿费。因住宿费大于基本工资,故阿波该月工资暂时停发,直至搬出宿舍为止”。随后,双方针对工作安排及住宿费用等问题未能协商一致,阿波在几日后离开公司。[1]

现实中,不少企业为了破解“用工荒”的难题,除提高工资待遇外,还为员工提供了诸多福利待遇,如提供舒适的住宿环境。本案中,生活设施齐全的“豪华单间”是否为必要的劳动条件?法律规范并未明文规定用人单位为员工提供宿舍,因此在通常情况下员工宿舍非工作的必要条件。但是用人单位在与劳动者签订劳动合同中约定由用人单位为劳动者提供免费宿舍,“员工宿舍”就可能成为劳动者工作的劳动条件。G饮料公司突然要求阿波搬离宿舍,收取高额住宿费并停发工资的行为,实质上是在变相降低阿波的工资收入,通过给阿波的生活制造困难来迫使阿波主动离职。公司降低了阿波的工资待遇,阿波有权请求公司支付经济补偿金。若劳动者确实违反了用人单位规章制度的,用人单位可以依据双方的劳动合同或规章制度等,收回宿舍并收取一定费用;情节严重的,可依法解除双方之间的劳动合同。

第三节 社会保险、福利待遇、劳动保护争议调解的注意事项

我国现行社会保险制度的普遍社会化,由此带来的参与主体的多元化、法律关系的复杂化、劳动保护争议的多样化,导致现行社会保险争议解决机制存在结构上、效率上的顽疾。首先,劳动保护争议处理机制不健全,行政

[1] 参见佛山市中级人民法院“劳动争议十九大典型案例”(2012年度)之八:阿波与G饮料公司劳动争议纠纷上诉案。

机关、劳动争议仲裁委员会、法院的介入不足以解决日益繁杂的劳动争议。劳动争议解决机制和行政争议解决机制各行其是,均无法彻底有效解决社会保险争议。[1] 工会的作用难以充分发挥、劳动争议调解的效力难以被认可等诸多问题亟待解决。其次,出于社会保险的法定性和强制性考量,险种、缴费基数、缴费年限等法定内容在争议处理过程中的统一口径至关重要,尤其是在当事人享有极大处分权和意思自治的调解过程中。最后,各调解主体应当建立长效联动与沟通机制,动态调整业务范围,以及时顺应社会发展的动态变化,以回应劳动者诉求,高效、快捷地解决各类劳动保护争议。

一、明确各种劳动保护争议解决机制的界限,畅通劳动争议的调解渠道

第一,明确禁止调解的案件类型。例如,具有法定性的羁束行为争议并不适合通过调解的方式解决,否则可能伤害其他主体的合法权益,应当依照法律规定的要求化解纠纷。第二,在网站、报纸等媒体平台公开各调解组织的名称、组成人员、办公地点、电话、工作职责等内容,建立起调解组织信息库,通过信息公开为劳动者提供必要的便捷服务。利用大众媒介将劳动争议调解纳入传播主渠道,让劳动争议调解深入人心,提高争议解决的认可度。[2]

二、制定、规范具有可操作性的调解程序

第一,结合劳动者和用人单位、社会保险、福利待遇等劳动保护争议的特点,界定调解主体在调解工作中的地位和权利边界,以更好发挥调解主体在劳动争议调解中的重要作用。第二,对常见争议的调解请求进行类型化整合,形成可参考的案例,提高类似案件的解决效率,防止部分案件“久调不决”。第三,统一规范调解文书的类型、格式、必要内容,增强劳动争议调解的法律效力和社会公信力。

---

〔1〕 参见栗燕杰:《中国社会保险的法治议题》,中国社会科学出版社 2013 年版,第 157 页。

〔2〕 参见王民华:《枫桥经验在基层劳动人事争议调解中的实践与思考》,载《劳动保障世界》2018 年第 18 期。

三、明确调解途径的选择是出于自愿、合法原则，并非解决社会保险等相关劳动争议的必经程序

在调解过程中，当事人有权在法律框架下对自己的权利进行处分和让渡，但调解主体不得强迫当事人让步或达成调解协议，否则将因违反自愿原则致使调解无效。

四、考虑劳动者与用人单位之间、劳动者与劳动者之间的差异

以实务中较为突出、占据较大比例的工伤保险争议为例，工伤维权程序复杂，成本较高，导致一部分遭受工伤的劳动者宁可放弃一部分权益而选择私了。在此情形下，调解主体应当平衡劳动者和用人单位之间的文化素养、维权经验、经济水平等客观上的差异，以更好地化解劳动保护纠纷。例如，农民工和城镇职工之间的差异。实际争议调解中应尽量为农民工等弱势群体提供更多的资源支持，降低该类群体的维权成本，切实维护劳动者的合法权益。

五、强调调解队伍建设，完善参与调解人员的培训工作

劳动者与用人单位发生纠纷后，基层调解组织成员或工会人员往往可能是当事人的同事，对案件的争议焦点、案件事实、争议双方情况等有一定了解，可以更快速地介入争议，找准解决问题的关键，安抚劳动者的情绪，避免双方矛盾的激化。通过调解员定期培训制度等方式，提升其矛盾化解的能力，提高专业素养，进而提高调解队伍的专业化。

六、充分发挥工会在劳动争议调解中的关键作用

维护职工合法权益是工会的基本职责，通过平等协商和集体合同制度协调劳动关系，维护企业职工权益。工会须密切联系职工，听取和反映职工的意见和要求，关心职工生活，帮助职工解决困难，全心全意为职工服务。作为职工与用人单位对话的桥梁，应当重视工会在劳资双方争议解决中的重要地位。司法救济中“法”字优先，在劳动争议调解中应当“情”字优先，及时疏导职工情绪，重视劳动者诉求，做好共情与沟通的调解工作。

第十六章 商业秘密保护与竞业禁止争议的调解实务

第一节 商业秘密保护与竞业禁止争议的调解请求及实体规范

商业秘密的重要性对企业来说不言而喻，在竞争日益激烈的商战中，商业秘密是企业保持核心竞争力的要素之一。保护商业秘密的手段多种多样，在劳动合同中约定商业秘密保护条款是一种很重要的措施。但是法律是利益平衡的工具，法律既要维护企业的合法权利，也要保护员工的工作和生存的权利。在劳动合同或者保密协议中约定员工在职期间负有保密义务和离职后的竞业限制时，基于权利义务对等的原则，企业应向员工支付一定数量的保密费，支付员工一定的费用作为对员工竞业限制的补充。然而，在实践中，由于劳动合同中没有约定，或约定不明，或约定显失公平，常常引发劳动争议。《劳动法》《劳动合同法》等对此作出了实体规定，在以下的实体规定的基础上，实践中因为不同案件而经常遇到的调解请求。

第一，保密条款、劳动者违反保密义务的法律责任。《劳动法》第二十二条规定："劳动合同当事人可以在劳动合同中约定保守用人单位商业秘密的有关事项。"《劳动合同法》第二十三条第一款规定："用人单位与劳动者可以在劳动合同中约定保守用人单位的商业秘密和与知识产权相关的保密事项。"《劳动法》第一百零二条规定："劳动者违反本法规定的条件解除劳动合同或者违反劳动合同中约定的保密事项，对用人单位造成经济损失的，应当依法承担赔偿责任。"原劳动部于 1995 年施行的《违反〈劳动法〉有关劳动合同规定的赔偿办法》第五条规定:“劳动者违反劳动合同中约定的保密事项,对用人单位造成经济损失的,按《反不正当竞争法》第二十条的规定支付用人单位赔偿费用。”

此外,地方性法规也有涉及此类内容。2001 年上海市人大常委会颁布的《上海市劳动合同条例》第十五条规定:“劳动合同当事人可以在劳动合同中约定保密条款或者单独签订保密协议。商业秘密进入公知状态后,保密条款、保密协议约定的内容自行失效。对负有保守用人单位商业秘密义务的劳动者,劳动合同当事人可以就劳动者要求解除劳动合同的提前通知期在劳动合同或者保密协议中作出约定,但提前通知期不得超过六个月。在此期间,用人单位可以采取相应的脱密措施。”2001 年北京市人民政府颁布的《北京市劳动合同规定》第十三条规定:“除本规定第十二条规定的条款外,经当事人协商一致,还可以在劳动合同中约定下列内容……(三)保守商业秘密。”

第二,约定竞业限制义务并给予劳动者经济补偿及违反义务的违约责任。《劳动合同法》第二十三条第二款规定:“对负有保密义务的劳动者,用人单位可以在劳动合同或者保密协议中与劳动者约定竞业限制条款,并预定在解除或者终止劳动合同后,在竞业限制期限内按月给予劳动者经济补偿。劳动者违反竞业限制约定的,应当按照约定向用人单位支付违约金。”第二十四条规定:“竞业限制的人员限于用人单位的高级管理人员、高级技术人员和其他负有保密义务的人员。竞业限制的范围、地域、期限由用人单位与劳动者约定,竞业限制的约定不得违反法律、法规的规定。在解除或者终止劳动合同后,前款规定的人员到与本单位生产或者经营同类产品、从事同类业务的有竞争关系的其他用人单位,或者自己开业生产或者经营同类产品、从事同类业务的竞业限制期限,不得超过二年。”

约定竞业限制义务目的在于保护商业秘密,主体为用人单位的高级管理人员、高级技术人员和其他负有保密义务的人员。期限为在职期间和离职后的一定期间。应当对受竞业限制的人员支付经济补偿,同时,特定主体违反竞业限制义务负有损害赔偿责任。

原劳动部 1996 年发布的《关于企业劳动者流动若干问题的通知》中规定用人单位可规定掌握商业秘密的劳动者在中止或解除劳动合同后的一定期限(不超过 3 年),不得在生产同类产品或经营同类业务且有竞争关系的单位就职。也不得自己生产与原单位有竞争关系的同类产品或经营同类业务，但用人单位应当给予该劳动者一定数额的经济补偿。原国家科委1997年发布的《关于加强科技人员流动中技术秘密管理的若干意见》第七条规定："单位可以在劳动聘用合同、知识产权权利归属协议或者技术保密协议中，与对本单位技术权益和经济利益有重要影响的行政管理人员、科技人员和其他相关人员约定竞业禁止条款。凡有这种约定的，单位应向有关人员支付一定数额的补偿费。负有竞业禁止义务的人员有足够证据证明该单位未执行国家有关科技人员的政策，受到显失公平待遇以及单位违反竞业禁止条款，不支付或无正当理由拖欠补偿费的，竞业禁止条款自行终止。竞业禁止期限最长不得超过3年。"

第二节　有关要件事实主张及常见争点

在涉及商业秘密保护及竞业禁止的劳动争议纠纷中，是否构成商业秘密、是否违反保密义务侵害商业秘密及其法律后果，竞业限制期内的经济补偿支付条件成就与否及履行、违反竞业限制约定的法律后果等均为常见的争点。

一、商业秘密侵权

对于侵害商业秘密权的行为的讨论，应首先确定其请求权基础，即选择何种法律关系作为最适合的争议点。侵权纠纷在我国具有特殊性，经常与其他纠纷发生请求权竞合、法条竞合或法规竞合，故对其的讨论应当依据不同的部门法展开。但是，无论从何种部门法展开，均有一个共同的构成要件，即劳动者实施了侵害用人单位商业秘密权的行为。具体可从以下几个方面考查：首先，劳动者的行为是否针对用人单位的商业秘密。要考察所指对象是否符合商业秘密的构成要件，行为所指向的对象是劳动者一般的专业技术知识还是其基于职务所掌握的用人单位的商业秘密，行为所指向的对象是劳动者在业余时间所取得的技术成果还是其所掌握的用人单位的商业秘密。其次，劳动者的行为是不是违法的侵害行为。界定的依据就是劳动者泄露或利用用人单位的商业秘密是否基于单位的指示，或是否基于职务或工作性质的需要。只要两者具备其一，就是正当的行为，如果两者都不具备，就是违法的侵害行为。最后，对劳动者离职后利用其所掌握的技术知识的行为是否构成侵权行为要根据其行为是否出于谋生的需要、所利用的技术成果的重要性、离职时间的长短、用人单位对离职劳动者的补偿等情况综合衡量。在具备这一要件的前提下，劳动者侵犯用人单位商业秘密的行为可能存在以下三种不同的法律性质。具体到不同的部门法，又可将商业秘密侵权区分为违约行为、劳动者民事侵权行为以及不正当竞争行为三类。

第一，违约行为。劳动者商业秘密侵权行为构成违约行为的前提条件是劳动者与用人单位之间存在合同关系。这里，对于“合同关系”应作广义的理解，其表现形式既可以是专门的保护商业秘密协议，也可以是雇用合同或聘用合同中的有关保护商业秘密的条款，既可以书面合同关系，也可以是口头合同关系。在没有明示合同关系的情况下，如果劳动者的职务或工作性质决定了其具有保密的诚信义务，也可以推断劳动者与用人单位之间具有事实上的保密契约关系。也就是说，基于劳动者与用人单位之间的特殊关系，劳动者侵犯用人单位商业秘密的行为通常都可以作为违约行为处理。劳动者侵害商业秘密行为构成违约行为的要件，一是具有有效的保密合同或保密条款，二是劳动者实施了违反合同义务的行为。

第二，一般的民事侵权行为。劳动者侵犯用人单位商业秘密权的行为与一般的民事侵权行为的特征和构成要件是完全吻合的，因而绝大多数情况可构成一般的民事侵权行为。劳动者构成侵害商业秘密的民事侵权行为的构成要件如下：其一，具有侵犯用人单位民事权利的违法行为，即其违反法律规定或与用人单位之间的约定而泄露、利用用人单位的商业秘密或破坏该商业秘密，现在的主导观点是将商业秘密视为某种知识产权，对商业秘密的侵犯也就是对这种民事权利的侵犯。其二，劳动者的行为造成了用人单位的损害。商业秘密的价值在于其能够给其拥有者带来竞争优势和经济利益。其三，劳动者在主观上具有过错。包括故意和过失。在此种情况下，出现侵权责任与违约责任竞合，即行为人所实施的某一违法行为导致违约责任和侵权责任同时产生。从权利受害人的角度来看，因不法行为人的行为具有多重性，使其具有因多种性质违法行为而产生的多重请求权，此种现象称为请求权的竞合。责任竞合与请求权的竞合是同一问题的两个方面。在劳动关系中商业秘密纠纷主要是基于保密合同和竞业禁止合同而产生的，合同当事人的违约行为，同时侵犯了法律规定的保护商业秘密的强制性规定，由此产生了权利人的违约请求权与侵权请求权竞合问题。《民法典》第一百八十六条规定，“因当事人一方的违约行为，损害对方人身权益、财产权益的,受损害方有权选择请求其承担违约责任或者侵权责任”。根据这一精神,在涉及商业秘密合同纠纷中,应当允许受害人从违约责任和侵权责任中选择一种责任提出请求,但不能同时基于两种责任提出请求。从受害人利益角度来看,选择违约之诉比较有利。

第三,不正当竞争行为。不正当竞争行为是一种特别侵权行为,其构成要件也就是一般的民事侵权行为的四个构成要件,即侵权主体、主观上的过错、侵权行为和危害后果及其因果关系,但在各要件的内容上有其特殊性。不正当竞争行为的主体具有特定性,应当是经营者,即从事商品经营或者营利性服务的法人、非法人组织和自然人。在主观上,不正当竞争行为应当以竞争为目的。这是不正当竞争行为与一般的民事侵权行为的主要区别。劳动者通常不属于《反不正当竞争法》所称的“经营者”,劳动者与用人单位之间通常不存在这种竞争关系,因而其对用人单位商业秘密权的侵犯大多不是为了与用人单位之间进行竞争,不存在竞争目的。这两个特殊要件的缺失决定了劳动者用人单位的商业秘密侵权一般不构成不正当竞争行为。劳动者侵犯用人单位商业秘密权的行为在下列情况下具备不正当竞争行为的构成要件。首先,劳动者自身也是独立的经营者。包括在职劳动者私下独立从事经营活动或与他人一起从事经营活动及劳动者离职后自己独立从事一定的经营活动。其次,劳动者与用人单位之间存在竞争关系,以竞争为目的实施侵害用人单位商业秘密权的行为。如果劳动者私下从事或在离职后从事的经营活动与用人单位的经营活动属于同一类型,就可认定这种竞争目的的存在。再次,劳动者实施了侵害用人单位商业秘密权的违法行为。如协助他人的侵权行为、不正当泄露商业秘密、不正当利用商业秘密等。最后,劳动者侵犯用人单位商业秘密的行为具有危害性。即其行为侵犯了用人单位的商业秘密权、扰乱了市场经济秩序、破坏了公平竞争的法律环境。劳动者侵害用人单位商业秘密的行为具备这些条件的情况极为少数,只有在极少数情况才构成不正当竞争行为。概言之,劳动者侵犯用人单位商业秘密权的行为,肯定是民事侵权行为,有时是民事侵权行为与违约行为的竞合,有时构成不正当竞争行为这种特殊的民事侵权行为,有时甚至同时具备这三种行为的构成要件。

二、竞业禁止

第一,任职期间的竞业限制争议。任职期间不得在竞争公司兼职或兼营竞争性业务,是劳动者尤其是高级职员的法定义务。用人单位可以同劳动者约定更严格的竞业禁止义务。任职期间的竞业禁止是劳动者的法定义务。除非用人单位与劳动者另有约定,劳动者在任职期间内不能从事与用人单位相竞争的业务。在实践中,如果劳动者尤其是高级职员的兼职行为即兼营竞争性业务行为被所任职的公司所认可,则说明该任职的公司已经以特定行为的方式承认了该劳动者的行为,则该劳动者的行为不能认定为竞业禁止行为。同时,若劳动者任职的公司在已经知晓并承认该劳动者的竞业限制行为并不采取一定的措施,并且同该劳动者的兼职行为或兼营行为进行了交易,则不得再要求该劳动者承担违反竞业禁止的责任,除非该公司与劳动者之间的竞业限制约定有明确的要求。

第二,离职后的竞业禁止争议。劳动者离职以后是否能够从事本单位的同类业务,若单位不支付劳动者补偿金,竞业禁止协议是否有效,是实践中经常遇到的问题。根据《劳动合同法》第二十三条、第二十四条的规定,竞业限制协议必须符合以下条件方属合法、有效。首先,竞业限制协议或条款的目的是保护公司的商业秘密。在发生争议时,用人单位需要证明商业秘密的存在和劳动者的知悉。如果企业不存在商业秘密或者劳动者无法知悉企业的商业秘密,商业秘密就缺乏存在的基础。其次,竞业限制的主体限于用人单位的高级管理人员、高级技术人员和其他负有保密义务的人员。实际上限于知悉用人单位商业秘密和核心技术的人员,不可能面对每个劳动者。要求每个员工都要遵守所签订的竞业限制协议,实际反而无法追究,形同虚设,企业要给每人一份经济补偿金也无力承受。《劳动合同法实施条例(草案)》第二十一条规定:“公司中可以约定竞业限制的高级管理人员包括《公司法》规定的公司经理、副经理、财务负责人、上市公司董事会秘书和公司章程规定的其他人员。其他用人单位的高级管理人员参照前款规定确定。”虽然正式公布的《劳动合同法实施条例》并无本条内容,但这并不妨碍劳动争议仲裁委员会和人民法院依照《中华人民共和国公司法》有关规定和用人单位的公司章程对劳动者是否属于高级管理人员的范围进行判断。高级技术人员是企业中那些获得高级技术职称的工程技术人员,如高级工程师等。其他负有保密义务的人员是指高级技术、管理人员之外的知悉公司商业秘密的人员。反之,在劳动合同存续期间,无法获得、知悉公司商业秘密或者无法以工作身份知悉、获得商业秘密,则不能作为竞业禁止的主体。

第三，竞业限制的范围、地域、期限应当合理，不得违反法律强制性规定。在时间方面，竞业限制的时间最长不超过二年。《劳动合同法》第二十四条第二款规定，在解除或者终止劳动合同后，前款规定的人员到与本单位生产或者经营同类产品、从事同类业务的有竞争关系的其他用人单位，或者自己开业生产或者经营同类产品、从事同类业务的竞业限制期限，不得超过二年。在司法实践中，具体期限应由用人单位根据自身情况、行业状况、国内外惯例、劳动者获知商业秘密以及相关知识产权的深度，劳动者的个人品质等确定，不得超过两年即可。在竞业限制的范围、地域方面，由于竞业限制实际限制了劳动者再次就业的选择，是对劳动者基本劳动权的限制，劳动者可能因竞业限制而改变择业方向，甚至面临无法择业，故而不能任意扩大竞业限制的适用范围。由于商业秘密本身具有保密性，商业秘密的可适用范围究竟有多大存在疑问，此时若任由用人单位来决定，用人单位为了自身的利益，一定会对其进行扩大化的解释，如将劳动者不得再次择业的范围扩张至全国乃至全球，就有明显的不正当扩大趋势。故而，必须对竞业限制的范围进行一定的限制。原则上竞业限制的范围、地域应当以与本单位形成直接竞争关系为宜，潜在的或者模糊的竞争关系等一般不能作为竞业限制的范围内。

第四，用人单位应当支付与劳动者约定的公平合理的竞业禁止补偿金。如果劳动者无法获得相应的禁止补偿金，那么劳动者的正常生活就无法维系，在这种情况下，劳动者当然不会遵守竞业限制义务。权利和义务是对等的，享有权利意味着要履行义务。

补偿金的具体确定及支付，应当细化。对于补偿金的数额，其确定应合理且公平。根据劳动者受限制的程度、实践经验，以及劳动者在整个行业的职位、技能、影响力、工资水平等具体确定，同时应当考虑到所涉及保密的商业秘密的性质以及其重要程度。一般来说，补偿金应当有其底线。从现在来看，每月获得的补偿应当高于劳动者工作所在地规定的最低工资标准。实践中，有些地区率先规定了竞业限制的补偿标准。例如，2009 年修正的《深圳经济特区企业技术秘密保护条例》第二十四条规定，“竞业限制协议约定的补偿费，按月计算不得少于该员工离开企业前最后十二个月月平均工资的二分之一。约定补偿费少于上述标准或者没有约定补偿费的，补偿费按照该员工离开企业前最后十二个月月平均工资的二分之一计算。”对于就补偿金的支付方式应当明确。补偿金应当在合同解除或终止之后按月支付。实践中,有的企业约定在劳动关系存续期间预先付给劳动者,同工资一起发放,企业已经付出了成本,却无法达到预期效果。有的企业约定在限制期满后再支付,这违背了补偿金设定的初衷,此种竞业限制无效。需要注意的是,根据《劳动合同法》,在合同期间劳动者承担保密义务不是以用人单位支付保密费为前提的,保密义务是法定义务,不以当事人的约定而发生实质性变化。因此,劳动者以没有保密费为由主张保密协议无效的,人民法院将不予支持。在竞业限制协议履行过程中,如果协议内容发生实质性变化,则竞业限制的约定也会自行终止。例如,所涉及的技术秘密已经公开则毫无秘密性可言;负有竞业限制的员工并未实际接触到该技术秘密;未实际在特定岗位上工作或早已经调离该岗位等。

第三节　商业秘密保护与竞业禁止争议调解的注意事项

一、商业秘密保护与竞业禁止争议调解的必要性

(一)商业秘密保护与竞业禁止超出了传统劳动法的保护范围

商业秘密保护与竞业禁止虽然属于劳动法所规定的劳动争议之一,但是在商业秘密及竞业禁止本身具有多重属性,不仅关涉劳动者的劳动权,而且对用人单位的经济效益乃至该单位在同行业的生存都有着重要的影响。传统劳动法强调对劳动者的保护,对劳动者如何实现劳动权利,保障劳动权利都做了一定的规范上的倾斜,这种倾斜内化为劳动法的原则。而作为商业秘密保护与竞业禁止的另一方用人单位来说,在劳动法的范围内维护自己的权益的实现程度远没有适用如《反不正当竞争法》《民法典》等其他法律来说更加完善,这就使整个商业秘密保护与竞业禁止纠纷在劳动法领域予以解决的可能性有所减小。以查明事实、适用法律为核心的民事审判在适用不同部门法时应当考量不同部门法所涉及的基本价值和基本原则,但是商业秘密保护与竞业禁止的纠纷最终应当选择何种法律予以裁判实际会给法官造成困扰。此时,通过暂时搁置具体法律的适用而适用调解,更有利于平和劳动者和用人单位之间的利益。

(二)商业秘密保护与竞业禁止纠纷具有秘密性

仲裁或者诉讼的过程就是事实不断查明、法律不断适用的过程,而查明

的事实必须对所涉及的商业秘密以及竞业禁止的具体内容进行确定。然而,在仲裁或者诉讼过程中,很难确保所揭示的商业秘密以及竞业禁止内容不会被泄露,即使审理者不会对商业秘密或竞业禁止的事项予以公开,也无法保证劳动者及劳动者的代理人以及证人不会从法庭查明事实的过程中获得进一步的商业秘密,即商业秘密的进一步泄露。从这一点来看,法庭剑拔弩张地查明事实过程反而会对商业秘密的保护造成一定的影响,使本来未泄露的商业秘密造成泄露。这对劳动者以及用人单位来说都是不可接受的。若采用调解,则可利用背对背调解或小范围的调解方式,在最小的范围内实现纠纷的解决,从而保障在解决纠纷的同时不会出现对用工单位不利的情形。

二、调解过程中应注意的事项

(一)注意区别不同调解方式的特点

对商业秘密保护与竞业禁止纠纷进行调解,应注意依据调解方式的不同选择合适的类型。现阶段,委派调解、委托调解与法院调解都可适用于商业秘密保护与竞业禁止的纠纷。但是,三者在适用上会有程序上的不同。在适用阶段上,委派调解属于诉讼外的调解,其并未进入诉讼阶段。委托调解与法院调解均为诉讼内的调解。商业秘密、竞业禁止一般属于重大性纠纷,即使在涉及劳动者是否应当支付赔偿金数额上并不大,但对于用人单位来说,其具体纠纷也具有重大性。相对于委派调解,委托调解和法院调解为诉讼内的调解,是人民法院已经立案受理后的调解,利用此两种方式进行调解一方面可以显示法院对此类纠纷的重视程度,使调解结果更具有说服力,彰显司法权威,另一方面也可以避免因为未进入诉讼便开始调解带来的纠纷扩大化问题。故在选择调解方式时,应以委托调解和法院调解为主。在委托调解和法院调解的选择上,委托调解依托专业化的人员进行调解,尤其在涉及商业秘密此类纠纷时,专业人员的判断能力较一般的劳动纠纷方面法官更加出色,故二者又可以委托调解为更优选择。

(二)注意调解过程的保密性

调解过程的保密性直接关涉该调解方式及调解结果是否被当事人所信赖。调解过程的保密性可以体现在调解方式的保密性与调解主体的保密性。从调解方式的保密性来看,面对面调解的保密性远远小于背对背调解的保密性，如果当事人适用面对面调解，则商业秘密或竞业禁止中涉及的保密性问题的揭露会更加充分，反而可能进一步影响商业秘密，而采用背对背调解，纠纷双方不会产生太多的正面交锋，也更有利于调解主体控制商业秘密的揭露限度。从调解主体的保密性来说，在委派调解和委托调解中，一旦选择了专业性的委员会或专业性的人员作为调解主体，该主体就可能在调解过程中直接获悉商业秘密，故对于调解主体选择后如何保密应予以注意。故而，在选择调解主体的过程中，应当采取保密措施，选择与所调解的纠纷没有直接利害关系的专业人士，调解主体在调解之后亦应当对调解过程予以保密。

（三）明确调解过程所涉及的不同部门法

调解要求查明事实、适用法理。故法律的选择与适用就至关重要。部门法的交织体现了不同价值取向的冲突，而调解恰好可通过调解本身的灵活性来协调不同价值取向之间可能存在的冲突。这就要求调解主体能够灵活、熟练掌握不同部门法之间的区别、连接点以及可能存在的突破点。善于从不同部门法的角度对此问题对所涉纠纷进行综合考量。商业秘密及竞业限制纠纷虽然主要涉及劳动者的权益，但也涉及诸如《民法典》《反不正当竞争法》等诸多部门法。部门法的交叉要求调解主体应当综合考量各个部门法所涉及的基本原则、基本规范以及法规的适用，尤其不能只依据《劳动法》《劳动合同法》进行调解。

（四）适当向劳动者予以倾斜

若涉及商业秘密或竞业禁止的纠纷已经通过劳动争议仲裁且被明确限定为劳动争议，那么在调解时适当向劳动者进行倾斜是非常必要的。从现阶段来看，商业秘密保护及竞业限制纠纷涉及劳动者的基本权益，尤其是竞业限制问题直接限制劳动者再就业，涉及劳动者的基本劳动权。此时，即使根据上一部分内容要综合《民法典》《反不正当竞争法》进行调解，但在调解过程中，应当以《劳动法》和《劳动合同法》为主，依据劳动法的基本原则、基本价值取向作出有利于劳动者的调解结果。

第十七章 劳务派遣和非全日制用工争议的调解实务

第一节 劳务派遣和非全日制用工争议的调解请求及实体规范

一、劳务派遣的调解请求及实体规范

由于劳务派遣单位与被派遣劳动者之间属于劳动关系，所以关于其调解请求及实体规范大都还是与典型的劳动关系及实体规范相同，本节就其特殊之处进行阐述。[1]

（一）涉劳动合同、劳务派遣协议的订立和履行的调解请求及实体规范

1. 未订立书面劳动合同请求支付双倍工资的调解请求及实体规范

与劳动者订立书面劳动合同属于劳务派遣单位的法定义务。由于劳动法的社会法特征，其管制性较强，所以在《劳动合同法》中对劳动合同的条款作了比较详细的规定，劳务派遣单位与被派遣劳动者订立书面劳动合同，其特殊之处在于：第一，劳动合同的必备条款有所增加，除应载明《劳动合同法》第十七条规定的事项外，还应当载明被派遣劳动者的用工单位以及派遣期限、工作岗位等与劳动者派遣任务有关的情况；第二，劳动合同期限有所限制，根据《劳动合同法》第五十八条的规定，劳务派遣单位应当与劳动者订

---

〔1〕 为了章节内部的体系性，关于调解请求这一块与前几章存在一定的重复之处在所难免。

立2年以上的固定期限劳动合同。

2. 未履行相关告知义务影响合同效力的调解请求及实体规范

在劳务派遣关系中,关于告知义务的特殊规定主要是针对劳务派遣单位,劳务派遣单位除了应如实告知被派遣劳动者《劳动合同法》第八条规定的事项、应遵守的规章制度外,劳务派遣单位还应将劳务派遣岗位和人员数量、派遣期限、劳动报酬和社会保险数额与支付方式以及违反协议的责任等告知被派遣劳动者。

3. 支付劳动报酬的调解请求及实体规范

根据《劳动合同法》第五十八条的规定,劳务派遣单位应当向被派遣劳动者按月支付报酬,被派遣劳动者在无工作期间,劳务派遣单位应当按照所在地人民政府规定的最低工资标准,向其按月支付报酬。第六十条规定,劳务派遣单位不得克扣用工单位按照劳务派遣协议支付给被派遣劳动者的劳动报酬。在实践中,用工单位没有及时将劳动者的劳动报酬支付给用人单位,用人单位因此没有将劳动者的劳动报酬及时发放的情况时有发生。根据此条的规定可知,这不是用人单位不及时发放劳动报酬的正当理由,用人单位应当及时发放劳动报酬,其后可以根据劳务派遣协议向用工单位主张违约责任。

在劳务派遣关系中,关于劳动报酬还有一个比较常见的请求——同工同酬。同工同酬是从宪法平等原则中衍生出来的一项重要制度。根据《劳动合同法》第六十三条的规定,被派遣劳动者享有与用工单位的劳动者同工同酬的权利。用工单位应当按照同工同酬原则,对被派遣劳动者与本单位同类岗位的劳动者实行相同的劳动报酬分配办法。用工单位无同类岗位劳动者的,参照用工单位所在地相同或者相近岗位劳动者的劳动报酬确定。

4. 有关劳动者参加或组织工会的调解请求及实体规范

在社会主义市场经济条件下,劳动者通过参加或者组织工会是其维护自身合法权益的基本权利之一,被派遣劳动者由于身处劳务派遣三方关系中的特殊地位,其参加或组织工会的权利更应该强调。[1]《劳动合同法》第六十四条明确规定,被派遣劳动者有权在劳务派遣单位或者用工单位依法参加或者组织工会,维护自身的合法权益。

---

〔1〕 参见信春鹰、阚珂主编:《中华人民共和国劳动合同法释义》(第2版),法律出版社2013年版,第260页。

5. 用工单位请求将被派遣劳动者退回劳务派遣单位的调解请求及实体规范

根据《劳动合同法》第六十五条第二款的规定，被派遣劳动者有本法第三十条（过错性被退回）和第四十条第一项、第二项（劳动者无力承担或者不能正常履行工作岗位的工作被退回）规定情形的，用工单位可以将劳动者退回劳务派遣单位。《劳务派遣暂行规定》对适用情形进一步地进行扩大，根据其第十二条的规定，在以下情况下，用工单位可以将被派遣劳动者退回劳务派遣单位：(1)用工单位有劳动合同法第四十条第三项、第四十一条规定情形的；(2)用工单位被依法宣告破产、吊销营业执照、责令关闭、撤销、决定提前解散或者经营期限届满不再继续经营的；(3)劳务派遣协议期满终止的。至此就把用人单位可以解除劳动合同的情形全部囊括进来，两者不同之处在于依据《劳动合同法》第六十五条规定的情形，劳务派遣单位可以根据劳动合同法的有关规定解除劳动合同；在《劳务派遣暂行规定》第十二条规定的情形下，劳务派遣单位不能据此解除劳动合同，并应在被派遣劳动者没有工作期间，向其支付不低于当地最低工资标准的工资，其第十五条进一步规定，劳务派遣单位重新派遣时维持或者提高劳动合同约定条件，被派遣劳动者不同意的，劳务派遣单位可以解除劳动合同。

（二）涉劳动合同的解除与终止的调解请求及实体规范

1. 请求解除劳动合同的调解请求及实体规范

解除劳动合同的调解请求分为被派遣劳动者请求解除劳动合同和劳务派遣单位请求解除劳动合同。根据《劳务派遣暂行规定》第十四条的规定，被派遣劳动者提前 30 日以书面形式通知劳务派遣单位，可以解除劳动合同。被派遣劳动者在试用期内提前 3 日通知劳务派遣单位，可以解除劳动合同。根据《劳动合同法》第六十五条的规定，被派遣劳动者也可以根据本法第三十六条的规定解除劳动合同。当然了，根据意思自治的原则，双方协商一致也可以解除劳动合同。

根据《劳务派遣暂行规定》第十五条第一款的规定，被派遣劳动者因本规定第十二条规定被用工单位退回，劳务派遣单位重新派遣时维持或者提高劳动合同约定条件，被派遣劳动者不同意的，劳务派遣单位可以解除劳动合同；第二款从反面规定被派遣劳动者因本规定第十二条规定被用工单位退回，劳务派遣单位重新派遣时降低劳动合同约定条件，被派遣劳动者不同意的,劳务派遣单位不得解除劳动合同,但被派遣劳动者提出解除劳动合同的除外。

2. 因终止劳动合同后续事宜的调解请求及实体规范

因劳务派遣单位的原因导致劳动合同的终止,劳务派遣单位还应承担一定的义务。根据《劳务派遣暂行规定》第十六条的规定,劳务派遣单位被依法宣告破产、吊销营业执照、责令关闭、撤销、决定提前解散或者经营期限届满不再继续经营的,劳动合同终止。用工单位应当与劳务派遣单位协商妥善安置被派遣劳动者。

3. 请求支付经济补偿的调解请求及实体规范

支付经济补偿是劳务派遣单位的义务之一,根据《劳务派遣暂行规定》第十七条的规定,劳务派遣单位因《劳动合同法》第四十六条或者本规定第十五条、第十六条规定的情形,与被派遣劳动者解除或者终止劳动合同的,应当依法向被派遣劳动者支付经济补偿。

(三)涉社会保险及福利待遇的调解请求及实体规范

1. 被派遣劳动者因工伤导致的调解请求及实体规范

被派遣劳动者因工伤导致的调解请求主要包括请求派遣单位和用工单位协助工伤认定以及工伤保险待遇的支付等调解请求。根据《劳务派遣暂行规定》第十条的规定,被派遣劳动者在用工单位因工作遭受事故伤害的,劳务派遣单位应当依法申请工伤认定,用工单位应当协助工伤认定的调查核实工作。劳务派遣单位承担工伤保险责任,但可以与用工单位约定补偿办法。被派遣劳动者在申请进行职业病诊断、鉴定时,用工单位应当负责处理职业病诊断、鉴定事宜,并如实提供职业病诊断、鉴定所需的劳动者职业史和职业危害接触史、工作场所职业病危害因素检测结果等资料,劳务派遣单位应当提供被派遣劳动者职业病诊断、鉴定所需的其他材料。《劳务派遣暂行规定》第十八条也规定了劳务派遣单位在用工单位所在地为被派遣劳动者参加社会保险的义务。

2. 享受平等福利待遇的调解请求及实体规范

根据《劳务派遣暂行规定》第九条的规定,用工单位应当按照《劳动合同法》第六十二条规定,向被派遣劳动者提供与工作岗位相关的福利待遇,不得歧视被派遣劳动者。这里的福利待遇包括:提供符合国家劳动标准的劳动条件和劳动保护、告知被派遣劳动者的工作要求和劳动报酬、支付加班费和绩效奖金、提供与工作岗位相关的福利待遇、对在岗的被派遣劳动者进行工作岗位所必需的培训、(连续用工的)实行正常的工资调整机制等。

二、非全日制用工的调解请求及实体规范

(一)支付劳动报酬的调解请求及实体规范

在非全日制用工中请求支付劳动报酬的调解请求是占最大比例的。《劳动合同法》第七十二条第一款规定,非全日制用工小时计酬标准不得低于用人单位所在地人民政府规定的最低小时工资标准。这里的最低工资与我们平常看到的各地人力资源与社会保障局(厅)规定的最低工资有所差异,这里的最低工资还应包括单位应缴纳的基本养老保险费和基本医疗保险费。在原劳动和社会保障部《关于非全日制用工若干问题的意见》第八条规定了一个计算的公式:小时最低工资标准=[(月最低工资标准÷20.92÷8)×(1+单位应当缴纳的基本养老保险费和基本医疗保险费比例之和)]×(1+浮动系数)。《劳动合同法》第七十二条第二款规定,非全日制用工劳动报酬结算支付周期最长不得超过15日。从中也可以看出与全日制用工的工资一般以月为支付周期的标准有所不同。

(二)关于合同签订的调解请求及实体规范

1. 关于合同签订形式的调解请求及实体规范

考虑到非全日制用工的灵活性,与全日制用工必须订立书面劳动合同的要求不同,《劳动合同法》第七十二条规定,非全日制用工双方当事人可以订立口头协议。《关于非全日制用工若干问题的意见》第一条第二款规定,用人单位与非全日制劳动者建立劳动关系,应当订立劳动合同。劳动合同一般以书面形式订立。劳动合同期限在一个月以下的,经双方协商同意,可以订立口头劳动合同。但劳动者提出订立书面劳动合同的,应当以书面形式订立。后者对劳动合同形式规定得更加严格,但考虑到《劳动合同法》是上位阶的法律且是新法,其所规定的不一致的地方还是应当以《劳动合同法》的规定为主。

2. 关于认定多重劳动关系的调解请求及其实体规范

在全日制用工中,于一定期限内,劳动者原则上只与一个用人单位建立一个劳动关系。但在非全日制用工中,《劳动合同法》第六十九条第二款规

定,从事非全日制用工的劳动者可以与一个或者一个以上用人单位订立劳动合同;但是,后订立的劳动合同不得影响先订立的劳动合同的履行。这里的多重劳动关系都是指非全日制用工劳动关系。允许劳动者建立多重劳动关系一方面有利于劳动者增加收入,得到多方面锻炼;另一方面也有利于企业降低用工成本。

3. 关于合同条款及认定试用期条款无效的调解请求及实体规范

《关于非全日制用工若干问题的意见》第三条规定了非全日制用工合同的条款,应当包括工作时间和期限、工作内容、劳动报酬、劳动保护和劳动条件五项必备条款,但不得约定试用期。我国当下通过全日制就业方式的人员,主要依靠体力,从事简单的生产和服务,不仅劳动报酬低而且劳动可替代性强,其权利更容易受到用人单位的侵害,更需要获得法律的保护。[1]因此《劳动合同法》第七十条也明确规定了非全日制用工双方当事人不得约定试用期。如果相关单位违反规定,应当按照《劳动合同法》第八十三条的规定,用人单位违反本法规定与劳动者约定试用期的,由劳动行政部门责令改正;违法约定的试用期已经履行的,由用人单位以劳动者试用期满月工资为标准,按已经履行的超过法定试用期的期间向劳动者支付赔偿金。

(三)关于合同终止的调解请求及实体规范

与全日制用工劳动合同中存在解除与终止的复杂规定不同,非全日制用工没有合同解除的规定,且非全日制用工双方当事人任何一方都可以随时通知对方终止用工(《劳动合同法》第七十一条)。在终止劳动合同后就面临一个经济补偿金的问题,根据《劳动合同法》的规定,终止非全日制用工合同,用人单位不需要支付经济补偿金。在实践中于非全日制用工纠纷出现经济补偿金的问题,一般都是先认定该关系是否能构成非全日制用工关系,如果构成的话,在适用法律方面没有什么争议,所以争议点会在非全日制用工关系的认定,关于非全日制用工关系的认定,留待第二节进行阐述。

(四)关于社会保险的调解请求及实体规范

在非全日制用工中,根据《关于非全日制用工若干问题的意见》的规定,除缴纳工伤保险以外,用人单位没有为劳动者缴纳其他社会保险的义务。

---

〔1〕 参见王桦宇:《劳动合同法实务操作与案例精解》,中国法制出版社2017年版,第336页。

第二节　有关要件事实主张及常见争点

一、关于劳务派遣有关要件事实主张及常见争点

（一）关于劳务派遣关系存否的主张及其认定

案例：2008年12月，王崇某由A公司（经营范围包括劳务派遣）招用，派往B公司处工作，一直工作到2015年7月31日。2011年5月1日，A公司与王崇某签订了《劳动合同书》，合同期限自2011年5月1日至2016年4月30日止。2011年1月28日，A公司与B公司签订《×××委托合同》（合同期5年），合同约定了工作岗位、人员数量、工资标准等内容；另外，合同中还存在以下内容："在B公司用工部门指导下，按照……工作规程和巡回检查制度，对所属设备进行巡回检查及完成各项工作任务并做好相关记录，在用工部门相关人员指导下对设备进行简单操作；B公司管理委员会是公司在安全生产管理的最高组织决策机构，安监部是公司安全生产的归口管理部门，A公司必须建立健全完善的'安全监督监察体系'和'安全生产保证体系'并统一纳入公司安全管理体系；A公司配备的人员年龄不超过50周岁，身体健康，能够适应输煤系统的工作环境；学历为高中或中专以上学历，具有2年以上电厂输煤系统工作经验；对工作质量的考核，包括对运行交接班巡回检查考核、运行安全考核、运行文明生产考核、劳动纪律考核等。"后A公司与王崇某因对解除劳动合同的具体时间发生争议，A公司主张与王崇某解除劳动关系的时间为2015年8月，王崇某认可解除劳动关系的时间为2015年11月，双方对此均未提供充分证据证明。王崇某请求A公司支付经济补偿金（8~11月）并要求B公司承担连带责任。[1]

该案例的一个重要争点在于劳务派遣关系存在与否的认定，这也是劳务派遣关系中常见争点之一。关于劳务派遣关系的认定应当把握好以下几点：第一，不能拘泥于合同的名称，如案例中虽说是《×××委托合同》，但其实质内容却不能简单地归于委托合同，根据《劳务派遣暂行规定》第二十七条的规定，用人单位以承揽、外包等名义，按劳务派遣用工形式使用劳动者的，按照本规定处理。第二，应该结合合同具体内容进行实质判断，看是否

〔1〕　该案例节选自（2017）辽02民终282号民事判决书。

形成了劳务派遣中所规定的三方关系，案例中王崇某与A公司之间存在劳动关系是不存在争议的，根据合同内容可以发现王崇某与B公司之间形成了指挥管理关系，如B公司要对王崇某的工作进行指导、王崇某也要服从B公司相关机构的管理。第三，注意“假外包真派遣”形式的存在。劳务派遣与劳务外包的主要区别在于劳动者管理的责任主体不同，劳务派遣单位的劳动者是按照用工单位确定的工作组织形式和工作时间安排进行劳动，由用工单位进行监督、管理；劳务外包的发包企业对劳务承包单位的员工不进行直接管理，其工作组织形式和工作时间安排由劳务承包单位自己安排确定。[1]

（二）主张劳务派遣单位与用工单位承担连带责任及其认定

在用人与用工分离的三方关系下，相对于典型劳动合同中的劳动者，被派遣的劳动者处于更加不利的地位，责任分担不清容易损害劳动者的合法权益。为了避免用工单位以不存在劳动关系为由逃避法律责任以及督促劳务派遣单位监督用工单位履行劳务派遣协议，立法者在《劳动合同法》第九十二条规定，用工单位给被派遣劳动者造成损害的，劳务派遣单位与用工单位承担连带赔偿责任。这种连带责任属于单方连带责任，针对的只是用工单位的违法行为给劳动者造成损害，换言之，用工单位只有在劳务派遣中存在过错并因该过错对劳动者造成损害，才与劳务派遣单位承担连带责任。依据该条规定，劳务派遣单位与用工单位承担连带责任必须满足以下要件：（1）劳务派遣关系存在；（2）用工单位违反《劳动合同法》有关劳务派遣的相关规定；（3）给被派遣劳动者造成损害；（4）被派遣劳动者造成的损害与用工单位违法行为之间存在因果关系。

案例：2012年7月20日，陈某与C劳务派遣公司签订《劳动合同书》，约定派遣陈某到D通讯技术公司（以下简称用工单位），从事维护岗位工作。

---

〔1〕 参见（2017）辽02民终282号民事判决书。在《关于审理劳动争议案件适用法律若干问题的解释（五）》（征求意见稿）第一百一十八条也对“假外包真派遣”进行了规定：“用人单位将部分业务或职能工作发包给其他用人单位，如果存在以下情形，可以认定双方为劳务派遣关系：（一）工作时间、工作场所由发包方决定或控制；（二）生产工具、原材料由发包方提供；（三）承包方的生产经营范围与承包业务没有关系；（四）其他符合劳务派遣特征的情形。”

2014年7月28日，陈某与C劳务派遣公司续订《劳动合同书》，合同期限为2年。陈某正常上班至2015年9月5日，6日起，陈某未经请假没有到用工单位上班。9日，C劳务派遣公司向陈某作出《限期返岗通知书》，望陈某接到本通知后于2015年9月11日及时返回工作岗位。陈某于9月10日接到该通知，但未返回岗位。9月14日，C劳务派遣公司向陈某作出《旷工离职通知书》并送达陈某，公司决定解除与陈某的劳动关系，陈某与公司的劳动关系自此通知到达之日起解除。9月14日，C劳务派遣公司向其工会发出《解除劳动合同通知工会的函》，C劳务派遣公司工会盖章确认。C劳务派遣公司和用工单位之间的派遣协议约定，用工单位负责安排陈某的带薪年休假。2015年陈某在用工单位正常上班期间，没有安排带薪年休假，且因为C劳务派遣公司没有为陈某缴纳失业保险费。陈某提起申请：要求C劳务派遣公司向其支付2015年应休未休年休假的工资；要求C劳务派遣公司向其支付失业金损失；要求用工单位对各项请求承担连带责任。[1]

该案的争议焦点在于用工单位是否需要对年休假工资和失业金损失承担连带赔偿责任。陈某2015年应休而未休年休假是因为用工单位没有安排导致的，并且对劳动者造成损失，所以用工单位应当赔偿陈某的损失，根据《劳动法》第九十二条的规定，劳务派遣单位对此承担连带赔偿责任；为劳动者缴纳社会保险属于劳务派遣单位的义务，陈某的失业损失是由于劳务派遣单位的过错造成的，由于第九十二条是一种单向的连带赔偿责任，因此用工单位对此不承担连带赔偿责任。

（三）用工单位退回被派遣劳动者是否合法的主张及其认定

案例：赵某是E劳务派遣公司派遣至F科技公司的劳务人员。2016年6月20日，F科技公司以工作不再需要为由，将尚未到派遣期限的赵某退回E劳务派遣公司，并不再支付其工资及社会保险费。次日，E劳务派遣公司以用工单位退回为由，与赵某解除劳动合同，并安排另一员工到F科技公司顶替赵某工作。赵某认为自己工作中无任何过错，F科技公司的运营也很正常，在无任何告知情况下自己就失去工作，用工单位和劳务派遣单位都存在违法行为，故提请劳动争议仲裁，要求F科技公司继续履行劳动合同。E劳

〔1〕 该案例选自郭森：《劳务派遣单位和用工单位在什么情况下承担连带赔偿责任?》，载《石油人力资源》2017年第3期。

务派遣公司在庭审中辩称，赵某之所以被退回，是因为赵某多次顶撞部门经理，造成工作关系紧张，原来赵某的工作岗位已重新安排人员，不具备继续回F科技公司的工作条件。[1]

用工单位退回被派遣劳动者应当具有法定事由，并不能随意退回被派遣劳动者。案例中用工单位因赵某“多次顶撞部门经理，造成工作关系紧张”为由退回被派遣劳动者是不符合法律规定的。劳务派遣单位据此解除劳动合同属于违法解除，考虑到合同继续履行可能性不大。调解主体可以适当地向被派遣劳动者释明，主张违法解除的赔偿金。《劳务派遣暂行规定》第十三条进一步规定，被派遣劳动者有劳动合同法第四十二条规定情形的，在派遣期限届满前，用工单位不得依据本规定第十二条第一款第一项规定将被派遣劳动者退回劳务派遣单位；派遣期限届满的，应当延续至相应情形消失时方可退回。这既是保护弱者的诠释，也是举轻以明重法理的体现。

（四）在劳务派遣关系中是否适用商业秘密保护及竞业限制的争议及认定

案例：2012年5月7日，李某与G公司签订员工聘用合同，约定聘用期限为3年，后又续订了3年；李某在G公司上海销售部门客户经理岗位工作。2012年7月1日，李某与某外企上海公司签订劳动合同，期限为2年，后又续订了3年，约定派遣李某至G公司工作；2013年10月11日，李某与G公司签订保密协议书，约定技术秘密的范围、保密义务的范围等，并约定了两年的竞业限制期；2015年10月19日，李某因个人原因提出辞职，于2015年11月6日办妥离职交接手续。2015年11月9日，李某至H公司工作。2016年2月2日，G公司主张李某违反竞业限制义务并要求其支付违约金。G公司经营范围为“计算机软件的设计、开发、制作，自有技术转让、技术咨询、技术服务，从事货物及技术进出口业务，计算机软硬件的销售”等。H公司的经营范围为“计算机软件开发、设计、制作、销售自产产品；系统集成的设计、调试、维护；国际贸易、转口贸易、区内企业间的贸易及贸易代理；货物及技术进出口”等。[2]

---

[1] 该案例选自戴军章、刘业林：《用人单位可以随意退回劳务派遣工吗?》，载《工会信息》2019年第5期。

[2] 该案例节选自(2016)沪01民终10298号民事判决书。

法院在审理该案时认为："在劳务派遣这种雇佣与使用相分离的间接用工情况下，用工单位和被派遣劳动者通常为商业秘密和与知识产权相关秘密的实际所有者和知悉者，故关于竞业限制的协议可由二者直接签订。李某在G公司实际负责保险等行业客户的销售工作，应当知悉公司的商业秘密和与知识产权相关的秘密，双方也在保密协议中对李某的保密义务作了具体约定，应认定李某属于'其他负有保密义务的人员'。另，H公司与G公司的经营范围存在交叉，实际从事的经营业务存在部分重合。故应认定李某实施了违反竞业限制约定的行为，应当按约承担支付违约金等法律责任。"〔1〕

对于被派遣劳动者具有保密义务笔者不存在争议。但关于竞业限制适用于被派遣劳动者，笔者存在以下疑问：根据《劳动合同法》第二十四条的规定，竞业限制的人员限于用人单位的高级管理人员、高级技术人员和其他负有保密义务的人员。一般认为"其他负有保密义务的人员"的范围应当根据劳动者的岗位职责进行综合判定，如关键岗位或者是参与产品研发的人员；掌握企业市场经营策略、价格状况、销售信息等市场营销人员；从事财务管理工作，了解企业财务状况的人员；从事行政管理工作，能够接触到企业保密文件的人员。〔2〕以上规定的竞业限制的适用范围是否与《劳动合同法》第六十六条的规定（劳务派遣用工是补充形式，只能在临时性、辅助性或者替代性的工作岗位上实施）存在矛盾。退一步讲，该案中就算认定李某存在竞业限制义务，至少也应认为劳务派遣单位和用工单位违反了劳务派遣的相关规定，应当按照《劳动合同法》第九十二条承担相应的法律责任。

二、关于非全日制用工有关要件事实主张及常见争点

（一）关于非全日制关系存否的主张及其认定

案例：陈某入职于某供电局后，在某供电局下属的甲西供电所担任抄、核、收岗位，于2013年12月12日、2014年6月10日、2014年11月27日、2015年5月27日、2015年11月30日、2016年5月31日分别与某供电局签订《非全日制用工聘用协议书》，双方确认陈某的用工形式为非全日制，并约

〔1〕类似观点参见唐海洲主编：《最新劳动争议认定标准与疑点难点及案例精解》，中华工商联合出版社2017年版，第316～317页。

〔2〕参见李盛荣、马千里：《劳动争议案件司法观点集成》，法律出版社2017年版，第463页。

定协议期限为6个月，陈某的工作任务是协助供电所完成下达抄核收工作，经双方协商同意，可以变更工作内容，陈某按非全日制用工规定的工作时间工作，工资按每小时11.67元计算，月工资1400元，每半月计算一次，被告某供电局按每次不超过15日支付原告陈某工资。合同到期后陈某再次于2016年11月30日及2017年5月31日与某供电局签订《非全日制用工聘用协议书》，双方约定协议期限为6个月，陈某的工作任务是协助供电所完成下达抄核收工作，经双方协商同意，可以变更工作内容，陈某按非全日制用工规定的工作时间工作，工资按每小时12元计算，月工资1448元，每半月计算一次，某供电局按每次不超过15日支付陈某工资。双方在连续八次签订《非全日制用工聘用协议书》期间，对该协议书均没有提出异议，至2017年5月31日双方签订的《非全日制用工聘用协议书》到期后，某供电局欲解除与陈某的非全日制聘用关系，双方因此发生争议，陈某及案外人范泽林等59人于2017年12月20日向当地劳动人事争议仲裁委员会提请仲裁要求：确认其从2013年12月12日起，与某供电局存在全日制劳动关系。[1]

是否构成非全日制劳动关系是非全日制用工争议中常见的争点。我国目前对于非全日制劳动关系的认定采用的是国际上通行的做法，即从工作时间的角度进行认定。根据《劳动合同法》第六十八条的规定，非全日制用工，是指以小时计酬为主，劳动者在同一用人单位一般平均每日工作时间不超过四小时，每周工作时间累计不超过二十四小时的用工形式。在实践认定非全日制用工关系还会从计酬标准、结算周期等非全日制用工的特征出发进行认定。[2] 从该案查明的事实来看，不管是从合同的名称，还是合同所规定的用工时间、计酬标准等，都应认定属于非全日制用工关系。劳动者主张属于非全日制用工关系，其必须对此承担举证责任，证据一般可以包括合同书、证人证言、工资发放记录、考勤记录等。

（二）非全日制用工劳动者主张法定节假日加班费

在《劳动合同法》中并没有对非全日制用工节假日加班费进行规定，一般认为根据非全日制用工计酬的特点，法定节假日工作的话不属于加班。

---

〔1〕 该案例节选自（2018）粤1581民初274号民事判决书。

〔2〕 参见班小辉：《安全与灵活并重：我国非全日制工作时间标准之完善》，载《理论月刊》2019年第1期。

但考虑到节假日的特殊情况极其重大的社会意义，支付更多的报酬对其进行弥补也在情理之中。实践中的处理方式不太一样，有的地区是参照全日制用工中节假日支付原基准的150%到300%的工资。有的地区则直接规定节假日非全日制工资小时计酬的标准，如北京人力资源和社会保障局发布的《关于调整北京市2014年最低工资标准的通知》规定，2014年4月1日起，非全日制从业人员法定节假日小时最低工资标准为40.8元/小时。以上标准包括用人单位及劳动者本人应缴纳的养老、医疗、失业保险费。[1]

（三）非全日制用工劳动者主张医疗期、产假、年休假等相关待遇

医疗期、产假等属于劳动者的法定权利，单从法律层面的角度来看，非全日制用工中的劳动者也应该享受。立法者考虑到非全日制用工的灵活性以及促进就业的政策考量，规定用人单位可以随时终止非全日制劳动合同，那么很多企业从降低成本的角度出发，当遇到这些情形时，都容易终止劳动合同，所以从实践的角度来看，非全日制用工劳动者是很难享受到医疗期产假等相关待遇的。

第三节　劳务派遣和非全日制用工争议调解的注意事项

劳务派遣与非全日制用工都属于非典型劳动关系，劳务派遣和非全日制用工也被规定在《劳动合同法》的特别规定中。在对劳务派遣以及非全日制用工劳动争议进行调解时需要注意与一般劳动争议调解的区别，注意调解方式方法的灵活运用。对劳务派遣和非全日制用工争议通过调解的方式进行解决，可以构建和谐的劳资关系，提高劳动纠纷的解决效力，缓解法院案多人少的压力。

一、劳务派遣争议调解应注意事项

劳务派遣涉及三方主体，雇佣与使用相分离，其法律关系更为复杂，因此在劳务派遣调解中首先一定要注意做好相关准备工作，搞清楚其中的法律关系，分清各方的权利与义务，采取和稀泥的方式是行不通的，至少应

---

[1] 参见唐海洲主编：《最新劳动争议认定标准与疑点难点及案例精解》，中华工商联合出版社2017年版，第335页。

该做到基本事实清楚；在查清事实的过程中除了询问当事人，审核当事人提供的证据及其材料以外，还可以向其他相关方了解情况，从而做到对案情的全面把握，梳理出案件中的实质争议点，这样才能在调解的过程中有的放矢。

其次，劳务派遣关系中两方主体都涉及相关企业，相对于一般的人民调解而言，其专业性会更强，调解者除了应具备公道正派等基本品质以外还应当对劳动法及公司法相关知识较为熟悉，了解公司日常基本运营。

再次，公司一方大都存在律师或公司法务人员，在调解中可以充分发挥他们的作用，引导形成调解方案；调解员也要通过前期的充分准备，从而赢得各方的信任。

最后，要做好相关保密工作，一般对调解不进行公开。一方面是为了对在调解过程中了解的相关公司的商业秘密等进行保密；另一方面考虑到个案的特殊性，以及弱势劳动者的特殊情况，公司一方可能担心自己在个案中作出的退步会让其他劳动者效仿，调解不公开可以消除其后顾之忧。

二、非全日制用工劳动争议调解应注意事项

相对于其他劳动争议而言，非全日制用工因其用工灵活性、争议标的额较小等特点更加适合进行调解。在非全日制用工劳动争议调解中除应遵守自愿合法等调解的基本原则外，还应当注意以下事项：

第一，笔者通过检索相关案例发现，在非全日制用工争议中存在不少群体性纠纷，在这种情况下调解员一定要有耐心、诚心，倾听各方意见。同时也要注意矛盾可能被激化的苗头，抓早、抓小，积极进行引导，将可能激化的矛盾解决在萌芽状态，从情理出发进行说服，使调解方案尽量达到双赢的效果，实现社会效果与法律效果的有机统一。

第二，在非全日制用工中，不少劳动者文化素质相对而言较低，这个时候调解员（尤其是仲裁员、法官担任调解员时）要及时地释明法律法规，对不懂法的当事人进行法律法规方面的答疑解惑，化解因不懂法产生的不必要矛盾。在答疑解惑的过程中，态度要诚恳、表达要清楚准确，用通俗易懂的语言深入浅出地向当事人解释相关法律法规。改变当事人之间信息不对称的局面，从而为调解的顺利进行打下基础。[1]

---

〔1〕 参见许小飞：《调解要注意技巧和方法》，载《人民法院报》2015年4月23日，第2版。

第三，在非全日制用工中，非全日制用工存在与否的认定是常见的争点。这个时候，在调解的过程中当遇到事实难以查清的情况时要注意举证责任的分配。鉴于大多数劳动者法律意识淡薄，没有证据保存意识，调解员在不违背居中调解的公平原则下，应该适时地引导劳动者通过搜集其他间接证据来证明其主张的成立。

第四，注意调解方法的灵活运用，当双方争议比较激烈时可以采取“背靠背”方法分别进行说服，帮助当事人评估利害，进行理性的衡量；也可以邀请工会代表协助调解，从中说和。当双方取得共识时，可以适时地进行“面对面”的协商。在调解过程中也要注意不要久调不决，双方利益分歧确实难以达成一致时，也要及时裁决。为了加强调解的权威性，对于达成的调解协议，也可以引导当事人走司法确认程序。

《劳动争议调解理论与实务》配套题库

第一部分:60 道单选题

1. 用人单位与劳动者之间发生的下列争议,不属于劳动争议的是(　　)。

A. 因确认是否存在劳动关系发生的纠纷

B. 劳动者与用人单位在履行劳动合同过程中发生的纠纷

C. 劳动关系解除后劳动者请求用人单位返还抵押物的纠纷

D. 劳动者请求社会保险经办机构发放社会保险金的纠纷

2. 以下对于劳动争议的描述正确的是(　　)。

A. 用人单位之间产生的争议属于劳动争议

B. 劳动者之间产生的争议属于劳动争议

C. 国家机关与公务员之间产生的争议属于劳动争议

D. 劳动关系当事人之间因劳动权利和义务产生的争议属于劳动争议

3. 下列关于劳动争议基本特征的表述错误的是(　　)。

A. 劳动争议的当事人是特定的

B. 劳动争议主体之间必须存在劳动关系

C. 劳动争议的内容必须是与劳动权利义务有关

D. 劳动争议的内容不一定与劳动权利义务有关

4. 劳动争议发生后处理的方式为(　　)。

A. 协商、调解、仲裁、诉讼　　B. 协商、仲裁、诉讼

C. 仲裁、诉讼　　D. 仲裁

5. 协调劳动关系“三方机制”中的“三方”指的是(　　)。

A. 仲裁委员会、劳动者、用人单位

B. 政府代表、职工代表、企业组织代表

C. 职工代表、工会、企业联合会

D. 劳动行政部门、职工代表、工会

6. 以下关于《劳动争议调解仲裁法》确立的原则表述有误的一项是(　　)。

A. 以事实为依据的原则

B. 遵循合法、公正、及时的原则

C. 着重调解的原则

D. 依法保护劳动者的合法权益的原则

7. 发生劳动争议,当事人可以到哪一组织申请调解?(　　)

A. 企业劳动争议调解委员会

B. 依法设立的基层人民调解组织

C. 在乡镇、街道设立的具有劳动争议调解职能的组织

D. 以上均可

8. 企业劳动争议调解委员会中,职工代表由工会成员担任或者全体职工推选产生,企业代表由(　　)。

A. 企业负责人担任　　B. 企业负责人指定

C. 企业管理人员担任　　D. 企业人力资源管理人员担任

9. 下列属于劳动争议主体的是(　　)。

A. 公务员　　B. 企业员工

C. 事业单位编内人员　　D. 现役军人

10. (　　)不是处理劳动争议的必经程序。

A. 调解　　B. 协商　　C. 仲裁　　D. 诉讼

11. 遇到用人单位违反国家规定,拖欠或者未足额支付劳动报酬,或者拖欠工伤医疗费、经济补偿或者赔偿金的情况,职业指导人员在指导劳动者维权时,下列方式中优先选择的是(　　)。

A. 向劳动争议仲裁委员会申请仲裁

B. 向劳动行政部门投诉

C. 向人民法院申请支付令

D. 向人民法院提起诉讼

12. 劳动争议仲裁委员会由(　　)组成。

A. 劳动行政部门、工会代表、企业方面代表

B. 劳动行政部门、政府监察部门

C. 劳动行政部门

D. 劳动行政部门、工会代表

13. 以下(　　)不属于劳动争议仲裁委员会的职责。

A. 聘任、解聘专职或者兼职仲裁员

B. 受理劳动争议案件

C. 对仲裁活动进行监督

D. 依当事人申请执行生效的仲裁裁决

14. 以下不属于调解员职责的一项是(　　)。

A. 依法调解劳动争议

B. 保证当事人实现自愿调解、申请回避的权利

C. 及时调解、告知当事人有申请仲裁的权利

D. 协助当事人准备仲裁和诉讼

15. 与其他程序中的调解相比,劳动争议调解的特有原则是(　　)。

A. 平等自愿原则　　B. 独立公正原则

C. 根据事实原则　　D. 尊重当事人的权利原则

16. 关于劳动争议调解,以下说法正确的是(　　)。

A. 劳动争议调解组织的调解员应当由正派、联系群众、热心调解工作、高中以上学历,并具有一定法律知识、政策水平和文化水平的成年公民担任

B. 经调解达成协议的,可以不制作调解协议书

C. 自劳动争议调解组织收到调解申请之日起 15 日内未达成调解协议的,当事人可以依法申请仲裁

D. 人民调解委员会调解劳动争议可以根据实际情况酌情收费

17. 当事人在劳动争议调解活动中享有的权利是(　　)。

A. 选择或者接受调解员

B. 接受调解、拒绝调解或者要求终止调解

C. 要求与劳动争议有利害关系的调解员回避

D. 以上都是

18. 企业劳动争议调解委员会的工作制度包括(　　)。

①登记制度　　　　　　　　②档案管理制度

③劳动争议案例分析统计制度　　④回避制度

A. ①②③　　B. ①③④　　C. ②③④　　D. ①②③④

19. 劳动争议仲裁调解书发生法律效力的时间是(　　)。

A. 一经送达当事人

B. 当事人收到调解书 15 日后

C. 当事人收到调解书 30 日后

D. 当事人不向人民法院起诉时

20. 根据《劳动争议调解仲裁法》,下列关于劳动争议调解仲裁的说法正确的是(　　)。

A. 当事人申请劳动争议仲裁后,不得自行和解

B. 当事人必须以书面形式提出劳动争议调解申请

C. 劳动争议当事人一方不愿意调解的,劳动争议调解委员会不予调解

D. 企业劳动争议调解委员会由劳动行政部门、企业方和职工三方代表组成

21. 劳动争议调解组织调解的劳动争议不包括(　　)。

A. 因订立、履行、变更、解除和终止劳动合同发生的争议

B. 因除名、辞退和辞职、离职发生的争议

C. 因员工不服从内部处分决定而发生的争议

D. 因劳动报酬、工伤医疗费、经济补偿或者赔偿金等发生的争议

22. 当劳动合同履行地和用人单位所在地不一致,劳动争议双方当事人分别向劳动合同履行地和用人单位所在地的劳动争议仲裁委员会申请仲裁时,由(　　)管辖。

A. 用人单位所在的劳动争议仲裁委员会

B. 劳动合同履行地的劳动争议仲裁委员会

C. 共同的上一级劳动争议仲裁委员会

D. 上一级劳动争议仲裁委员会指定

23. 劳动者申请仲裁的时效期间为(　　)。

A. 60 天　　B. 6 个月　　C. 1 年　　D. 3 年

24. 仲裁时效期间的起算时间为(　　)。

A. 劳动合同签订之日

B. 劳动争议发生之日

C. 劳动关系解除之日

D. 当事人指导或者应当知道其权利被侵害之日

25. 在劳动争议申请仲裁的时效期间内，一方当事人通过协商、申请调解等方式向对方当事人主张权利的，仲裁时效(　　)。

A. 中止　　B. 中断　　C. 终止　　D. 消灭

26. 下列说法错误的是(　　)。

A. 劳动争议仲裁委员会应当在受理仲裁申请之日起5日内将仲裁庭的组成情况书面通知当事人

B. 当事人申请劳动争议仲裁后，可以自行和解。达成和解协议的，可以撤回仲裁申请

C. 申请人收到开庭书面通知，无正当理由拒不到庭或者未经仲裁庭同意中途退庭的，可以缺席裁决

D. 当事人提供的证据经查证属实的，仲裁庭应当将其作为认定事实的根据

27. 以下有关劳动争议说法正确的是(　　)。

A. 当事人在劳动争议调解委员会主持下达成的具有劳动权利义务内容的调解协议，具有劳动合同的约束力，可以作为人民法院裁判的依据

B. 因解除或者终止劳动关系产生的争议，劳动者主张权利之日为劳动争议发生之日

C. 劳动关系解除或者终止后产生的支付工资、经济补偿金、福利待遇等争议，解除或者终止劳动关系之日为劳动争议发生之日

D. 当事人不服劳动争议仲裁委员会作出的预先支付劳动者部分工资或者医疗费用的裁决，向人民法院起诉的，人民法院应当依法受理

28. 根据《劳动保障监察条例》规定，下列表述有误的是(　　)。

A. 该条例仅适用于对企业和个体工商户进行劳动保障监察

B. 劳动保障监察以日常巡视检查、审查用人单位按照要求报送的书面材料以及接受举报投诉等形式进行

C. 劳动保障行政部门实施劳动保障监察，有权采取记录、录音、录像、照相或者复制等方式收集有关情况和资料

D. 违反劳动保障法律、法规或者规章的行为在2年内未被劳动保障行政部门发现，也未被举报、投诉的，劳动保障行政部门不再查处

29. 根据我国《劳动法》规定，集体合同的效力范围及于(　　)。

A. 企业工会的全体员工

B. 参与合同讨论的企业职工

C. 签订集体合同的职工代表

D. 企业全体职工,包括没有参加工会的职工

30. 关于集体劳动合同,下列说法错误的是(　　)。

A. 集体合同的主体是职工代表与用人单位

B. 集体合同需由职工代表与用人单位先行协商合同草案,经职工代表大会或者全体职工讨论通过

C. 集体合同签订后应当报送劳动行政部门,劳动行政部门自收到集体合同之日起5日内未提出异议的,集体合同即行生效

D. 职工个人与企业订立的劳动合同中劳动条件和劳动报酬等标准不得低于集体合同的规定

31. 解除劳动合同,用人单位无须支付经济补偿金的情形是(　　)。

A. 由用人单位提出并与劳动者协商解除

B. 用人单位未依法为劳动者缴纳社会保险费

C. 用人单位未及时足额支付劳动报酬

D. 劳动者提前30日以书面形式通知用人单位解除

32. 用人单位与劳动者在用工前订立劳动合同的,劳动关系建立日期为(　　)。

A. 书面劳动合同签订之日

B. 用工之日

C. 集体合同签订之日

D. 未签订书面劳动合同的第一个月届满之日

33. 劳动合同对劳动报酬和劳动条件等标准约定不明确,应该(　　)。

A. 适用集体合同规定　　B. 以最低工资为标准

C. 由用人单位单方确定　　D. 由用人单位工会确定

34. 劳动者违反服务期约定,需按照约定向用人单位支付违约金的,按照法律违约金数额(　　)。

A. 不得超过用人单位提供的培训费用

B. 包括服务期已履行部分所应分摊的培训费用

C. 不得超过劳动者工资的30%

D. 无须支付违约金

35. 以下哪种情形用人单位不可以解除劳动合同？（ ）

A. 劳动者在试用期间被证明不符合录用条件的

B. 劳动者严重违反用人单位的规章制度的

C. 劳动者严重失职，营私舞弊，给用人单位造成重大损害的

D. 劳动者同时与其他单位建立劳动关系的

36. 劳动者因用人单位未按照劳动合同约定提供劳动保护或者劳动条件解除劳动合同的，用人单位应当支付（ ）。

A. 违约金　　B. 经济补偿金

C. 赔偿金　　D. 二倍工资

37. 下列哪种情形，劳动者用人单位不可以提前 30 日以书面形式通知劳动者本人的方式解除劳动合同？（ ）

A. 劳动者患病或者非因工负伤，在规定的医疗期满后不能从事原工作，也不能从事由用人单位另行安排的工作的

B. 劳动者不能胜任工作，经过培训或者调整工作岗位，仍不能胜任工作的

C. 劳动合同订立时所依据的客观情况发生重大变化，致使劳动合同无法履行，经用人单位与劳动者协商，未能就变更劳动合同内容达成协议的

D. 劳动者经过培训仍无法胜任工作，但处于孕期、产期、哺乳期的

38. 用人单位由于生产经营需要，经与工会和劳动者协商后可以延长工作时间，但每月最长不得超过（ ）。

A. 二十四小时　　B. 三十二小时

C. 三十六小时　　D. 二十小时

39. 劳动者连续工作（ ）以上的，享受带薪年休假。

A. 一年　　B. 二年　　C. 三年　　D. 四年

40. 竞业限制期限不得超过（ ）年。

A. 一年　　B. 二年　　C. 三年　　D. 四年

41. 对于（ ）的，在劳动合同中可以约定劳动者支付违约金。

A. 违反商业秘密保护义务

B. 劳动者提前 30 日通知用人单位解除劳动合同

C. 劳动合同无效

D. 劳动者违法解除劳动合同

42. 劳务派遣单位应当与被派遣劳动者订立(　　)的固定期限劳动合同。

A. 六个月以上　　B. 一年以上

C. 二年以上　　D. 三年以上

43. 下列情形不属于工伤的是(　　)。

A. 在工作时间和工作场所内,因工作原因受到事故伤害的

B. 因工外出期间,由于工作原因受到伤害或者发生事故下落不明的

C. 在工作时间和工作场所自残或自杀的

D. 患职业病的

44. 用人单位自用工之日起满一年不与劳动者订立书面劳动合同的,视为用人单位与劳动者(　　)。

A. 订立固定期限劳动合同

B. 订立无固定期限劳动合同

C. 订立以完成一定工作任务为期限的劳动合同

D. 解除劳动关系

45. 三年以上固定期限和无固定期限的劳动合同,试用期不得超过(　　)。

A. 一个月　　B. 二个月　　C. 三个月　　D. 六个月

46. 下列哪种情形不属于劳动合同无效?(　　)

A. 劳动者与用人单位对劳动合同的内容有争议的

B. 用人单位免除自己的法定责任、排除劳动者权利的

C. 以欺诈、胁迫的手段或者乘人之危,使对方在违背真实意思的情况下订立或者变更劳动合同的

D. 违反法律、行政法规强制性规定的

47. 在劳动争议纠纷案件中,因用人单位(　　)而发生劳动争议的,由用人单位负举证责任。

A. 减少劳动报酬　　B. 计算加班时间

C. 所提供的工作环境　　D. 违约金计算

48. 法定休假日安排劳动者工作的,支付不低于工资的(　　)的工资报酬。

A. 150%　　B. 200%　　C. 250%　　D. 300%

49. 用人单位自用工之日起超过一个月不满一年未与劳动者订立书面劳动合同的,应当向劳动者每月支付(　　)。

A. 最低工资　　B. 二倍工资　　C. 三倍工资　　D. 四倍工资

50. 用人单位违反《劳动合同法》规定解除或者终止劳动合同的，应当依照该法第四十七条规定的经济补偿标准的(　　)向劳动者支付赔偿金。

A. 一倍　　B. 二倍　　C. 三倍　　D. 四倍

51. 中级人民法院审理用人单位申请撤销终局裁决的案件，组织双方调解后达成调解协议，一方不履行的，另一方可以(　　)。

A. 申请人民法院强制执行　　B. 就劳动争议提起诉讼

C. 申请仲裁　　D. 再次调解

52. 非全日制用工(　　)。

A. 可以约定试用期

B. 可以订立口头协议

C. 不可以随时口头通知对方终止

D. 每周工作时间不得超过二十六小时

53. 下列哪种情况不属于劳动合同终止的情形？(　　)

A. 劳动合同期满的

B. 劳动者开始依法享受基本养老保险待遇的

C. 用人单位被依法宣告破产的

D. 劳动者提前通知用人单位解除劳动合同的

54. 女职工生育享受不少于(　　)的产假。

A. 七十五天　　B. 八十天

C. 九十天　　D. 一百二十天

55. 用人单位支付劳动者的工资不得低于(　　)。

A. 当地最低工资标准

B. 集体合同规定的工资

C. 同工同酬原则确定的工资标准

D. 本单位相同岗位最低档工资的70%

56. 劳动合同被确认无效，劳动者已付出劳动的，应当参照(　　)确定。

A. 当地最低工资标准

B. 本单位相同或者相近岗位劳动者的劳动报酬

C. 集体合同规定的工资

D. 本单位相同岗位最低档工资的70%

57. 第一审劳动人事争议案件由(　　)人民法院管辖。

A. 基层　　B. 中级　　C. 高级　　D. 最高

58. 以下关于劳动争议诉讼案件中当事人的确定,错误的是(　　)。

A. 原用人单位以新的用人单位和劳动者共同侵权为由向人民法院起诉的,仅列新的用人单位为被告

B. 劳动者在用人单位与其他平等主体之间的承包经营期间,与发包方和承包方双方或者一方发生劳动争议,依法向人民法院起诉的,应当将承包方和发包方作为当事人

C. 劳动者因履行劳务派遣合同产生劳动争议而起诉,以派遣单位为被告;争议内容涉及接受单位的,以派遣单位和接受单位为共同被告

D. 劳动者与未办理营业执照、营业执照被吊销或者营业期限届满仍继续经营的用人单位发生争议的,应当将用人单位或者其出资人列为当事人

59. 根据《劳动争议调解仲裁法》的规定,出现以下(　　)事项时,不会产生中断仲裁时效的效果。

A. 当事人一方向对方当事人主张权利

B. 向有关部门请求权利救济

C. 因不可抗力导致当事人无法行使请求权

D. 对方当事人同意履行义务

60. 根据《劳动争议调解仲裁法》的规定,以下劳动争议,除(　　)外,仲裁裁决为终局裁决,裁决书自作出之日起发生法律效力。

A. 追索劳动报酬、工伤医疗费,不超过当地月最低工资标准十二个月金额的争议

B. 因执行国家的劳动标准在工作时间、休息休假、社会保险等方面发生的争议

C. 追索经济补偿金或者赔偿金,不超过当地月最低工资标准十二个月金额的争议

D. 因确认劳动关系发生的争议

单选题参考答案:

1. D	2. D	3. D	4. A	5. B	6. D	7. D	8. B	9. B	10. A
11. B	12. A	13. D	14. D	15. C	16. C	17. D	18. D	19. A	20. C
21. C	22. B	23. C	24. D	25. B	26. C	27. A	28. A	29. D	30. C

31. D 32. B 33. A 34. A 35. D 36. B 37. D 38. C 39. A 40. B
41. A 42. C 43. C 44. B 45. D 46. A 47. A 48. D 49. B 50. B
51. A 52. B 53. D 54. C 55. A 56. B 57. A 58. A 59. C 60. D

第二部分:40 道判断题

1. 国家机关、事业组织、社会团体和与之建立劳动关系的劳动者,不适用《中华人民共和国劳动法》。( )

2. 国务院劳动行政部门主管全国劳动工作,市级以上地方人民政府劳动行政部门主管本行政区域内的劳动工作。( )

3. 事业单位实行聘用制的工作人员与本单位发生劳动争议的,不适用《劳动争议调解仲裁法》。( )

4. 劳动争议仲裁委员会按照行政区划层层设立。( )

5. 劳动争议调解组织不予受理调解申请的情况主要是:(1)被申请人不同意调解的;(2)对已经经过仲裁调解或裁决、法院调解或判决解决了的劳动人事争议,且该调解、裁决、判决已经发生法律效力的。( )

6. 劳动争议仲裁不收费,劳动争议仲裁委员会的经费由财政予以保障。( )

7. 自劳动争议调解组织受到调解申请之日起 15 日内未达成调解协议的,当事人可以向人民法院提起诉讼。( )

8. 达成调解协议后,一方当事人在协议约定期限内不履行调解协议的,另一方当事人可以依法申请仲裁。( )

9. 因用人单位作出的开除、除名、辞退、解除劳动合同、减少劳动报酬、计算劳动者工作年限等决定而发生的劳动争议,由劳动者承担举证责任。( )

10. 调解协议经过双方当事人签名或盖章,经调解员签名或加盖调解组织印章后即具有强制执行效力。( )

11. 用人单位与劳动者或者劳动者直系亲属对于是否构成工伤发生争议的,由用人单位负举证责任。( )

12. 发生劳动争议的劳动者一方在 8 人以上,并有共同请求的,可以推举代表参加调解、仲裁或者诉讼活动。( )

13. 发生劳动争议,当事人对自己提出的主张,有责任提供证据。与争

议事项有关的证据由用人单位掌握的，用人单位应当提供；用人单位不提供的，应当承担不利后果。（　　）

14. 丧失或部分丧失民事行为能力的劳动者，由其法定代理人代为参加仲裁活动。（　　）

15. 劳动者在劳动争议仲裁程序中死亡的，仲裁委员会可以撤销该案件的处理。（　　）

16. 劳动争议仲裁案件中，仲裁员回避的方式有三种：自行回避、申请回避与指定回避。（　　）

17. 申请劳动争议仲裁的一方当事人无正当理由拒不到庭或者未经仲裁庭同意中途退庭的，可以缺席仲裁。（　　）

18. 当事人申请劳动争议仲裁后，可以自行和解。达成和解协议的，可以请求仲裁机构根据和解协议制作仲裁裁决书。（　　）

19. 劳动争议案件中，仲裁机构可以对部分劳动争议案件裁决先予执行，并由仲裁机构执行。（　　）

20. 劳动争议仲裁案件按照首席仲裁员的意见作出仲裁裁决。（　　）

21. 因执行国家劳动标准在社会保险方面发生的争议，仲裁裁决为终局裁决。（　　）

22. 所有的劳动争议仲裁案件均不公开进行。（　　）

23. 劳动争议仲裁委员会违反法定程序进行仲裁的，申请人可以向该仲裁委员会申请撤销仲裁。（　　）

24. 劳动争议双方主体之间的地位平等。（　　）

25. 集体合同争议中因履行集体合同发生争议，直接通过仲裁来解决，在仲裁机构主持下进行调解。（　　）

26. 劳动争议职工一方当事人人数在十人以上的，职工当事人应当推举一名到两名代表参加调解活动。（　　）

27. 当事人在劳动合同或者保密协议中约定了竞业限制和经济补偿，劳动合同解除或者终止后，因用人单位的原因导致三个月未支付经济补偿，劳动者可以请求解除竞业限制约定。（　　）

28. 劳动者以用人单位未为其办理社会保险手续，且社会保险经办机构不能补办导致其无法享受社会保险待遇为由，要求用人单位赔偿损失而发生争议的，不属于人民法院的受案范围。（　　）

29. 劳动人事争议仲裁委员会作出的调解书已经发生法律效力，一方当

事人反悔提起诉讼的,人民法院应当受理。(　　)

30. 劳动争议案件由用人单位所在地或者劳动合同履行地的基层人民法院管辖。劳动合同履行地不明确的,由用人单位所在地的基层人民法院管辖。(　　)

31. 劳动争议达成调解协议后,一方当事人在协议约定期限内不履行调解协议的,另一方当事人可以依法向人民法院提起诉讼。(　　)

32. 对于劳动争议,劳动者申请仲裁的时效期间从当事人知道或者应当知道其权利被侵害之日起计算。(　　)

33. 用人单位发生合并或者分立等情况,原劳动合同终止。(　　)

34. 用人单位未及时足额支付劳动报酬的,劳动者可以解除劳动合同。(　　)

35. 当事人申请劳动争议调解必须采取书面申请的方式。(　　)

36. 劳动合同的无效,可以由基层人民调解组织、劳动争议仲裁委员会或者人民法院确认。(　　)

37. 用人单位违反国家规定,拖欠或者未足额支付劳动报酬,或者拖欠工伤医疗费、经济补偿或者赔偿金的,劳动者可以向劳动行政部门投诉,劳动行政部门应当依法处理。(　　)

38. 劳动争议仲裁委员会裁决劳动争议案件实行仲裁庭制。仲裁庭由3名仲裁员组成,设首席仲裁员,简单劳动争议案件可以由1名仲裁员独任仲裁。(　　)

39. 劳动人事争议调解的申请分为个人申请和集体申请两种。劳动人事争议职工一方人数在10人以上的可视为集体劳动人事争议。集体劳动人事争议申请调解时,应推举1~3名申请人作为代表人,并参加调解活动。(　　)

40. 在用人单位内,可以设立劳动争议调解委员会。劳动争议调解委员会由职工代表、用人单位代表和工会代表组成。劳动争议调解委员会主任由职工代表担任。(　　)

判断题参考答案:

√:5、6、8、11、13、14、21、25、27、30、32、34、37、38、39。

×:1、2、3、4、7、9、10、12、15、16、17、18、19、20、22、23、24、26、28、29、31、33、35、36、40。

第三部分:15 道问答题

1. 简述劳动争议调解协议的法律效力。

答:(1)调解协议具有劳动合同的效力,对双方当事人具有约束力,当事人应当自觉履行,但不具备强制执行的法律效力;

(2)调解协议达成后,在仲裁和诉讼过程中可作为仲裁裁决和法院判决的依据,并经仲裁或司法确认后具有强制执行力;

(3)对于不涉及其他劳动争议、因用人单位不履行调解协议确定的给付义务产生的纠纷,包括因拖欠劳动报酬、工伤医疗费、经济补偿或者赔偿金事项引起的劳动争议达成调解协议,劳动者可以持调解协议书依法向人民法院申请支付令。

2. 简述劳动争议调解申请应具备的要件。

答:(1)调解申请应当具备以下几个条件:

①申请人与本案有直接的利害关系;

②有明确的被申请人;

③调解请求明确具体、事实清楚、理由正当充分;

④争议事项属于调解组织受理的范围;

⑤争议事项属于调解组织管辖的范围。

(2)调解争议不具备上述第一项、第二项、第四项规定的,调解组织不予受理;不符合上述第5项规定的,应当告知当事人向有管辖权的调解组织申请;不符合上述第3项规定的,应当通知当事人补正。

3. 调解组织受理调解申请后,应当告知申请人哪些基本事项?

答:(1)调解申请的受理情况;

(2)调解时间、调解地点以及不按时参加调解的法律后果;

(3)征求当事人的调解意愿,指导当事人依法举证,提供调解方案;

(4)当事人有权委托代理人、推举代表人参加调解活动及应当提交的材料等;

(5)法定的调解期限,以及逾期达不成调解协议的救济途径。

4. 简述调解失败后,当事人可采取哪些法律救济方式?

答:(1)自劳动争议调解组织收到调解申请之日起15日内,未达成调解协议的,当事人可以依法申请仲裁;

（2）达成调解协议后，当事人在协议约定期限内不履行协议，且调解协议不涉及拖欠或者未足额支付劳动报酬，也不涉及支付工伤医疗费、经济补偿或赔偿金的，可以向仲裁委员会申请仲裁；

（3）达成调解协议后，当事人在协议约定期限内不履行协议，且调解协议涉及拖欠或者未足额支付劳动报酬，支付工伤医疗费、经济补偿或赔偿金的，可以向人民法院申请支付令。

5. 简述劳动争议调解与劳动争议其他处理方式（仲裁、诉讼）的主要区别？

答：（1）申请的条件不同：

①发生劳动争议后，当事人可以依法申请调解，也可以不经过调解而直接向劳动争议仲裁委员会提出申请仲裁；

②只有对劳动争议仲裁委员会的裁决不服时，当事人才可以在法定期限内向人民法院提起劳动争议诉讼。

（2）申请时效和处理期限不同：

①调解：当事人提出劳动争议调解申请后，调解委员会应当自当事人申请调解之日起15日内调解结案，逾期不能结束的，视为调解不成；

②仲裁：当事人申请仲裁，应当自劳动争议发生之日起60日内，以书面形式向劳动争议仲裁委员会提出申请，仲裁裁决一般应自收到仲裁申请书之日起60日内作出；

③诉讼：劳动争议当事人对仲裁裁决不服的，可以自收到仲裁裁决书之日起15日内向人民法院提起诉讼。

（3）法律效力不同：

①调解协议书：具有劳动合同性质，当事人双方应自觉履行，但不具有强制执行的法律效力；

②仲裁裁决书：对仲裁裁决无异议的，当事人必须履行；一方当事人在法定期限内不起诉又不履行仲裁裁决的，另一方当事人可以申请人民法院强制执行；

③判决书：人民法院就劳动争议制作的判决书送达当事人后，即发生法律效力。一方当事人不履行的，另一方可向人民法院申请强制执行。

6. 简述推举代表人参加劳动争议调解活动的条件和效力。

答：（1）发生劳动争议的劳动者一方在10人以上，并有共同请求的，可以推举代表参加调解、仲裁或者诉讼活动；

(2)劳动者一方推举代表人参加调解的行为,对其所代表的劳动者发生效力,但代表人代为申请调解,承认、放弃、增加、变更调解请求,进行和解、调解,代领调解文书款项,处分标的物,提出反请求等,必须经被代表的劳动者同意。

7. 简述劳动争议调解委员会受理调解的基本步骤。

答:(1)劳动争议调解委员会接到调解申请后,应对申请进行审查,看其是否符合受理条件和范围;

(2)审查后,对属于劳动争议受理范围的,应征询对方当事人意见,若双方当事人均同意调解,则应在3个工作日内受理;若对方当事人不同意调解的,应当做好记录,并书面通知申请人;

(3)调解委员会作出不予受理申请的决定,应向申请人说明理由,申请人也有权要求其作出说明。

8. 试述劳动争议调解与司法调解、行政调解相比,具有哪些特征?

答:(1)劳动争议调解机构具有特定性,且性质上为社会组织,不是国家机关;

(2)劳动争议调解过程具有任意性,几乎不受固定程序和形式的约束,调解方式灵活;

(3)调解效力不具有强制性,劳动争议调解协议的效力相当于合同,不具有强制执行力;

(4)调解对象具有特定性,仅限于用人单位和劳动者之间因劳动权利和义务引起的争议。

9. 试述劳动争议调解委员会设立在本企业中的优势有哪些?

答:(1)有利于及时解决劳动争议,设在企业中劳动争议调解委员会,可以为及时解决劳动争议提供便利条件;

(2)有利于节约人力、财力,由于劳动争议调解委员会设于本单位之内,当事人无须为解决劳动争议外出奔波;

(3)有利于工会充分发挥维护职工合法权益的职能,为工会维护职工合法权益创造有利条件,可以更好地保护职工的合法权益不受侵犯,使劳动争议获得合理的解决。

10. 简述企业劳动争议调解委员会的职责?

答:(1)调解本企业内发生的劳动争议。通过劳动争议调解委员会的有效工作,促成内部民主对话与沟通,促使当事人各方在合法、自愿、平等、友

好协商下达成利解,签订调解协议书;

(2)检查、督促争议双方当事人履行调解协议;

(3)对职工进行劳动法律、法规的宣传教育,做好劳动争议的预防工作。

11.简述担任劳动争议调解组织的调解员应当具备哪些条件?

答:担任劳动争议调解组织的调解员,应当具备以下三个条件:

(1)为人公道正派、社会信誉好,具有一定的道德力量和社会影响力;联系群众,善于与人交往,跟群众打成一片,具有较好的沟通能力和亲和力;热心调解工作,愿意为调解工作贡献力量;

(2)具有一定的法律知识、政策水平和文化水平;

(3)担任调解员应当是成年公民,具有完全民事行为能力。一般情况下,调解员都是年龄较长、社会阅历丰富的公民。

12.简述在调解活动中,劳动争议当事人享有哪些权利,并应履行哪些义务?

答:(1)在调解活动中,劳动争议当事人享有以下权利:申请调解的权利;自主决定接受、不接受或者终止调解的权利;申请劳动争议调解委员会成员回避的权利;参加调解会议的权利;表达真实意愿,提出合理要求的权利;自愿达成或不愿达成调解协议的权利。

(2)劳动争议当事人应当承担下列义务:如实陈述事实;遵守调解规则;配合主持人调解;不得激化矛盾;自觉履行调解协议。

13.劳动争议调解过程的具体步骤包括哪些?

答:(1)组织召开调解会议;

(2)报告到会人员基本情况,阐明申请调解的争议事项、调解纪律、当事人应持的态度;

(3)听取双方当事人对争议的陈述意见,进一步核准事实;

(4)调查人员公布核实的情况,说明调解组织对争议的调查结果和调解意见,并征求双方当事人意见;

(5)依据事实、法律及劳动合同的约定,促使双方当事人达成协议,并记录在案,经当事人核对后签字。

14.试述调解与仲裁、诉讼的衔接关系?

答:(1)调解与仲裁之间的衔接

①仲裁委托调解制度:仲裁委员会认为可以委托调解组织调解的劳动人事争议案件,经当事人同意,可以委托调解组织进行调解;经委托在调解

期间达不成协议的,劳动人事争议仲裁委员会应及时立案。

②调解建议书制度:对未经调解组织调解,当事人直接申请仲裁的劳动争议案件,仲裁委员会可向当事人发出调解建议书,引导其在乡镇、街道、企业以及人民调解委员会等调解组织进行调解,就近就地解决争议。

③调解协议书的仲裁审查确认:在调解协议达成后,双方当事人可以共同申请劳动人事争议仲裁委员会审查确认调解协议书的效力,并制作具有法律效力的仲裁调解书。

④达成调解协议后,一方当事人在协议约定期限内不履行调解协议的,另一方当事人可以依法申请仲裁。

(2)调解与诉讼之间的衔接

①法院委托调解制度:当事人不服劳动争议仲裁裁决向人民法院起诉的,立案后经当事人同意,人民法院可以在立案阶段委托调解组织进行调解。

②调解协议书的司法审查确认:经行政机关、人民调解组织、商事调解组织、行业调解组织或者其他具有调解职能的组织调解达成的具有民事合同性质的协议,经调解组织和调解员签字盖章后,当事人可以申请有管辖权的人民法院确认其效力。

③劳动者可以持调解协议书依法向人民法院申请支付令:因支付拖欠劳动报酬、工伤医疗费、经济补偿或者赔偿金事项达成调解协议,用人单位在协议约定期限内不履行的,劳动者可以持调解协议书依法向人民法院申请支付令。

15. 简述在哪些情况下,当事人可以向调解组织提出调解异议?

答:(1)调解组织受理调解申请后 15 日内,当事人可以提出调解异议,不同意调解;

(2)调解组织受理调解申请后 15 日内未达成调解协议,双方当事人同意延期后,仍可以提出不同意调解的异议;

(3)调解组织受理调解申请后 15 日内未达成调解协议,当事人可以提出不同意延期调解的异议。

第四部分:5 道案例题

案例一:

某食品有限公司设立了劳动争议调解委员会,由 5 名调解员组成,其中

1名是公司人力资源部部长,1名是生产部区域经理,2名是公司工会代表,1名是职工代表大会推举的代表。公司法定代表人指定人力资源部部长担任劳动争议调解委员会主任。

吴某系该食品有限公司生产作业工人,每月工资3000元,该公司为提高生产效率,进行了重大技术革新,从国外引进先进的生产线,公司遂对吴某等工人进行培训,但吴某学习能力差,一直无法达到培训要求,公司便向吴某发出《调岗通知》,将其调至后勤部,新岗位的工资为每月2700元,吴某不服,认为公司行为属于擅自调整员工岗位,遂申请该公司劳动争议调解委员会进行调解,要求公司收回《调岗通知》,并支付拖欠工资1000元及额外经济补偿金900元。在调解过程中,双方在调解员的主持下,达成如下调解协议:一是吴某认可公司调岗行为;二是公司支付拖欠工资1000元以及按300元/月的金额支付吴某1个月的经济补偿金300元。调解协议书由吴某签名和食品公司盖章,经公司劳动争议调解委员会调解员签名但并未加盖调解组织印章。后吴某反悔,要求公司将其调回原岗位工作,被公司拒绝,吴某不服,向该市某区法院提起诉讼,诉讼请求事项同调解事项。

问:

1. 该食品有限公司劳动争议调解委员会组成是否合法?

2. 该食品有限公司劳动争议调解委员会主持双方达成的调解协议是否合法?

3. 法院应对本案作出何种处理?

4. 吴某应当如何救济自己的权利?

答:

1. 不合法。《劳动争议调解仲裁法》第十条规定,企业劳动争议调解委员会由职工代表和企业代表组成。职工代表由工会成员担任或者由全体职工推举产生,企业代表由企业负责人指定。企业劳动争议调解委员会主任由工会成员或者双方推举的人员担任。公司法定代表人指定人力资源部部长担任劳动争议调解委员会主任,违反了该条规定,劳动争议调解委员会主任应由工会成员或双方推举的人员担任。人力资源部部长非工会成员也并非双方推举的人选,因此不符合法律规定,该劳动争议调解委员会组成不合法。

2. 不合法。首先,该食品有限公司劳动争议调解委员会组成不合法,其主持双方达成的调解协议相应地也不符合法律规定。其次,根据《劳动争议调解仲裁法》第十四条之规定,调解协议书由双方当事人签名或者盖章,经调解员签名并加盖调解组织印章后生效,对双方当事人具有约束力,当事人应当履行。该调解协议书未加盖调解组织印章,不符合法律规定。

3. 根据《劳动法》第七十九条的规定,劳动争议发生后,当事人可以向本单位劳动争议调解委员会申请调解;调解不成,当事人一方要求仲裁的,可以向劳动争议仲裁委员会申请仲裁。当事人一方也可以直接向劳动争议仲裁委员会申请仲裁。对仲裁裁决不服的,可以向人民法院提起诉讼。劳动争议适用仲裁前置的规定,吴某反悔,向法院提起诉讼,法院应当裁定不予受理,告知其向该市劳动争议仲裁委员会申请仲裁。

4. 吴某可向人民法院提出申请,请求确认调解协议无效,法院确认调解协议无效后,吴某可重新与公司进行调解或向该市劳动争议仲裁委员会申请仲裁。

案例二:

皮革厂工会与皮革厂经集体协商签订了集体合同,约定职工的工资按企业上一年利润的相同比例增长。但皮革厂由于扩大再生产需要用钱,因而未按集体合同约定给职工涨工资。皮革厂工会与皮革厂再次协商,但没有达成一致意见,企业明确拒绝履行原来的协议。于是,皮革厂工会向所在市劳动争议调解中心请求调解。同时,皮革厂工作人员李某、谢某等人因皮革厂未按集体合同约定涨工资,向皮革厂所在地 A 区法院提起诉讼,但法院未予受理,并告知其应由工会提起诉讼。

问:

1. 皮革厂工会如何申请调解?

2. 皮革厂工会在处理集体合同争议时遵循什么程序?

3. A 区法院的做法是否正确,李某、谢某是否可以提起该诉讼?

答:

1. 根据《劳动争议调解仲裁法》第十二条的规定,申请劳动争议调解既可以书面形式申请,也可以口头申请。书面申请,应在申请书中写明皮革厂工会名称、地址等具体信息、委托代理人以及被申请人的具体信息,事由,调解请求以及事实与理由。口头申请,调解组织应当记录申请人的基本情况,还要记录申请调解的争议事项、理由、时间。

2. 首先,劳动者、工会和皮革厂协商解决。协商解决是处理履行集体合同争议的必经程序。由工会出面代表劳动者与用人单位协商,可以避免单个劳动者的弱势地位,能够与用人单位更平等、更有效地进行协商。工会依法要求皮革厂履行集体合同的,皮革厂应当继续履行,并对之前违反集体合同的行为承担法律责任。

其次,协商解决不成的,工会可以代表全体职工,将履行集体合同的争议申请仲裁或者提起诉讼。需要注意的是,这里规定了工会选择或裁或审的两种途径,仲裁不再是提起诉讼的必经程序,《劳动合同法》第五十六条规定,用人单位违反集体合同,侵害职工劳动权益的,工会可以依法要求用人单位承担责任;因履行集体合同发生争议,经协商解决不成的,工会可以依法申请仲裁、提起诉讼。

3. 就履行集体合同发生的劳动争议,应由工会代表职工申请仲裁、提起诉讼,职工非提起本案诉讼的适格主体,因此该法院不予立案是正确的。根据《劳动合同法》第五十六条的规定,法律赋予工会关于集体合同发生的劳动争议的起诉权,该起诉权其实是从工会的签约权引申出来的一种职权。集体合同是工会和用人单位签订的,基于合同相对性,用人单位违反集体合同相应地也只能由合同相对人工会申请仲裁或提起诉讼;且用人单位违反集体合同,损害的是全体职工的利益,职工个人提起诉讼,势必会增加仲裁、诉讼的成本,浪费司法资源。因此,法律并未赋予职工个人关于集体合同的起诉权,而是由工会代表职工维权。故A区法院的做法正确,李某、谢某等人不可以个人名义提起集体合同诉讼。

案例三:

周某因家境困难高中毕业就出来打工,在B市某饭店当服务员,老板每个月支付其1200元工资。后周某遇到自己的老乡田某,聊天时谈论到彼此的工资,得知B市的最低工资标准为1500元,周某才得知自己被老板骗了。第二天周某找到老板理论,但老板拒绝加工资。

周某找到B市劳动争议仲裁委员会,要求饭店老板按每月1500元的工资标准补发工资。仲裁委员会受理了此案,经过仲裁庭调查、辩论,在双方自愿的情况下进行了调解。最终双方在费用问题上达成了一致,饭店老板同意补发周某工资,仲裁庭当场起草了调解书,并由双方签字盖章。

问:

1. 进入仲裁程序后,还必须要调解吗?

2. 仲裁调解与劳动争议调解阶段的调解有何区别?

3. 如果饭店老板反悔,未履行调解书确定其所应负的责任,周某可否依据调解书申请法院强制执行?

答:

1. 根据《劳动争议调解仲裁法》第四十二条的规定,仲裁庭在做出裁决前,应当先行调解。先行调解是劳动争议仲裁的必经程序,也是劳动争议仲裁的基本原则之一。因此,进入仲裁程序后,仍需经过调解,但能否进行调解、达成协议,取决于双方当事人的自愿。

2. (1)性质不同。劳动争议调解委员会的调解是群众性调解,不是法定处理争议的必经程序;劳动争议仲裁程序中的调解是法定程序,是必经程序,不进行调解则违反了法律规定。

(2)所属阶段不同。劳动争议调解一般是在劳动争议调解阶段进行。仲裁调解是在劳动争议仲裁阶段进行的调解。前者并非法定的阶段,后者属于法定的阶段。

(3)是否影响当事人的实体权利。劳动争议调解达成调解协议与否,都不影响当事人申请仲裁的权利;仲裁程序中的调解则不同。劳动争议仲裁中达成调解协议则应制作调解书,调解书一经送达即产生法律效力,其效力与仲裁裁决相同,当事人可以据此申请法院强制执行。

3. 饭店老板有履行调解和裁决的义务。《劳动争议调解仲裁法》第五十一条规定,对发生法律效力的调解书、仲裁书,当事人应当依照规定的期限履行。一方当事人逾期不履行的,另一方当事人可以依照民事诉讼法的有关规定向人民法院申请执行。受理申请的人民法院应当依法执行。一旦调解书发生法律效力,当事人应当自觉履行。饭店老板逾期不履行已发生法律效力的调解书、裁决书,周某可以申请法院强制执行。

案例四:

2017 年 6 月初,张甲来到上海打工,同月 5 日,经人介绍,张甲来到某环保设备有限公司工作,入职时,张甲因身份证丢失,故用其哥哥张乙的身份证与某环保设备有限公司签订书面劳动合同,社会保险也是以张乙的名义缴纳。

《劳动合同》内容包括:“职位:操作工;月工资:上海市最低工资;工作期限:2017 年 6 月 5 日至 2018 年 6 月 4 日等。”

2018 年 6 月 4 日张甲的劳动合同到期,某环保设备有限公司与张甲续签劳动合同,续签时,张甲向该公司告知其系以哥哥张乙的身份证签订劳动合同的情况，但该环保设备有限公司人力资源部工作人员，为省事仍以张乙的身份信息与公司签订劳动合同。2019 年 7 月 6 日张甲与车间班长争吵，被该环保设备有限公司辞退。2019 年 8 月 4 日，张甲向上海市某区劳动人事争议调解中心申请调解，要求：某环保设备有限公司给付张甲 2017 年 6 月 5 日至 2019 年 7 月 6 日违法解除劳动合同赔偿金；某环保设备有限公司给付张甲 2017 年 6 月 5 日至 2019 年 7 月 6 日未依法缴纳养老保险和失业保险损失费。

问：

1. 2017 年 6 月 5 日，张甲持其哥哥张乙的身份证签订的劳动合同是否有效？

2. 2018 年 6 月 4 日，某环保设备有限公司明知张甲提供的信息有误，仍与其签订劳动合同，双方所签劳动合同是否有效？

3. 劳动合同若无效，张甲可否向某环保设备有限公司主张享受劳动法待遇？

答：

1. 根据《劳动合同法》第二十六条的规定，以欺诈的手段使对方在违背真实意思的情况下订立或变更的劳动合同，无效。因此，2017 年 6 月 5 日至 2018 年 6 月 4 日，张甲持其哥哥张乙的身份证与环保设备有限公司签订的劳动合同，因存在欺诈行为，属于无效劳动合同，该合同自始无效。

2. 2018 年 6 月 4 日，某环保设备有限公司知道张甲持他人身份证后，对此予以默认，虽张甲适用了欺诈手段，但并未使合同相对人（环保公司）违背真实意思而作出错误表示，在此种情况下，环保设备有限公司与张甲签订的劳动合同有效。

3. 张甲于 2017 年 6 月 5 日与环保设备有限公司所签订的《劳动合同》无效，但张甲与该公司在 2017 年 6 月 5 日至 2018 年 6 月 4 日双方存在事实劳动关系，根据《最高人民法院关于审理劳动争议案件适用法律若干问题的解释（一）》第十四条之规定，劳动合同被确认为无效后，用人单位对劳动者付出的劳动，一般可参照本单位同期、同工种、同岗位的工资标准支付劳动报酬。

案例五：

甲公司员工王某、谢某于 2010 年 1 月初进入甲公司就职，与甲公司签订了《劳动合同》。《劳动合同》中约定工资为 1000 元。2011 年 8 月底，甲公司因经济形势不好，进行部分裁员，王某与谢某因此被裁。解除劳动关系后，王某、谢某认为自己在甲公司就职期间长期加班，甲公司没有支付加班费，故向劳动争议仲裁委员会提起仲裁申请，要求甲公司支付其1年多以来的加班费。加班费主张的方式为：按照每周休息日加班1天，每周正常工作日加班3小时计算；加班费的计算按照2000元每月的工资标准计算。

2011年9月甲公司与王某、谢某在调解组织的调解下，达成如下调解协议：按每人每月加工30小时、每小时10元计算支付加班工资费用，支付自2010年1月起至2011年8月止，共20个月、600小时的加班费用，共计6000元。

后甲公司不履行调解协议确定的给付义务，2011年10月王某与谢某直接向甲公司所在地法院提起诉讼，但该区法院未立案受理案件。

问：

1. 甲公司所在地法院的做法是否正确？

2. 本案中加班事实存在的举证责任如何分配？

3. 本案中除了向法院提起诉讼，王某、谢某还可以何种方式维权？

答：

1. 错误。《最高人民法院关于审理劳动争议案件适用法律若干问题的解释（二）》第十七条规定，当事人在劳动争议调解委员会主持下仅就劳动报酬争议达成调解协议，用人单位不履行调解协议确定的给付义务，劳动者直接向人民法院起诉的，人民法院可以按照普通民事纠纷受理。根据该规定，加班费属于劳动报酬争议，王某、谢某直接向法院起诉的，不必适用劳动争议仲裁前置的规定，人民法院可以受理该类纠纷。因此该法院未予受理的做法是错误的。

2. 根据“谁主张，谁举证”的诉讼原则以及《劳动争议调解仲裁法》第六条、《最高人民法院关于审理劳动争议案件适用法律若干问题的解释（三）》第九条规定，原则上应由劳动者对加班的事实承担举证责任，但劳动者有证据证明用人单位掌握加班事实存在的证据，用人单位不提供的，由用人单位承担不利后果。

《最高人民法院关于民事诉讼证据的若干规定》第六条规定，在劳动争议纠纷案件中，因用人单位作出开除、除名、辞退、解除劳动合同、减少劳动报酬、计算劳动者工作年限等决定而发生劳动争议的，由用人单位负举证责任。

本案解除劳动合同关系是由于公司裁员，因此根据上述规定，应由甲公司负有关加班工资的举证责任。

3. 根据《劳动争议调解仲裁法》第十五条的规定，达成调解协议后，一方当事人在协议约定期限内不履行调解协议的，另一方当事人可以依法申请仲裁。第十六条规定，因支付拖欠劳动报酬、工伤医疗费、经济补偿或者赔偿金事项达成调解协议，用人单位在协议约定期限内不履行的，劳动者可以持调解协议书依法向人民法院申请支付令。人民法院应当依法发出支付令。王某与谢某可以向劳动合同履行地或甲公司所在地劳动争议仲裁委员会申请仲裁，或者持调解协议书向有管辖权的法院申请支付令。